Spanish
Composition
through Literature

FOURTH
E D I T I O N

Spanish Composition through Literature

CÁNDIDO AYLLÓN
UNIVERSITY OF CALIFORNIA, RIVERSIDE

PAUL SMITH
UNIVERSITY OF CALIFORNIA, LOS ANGELES

ANTONIO MORILLO
UNIVERSITY OF CALIFORNIA, LOS ANGELES

Prentice
Hall

Upper Saddle River, NEW JERSEY 07458

Library of Congress Cataloging-in-Publication Data

Ayllón, Cándido,[date]
  Spanish composition through literature / Cándido Ayllón, Paul Smith, Antonio
Morillo—4th ed.
    p. cm
  English and Spanish.
  Includes index.
  ISBN 0-13-040042-4
  1. Spanish language—Composition and exercises. I. Smith, Paul, [date] II. Morillo,
Antonio, [date] III. Title.
PC4420 .A9 2002
808'. 04 61—dc21   2001036297

Publisher: *Phil Miller*
Assistant Editor: *Meriel Martínez*
Editorial Assistant: *Meghan Barnes*
Project Manager: *Robert Runck*
Executive Managing Editor: *Ann Marie McCarthy*
Prepress and Manufacturing Buyer: *Tricia Kenny*
Marketing Manager: *Stacy Best*
Cover Art Director: *Jayne Conte*
Cover Design: *Bruce Kenselaar*

©2002 by Pearson Education, Inc.
Upper Saddle River, New Jersey 07458

Printed in the United States of America

10 9 8 7 6 5 4 3 2 1

ISBN   0-13-040042-4

Prentice-Hall International (UK) Limited, *London*
Prentice-Hall of Australia Pty. Limited, *Sydney*
Prentice-Hall Canada Inc., *Toronto*
Prentice-Hall Hispanoamericana, S.A., *México*
Prentice-Hall of India Private Limited, *New Delhi*
Prentice-Hall of Japan, Inc., *Tokyo*
Pearson Education Asia Pte. Ltd., *Singapore*
Editora Prentice-Hall do Brasil, Ltda., *Rio de Janeiro*

Contents

≈≈

PREFACE

Spanish Composition through Literature is intended as the core text for courses combining advanced composition in Spanish and beginning literary analysis. Each chapter features a selection by a modern author and contains explanations and activities for vocabulary development, comprehension, interpretation, style, translation and free composition. All chapters also provide a thorough and systematic review of important grammar topics that pose difficulties for American students and thereby negatively affect the expression of their thoughts and ideas when they write in Spanish. The materials in each chapter are organized to allow for considerable flexibility as to how they are assigned and used. Depending on the ability of a given class, time available and which materials are chosen for study, the textbook is suitable for a one- or two-semester course at a variety of levels.

Experience has convinced us that close analysis of outstanding, authentic literary texts provides a fruitful approach to Spanish composition by providing students with models or examples to think about before they start to write. Such careful analysis also makes the students aware of the at times enormous differences between the artistic, literary use of Spanish and the language as used on the everyday colloquial level. As a basis for such fundamental analysis, we have selected literary passages that illustrate a variety of topics, themes, styles and techniques. The explanatory notes and exercises are designed to encourage the student to incorporate materials from the entire chapter into his or her personal writing.

An important change in this fourth edition of *Spanish Composition through Literature* is the introduction of selections by two new Spanish-American writers: the Cuban Reinaldo Arenas, whose life is portrayed in the critically aclaimed film, *Before Night Falls,* and Rosario Ferré, of Puerto Rico. In each case, the selection is made from one of the author's finest works, and is presented with an ample introduction to the author's life and writings.

Important changes have also been introduced in the **Repaso Gramatical** section of each chapter. Instead of two sets of grammar exercises, the **Repaso Gramatical** now has four. The original grammar fill-in exercises have been reduced in number, as have the sentences to be translated from English into Spanish. But a new modified cloze exercise has been introduced that requires the student to use grammatical forms (mostly reviewed in that chapter) that will complete the meaning of the story being narrated. Finally, at the request of many persons, including a number of Spanish Advanced Placement language teachers, a short set of error-recognition exercises completes the gramatical review part of each chapter.

At the end of each chapter we have reintroduced, sometimes in a slightly revised version, **enfoques** from the second edition of this book. These **enfoques** strive to give practical advice and encouragement on the art of writing, and may be read by the student before undertaking a writing task, whether it be one of the six indicated at the end of each literary-lexical section of every chapter, or another assigned by the teacher or thought up by the student. In any case, these **enfoques** try to simplify what is perhaps the hardest task of all: to fill a page with content of any kind.

This fourth edition of *Spanish Composition through Literature* contains revisions based on comments made by users of the first three editions. As pointed out in previous editions, there has been in recent years a veritable explosion of research and theory in the area of techniques for developing students' writing skills. At the same time, we have retained the solid, fundamental approach to using literature as a point of departure for writing, which also emphasizes control of language through lexical and grammatical precision, an approach that has proved effective over the years.

Highlights of the Fourth Edition

- Reading selections that constitute the core of each chapter have been revised to include two passages by Caribbean-Spanish writers. The book's literary selections are now more realistically balanced between Spanish and Spanish-American authors and between men and women. The additions (referred to above) also serve to make the literary passages as a whole more representative of contemporary Spanish as spoken throughout Spanish America.

- Each chapter focuses primarily on a literary text, vocabulary and writing skills. Recognizing, however, that many but not all classes require review and practice of certain grammatical structures—especially when the book is used in Advanced Placement courses—major grammatical points are placed in the second half of each chapter where they can be studied independently, or as part of the chapter in which they appear.

TO THE STUDENT AND TEACHER

Ann Raimes points out in *Techniques in Teaching Writing* (1983) that "there is no one way to teach writing, but many ways" (p. 11). Nonetheless, no matter which approach or methodology one adopts for writing, there are, as Raimes also notes, a number of fundamental aspects with which every foreign- and second-language teacher and student must contend. These include grammar, syntax, word choice, organization, and content. Individual teachers differ in the stress they place on different elements and how they combine and sequence them to develop an approach to writing. This textbook is grounded in these fundamental aspects of writing and provides materials that can help the English speaking student develop greater writing proficiency in Spanish. It also provides flexibility as to how they may be used. It will be helpful to keep in mind the following four points about the book's content, structure, and use.

Literature and Composition

By structuring each chapter around an authentic literary selection by an outstanding modern Spanish-American or Spanish writer, *Spanish Composition through Literature* provides discourse models of various types that can help generate engaging writing tasks. Careful reading of a literary selection, followed by class discussion of its content, ideas, language, intent, tone, and so on, will uncover many issues of interest to students. Teachers may have a preferred way of explaining these selections. However, two sets of questions are provided, one on content (**Contenido**) and one on style (**Interpretación y estilo**), to help guide students in their own analysis of the literary texts.

A composition assignment may be to write on one of the six **Temas** indicated at the end of the literary section or on a topic suggested during class discussion of the literary selection. Whether composition assignments are to be done by a free-writing approach or the process approach (which involves multiple revisions and input from the student's teacher and/or peers) is a choice each teacher will have to make. Advanced students are better able to handle free writing, while less proficient students benefit greatly from process-oriented writing. We recommend that some of each kind of writing be done in every course.

Lexical Choice

The one feature of writing in a foreign language that most affects under-standing is lexical choice. Consequently, a major portion of each chapter *(Léxico: opciones)* is dedicated to the study and practice of word discrimina-tion in Spanish. Words glossed from the literary selections become the basis on which semantic fields are established, making all the words easier to learn and recall. Contextualized examples further help students establish the boundaries of these lexical items. Appropriateness of a word in a composi-tion is often determined not only by its semantic meaning, but by style (for-mal, informal, neutral, colloquial, popular) and mode (poetic, literary, humorous, etc.). At times, dialectal preference (Spanish or Spanish-American) or denotational vs. connotational (i.e., attitude-related) differ-ences between two or more synonyms will determine which word is more appropriate. These distinctions, along with the danger of false cognates, are taken into account in the notes and exercises of *Léxico: opciones* and should help create a sensitivity to words that may be reflected in the student's com-position. Whenever a writing assignment is given, it is recommended that a certain number of new vocabulary items from the text be incorporated into the composition.

Grammatical Review and Composition

Although grammatical inaccuracies are less likely to affect comprehen-sion of content or meaning than are choice of words, they nevertheless constitute serious impediments to smooth, effective writing. Some teach-ers may find that their students need little grammar review. Others will want to assign a few, most or all of the grammar chapters. Many teachers who used the earlier editions have informed us that grammatical review of such major points as Spanish equivalents of *to be,* the subjunctive, imperfect, and preterit contributed much to student awareness of gram-mar in written Spanish. If grammar is to be included in a chapter, how-ever, the composition should be assigned *only after* the grammar review has been completed. The student should then incorporate a number of its grammatical structures into his or her composition.

Use of a Dictionary

The end vocabulary contains most of the words found in the literary selections along with those needed to complete the exercises. Nevertheless, the use of a good bilingual dictionary is strongly recommended. Some teachers will also want to recommend the use of an all-Spanish dictionary. Although created for native speakers, such a dictionary can prove invaluable for determining the most appropriate word choice from among a series of words suggested by a bilingual dictionary. Familiarization with the dictionary and attention paid to words in general will further increase a student's ability to make educated guesses about the meanings of words, as well as how to use them with greater accuracy and sensitivity in his or her own writing.

ACKNOWLEDGMENTS

We express our sincere appreciation to the following friends and colleagues who generously offered help during various revisions of this book: Rubén Benítez (UCLA) and Ana María Fagundo, Philip O. Gericke, Mercedes Jiménez, William Megenney and Kemy Oyarzún (all at UCR). Roberta Johnson, University of Kansas, provided much needed help in obtaining permissions, and Fanny Morillo and Manena Sánchez-Blanco Smith gave constant support and encouragement. Francisco Mena-Ayllón deserves special thanks for practical solutions he provided to problems that arose during the revision process, as well as for his moral support. He also contributed in an invaluable way with the preparation of the end-vocabularies.

Over the years, the observations and suggestions of many reviewers have shaped *Spanish Composition through Literature.* We appreciate the assistance of the following colleagues whose suggestions on changes and revisions have improved the book: Edmeé Fernández, Emporia State University; José B. Fernández, University of Central Florida; Roland Hamilton, San José State University; George P. Mansour, Michigan State University; and Gladys Varona-Lacey, Ithaca College.

Finally, we would like to thank those persons at Prentice Hall who contributed in various ways to the revision of this fourth edition of *Spanish Composition through Literature:* Rosemary Bradley, Meriel Martínez, Ann Marie McCarthy, Meghan Barnes and Jayne Conte.

CÁNDIDO AYLLÓN
PAUL SMITH
ANTONIO MORILLO

TEXT CREDITS

Spanish Composition through Literature

CAPÍTULO

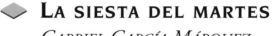 **LA SIESTA DEL MARTES**
GABRIEL GARCÍA MÁRQUEZ

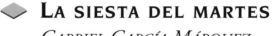 **REPASO GRAMATICAL**
 • *Spanish Equivalents of*
   English ***to be*** *(Part I)*

La siesta del martes

Gabriel García Márquez

◆◆◆◆◆◆◆◆◆◆◆◆◆◆◆◆◆◆◆

El colombiano Gabriel García Márquez (1928–   ) recibió el premio Nobel de literatura en 1982 principalmente por Cien años de soledad *(1967), novela que narra la fundación e historia del mítico pueblo de Macondo. En esta obra, donde alternan realidad y fantasía, historia e invención, se nos cuenta la vida del protagonista José Arcadio Buendía y la de muchos de sus descendientes. Según Donald L. Shaw, la novela está caracterizada por la "soledad, violencia, frustración y sufrimiento, enmascarados, pero no del todo escondidos por las aventuras y las orgías sexuales. Todo termina en la muerte o en la fatalidad..."*

El concepto del "realismo mágico," que define un tipo de narración en el que la realidad descrita incluye elementos de fantasía y de magia, se aplica frecuentemente a las novelas de García Márquez, como Cien años de soledad *y* El otoño del patriarca *(1975). También se usa el término para describir las obras de otros novelistas del denominado "boom" de la novela hispanoamericana contemporánea.*

Aquí examinamos una obra temprana de García Márquez, parte del cuento "La siesta del martes," de la colección Los funerales de la mamá grande *(1962). La caracterización de la madre del ladrón muerto, Carlos Centeno Ayala, revela el gran arte del autor colombiano. La madre, con su firmeza durante la confrontación con el cura y su insistencia en ver la tumba del hijo muerto, representa la digna heroicidad de los humildes ante la desgracia.*

◆

Eran casi las dos. A esa hora, agobiado por el sopor, el pueblo hacía la siesta. Los almacenes, las **oficinas**[1] públicas, la escuela municipal, se cerraban desde las once y no **volvían a abrirse**[2] hasta un poco antes de las cuatro, cuando pasaba el tren de regreso. Sólo permanecían abiertos el hotel frente a la estación, su cantina y su
5   salón de billar, y la oficina del telégrafo a un lado de la plaza. Las casas, en su mayoría construidas sobre el modelo de la compañía bananera, tenían las puertas **cerradas**[3] por dentro y las persianas bajas. En algunas hacía tanto calor que sus habitantes almorzaban en el patio. Otros recostaban un asiento a la sombra de los almendros y hacían la siesta sentados en plena calle.
10   Buscando siempre la protección de los almendros, la mujer y la niña penetraron en el pueblo sin perturbar la siesta. Fueron directamente a la casa cural.

La mujer raspó con la uña la red metálica de la puerta, esperó un instante y volvió a llamar. En el interior zumbaba un ventilador eléctrico. No se oyeron los pasos. Se oyó apenas el leve crujido de una puerta y en seguida una voz cautelosa muy cerca a la red metálica: "¿Quién es?" La mujer trató de ver a través de la red metálica.

—Necesito al padre, dijo.

—Ahora está durmiendo.

—Es urgente, insistió la mujer.

Su voz tenía una tenacidad reposada.

La puerta se abrió sin ruido y apareció una mujer madura y regordeta, de cutis muy pálido y cabellos color de hierro. Los ojos parecían demasiado pequeños detrás de los gruesos cristales de los lentes.

—Sigan, dijo, y **acabó de abrir**[4] la puerta.

Entraron a una **sala**[5] impregnada de un viejo olor de flores. La mujer de la casa las condujo hasta un escaño de madera y les hizo señas de que se sentaran. La niña lo hizo, pero su madre permaneció de pie, absorta, con la cartera apretada en las dos manos. No se percibía ningún ruido detrás del ventilador eléctrico.

La mujer de la casa apareció en la puerta del fondo.

—Dice que vuelvan después de las tres, dijo en voz muy baja. —Se acostó hace cinco minutos.

—El tren se va a las tres y media, dijo la mujer.

Fue una réplica breve y segura, pero la voz seguía siendo apacible, con muchos matices. La mujer de la casa sonrió por primera vez.

—Bueno, dijo.

Cuando la puerta del fondo volvió a cerrarse la mujer se sentó junto a su hija. La **angosta**[6] sala de espera era pobre, ordenada y limpia. Al otro lado de una baranda de madera que dividía la habitación, había una mesa de trabajo, sencilla, con un tapete de **hule**[7] y encima de la mesa una máquina de escribir primitiva junto a un vaso con flores. Detrás estaban los archivos parroquiales. Se notaba que era un despacho arreglado por una mujer soltera.

La puerta del fondo se abrió y esta vez apareció el sacerdote limpiando los lentes con un pañuelo. Sólo cuando se los puso pareció evidente que era hermano de la mujer que había abierto la puerta.

—¿Qué se le ofrece? —preguntó.

—Las llaves del cementerio, dijo la mujer.

La niña estaba sentada con las flores en el regazo y los pies cruzados bajo el escaño. El sacerdote la miró, después miró a la madre y después, a través de la red metálica de la ventana, el cielo brillante y sin nubes.

—Con este calor, dijo. —Han podido esperar a que bajara el sol.

La mujer movió la cabeza en silencio. El sacerdote pasó del otro lado de la baranda, extrajo del armario un cuaderno forrado de hule, un plumero **de palo**[8] y un tintero, y se sentó a la mesa. El pelo que le faltaba en la cabeza le sobraba en las manos.

—¿Qué tumba van a visitar? —preguntó.

50   —La de Carlos Centeno, dijo la mujer.

El padre siguió sin entender.

—Es el ladrón que **mataron**[9] aquí la semana pasada, dijo la mujer en el mismo tono. —Yo soy su madre.

El sacerdote la escrutó. Ella lo miró fijamente, con un dominio reposado, y el
55   padre se ruborizó. Bajó la cabeza para escribir. A medida que llenaba la hoja pedía a la mujer los datos de su identidad, y ella respondía sin vacilación, con detalles precisos, como si estuviera leyendo. El padre empezó a sudar. La niña se desabotonó la trabilla del zapato izquierdo, se descalzó el talón y lo apoyó en el contrafuerte. Hizo lo mismo con el derecho.

60   Todo había empezado el lunes de la semana anterior, a las tres de la madrugada y a pocas **cuadras**[10] de allí. La señora Rebeca, una viuda solitaria que vivía en una casa llena de cachivaches, sintió a través del rumor de la llovizna que alguien trataba de forzar desde afuera la puerta de la calle. Se levantó, buscó a tientas en el **ropero**[11] un revólver arcaico que nadie había disparado desde los tiempos del
65   coronel Aurelio Buendía, y fue a la sala sin encender las luces. Orientándose no tanto por el ruido en la cerradura como por un terror desarrollado en ella por 28 años de soledad, localizó en la imaginación no sólo el sitio donde estaba la puerta sino la altura exacta de la cerradura. **Agarró**[12] el arma con las dos manos, cerró los ojos y apretó el gatillo. Era la primera vez en su vida que disparaba un revólver.
70   Inmediatamente después de la detonación no sintió nada más que el murmullo de la llovizna en el techo de zinc. Después percibió un golpecito metálico en el andén de cemento y una voz muy baja, apacible, pero terriblemente fatigada: "Ay, mi madre." El hombre que **amaneció**[13] muerto frente a la casa, con la nariz despedazada, vestía una franela a rayas de colores, un pantalón **ordinario**[14] con una
75   soga en lugar de cinturón, y estaba descalzo. Nadie lo conocía en el pueblo.

—De manera que se llamaba Carlos Centeno—, murmuró el padre cuando acabó de escribir.

—Centeno Ayala, dijo la mujer. —Era el único varón.

El sacerdote volvió al armario. **Colgadas**[15] de un clavo en el interior de la
80   puerta había dos llaves grandes y oxidadas, como la niña imaginaba y como imaginaba la madre cuando era niña y como debió imaginar el propio sacerdote alguna vez que eran las llaves de San Pedro. Las descolgó, las puso en el cuaderno abierto sobre la baranda y mostró con el índice un lugar en la página escrita, mirando a la mujer.

85   —Firme aquí.

La mujer garabateó su nombre, sosteniendo la cartera bajo la axila. La niña recogió las flores, se dirigió a la baranda arrastrando los zapatos y observó atentamente a su madre.

El párroco suspiró.

CUESTIONARIO

Contenido

1. ¿Cómo encontraron la mujer y su hija el pueblo al llegar allí?
2. ¿A quién quiere ver la mujer y qué pasa cuando pregunta por esa persona?
3. ¿Cómo consigue al fin ver la mujer a esa persona?
4. Describa el cuarto donde tiene que esperar la mujer.
5. ¿Qué es lo que le pide la mujer al sacerdote? ¿Para qué se lo pide?
6. ¿Quién era Carlos Centeno Ayala y qué le había ocurrido?
7. ¿Qué pasó después de apuntar el cura el nombre de la mujer en un cuaderno?

Interpretación y estilo

1. ¿Cuál es la nota predominante que caracteriza el ambiente del pueblo a la llegada de la mujer?
2. ¿Cómo contrasta este ambiente con la situación personal de la mujer?
3. ¿Por qué cree Ud. que la madre no se sienta hasta que consigue lo que desea?
4. ¿Cómo refuerza el ambiente de la sala-despacho del cura al ambiente general del pueblo?
5. ¿Cómo interpreta Ud. el hecho de que el cura se ruborice cuando la mujer lo mira?
6. Comente Ud. la técnica descriptiva empleada por García Márquez para conseguir la simpatía del lector hacia Carlos Centeno.
7. ¿Hasta qué punto considera Ud. fatalista la actitud de la madre de Carlos Centeno? ¿Por qué?
8. ¿Cómo y con qué detalles caracteriza el autor al sacerdote?

～ Léxico: opciones ～

—1———————————————————

la oficina *office*
el despacho *office, study*
la dirección *office*
el bufete *(law) office*

la redacción *(newspaper) office*
el consultorio *(medical) office*
la consulta *(doctor's) office*
la clínica dental *dental office*

Normally, **oficina** is a place where clerical or business activities are conducted by several or more persons. **Despacho** is the private office of a single person at home or away from home. The administrative office of an institution or organization with a director is a **dirección** in Spanish. **Bufete** always refers to a lawyer's office, although larger legal firms also have **oficinas** where secretarial work is done. If a physician has a private office, it's normally a **consulta**, whereas a **consultorio** is a place where several doctors work. A dentist's office is most often a **clínica (dental)** in Spanish.

Desde su **despacho**, la profesora ve las montañas.	*From her **office**, the professor can see (sees) the mountains.*
El maestro lo mandó a la **dirección**.	*The teacher sent him to the **principal's office**.*
Isabel ha abierto su **bufete** y se dedica a los asuntos de sus clientes.	*Isabel has opened her **(law) office** and devotes herself to her clients' business.*
El periódico tenía su **redacción** en la Plaza de Armas.	*The newspaper had its **office(s)** on the Plaza de Armas.*
Por las mañanas María trabaja en el hospital y por las tardes en su **consulta**.	*Mornings María works in the hospital and afternoons in her **office**.*
Mi madre era médica y directora de un **consultorio** de la Seguridad Social.	*My mother was a doctor and director of a Social Security **medical office**.*

2

volver a + **infinitive** *to do something again*
volver *to return, to go (come) back*
regresar *to return, to go (come) back*
devolver *to return (something), to give back; to throw up*

English-speaking students tend to overuse the adverbs **otra vez** and **de nuevo** + **infinitive** to render in Spanish the phrase: *to do something again*. Although the former are correct, Spanish often prefers, as illustrated in the text example, the expression **volver a** + **infinitive**. **Volver** and **regresar** mean the same thing, but **volver** is the more common form in Spain and **regresar** in Spanish America. **Devolver** means *to return* something to its owner or rightful place. On a colloquial level, it's a synonym of **vomitar**. **Regresar**, an intransitive verb, should not be used as a synonym of **devolver**, although it is sometimes used this way in Mexico and elsewhere.

No **vuelvas a hacerlo**.	*Don't **do it again**.*
Volvió (regresó) a su patria para enterrar a su padre.	*He returned to his country to bury his father.*
Espérame. **Vuelvo (regreso)** dentro de cinco minutos.	*Wait for me. **I'll return** (with)in five minutes.*

Julio **ha devuelto** todo el dinero.	*Julio **has returned** all the money.*
El chico se puso enfermo y **devolvió** en plena clase.	*The boy became sick and **threw up** right in class.*

—3————————————————————

cerrar *to close, to shut; to lock*
el cierre *closing, shutting*
abrir *to open*
la abertura *opening, aperture*

clausurar *to close, to adjourn*
la clausura *closing, adjournment*
la apertura *opening; musical overture*

Cerrar, besides *to close* or *to shut*, also means *to lock*, although in this last sense **con llave** may be added for emphasis. **Clausurar** means *to close* in a figurative or ceremonial sense. **Clausura** is likewise a ceremonial closing or adjournment, whereas **cierre** refers to the physical closing or shutting of something. **Abertura** is a physical opening or hole, while **apertura** means *opening* in a figurative or ceremonial sense.

¿Cerraste la puerta?	***Did you close (lock)** the door?*
Hoy **se clausura** el Congreso del partido conservador.	*Today the Convention of the Conservative Party **is closing**.*
Mañana se celebra la **clausura** de la sesión de verano.	*Tomorrow the **closing** of the summer session is being held.*
El ministro de Hacienda ha ordenado el **cierre** de 20 bancos.	*The Secretary of the Treasury has ordered the **closing** of 20 banks.*
Han anunciado la **apertura** de negociaciones para resolver la huelga.	*They have announced the **opening** of negotiations to settle the strike.*
Cerró la **abertura** de la tienda de campaña para que no entrara la lluvia.	***He closed** the **opening** of the tent so that the rain wouldn't get in.*

—4————————————————————

acabar de + **infinitive** *to finish doing (something); to have (had) just done something*
terminar de + **infinitive** *to finish doing something*

Both **acabar** and **terminar** when followed by a noun mean *to finish, complete*, or *end* something. Followed by the infinitive, however, they mean *to finish doing* *something*, as in the text example. But an even more common use of **acabar** is in the present or imperfect indicative followed by **de** + **infinitive** to render English *to have (had) just done* something, as in the final two examples below.

Acabaré (terminaré) el informe la semana próxima.	*I'll finish (complete) the report next week.*
Cuando **acabó (terminó) de vestirse**, abrió la puerta del patio.	*When **he finished getting dressed**, he opened the patio door.*
Acabo de hablar por teléfono con mi hermano.	*I have just spoken to my brother on the phone.*
Cuando la llamé, **acababa de llegar**.	*When I called her, **she had just arrived**.*

5

la sala *living room, parlor*	**la habitación** *room*
el cuarto *room*	**el salón** *living room; large room, hall*
el aula *(fem.) classroom*	

When speaking of a house or an apartment, **sala** and **salón** both refer to a living room, sitting room or parlor. With regards to other buildings, these words are used, usually with some qualifier, to refer to large rooms where the public gathers, such as **sala de espera**, *waiting room*, or **salón de actos (espectáculos)**, *auditorium*. **Cuarto** and **habitación** are the most common words for *room* in general. There is no real difference between them, although there may be a slight preference for **cuarto** when *room* is used in a personal or private context. **Habitación** is preferred in hotel language, especially when a room number is designated. It also refers to the rooms of a house assigned a more private use (bedroom, study, playroom) in contrast to those of more general use (living room, dining room, bathroom). **Aula** always refers to a classroom or lecture room.

El piano es el mueble más grande del **salón** (de la **sala**).	*The piano is the largest piece of furniture in the **living room**.*
Cándido está leyendo un libro en su **cuarto**.	*Cándido is reading a book in his **room**.*
Nuestro piso tiene tres **habitaciones**, **salón**-comedor, cocina y baño.	*Our apartment has three **(bed)rooms**, a **living room**-dining area, kitchen and a bathroom.*
No cabían todos los estudiantes en el **aula**.	*There wasn't room for all the students in the **classroom**.*

⎯**6**⎯

angosto *narrow*
estrecho *narrow*

The synonyms **angosto** and **estrecho** are used everywhere in the Spanish-speaking world. However, **angosto** is the more common word in parts of Spanish America, as is **estrecho** in Spain.

En la Sierra del Cobre en México hay muchos caminos **angostos**.	*In Sierra del Cobre in Mexico there are many **narrow** roads.*
El pasillo de la casa era largo y **estrecho**.	*The hallway in the house was long and **narrow**.*

⎯**7**⎯

el hule *rubber; oilcloth*
la goma *rubber; rubber band*
el caucho *rubber*

Hule may refer to a glossy, rubberized, or waterproof fabric. It is so used in the literary example where it indicates a table-covering made of oilcloth. In most other cases, **hule** is a synonym of **goma** and **caucho**, and there is no clear distinction among these terms. However, **goma** is sometimes preferred for rubber in its softer, more flexible forms and **caucho** in its harder forms. **Goma** also means *rubber band* and is thus synonymous with **tira elástica**.

Como llovía tanto, los obreros de la carretera llevaban impermeables de **hule**.	*As it was raining so hard, the highway workers wore **rubber** raincoats (slickers).*
Mis zapatos tienen suelas de **goma**.	*My shoes have **rubber** soles.*
Los niños jugaban con una pelota de **goma**.	*The children were playing with a **rubber** ball.*
En el aeropuerto hay una acera móvil de **caucho** para el transporte de los pasajeros.	*In the airport there's a moving sidewalk made of **rubber** for transporting passengers.*

8

de palo *wooden*   **el palo** *pole, stick; a blow with a stick*
la madera *wood*   **la leña** *(fire)wood*

Palo, which indicates a cylindrical piece of wood such as a pole, stick, or mast of a ship, is also used as an adjective (**de palo**) to mean *wooden* when the shape of the item referred to is cylindrical. In the example from the short story, it is so used in conjunction with **plumero**, a Colombian term for *pen*. In most other cases, *wood* is rendered as **madera**, except for firewood, which is referred to as **leña**.

El pirata Long John Silver era conocido por tener una pata **de palo**.

*The pirate Long John Silver was known for his **wooden (peg)** leg.*

Le dieron unos **palos** por ser ladrón.

*They beat him with **a stick** for being a thief.*

El cocinero insistía en usar una cuchara **de palo**.

*The cook insisted on using a **wooden** spoon.*

Añadió más **leña** al fuego en la chimenea.

*He added more **wood** to the fire in the fireplace.*

9

matar *to kill*
asesinar *to murder, assassinate; to kill*
rematar *to finish off*
eliminar *to wipe out, bump off*
ejecutar *to execute*

The English word *assassinate* normally means to murder an important or prominent person. The Spanish cognate **asesinar** shares this meaning, but more often is the simple equivalent of the English *to murder*, i.e., *to kill someone intentionally and with malice*. **Eliminar** is more colloquial and implies a criminal rubbing or wiping out of someone. **Ejecutar**, *to execute*, suggests capital punishment after some kind of trial or judgment.

Mató a su amigo en un accidente de caza.

He killed *his friend in a hunting accident.*

Los soldados enemigos **remataban** a los heridos.

*The enemy soldiers **finished off** the wounded.*

Estaba loca e intentó **asesinar** al presidente en San Francisco.

*She was crazy and tried **to kill (assassinate)** the president in San Francisco.*

Asesinaron al periodista cuando salía de su coche.

***They murdered (killed)** the journalist while he was getting out of his car.*

Lo **ejecutaron** en la silla eléctrica y no en la cámara de gas.

*He was **executed** in the electric chair and not in the gas chamber.*

—10—

el bloque block
el establo stable

la cuadra block (Sp. Am.); stable (Sp.)
la manzana block (Sp.); apple

In Spanish America, **cuadra** is a block, the rectangular division of a city or town bound by consecutive streets. In Spain, **cuadra** is a horse-stable, as opposed to **establo**, a stable for other animals. In Spain and in some countries of Spanish America, **manzana**, the word for *apple*, is also the word for city block, although **bloque** is sometimes used for a block of houses. **Bloque** is also the word for a large piece of a hard substance such as wood, marble, stone, and so on.

El trabajo de Andrés es mantener limpia la **cuadra**.

*Andrés' job is to keep the **stable** clean.*

Viven en la próxima **manzana (cuadra)**.

*They live in the next **block**.*

En invierno, el **establo** está lleno de vacas.

*In winter the **stable (barn)** is full of cows.*

—11—

el ropero *closet*
la alacena *cupboard, closet; locker*
el armario *closet*
el guardarropa *checkroom, cloakroom; clothes closet*

Ropero is a clothes closet or a small room for storing clothes. The word is more commonly used in Spanish America than in Spain, where **armario** is the standard word for *closet* in any context. **Alacena** means cupboard or closet set in a wall, most often used for storage of food and cooking utensils. **Guardarropa** indicates a public checkroom and less frequently a personal wardrobe.

Abrió el **armario** para sacar un suéter.	*He opened the **closet** to take out (get) a sweater.*
Guardamos conservas de frutas en esta **alacena**.	*We keep canned fruit in this **cupboard**.*
Antes de ir a sentarse, dejaron los abrigos en el **guardarropa**.	*Before going to sit down, they left their overcoats in the **checkroom**.*

—12─────────────────────────────────────

coger *to take*
tomar *to take*
agarrar *to take (Sp. Am.); to grasp (Sp.)*

In Spain, **agarrar** means *to grasp*, as with claws or **garras**. It has come to mean *to take* in much of Spanish America, where it is a replacement for **coger**, a common word in Spain, but a taboo word in polite speech for many Spanish-Americans due to its colloquial sexual implications. **Tomar** is used both in Spain and Spanish America as a synonym for both **agarrar** and **coger**.

Yolanda **cogió (agarró)** los papeles que estaban sobre la mesa.	*Yolanda **took** the papers that were on the table.*
El niño **tomó** el dinero que le ofrecía su abuelo.	*The child **took** the money his grandfather offered him.*

—13─────────────────────────────────────

amanecer *to dawn*
anochecer *to grow dark*
atardecer *to draw towards evening; to happen late in the afternoon*

Whereas English uses verbs indicating natural phenomena in the third person only, Spanish employs a number of these verbs in a personal way, as seen in the literary sample. There are no exact English translation equivalents for these verbs, but when used personally they convey the general idea of arriving or being in a particular place or condition at approximately the same time that the natural phenomenon occurs. Context sometimes requires that another verb be supplied or added to the English translation of these expressions to complete their meaning. As is typical of many words in Spanish, the infinitives above, when preceded by the masculine definite article, are also the nouns for these phenomena.

El reo **amaneció** ahorcado en su celda.	*At dawn, the prisoner was found hanged in his cell.*
Amanecimos pobres, nos tocó la lotería y **anochecimos** muy ricos.	*We got up poor, won the lottery and we went to bed very rich.*
Estaba lloviendo cuando **atardecimos** en Málaga.	*It was raining when we arrived in Málaga in the late afternoon.*
El frescor del **anochecer** penetraba en el cuarto.	*The coolness of evening (nightfall) came into the room.*
Beatriz preparó la partida para el **amanecer** del tercer día.	*Beatriz prepared her departure for dawn on the third day.*

~14

ordinario *ordinary, common*
común *common*
corriente *common*

Ordinario can mean *ordinary* in the sense of plain, common, or unexceptional. It can also be used in reference to something coarse or vulgar. In the example taken from García Márquez it is used in the latter sense. To avoid confusion when referring to people, **común** or **corriente** may be employed.

Es un día **ordinario** como los demás.	*It's an ordinary day like the others.*
Siempre habla con la boca llena; es muy **ordinario**.	*He always talks with his mouth full; he's a very vulgar person.*
En esta época del año la gripe es una enfermedad **corriente (común)**.	*At this time of year, the flu is a common illness.*
Es un estudiante tan **corriente** que pasa desapercibido.	*He's such an ordinary student that he goes about unnoticed.*

~15

ahorcar *to hang*	**tender** *to hang*
pender *to hang*	**colgar** *to hang (coll. to flunk or fail someone)*

The most common Spanish equivalent for the English *to hang* is **colgar**. **Ahorcar** is *to hang by the neck in order to execute or kill someone*. Colloquially, **colgar** is sometimes used for **ahorcar**. **Tender**, literally *to spread or stretch something out*, means *to hang* as in to hang clothes in order for them to dry. **Pender** is used intransitively to mean *to hang* when something is suspended and hangs freely from a higher position.

¿Dónde vamos a **colgar** el nuevo cuadro?	*Where are we going **to hang** the new painting (picture)?*
Al oír mi voz, **colgó** el teléfono.	*On hearing my voice, **he hung up** the phone.*
Colgaron a Mario en francés.	***They flunked** Mario in French (class).*
Decidieron **ahorcar** al mensajero de las malas noticias.	*They decided **to hang** the messenger who brought the bad news.*
Yo prefiero **tender** la ropa al sol para secarla.	*I prefer **to hang** the clothes in the sun to dry them.*
La lámpara que **pendía** del techo osciló mucho durante el terremoto.	*The light that **was hanging** from the ceiling swayed a great deal during the earthquake.*

PRÁCTICA

A. *Para cada una de las frases siguientes, elija Ud. la palabra que complete el sentido. Haga también cualquier cambio necesario en la palabra elegida para que la frase quede gramaticalmente correcta.*

1. El cardiólogo reconoció en su _____ al enfermo (**bufete, consultorio, dirección**).

2. La abogada tiene su _____ en el centro (**clínica, bufete, consulta**).

3. Los estudiantes _____ los libros a la biblioteca al final del curso (**devolver, volver, regresar**).

4. _____ de Buenos Aires esta mañana después de unas vacaciones inolvidables (**devolvimos, regresamos, terminamos**).

5. Ayer se celebró _____ del año escolar (**el cierre, la clausura, la abertura**).

6. En los últimos años, hemos visto _____ de muchas grandes empresas (**la clausura, el cierre, la abertura**).

7. He comprado dos butacas para _____ de la casa (**el salón, la habitación, el aula**).

8. En nuestra universidad faltan _____ para los estudiantes (**aulas, cuartos, habitaciones**).

9. El puerto de la montaña era tan _____ que sólo podía pasar un coche a la vez (**común, angosto, corriente**).

10. Los pescadores de bacalao suelen llevar chaquetas y pantalones de _____ (**goma, hule, caucho**).

11. Todos los muebles de la cocina son de _____ (**madera, leña, palo**).

12. El torero _____ al toro moribundo (**ejecutar, rematar, eliminar**).

13. Si no hubieran _____ a los presidentes Lincoln y Kennedy, la historia norteamericana habría sido muy diferente (**rematar, ejecutar, asesinar**).

14. Desde mi casa hasta la Plaza de San Juan, hay tres _____ (**bloques, establos, cuadras**).

15. Antes de pasar a las butacas del teatro, dejamos las gabardinas en el _____ (**armario, ropero, guardarropa**).

16. Ella tenía más de veinte pares de zapatos en _____ (**el guardarropa, el ropero, la alacena**).

17. Durante el saldo espectacular de J.C. Penney en junio, mi padre y yo _____ todas las camisas posibles (**tomar, agarrar, pender**).

18. Durante los meses de lluvia, el resfriado es una enfermedad _____ (**ordinario, estrecho, corriente**).

19. Durante el vuelo de Iberia desde Los Angeles hasta España, nosotros _____ en Nueva York y _____ en Madrid (**amanecer, rematar, anochecer**).

20. Si fuera un médico _____, no tendría tantos pacientes (**ordinario, corriente, estrecho**).

21. No sabíamos si _____ las cortinas de pared a pared o solamente delante de la ventana (**colgar, tender, pender**).

22. En Madrid, cuando hace buen tiempo, se suele _____ la ropa lavada en el patio para secarla (**tender, ahorcar, pender**).

23. El autor _____ publicar su primera novela (**acabar de, terminar de, volver a**).

24. Los pasajeros de este vuelo van a _____ en Barcelona a las seis horas, antes de cenar (**atardecer, amanecer, anochecer**).

25. La cadena comercial anuncia la _____ de un nuevo supermercado (**abertura, apertura, clausura**).

26. Después _____ del Senado, los senadores regresaron a sus respectivos estados (**de la clausura, del cierre, de la apertura**).
27. Mi primo se _____ en un accidente de automóvil en la autopista (**rematar, matar, ejecutar**).
28. Aquel día encontramos al periodista en _____ de *The New York Times* (**la consulta, la redacción, el bufete**).
29. Esta chimenea no usa gas, sino _____ (**palo, madera, leña**).
30. Como estaba lloviendo mucho, el campesino metió las vacas en _____ (**la cuadra, el establo, la alacena**).

B. *Traduzca al español las siguientes frases empleando el vocabulario estudiado en este capítulo.*

1. The doctor's office is near city hall.
2. In June, students return all books to the library.
3. His wife asked again [do not use **otra vez** or **de nuevo**] what had happened.
4. The opening of the will was a very important event.
5. Every morning he gets up at dawn [do not use **levantarse**] with a bad [use **fuerte**] headache.
6. Carlos waited until dawn before getting up.
7. What he just said bothers me very much.
8. My godson has just opened his new law office in Madrid.
9. The famous writer returned to his native country to live.
10. I attended the closing of the Democratic Convention in Los Angeles.
11. They decided not to buy the house since it had more rooms than they needed.
12. My daughter spends many hours in her room doing her homework.
13. The narrow road went through [use **atravesar**] the thick forest.
14. Since the store didn't have slippers with leather soles, I bought a pair with rubber soles.
15. There wasn't enough firewood to heat the cabin.
16. In the 18th century, people were executed in some countries for stealing bread.
17. The number of people [use **personas**] murdered in large cities is alarming.
18. From the hotel to the restaurant, we had to walk twelve blocks.
19. They hanged the murderer at dusk.
20. They decided to hang the painting above the chimney.

TEMAS A ESCOGER

Temas relacionados con la selección literaria

1. Describa Ud., desde la perspectiva de la mujer, la llegada al pueblo y su encuentro con el sacerdote. Incluya no sólo lo que ella ve, sino lo que pueda sentir durante su estadía en el pueblo.
2. Imagínese que Ud. es la niña y relate sus impresiones al acompañar a su madre y presenciar el encuentro con el cura.
3. Escriba este episodio desde el punto de vista del cura, comenzando con la llegada de la madre de Carlos Centeno a la casa rectoral hasta el momento en que sale esta mujer al cementerio.

Temas sugeridos por la selección literaria

1. Describa Ud. —en forma de diálogo o de ensayo— alguna confrontación o discusión que haya tenido con otra persona.
2. Describa alguna situación en la que Ud. haya sido afectado(a) por el ambiente físico-moral.
3. Relate Ud. un caso (verdadero o imaginado) de gran resignación ante una vida trágica o llena de desgracias.

◆ Repaso gramatical

Spanish Equivalents of English *to be* (Part I)

Basic Statement

The two common Spanish equivalents of the English *to be* are **ser** and **estar**. **Ser** establishes or contributes to establishing identity. **Estar** indicates location as well as state or condition. When used to express state, **estar** normally indicates a change from some other state or at least the possibility of such change. **Ser**, however, indicates an essential or inherent characteristic. Two sentences which differ only in their use of **ser** and **estar** can both be grammatically correct in Spanish, and may sometimes be rendered by the same English equivalent. Nevertheless, they mean different things since **estar** indicates something that befalls the subject and **ser** what is viewed as a necessary part of it. As shown by the examples below, noun forms of these verbs also reflect this distinction.

Un **ser** humano es una cosa maravillosa.   *A human **being** is a marvelous thing.*

El **estado** del enfermo ha mejorado.   *The **condition (state)** of the patient has improved.*

The Referent with "ser" and "estar"

To equate the subject with a predicate noun or with a pronoun, **ser** is the verb used. In other words, a noun or pronoun can follow **ser**, but not **estar**. However, when the predicate is an adjective or a past participle, one must decide if the quality conveyed by the adjective or participle is perceived as a basic characteristic or as a state or condition. With **ser**, the adjective has something of the quality of a noun. **Ser** functions as an equal sign showing the subject to be one of a class of persons or things.

El marinero **es** un (hombre) borracho.   *The sailor **is** a drunk(ard).*

Carlos **es** (un muchacho) sucio.   *Carlos **is** (a) dirty (boy).*

La tierra aquí **es** (tierra) dura.   *The ground here **is** hard (ground).*

If **ser** in the previous examples is replaced by **estar**, the sentences no longer make a general, essential identification of the subject. Instead of establishing a permanent relationship between the subject and the attribute conveyed by the adjective, **estar** places the subject in the concrete world of experience or of the physical senses. **Estar** thus indicates the *state* of the subject, rather than its *essence*. It thus functions somewhat as an adverb primarily modifying the verb (i.e., the subject's state), only referring to the subject in a secondary manner.

El marinero **está** borracho.   *The sailor **is** drunk.*

Carlos **está** sucio.   *Carlos **is** dirty.*

La tierra aquí **está** dura.   *The earth here **is** hard.*

In the previous set of examples, **estar** + **adjective** does not refer to what the speaker feels to be the basic nature of the sailor, Carlos, nor the ground in question. Instead, it indicates a condition at a given time, a condition or state which may be of a short, long, or indeterminate duration. Unlike **ser**, **estar** does not unreservedly equate the subject and an attribute. With **estar**, we know nothing about the subject's fundamental traits or characteristics. The sailor, for example, may be an alcoholic, an occasional drinker, or a young man who has sampled intoxicants for the first time. Carlos may be an immaculate person, one of average neatness or a slovenly individual. (In this last instance the use of **estar** may indicate someone's reaction to his state or the fact that he is dirtier than usual). Similarly, **estar** may be used to indicate that the soil (which may be of a basically soft, average or hard composition) is harder than normal, perhaps from lack of rain. It may also indicate an implied comparison with some other soil the speaker has in mind.

In short, **estar** refers to the subject's state at a given time but provides little or no information about its fundamental nature. **Ser** suggests no such temporal limitation and couples the attribute indicated by the adjective to the subject itself. In Spanish, the speaker uses **estar** with an adjective when (s)he feels there has been some perceptible change in the subject or when (s)he feels the state of the subject is likely to change. **Ser** indicates that the quality is viewed as a basic, defining characteristic not normally subject to change.

Subjectivity with "estar"

Estar often indicates a personal reaction, expressing what is perceived directly through the senses. It is frequently rendered by the English *to seem, look, taste, act and feel*, as well as by *to be*. **Estar** thus contains something of the subjective reaction as opposed to the more objective, impersonal **ser**.

Estas naranjas **son** muy dulces.	*These oranges **are** (a) very sweet (variety).*
Estas naranjas **están** muy dulces.	*These oranges **are** (taste) very sweet.*

Since **estar** indicates personal reaction, an adjective with **estar** does not reveal what by objective standards may be considered an essential attribute of the subject. Instead, **estar** reflects a person's response to a change or to a noteworthy circumstance. **Ser** refers to what may be considered a necessary part of the subject when measured by relatively objective standards. **Estar** more often indicates the subjective reaction of the perceiver than the objective state of what (s)he perceives.

Tu abuela **está** muy joven.	*Your grandmother **looks (acts, is)** very young.*

The preceding sentence with **ser** would refer to age in actual years. **Estar**, however, conveys a personal impression of the grandmother's behavior or appearance compared to what the speaker considers normal for people of the grandmother's age group.

—¡Mario, qué alto **estás**!	*"Mario, how tall **you are**!"*
—Sí, mañana cumplo cinco años.	*"I know; I'll be five tomorrow."*
Mario **es** muy alto para su edad.	*"Mario **is** very tall for his age."*

In the first example above, **estar** may reflect the speaker's reaction either to Mario's increased height since the previous time (s)he saw him or the fact that Mario is (seems) tall compared to other children of his age. The example with **ser** is a more objective way of indicating that Mario is tall for a boy of five.

Point of View and Implied Contrast

It is not always easy to decide whether a given attribute is best viewed as a defining characteristic or as a state, which by its very nature is subject to change. It may nonetheless help to
recall that Spanish prefers **estar** with adjectives when contrast is suggested to any degree.
The contrast may be between the present and the previous states of the subject or between
the subject and another member of her/his class. When a feeling of such contrast is absent,
and when there is no desire to convey a personal or emotional overtone, Spanish prefers **ser**.

El cielo de Arizona **es** (un cielo) azul.	*The Arizona sky **is** (a) blue (sky).*
El cielo de Arizona **está** siempre azul.	*The Arizona sky **is** always blue.*

Few persons would bother making the first statement above. A native of Tucson residing in
San Francisco, however, might very well utter the second sentence for the affective power of
estar or to emphasize the contrast between the weather of the two cities. There is little difference in meaning, however, since the objective defining characteristic in the first sentence
is subjectively viewed as a permanent state in the second. But it is clear that the connotative
force of the adjective is lacking in the more trite sentence with **ser**. Examine the following
sentences to see why **ser** or **estar** is used.

¡Qué verde **está** la pradera después de la lluvia!	*The meadow **is** so green after the rain.*
Raimundo **estaba** más gordo y calvo que el año pasado.	*Raimundo **was** fatter and balder than last year.*
El lago Tahoe **es** el lago más profundo de California, pero después de las lluvias **está** aún más profundo.	*Lake Tahoe **is** the deepest lake in California, but after the rain, **it's** even deeper.*

Since in normal social communication, the differences, contrasts, and changes in persons
and things interest us much more than their well-known characteristic features, **estar** is
more frequently encountered than **ser** in pairs like the following.

Veo que Luisa **es** muy trabajadora.	*I see that Luisa **is** a very hard-working person.*
Veo que Luisa **está** muy trabajadora hoy.	*I see that Luisa **is** very hard-working today.*
Rafael **está** casado.	*Rafael **is** married (neither divorced nor a bachelor).*
Rafael **es** (un hombre) casado.	*Rafael **is** (a) married (man).*

La película **está** doblada.	*The film **is** dubbed (not in the original).*
La película **es** (una película) doblada.	*The film **is** (a) dubbed (film).*
El cuarto **era** oscuro y decidí pintarlo de blanco.	*The room **was** (a) dark (room) and I decided to paint it white.*
El cuarto **estaba** oscuro y decidí encender la luz.	*The room **was** dark and I decided to turn on the light.*

There are, then, often two possibilities with adjectives. With **ser** we indicate that we view the subject as a member of a particular class or group, whereas with **estar** we offer a personal comment on the subject without relating it to that class or group. Thus we would normally refer to a friend's sudden loss of weight by saying:

| Juan **está** muy delgado. | *Juan **is** very thin.* |

A year later we may continue to use **estar**, thereby still comparing Juan's present and previous states. We may, however, cease to regard his thinness as a resultant state of some action or occurrence and consider it instead to be a basic identifying characteristic. The use of **ser** would indicate that we now see Juan as one of the class of thin people.

| Juan **es** muy delgado. | *Juan **is** (a) very thin (person).* |

It was mentioned earlier that **estar** is also used to indicate location in Spanish. Remember that all instances of indicating location, whether temporary or permanent, are rendered with **estar**, and not **ser**.

| Mi abuelo **está** en el hotel. | *My grandfather **is** in the hotel.* |
| El museo **está** en Londres. | *The museum **is** in London.* |

Finally, an often helpful device for deciding whether to use **ser** or **estar** with a particular adjective is to see if the expression *in a _____ state* (with the adjective in question inserted in the blank space) can replace the adjective without a change in meaning. If it can, then **estar** is the verb to use. If the substitution is not possible, use **ser**.

Estoy satisfecho.	***I am** satisfied. (in a satisfied state)*
Estábamos listos.	***We were** ready (prepared). (in a ready, prepared state)*
Tu coche **es** barato.	*Your car **is** cheap. (One can't say in a cheap state)*
Sus vecinos **eran** chinos.	*His neighbors **were** Chinese. (One can't substitute in a Chinese state)*

PRÁCTICA

   A. *Complete las siguientes frases con la forma correcta de **ser** o **estar**. En algunas frases es posible usar el verbo correctamente en más de un tiempo verbal. En aquellas frases donde se puede usar tanto **ser** como **estar**, explique la diferencia.*

1. Mañana el riesgo de lluvia _está/estará_ limitado a Oregón y Washington.
2. El Japón _es_ el país más próspero de Asia.
3. Carmen no quería ver a nadie; deseaba _estar_ sola.
4. _Estoy_ tan débil que no puedo continuar trabajando.
5. Recientemente los tomates han _estado_ muy baratos.
6. En general, el peligro de que haya incendios forestales _es_ muy alto en septiembre.
7. Ayer, María _estaba_ más alegre que otros días. _estuvieron / estaban_
8. Normalmente sus nietos _son_ muy buenos, pero ayer _estaban_ inaguantables.
9. Nuestra compañía _estuvo/estaba/está_ al borde de la bancarrota.
10. Juan no _es_ más trabajador que tú, pero su sueldo _es_ mucho más alto.
11. En el bosque había una ermita que _estaba/chapel_ en ruinas.
12. No podemos venderle a Ud. este coche porque ya _está_ vendido.
13. Arturo _es_ muy pedante pero hoy ha _estado_ más pedante que nunca.
14. En aquella ciudad los días _son_ tan fríos como las noches.
15. ¿Por qué no me dijiste antes que _estabas (estás)_ casado?

   B. *Rellene los espacios en blanco usando la forma apropiada -tiempo y modo -de los verbos **ser** o **estar**.*

Cuando entré en la clase aquel día _fue_ (1) la primera vez que la vi. _Estaba_ (2) sentada en la primera fila al lado del gran ventanal. _era_ (3) la chica más hermosa que yo había visto nunca; sus cabellos _eran_ (4) del color del trigo maduro, y el azul de sus ojos me llevó a recordar el soleado mediterráneo. ¡ _fue_ (5) mi día de suerte! A su lado había un asiento libre. Me senté a su lado y le dije quién _era_ (6) yo; le dije que _estaba_ (7) en el tercer año de mi carrera, que yo quería _ser_ (8) ingeniero y que _estaba_ (9) temporalmente en esa universidad, ya que en la mía no ofrecían ese curso en el que yo _estaba_ (10) interesado. Le pregunté quién _era_ (11). No me contestó; _estaba_ (12) ensimismada en las palabras del profesor —hombre famoso en su especialidad— quien, en aquellos momentos, _estaba_ hablando sobre un poema de Quevedo. Le pregunté si a ella le gustaba la poesía y le dije que, a pesar de mi carrera, yo _era_ (13) algo poeta, y por eso _estaba_ (14) allí. Me miró por primera vez y me dijo si yo _estaba_ (15) dispuesto a pasar el resto de la clase molestándola. Me preguntó si _estaba_ (16) casada, si tendría hijos. Si no _estaba_ (17) casada, pensé, me gustaría salir con ella, y así se lo dije. No me contestó; pareció enfadarse. En fin, hace ya veinte años que _estamos_ (18) casados y que _somos_ (19) muy felices. Nunca pude pensar que aquella joven arisca llegaría a _ser_ (20) mi mujer. Tenemos dos hijos que _son_ (21) rubios como ella, y que ahora mismo _están_ (22) hablando en el cuarto de al lado sobre lo anticuados que _somos_ (23) los padres, dicen que nunca _estamos_ (24) al día, y que no _somos_ (25) nada modernos.

C. *Traduzca al español las siguientes frases, usando la forma correcta de **ser** o **estar** en cada frase. En algunas frases son correctos los dos verbos; explique la diferencia entre ellas.*

1. In what state were his affairs when he died?
2. The lawn is wet with the night dew.
3. The lake was very deep.
4. I am sure you will be better tomorrow.
5. He is one of those persons who do not know how to be by themselves even a moment.
6. Our bedroom was very dark.
7. How beautiful the sea is tonight.
8. At that time I was very far from knowing the truth.
9. The Mississippi is the longest river in [use **de**] the United States.
10. The fruit is rotten.

D. *Cada una de las frases siguientes contiene un error. Indique cuál es. Explique por qué está mal.*

1. El Museo Británico es en Londres, una ciudad inglesa
2. Los chinos están la mayor población mundial.
3. El periódico es doblado, y no puedo despegar las páginas.
4. Una característica del cielo en los cuadros de Velázquez es que siempre está azul.
5. No toques esa puerta porque la pintura es todavía húmeda.

ENFOQUE   Preliminary Considerations

Let's start by saying that writing goes beyond a knowledge of grammatical rules and the awareness of composition techniques. To write, and to write well, it is necessary to learn to think about the language we are going to employ and, afterward, follow certain procedures to attain our own styles. These procedures have to be combined with simplicity, precision, clarity and originality in what we say and in how we say it.

We must start the writing process by selecting a topic and by limiting our chosen topic to the requirements imposed upon us by the person (be it the professor in a class, or the editor of a magazine, etc.) for whom we write. Once we have chosen a topic, we must seek information with which to communicate our ideas, i.e., what we want to say. If we write about our personal experience, we must recall details about that experience, and select among the details those which are most pertinent. If we write about something external to our experience, we must become as familiar as possible with the chosen topic. To become accomplished writers, we must develop the habit of reading in a variety of fields, as much as possible. We must also learn to be curious about anything and everything that happens around us (news, events, people, etc.). We must write with the desire to do the best we can, and we must learn to feel free about that which we write, whether the topic has been freely chosen by us, or imposed upon us. Before starting the writing of our essay, we should make an outline with the ideas we want to develop; with this outline in hand, we can begin to give form to our text, be it narration, exposition, or analysis.

TIPS

1. Choose a topic
2. Set limits
3. Search for information
4. Accept responsibility (be willing to write)
5. Prepare an outline with ideas
6. Start to write

CAPÍTULO

2

 ### LA CASA DE LOS ESPÍRITUS
ISABEL ALLENDE

 ### REPASO GRAMATICAL
- *Spanish Equivalents of English **to be** (Part II)*

La casa de los espíritus

ISABEL ALLENDE

◆◆◆◆◆◆◆◆◆◆◆◆◆◆

La chilena, Isabel Allende, es hoy, sin duda, la novelista hispanoamericana más leída del mundo. Nace en 1942 en Lima, Perú, donde su padre está destinado como diplomático. Isabel Allende es sobrina del Presidente Salvador Allende y abandona Chile en 1973 a consecuencia del golpe militar que derroca al gobierno e impone una dictadura.

Los libros de Isabel Allende, entre los que se encuentran De amor y de sombra (1984), Eva Luna (1987) *y* Cuentos de Eva Luna (1987), *amén de la* Casa de los espíritus (1982) *del cual hemos escogido la selección que sigue, han sido traducidos a más de 25 idiomas. En 1994 publica* Paula, *libro autobiográfico y extremadamente comovedor, en el que recupera su pasado familiar. En sus obras Allende nos habla de la tragedia que refleja la historia del continente hispanoamericano, y de la esperanza de los hombres y de las mujeres que en ese continente luchan por lograr un mundo mejor.*

La casa de los espíritus *es la historia de una familia marcada por el amor, la política y la tragedia. En sus páginas encontramos la crónica de los Trueba desde los años veinte hasta la década de los setenta. La acción ocurre en una república sudamericana — cuyo nombre la autora no menciona — que lucha por la democracia. En el trasfondo de la novela podemos percibir el Chile nativo de Isabel Allende, donde se destaca la recreación del golpe de estado al final de la obra.*

Esteban Trueba, partiendo de la nada, ha llegado a ser un hombre muy rico y, olvidando su origen, un despiadado terrateniente. Clara, esposa de Esteban, es una mujer libre y moderna que posee la capacidad de ver el futuro. Blanca, hija de Esteban y de Clara, se enamora de Pedro Tercero, amigo de la infancia aunque considerado por el padre de ella como un ser inferior por ser mestizo y haber nacido de padres que trabajaban la tierra de los Trueba. Pedro, ahora amante de Blanca, es un revolucionario que organiza a los campesinos contra los abusos de los terratenientes como Esteban Trueba.

Encontramos en La casa de los espíritus *ciertas similaridades con* Cien años de soledad *(del colombiano Gabriel García Márquez); ambos autores se sirven del realismo mágico para mostrar que, en el continente sobre el que escriben, la realidad se diluye y se mezcla con la fantasía. Ambas obras son la historia de familias que viven una realidad cotidiana mezclada con sucesos fantásticos en los que se mueven unos personajes grotesco-realistas. Sin embargo,* La casa de los espíritus *se distingue de la novela colombiana*

porque centra más su atención en los personajes femeninos y, por medio de estos persona-
jes, celebra la emancipación social de la mujer hispanoamericana.

En la selección que aquí presentamos, vemos a Clara en uno de los momentos de
realismo mágico de la novela — momento que resulta trágico para sus personajes.
Clara prevé el terrible terremoto que poco después sacudirá el país y destruirá la
hacienda Las Tres Marías, donde Blanca y sus padres están pasando los últimos días
de sus vacaciones. Allende muestra su gran capacidad para describir las fuerzas de la
naturaleza y los efectos que éstas tienen sobre edificios, campos y personas.
Encontramos también digno de destacar la cura maravillosa del destrozado cuerpo de
Esteban Trueba sobre quien se desploma uno de los edificios del rancho. Esta cura la
hace Pedro García, un viejo ciego capaz de lograr milagrosos remedios con el toque
mágico de sus dedos "antiguos."

Así transcurrieron tres años, hasta que el terremoto cambió las cosas. Al final de
estas vacaciones, los mellizos regresaron a la capital antes que el resto de la familia, acompañados por la Nana, los sirvientes de la ciudad y gran parte del equipaje. Los muchachos iban directamente al **colegio**[1] mientras la Nana y los otros

5   empleados arreglaban la gran casa de la esquina para la llegada de los patrones.

Blanca se quedó con sus padres en el campo unos días más. Fue entonces
cuando Clara comenzó a tener pesadillas, a **caminar**[2] sonámbula por los corredo-
res y despertar gritando. En el día andaba como idiotizada, viendo signos premonitorios en el comportamiento de las bestias: que las gallinas no ponen su huevo

10   diario, que las vacas andan espantadas, que los perros aúllan a la muerte y salen
las ratas, las arañas y los gusanos de sus escondrijos, que los pájaros han abandonado los nidos y están alejándose en bandadas, mientras los pichones gritan de
hambre en los árboles. Miraba obsesivamente la tenue columna de humo blanco
del volcán, escrutando los cambios en el color del cielo. Blanca le preparó infusio-

15   nes calmantes y baños tibios y Esteban recurrió a la antigua cajita de **píldoras**[3]
homeopáticas para tranquilizarla, pero los sueños continuaron.

— ¡La tierra va a **temblar**[4]! — decía Clara, cada vez más pálida y agitada.

— ¡Siempre tiembla, Clara, por Dios! — **respondía**[5] Esteban.

— Esta vez será diferente. Habrá diez mil muertos.

20   — No hay tanta gente en todo el país — se burlaba él.

Comenzó el cataclismo a las cuatro de la madrugada. Clara despertó poco
antes con una pesadilla apocalíptica de caballos reventados, casas arrebatadas por
el mar, gente reptando debajo de las piedras y cavernas abiertas en el suelo donde
se hundían casas enteras. Se levantó lívida de terror y corrió a la habitación de

25   Blanca. Pero Blanca, como todas las noches, había cerrado con llave su puerta y se
había deslizado por la ventana en dirección al río. Los últimos días antes de volver

a la ciudad, la pasión del verano adquiría características dramáticas, porque ante la inminencia de una nueva separación, los jóvenes aprovechaban todos los momentos posibles para **amarse**[6] con desenfreno. Pasaban la noche en el río, inmunes al frío o el cansancio, retozando con la fuerza de la desesperación, y sólo al vislumbrar los primeros rayos del amanecer, Blanca regresaba a la casa y entraba por la ventana a su cuarto, donde llegaba justo a tiempo para oír cantar a los gallos. Clara llegó hasta la puerta de su hija y trató de abrirla, pero estaba trancada. Golpeó y como nadie respondió, salió corriendo, dio media vuelta a la casa y entonces vio la ventana abierta de par en par y las hortensias plantadas por Férula pisoteadas. En un instante comprendió la causa del color del aura de Blanca, sus ojeras, su desgano y su silencio, su somnolencia matinal y sus acuarelas vespertinas. En ese mismo instante comenzó el terremoto.

Clara sintió que el suelo se sacudía y no pudo sostenerse en pie. Cayó de rodillas. Las tejas del techo se desprendieron y llovieron a su alrededor con un estrépito ensordecedor. Vio la pared de adobe de la casa quebrarse como si un hachazo le hubiera dado de frente, la tierra se abrió, tal como lo había visto en sus sueños, y una enorme grieta fue apareciendo ante ella, sumergiendo a su paso los gallineros, las artesas del lavado y parte del establo. El estanque de agua se ladeó y cayó al suelo desparramando mil litros de agua sobre las gallinas sobrevivientes que aleteaban desesperadas. A lo lejos, el volcán echaba fuego y humo como un dragón furioso. Los perros se soltaron de las cadenas y corrieron enloquecidos, los caballos que escaparon al derrumbe del establo, husmeaban el aire y relinchaban de terror antes de salir desbocados a campo abierto, los álamos se tambalearon como borrachos y algunos cayeron con las raíces al aire, despachurrando los nidos de los gorriones. Y lo tremendo fue aquel rugido del fondo de la tierra, aquel resuello de gigante que se sintió largamente, llenando el aire de espanto. Clara trató de arrastrarse hacia la casa llamando a Blanca, pero los estertores del suelo se lo impidieron. Vio a los campesinos que salían despavoridos de sus casas, clamando al cielo, abrazándose unos con otros, a tirones con los niños, a patadas con los perros, a empujones con los viejos, tratando de poner a salvo sus pobres pertenencias en ese estruendo de ladrillos y tejas que salían de las entrañas mismas de la tierra, como un interminable rumor de fin de mundo.

Esteban Trueba apareció en el umbral de la puerta en el mismo momento en que la casa se partió como una **cáscara**[7] de huevo y se derrumbó en una nube de polvo, aplastándolo bajo una montaña de escombros. Clara **reptó**[8] hasta allá llamándolo a gritos, pero nadie respondió.

La primera sacudida del terremoto duró casi un minuto y fue la más fuerte que se había registrado hasta esa fecha en ese país de catástrofes. Tiró al suelo casi todo lo que estaba en pie y el resto terminó de desmoronarse con el rosario de temblores menores que siguió estremeciendo el mundo hasta que amaneció. En las Tres Marías **esperaron**[9] que saliera el sol para contar a los muertos y desenterrar a los

sepultados que aún gemían bajo los derrumbes, entre ellos a Esteban Trueba, que
70 todos sabían dónde estaba, pero nadie tenía esperanza de encontrar con vida. Se
necesitaron cuatro hombres al mando de Pedro Segundo, para remover el **cerro**[10] de
polvo, tejas y adobes que lo cubría. Clara había abandonado su distracción angélica
y ayudaba a quitar las piedras con fuerza de hombre.

—¡Hay que sacarlo! ¡Está vivo y nos escucha! —aseguraba Clara y eso les
75 daba ánimo para continuar.

Con las primeras luces aparecieron Blanca y Pedro Tercero, intactos. Clara se
fue encima de su hija y le dio un par de bofetadas, pero luego la abrazó llorando,
aliviada por saberla a salvo y tenerla a su lado.

—¡Su padre está allí! —señaló Clara.
80 Los muchachos se dispusieron a la tarea con los demás y al cabo de una hora,
cuando ya había salido el sol en aquel universo de congoja, sacaron al patrón de
su tumba. Eran tantos sus huesos rotos, que no se podían contar, pero estaba vivo
y tenía los ojos abiertos.

—Hay que llevarlo al pueblo para que lo vean los médicos —dijo Pedro
85 Segundo.

Estaban discutiendo cómo trasladarlo sin que los huesos se le salieran por
todos lados como de un saco roto, cuando llegó Pedro García, el viejo, que gracias a su ceguera y su ancianidad **había soportado**[11] el terremoto sin conmoverse.
Se agachó al lado del herido y con gran cautela le recorrió el cuerpo, tanteándolo
90 con sus manos, mirando con sus dedos antiguos, hasta que no dejó resquicio sin
contabilizar ni rotura sin tener en cuenta.

—Si lo mueven, se muere —dictaminó.

Esteban Trueba no estaba inconsciente y lo oyó con toda claridad, se acordó
de la plaga de hormigas y decidió que el **viejo**[12] era su única esperanza.
95 —Déjenlo, él sabe lo que hace —balbuceó.

Pedro García hizo traer una manta y entre su hijo y su nieto colocaron al
patrón sobre ella, lo alzaron con cuidado y lo acomodaron sobre una improvisa-
da mesa que habían **armado**[13] al centro de lo que antes era el patio, pero ya no
era más que un pequeño claro en esa pesadilla de cascotes, de cadáveres de ani-
100 males, de llantos de niños, de gemidos de perros y oraciones de mujeres. Entre
las ruinas rescataron un odre de vino, que Pedro García distribuyó en tres partes,
una para lavar el cuerpo del herido, otra para dársela a tomar y otra que se bebió
él parsimoniosamente antes de comenzar a componerle los huesos, uno por uno,
con paciencia y calma, estirando por aquí, ajustando por allá, colocando cada
105 uno en su sitio, entablillándolos, envolviéndolos en tiras de sábanas para inmovi-
lizarlos, mascullando letanías de santos curanderos, invocando a la buena suerte
y la Virgen María, y soportando los gritos y blasfemias de Esteban Trueba, sin
cambiar para nada su beatífica expresión de ciego. A tientas le reconstituyó el
cuerpo tan bien, que los médicos que lo revisaron después no podían creer que
110 eso fuera posible.

—Yo ni siquiera lo habría intentado —reconoció el doctor Cuevas al enterarse.

Los destrozos del terremoto sumieron al país en un largo luto. No bastó a la tierra con sacudirse hasta echarlo todo por el suelo, sino que el mar se retiró varias millas y regresó en una sola gigantesca ola que puso barcos sobre las colinas, muy
115 lejos de la costa, se llevó caseríos, caminos y bestias y hundió más de un metro bajo el nivel del mar a varias islas del Sur. Hubo edificios que cayeron como dinosaurios heridos, otros que se deshicieron como castillos de naipes, los muertos se contaban por millares y no quedó familia que no tuviera alguien a quien llorar. El agua salada del mar arruinó las cosechas, los incendios abatieron zonas enteras de ciudades y
120 pueblos y por último corrió la lava y cayó la ceniza como coronación del castigo, sobre las aldeas cercanas a los volcanes. La gente dejó de dormir en sus casas, aterrorizada con la posibilidad de que el cataclismo se repitiera, improvisaban carpas en lugares desiertos, dormían en las plazas y en las calles. Los soldados tuvieron que hacerse cargo del desorden y fusilaban sin más trámites a quienes sorprendían
125 robando, porque mientras los más cristianos atestaban las iglesias clamando perdón por sus pecados y rogando a Dios para que aplacara su ira[14], los ladrones recorrían los escombros y donde aparecía una oreja con un zarcillo o un dedo con un anillo, los volaban de una cuchillada, sin considerar que la víctima estuviera muerta o solamente aprisionada en el derrumbe. Se desató un zafarrancho de gérmenes que pro-
130 vocó diversas pestes en todo el país. El resto del mundo, demasiado ocupado en otra guerra, apenas se enteró de que la naturaleza se había vuelto loca en ese lejano lugar del planeta, pero así y todo llegaron cargamentos de medicinas, frazadas, alimentos y materiales de construcción, que se perdieron en los misteriosos vericuetos de la administración pública, hasta el punto de que años después, todavía se podían
135 comprar los guisos enlatados de Norteamérica y la leche en polvo de Europa, al precio de refinados manjares en los almacenes exclusivos.

CUESTIONARIO

Contenido

1. ¿Qué hizo cambiar las cosas en la vida de los personajes de esta novela?
2. ¿Dónde veía Clara signos premonitorios?
3. ¿De qué se burlaba Esteban?
4. ¿Qué llevaba a los jóvenes a amarse con desenfreno?
5. ¿Qué le sucedió a Esteban cuando apareció en el umbral de la puerta?
6. ¿A dónde dice Pedro Segundo que hay que llevar a Esteban Trueba? ¿Por qué lo dice?
7. ¿Por qué había soportado Pedro García el terremoto sin conmoverse?
8. ¿Qué hace el mar como consecuencia del terremoto?

Interpretación y estilo

1. Según el primer párrafo de esta selección, ¿qué clase de familia vive en la gran casa?
2. ¿Qué tipo de personalidad tiene Clara?
3. ¿Cómo reaccionan los jóvenes cuando llegan los últimos días del verano? ¿Por qué?
4. Explique usted el uso de la personificación en "Y lo tremendo fue aquel rugido del fondo de la tierra, aquel resuello de gigante que se sintió largamente..."
5. Comente usted la imagen "...la casa se partió como una cáscara de huevo..."
6. ¿Por qué dice la voz narradora que Pedro García tiene "dedos antiguos"?
7. Explique usted la enumeración " ...en esa pesadilla de cascotes, de cadáveres de animales, de llantos de niños, de gemidos de perros y oraciones de mujeres."
8. Explique usted la metáfora "...la naturaleza se había vuelto loca..."

⚊ Léxico: opciones ⚊

⚊1⚊

el colegio *school*		**el liceo** *high school*	
la escuela *school*		**la academia** *academy, school*	
el instituto *high school, institute*			

The nouns above all indicate institutions of learning. **Colegio** most often indicates a primary (elementary) or middle (junior high) school. **Escuela** is the generic term for *school*. Since it may apply to any level of education, it is often qualified to avoid ambiguity. **Instituto**, in addition to rendering English *institute*, is the standard word for public high school in Spain. In some Spanish-American countries, **liceo** is used for public high school, whereas in most others the term **escuela secundaria** is more common. In Spanish, **academia** indicates a private institution above the primary school level and dedicated to the teaching of some specific body of knowledge, subjects, or skills.

Cuando Pedrito comience a ir al **colegio** queremos que sea una **escuela** pública.	*When Pedrito starts going to **school**, we want him to go to a public **school**.*

Cuando Juanita terminó la **escuela secundaria** (**el instituto**, **el liceo**) fue a estudiar a una universidad canadiense.	*When Juanita finished **high school** she went to study at a Canadian university.*
Ahora, en Europa, hay muchas más **academias de lenguas** para estudiar inglés que antes.	*In Europe there are now many more **language schools** for studying English than before.*

2

caminar *to walk*
andar *to walk*
ir a pie *to walk*
pasear *to stroll, to walk*
callejear *to wander (to walk) the streets*
deambular *to wander, to stroll*

Caminar and **andar** are very close synonyms and may be used interchangeably. Nonetheless, in certain parts of the Spanish-speaking world, there is a preference for one verb over the other. **Ir a pie** replaces **caminar** and **andar** to emphasize that the mode of locomotion is on foot rather than some other. **Pasear** indicates recreational walking. **Callejear** and its less common literary synonym **deambular** indicate a wandering or aimless walking in the streets.

A Roberto le gusta **andar** (**caminar**) desde su casa a la oficina.	*Roberto likes to **walk** from his house to his office.*
Como hoy hace tan buen tiempo, hemos decidido **ir a pie** a la universidad.	*Since the weather is so beautiful today, we have decided **to walk** to the university.*
Los domingos nos gusta **pasear** por el parque.	*On Sundays we like to **stroll** in the park.*
Cuando Manuel perdió el empleo, comenzó a **callejear** (**deambular**) por las calles de Buenos Aires.	*When Manuel lost his job, he began **to wander (to walk)** the streets of Buenos Aires.*

3

la píldora *pill*	**el comprimido** *tablet*
la pastilla *tablet; cake of soap*	**la gragea** *small sugar coated pill or colored candy pastille*
la tableta *tablet, pill*	**la cápsula** *capsule*

Spanish **píldora** indicates a small round medicinal pill. A **pastilla** tends to be larger than a **píldora**, and may be round, triangular, or square in shape; in a non-medicinal context, **pastilla** may also indicate a cake or bar of soap. **Tableta**, like its synonym **pastilla**, in its medicinal sense, tends to be small and flat. **Comprimido** renders a round shaped pill. **Gragea**, in addition to rendering a small colored candy pastille, may also indicate a small medicinal pill.

El médico le recetó a mi padre unas **píldoras** (**pastillas**, **tabletas**) de cortisona para la artritis.

*The doctor prescribed my father cortisone **pills (tablets)** for his arthritis.*

Cuando fuimos a Manaus tuvimos que tomar unas **tabletas** de quinina para la malaria.

*When we went to Manaus we had to take some quinine **tablets (pills)** for malaria.*

Los nuevos **comprimidos** de vitamina C son difíciles de tragar.

*The new vitamin C **tablets** are hard to swallow.*

Yo prefiero tomar el aceite de hígado de bacalao en **cápsulas** de gelatina.

*I prefer to take codliver oil in gelatine **capsules.***

Para que los niños dejasen de hacer ruido, les dimos unas **grageas** de chocolate.

*So that the children would stop making noise, we gave them some chocolate **pastilles.***

Las **grageas** que me recetó el médico eran tan pequeñas que apenas las podía coger con los dedos.

*The **pills** the doctor prescribed to me were so small, that I could hardly pick them up with my fingers.*

4

temblar   *to shake, to tremble, to quake*
sacudir   *to shake*
estremecer(se)   *to shake, to shudder*
tiritar   *to shiver, to shake*

Temblar, an intransitive verb, has the widest range of meanings of the above words. It may indicate *to shake* from cold, an emotion, or because of some physical force. **Sacudir** is a transitive verb and indicates the moving of something back and forth. **Estremecer(se)** most often means *to shake* or to *shudder* or *quiver* from horror or some other strong emotion; it is normally reflexive when used personally. **Tiritar** means to shake with cold or fever, etc.

Nuestros enemigos **temblaban** de odio, de envidia y de rabia.

*Our enemies were **shaking** with hatred, envy, and rage.*

En España, algunas mujeres **sacuden** el polvo de las alfombras en los balcones.

*In Spain, some women **shake out** the dust from their rugs at their balcony windows.*

La sangre hizo **estremecer** de horror a todo el mundo.

*The (sight of) blood made everyone **shudder** with horror.*

Joaquín pasó la tarde **tiritando** porque se le había olvidado el abrigo.

*Joaquín spent the afternoon **shivering** because he had forgotten his overcoat.*

—5—

responder   *to answer, to respond, to reply*
contestar   *to answer, to respond, to reply*
replicar   *to answer (back), to talk back*
objetar   *to object*
contradecir   *to contradict*
rebatir   *to refute*

Responder and **contestar** are close synonyms although the second one is more commonly used. **Replicar** means *to answer* in the sense of talking back to someone. The three verbs, **objetar, contradecir** and **rebatir,** all indicate some degree of opposition in the response to what has been said.

La pregunta sorprendió a todos y nadie pudo **responderla** (**contestarla**).

*The question surprised everyone and nobody was able **to answer** it.*

—Cuando te doy una orden, ¡no me **repliques**!

*"When I give you an order, do not **answer (talk)** back to me!"*

Mi colega no tuvo nada que **objetar** a mi propuesta.

*My colleague had nothing **to object** to in my proposal.*

Cuando el abuelo negó la existencia de Papá Noel, el nieto le **contradijo** inmediatamente.

*When the grandfather denied the existence of Santa Claus, his grandson **contradicted** him immediately.*

El líder de la oposición **rebatió** punto por punto el plan del Presidente para estimular la economía.	*The leader of the opposition **refuted** point by point the President's plan for stimulating the economy.*

—6—

amar   *to love*
querer   *to love, to want*
enamorarse de   *to fall in love with*
estar enamorado de   *to be in love with*
adorar   *to adore, to worship*

Amar indicates *to love* when the object of that love is idealized or abstract in nature. **Querer**, like **amar**, indicates to love but in a more physical and possessive sense. Note that the preposition *with* in the expressions *to fall (be) in love* is rendered by the preposition **de** in Spanish. **Adorar** indicates the highest degree of *love* of the verbs listed above.

Patrick Henry **amaba** la libertad por encima de todo.	*Patrick Henry **loved** freedom above all.*
María no sabe cuánto la **quiero**.	*María doesn't know how much **I love** her.*
Cuando Carlos conoció a Isabel, **se enamoró de** ella locamente.	*When Carlos met Isabel, **he fell** madly **in love** with her.*
Luis y Teresa **estaban enamorados** desde el primer día que se conocieron.	*Luis and Teresa **were in love** from the first day they met.*
Bernardo **adoraba** a su hija pequeña.	*Bernardo **adored** his younger daughter.*
Me **encanta** (**fascina, entusiasma**) la música de Mozart.	***I love** Mozart's music.*

—7—

la cáscara *shell, thick skin*	**peladura** *peel*
el caparazón *shell (of a crustacean)*	**descascarillar** *to hull*
la corteza *bark, rind, crust*	**cascar** *to crack, to split*
la piel *skin*	**pelar** *to peel*
la mondadura *peel(ing)*	**mondar** *to peel, to pare*

Cáscara refers to the shell of shrimp, nuts, eggs, etc. and to the rind of thick-skinned fruits such as oranges, lemons, and melons. **Caparazón** indicates the thick shell of certain crustaceans like crabs and lobsters. **Corteza** indicates the thick outer covering of things such as trees, cheese or bread. **Piel**, the natural skin of a fruit or vegetable, normally is referred to as a **peladura** or **mondadura** once it has been removed from the fruit or vegetable. **Descascarillar** means *to shell* most kinds of nuts. **Cascar** indicates the breaking of eggshells or the cracking of nutshells. **Pelar** indicates the peeling of fruit with the hands. **Mondar**, which also indicates the peeling of a fruit, suggests the use of a sharp-edged instrument. Of these two terms, **pelar** is the standard term when referring to the peeling of many fruits and vegetables (apples, potatoes, and so forth) that are ordinarily pared or peeled with a sharp instrument. However, with certain fruits, either verb may be used.

El niño tiró la **cáscara** de la sandía al suelo.	*The little boy threw the watermelon **rind** on the floor.*
La langosta estaba tan rica que dejamos limpio el **caparazón.**	*The lobster was so tasty that we picked the **shell** clean.*
La **corteza** del pan que hacemos en casa es muy rica.	*The **crust** of our home made bread is very tasty.*
La **piel** de la patata es muy nutritiva.	*The **skin** of the potato is very nutritious.*
Dábamos las **mondaduras (peladuras)** de las verduras a los cerdos.	*We used to give the vegetable **peelings** to the pigs.*
Los muchachos pasaron la tarde **descascarillando** avellanas.	*The boys spent the afternoon **shelling** hazelnuts.*
Para hacer una tortilla española para tantos invitados, hubo que **cascar** dieciocho huevos.	*To make a Spanish omelette for so many quests, we had **to crack** eighteen eggs.*
—¿Has **pelado (mondado)** la fruta para el postre?, —preguntó mi hermano.	*"¿Have you **peeled (pared)** the fruit for dessert?," asked my brother.*

---8---

| **reptar** *to crawl* | **gatear** *to creep, to crawl* |
| **arrastrarse** *to crawl* | **serpentear** *to crawl, to meander* |

Reptar, which means *to crawl* like a reptile, with the body touching the ground, is a literary synonym of **arrastrarse**.   **Arrastrarse**, literally *to drag oneself*, is the standard term for to crawl or to creep. However, **gatear** normally renders English *to crawl* when the movement is on all fours as when children move before they learn to walk. **Serpentear**, like **reptar**, is literary in nature and highlights the winding or meandering nature of the motion, as with streams, rivers or roads.

La leona **reptaba** tratando de sorprender a la cebra.	The lioness **crawled** on her stomach trying to catch the zebra by surprise.
El soldado tuvo que **arrastrarse** bajo las alambradas para llegar al fortín.	The soldier had **to crawl** under the barbed wire to reach the bunker.
Los niños son muy graciosos cuando empiezan a **gatear**.	Children are very cute when they begin **to crawl.**
Desde lo alto de la colina veíamos **serpentear** el río por el valle.	From the top of the hill, we saw the river as it **meandered** through the valley.

---9---

| **esperar** *to wait* |
| **aguardar** *to wait* |
| **hacer cola** *to wait in line* |

Esperar is the more common verb for *to wait*, but it also has other meanings, *to expect* and *to hope*, that are not shared by **aguardar. Aguardar**, a common synonym of **esperar** in its meaning of to *wait (for)*, is most often used when the waiting is not very long. English *to wait in line* can not be translated literally in Spanish; instead it is rendered by the idiomatic expression **hacer cola**.

El pueblo español **esperó** la democracia durante cuarenta años.	The Spanish people **waited** forty years for democracy.
Esperamos que te mejores pronto.	We **hope** you get better soon.
Los aviones no **aguardan** a nadie.	Planes don't **wait** for anybody.
Para renovar mi pasaporte tuve que **hacer cola** durante dos horas.	To renew my passport, I had **to wait in line** for two hours.

—10—

el cerro	*hill*	**la cuesta**	*slope, hill*
la colina	*hill, knoll*	**la ladera**	*hillside, slope*
la loma	*hill*	**el acantilado**	*cliff, palisade*

Although **cerro** normally indicates an isolated, rocky or rough surfaced hill, in the text example Isabel Allende uses it metaphorically for **montón**, which is the standard term for pile. Of the terms listed above, **colina** is used most frequently to render English *hill* or *knoll*. **Loma**, a low and long hill, is a word used more in Spanish America than in Spain. **Cuesta** sometimes refers to a *hill* itself, but more often refers to the slope or grade of a hill, street, road, etc. **Ladera** refers to the side of a hill rather than to the hill itself. **Acantilado** renders the English *cliff* in a marine context, and *palisade* in a river context.

Muchos castillos en España fueron construidos sobre **cerros.**	*Many castles in Spain were built on (rocky) hills.*
En medio del llano podíamos ver una **colina** cubierta de encinas.	*In the middle of the plain we could see a **hill** covered with scrub oak.*
Van a comprar una casa en las **Lomas** de Chapultepec.	*They are going to buy a house in Chapultepec **Hills.***
La **cuesta** era tan empinada que el ciclista tuvo que subirla andando.	*The **hill (grade)** was so steep, that the cyclist had to walk up it.*
Mi primo Emilio ha plantado manzanos en la **ladera** del monte.	*My cousin Emilio has planted apple trees on the **slope** of the mountain.*
El transbordador nos llevó desde Calais hasta los **acantilados** de Dover.	*The ferry took us from Calais to the **cliffs** of Dover.*

—11—

soportar	*to endure, to stand*	**resistir**	*to stand, to withstand, to bear*
mantener	*to support, to maintain*	**sobrellevar**	*to endure, to bear*
apoyar	*to support*		
aguantar	*to endure, to stand, to put up with*		

Soportar is a false cognate of English *to support* since it renders *to endure* or *to suffer* through something. To render English *to support* in the sense of *to maintain* one normally uses Spanish **mantener**. **Apoyar** is *to support* in the sense of propping or backing (up) something or someone. Other synonyms of **soportar** are **aguantar**, **resistir**, and **sobrellevar**. **Aguantar** and **resistir** are close synonyms, usually interchangeable. However, when energetic opposition to something is stressed **resistir** is preferred. **Sobrellevar** indicates the patient endurance of some burden, or of difficult situations or circumstances.

Mario no **soportaba** a su cuñado.	*Mario couldn't **stand** his brother-in-law.*
Pablo ha prometido **mantener** a su madre mientras ésta viva.	*Pablo has promised **to support** his mother as long as she lives.*
El senado no **apoyó** la propuesta del Presidente.	*The senate didn't **support (back)** the President's proposal.*
Como no podía **aguantar** (**resistir**) la humedad de la costa, José se fue a vivir a Nuevo México.	*Since he couldn't **stand** the humidity on the coast, José went to live in New Mexico.*
María Teresa **sobrellevó** los últimos meses de su enfermedad con gran dignidad.	*María Teresa **endured (bore)** with great dignity the last months of her illness.*

─12────────────────────────────────────

viejo	*old*	**vetusto**	*very old*
anciano	*old, elderly*	**rancio**	*old, rancid*
mayor	*old (older, oldest)*	**antiguo**	*ancient, old, former*

Viejo is used by itself to indicate someone or something old; it often conveys a disparaging attitude on the part of the person using the word. When **viejo** precedes a noun referring to a person, it may also mean *old* in the sense of *long-standing*. **Anciano** is used only for people and indicates respect on the part of the speaker. **Anciano** is a common euphemism for **viejo**, which is often avoided when referring to old or older people. **Mayor** is another euphemism for **viejo** when referring to older people. It also retains its normal use as the Spanish comparative and superlative forms rendered by English *older* and *oldest*. **Vetusto** is a literary term meaning *extremely old* or *antiquated* and suggests *decaying* or *crumbling*. **Rancio**, in addition to its common meaning of *rancid*, is sometimes used as *old* to indicate that which is related to tradition, customs, ancestry, and so forth. **Rancio** can also have a positive connotation with relation to wine and certain foodstuffs such as ham and bacon. **Antiguo**, applied to things, unlike **viejo**, suggests a positive evaluation. When **antiguo** precedes a noun, however, it usually is the equivalent of English *former*.

Sentimos una gran pena cuando vimos a aquel **viejo** tratar de cruzar la calle corriendo.

*We felt a great sorrow when we saw that **old man** trying to run across the street.*

El **anciano**, agobiado por los años, necesitaba un bastón para andar.

*The **old man (gentleman)**, weighted down by his years, needed a cane to walk.*

Don Eugenio es un señor **mayor**. Acaba de cumplir ochenta años.

*Don Eugenio is an **elderly** man. He just turned eighty.*

Carlos es **mayor** que su hermana.

*Carlos is **older** than his sister.*

Un **vetusto** caserón coronaba la loma.

*A **crumbling old** house crowned the hill.*

Mi tía Casilda hizo una sopa excelente con un poco de jamón **rancio** y unas verduras.

*My aunt Casilda made a wonderful soup with a little bit of **well-aged** ham and vegetables.*

Mis padres se casaron en una iglesia muy **antigua**.

*My parents got married in a **very old (ancient)** church.*

Cándido es un **antiguo** profesor de literatura.

*Cándido is a **former** professor of literature.*

—13—

armar   *to assemble, to put together, to put up*
montar   *to assemble, to put together*
construir   *to build, to construct*
edificar   *to build, to erect*

Both **armar** and **montar** indicate the putting together, or assembling of the parts or pieces of something. Although they are close synonyms in most cases, **montar** alone is the term for the assembling of mechanisms such as engines, motors, time pieces, etc. **Construir** indicates the building or construction of anything, whereas **edificar** is restricted to construction involving masonry.

Tuvimos que **armar** (**montar**) la bicicleta que habíamos comprado para el niño.

*We had **to assemble (put together)** the bicycle we had bought our child.*

A mi padre le encanta **desmontar** y **montar** el (reloj) despertador que tenemos.

*My father loves **taking apart** and **putting together** our alarm clock.*

Construimos una pequeña cabaña de troncos cerca del lago.

*We **built** a small log cabin near the lake.*

Para **edificar** la nueva oficina de correos, usaron ladrillos rojos.

*To **build** the new post office, they used red brick.*

14

la ira   *ire, wrath, anger*
el enojo   *anger*
el enfado   *anger, annoyance*
la rabia   *rage, madness*
enojar(se)   *to annoy, to anger; (to become annoyed [angry])*
enfadar(se)   *to annoy, to anger; (to become annoyed [angry])*
rabiar   *to rage, to get angry*
sacar de quicio   *exasperate, to drive crazy, to unhinge*

Spanish **ira** indicates a very strong anger accompanied by some loss of self-control. The word is more frequently used than its literary cognate *ire* in English. **Enojo** and **enfado** are the most common translation equivalent of English *anger*. **Enfado**, however, often indicates a lesser degree of anger than **enojo** and may be rendered by *annoyance*. **Rabia** suggests an intense, often explosive anger. The verb equivalents of these nouns also reflect these distinctions. The very common idiom **sacar de quicio** (literally *to remove from the door jamb, to unhinge)*, indicates something that in addition to angering, also upsets, exasperates, or drives crazy.

"Las uvas de la **ira**" es la novela más famosa de John Steinbeck.

*"The Grapes of **Wrath**" is John Steinbeck's most famous novel.*

Causé gran **enojo** a mi padre cuando tuve el accidente con su coche.

*I **angered** my father very much when I had the accident with his car.*

Cuando descubrí que habían robado en casa, sentí una **rabia** enorme.

*When I discovered that they had burglarized our house, I felt a tremendous **anger**.*

Eric siempre **se enfada** cuando le decimos que arregle su cuarto.

*Eric always gets **angry (becomes annoyed)** when we tell him to straighten up his room.*

¡Luis, me **sacas de quicio** con tus constantes quejas!

*Luis, you **exasperate** me with your constant complaints!*

PRÁCTICA

A. *Para cada una de las frases siguientes, elija Ud. la palabra que complete el sentido. Haga también cualquier cambio necesario para que la frase quede gramaticalmente correcta*

1. Estamos muy contentos porque Pablito ya tiene 6 años y puede comenzar a ir a _____ (**la academia, el liceo, el colegio**).

2. Después de terminar mi trabajo en la oficina yo iba a estudiar contabilidad en _____ (**el colegio, la academia, el instituto**).

3. José es muy mal estudiante y nunca le ha gustado ir a _____ (**la escuela, la academia, el liceo**).

4. Como había una huelga de transportes en Madrid, tuvimos que _____ hasta el hotel donde vivíamos (**callejear, pasear, ir a pie**).

5. Antonio detesta los autos y prefiere _____ a todas partes (**deambular, callejear, caminar**).

6. Amaneció un espléndido día de sol y decidimos _____ por el Bosque de Chapultepec (**pasear, deambular, callejear**).

7. Era un hotel barato y no encontramos una _____ de jabón en el cuarto de baño (**píldora, tableta, pastilla**).

8. Los niños se pusieron a jugar con las _____ de aspirina que su padre había olvidado sobre la mesa (**grajeas, pastillas, píldoras**).

9. Por un descuido, rompí varias _____ de aceite de ajo y manché todo lo que había sobre la mesa (**grajeas, pastillas, cápsulas**).

10. Cuando el policía se acercó a nosotros en el aeropuerto de Ankara, nos pusimos a _____ (**temblar, sacudir, tiritar**).

11. Durante el ataque de malaria, el soldado no paraba de _____ (**estremecerse, tiritar, sacudir**).

12. Al ver aquella escena de horror, Plácido no pudo menos que _____ (**estremecerse, tiritar, sacudirse**).

13. Cuando le pregunté qué hora era, Cándido me _respondió_ que sólo eran las 6 de la tarde (**rebatir, objetar, responder**).

14. Paco está en desacuerdo conmigo y no hace sino _____ a todo lo que digo (**objetar, contestar, responder**).

15. ¡No podemos estar más de acuerdo! Mario _responde_ que sí a todas mis propuestas (**rebatir, replicar, responder**).

16. La relación entre Pedro y Elena era solamente sensual: esto es, se _querían_ mucho (**adorar, querer, amar**).

17. Enrique _se enamora_ todas las mujeres que le presentan (**amar, enamorarse de, querer**).

18. Pablo ___*ama*___ (quiere) platónicamente a la hermana de su mejor amigo. (**querer,** **amar,** **adorar**).

19. Después de cortar la _____ del melón, descubrimos que no estaba dulce y estaba llena de semillas (**piel,** **cáscara,** **mondadura**).

20. Me gustan mucho las nueces, pero no me gusta el tener que _____-las (**pelar,** **mondar,** **cascar**).

21. Lo que más me molestó cuando estuve en el ejército fue el tener que pasar horas __*pelando*__ patatas (**cascar,** **pelar,** **descascarillar**).

22. Para poder entrar en aquella caverna subterránea, el espeleólogo tuvo que _____ sobre el estómago durante más de dos horas (**serpentear,** **gatear,** **arrastrarse**).

23. Nuestra hija tiene 11 meses y ya ha comenzado a _____ (**gatear,** **serpentear,** **reptar**).

24. Cuando salió el sol, la serpiente comenzó a _____ buscando algo que comer (**reptar,** **gatear,** **arrastrarse**).

25. Francisco es un hombre muy paciente y no le importa _____ mucho tiempo a sus amigos (**esperar,** **aguardar,** **hacer cola**).

26. La subida a _____ fue casi imposible por las muchas y grandes rocas que encontramos en nuestro camino (**la colina,** **la loma,** **el cerro**).

27. San Francisco es una ciudad famosa por las _____ de algunas de sus calles (**colinas,** **laderas,** **cuestas**).

28. Benito tiene muy mal genio y es muy difícil de _____ (**soportar,** **resistir,** **mantener**).

29. La Duquesa de Alba, cuya familia ya era famosa en el siglo XVI, es una mujer de _____ abolengo (**vetusto,** **mayor,** **rancio**).

30. Magdalena es muy aficionada a la mecánica y puede _____ el motor de cualquier coche (**construir,** **montar,** **armar**). *engines, motors, watches, etc.*

B. *Traduzca el español las siguientes frases empleando el vocabulario estudiado en este capítulo.*

1. Because of the civil war, Antonio never went to school as a child.

2. Our son finished his third and fourth year of high school while we were in Argentina.

3. Whenever we go to Barcelona, we love to stroll through the old streets of the Gothic quarter.

4. When you go to the pharmacy don't forget to buy me some of those little pills for my cold and also some aspirin.

5. He was so angry that he couldn't stop trembling.

6. José grabbed Luis by the shoulders and shook him to wake him up.

7. My son does nothing but talk back to everyone.

8. I fell in love with that portrait by Romero de Torres.

9. The monkey peeled the banana and threw the skin at the tourist.

10. Don't forget to cut the rind off that *manchego* cheese before serving it.

11. The doctor never allowed his patients to wait for more than five minutes.

12. I love her so much that I would wait for her all my life.
    La quiero/amo tanto que la esperaría (durante) toda la vida

13. At the end of the movie, Thelma and Louise's car goes over a cliff.
    Al final de la película, el coche de T. y L. cae por un acantilado

14. The hills of the province of Jaén are covered with olive trees.
    Las colinas de la prov. de J. están cubiertas de olivos.

15. He couldn't stand his country's government and he migrated to France as
    soon as he could. *No soportaba/aguantaba el gobierno de su país, y emigró a Francia tan pronto como pudo.*

16. The old man was so dirty and drunk that he was not allowed to enter the res-
    taurant. *El viejo estaba tan sucio y borracho que le dejaron entrar en el restaurante.*

17. One could easily see that the old man who came to visit us yesterday was a
    gentleman. *Se veía fácilmente que el anciano que vino a vernos/visitar ayer era un caballero.*

18. The child, after breaking it, tried to put together his father's watch.
    El niño, después de romperlo, intentó montar el reloj de su padre.

19. If you get some sand, gravel, and cement, I will build you a nice walk and a
    fountain in your garden. *Si me consigue arena, grava y cemento, le haré un caminito y una fuente en su jardín.*

20. He went (use **pasar**) from annoyance to anger when he saw the futility of his
    efforts. Later, he raged against everyone. *Pasó del enfado a la ira al ver (cuando vio) la futilidad de sus esfuerzos. Más tarde, rabió contra todos.*

TEMAS A ESCOGER

Temas relacionados con la selección literaria

1. Una confrontación, en forma de diálogo, entre Blanca y su madre al descubrir ésta los amores secretos de su hija.

2. Escriba Ud. un ensayo sobre el efecto físico y psicológico del terremoto sobre
   los personajes descritos por Isabel Allende.

3. En un ensayo analice Ud. el lenguaje descriptivo de la autora concentrándose
   en las imágenes y su frecuente uso de figuras retóricas.

Temas sugeridos por la selección literaria

1. Desarrolle un ensayo en el que defienda la idea de que ciertas personas sí
   pueden pronosticar sucesos futuros.

2. Intente Ud. demostrar que la naturaleza, a pesar de la ocurrencia de desastres
   naturales como grandes terremotos y tornados, es amiga del hombre.

3. Escriba un ensayo mostrando cómo en momentos de desgracia los seres
   humanos revelan su mayor capacidad para quererse y ayudarse.

◆ Repaso gramatical

Spanish Equivalents of English *to be* (Part II)

Literal and Figurative Use of Certain Adjectives with "ser" and "estar"

In the previous chapter we noted that an adjective used with **ser** categorizes its subject as a member of a given class. With **estar**, an adjective offers a personal observation (often reflecting a change or unusual circumstance) on the subject. This is one reason why an adjective's primary or more literal meaning is conveyed with **ser** and its more figurative meaning with **estar**. In the case of a limited number of adjectives (the most common of which are listed below), the meaning of the adjective often changes according to the verb with which it is used.

ADJECTIVE	SER	ESTAR
	(essential or defining) characteristic	(state or resulting) condition
aburrido	*boring*	*bored*
atento	*courteous*	*attentive*
bueno	*good*	*good tasting, tasty*
ciego	*blind* (sightless, physically blind)	*blind* (figuratively, momentarily)
cojo	*crippled (in legs), to limp* (perm. cond.)	*lame* (with reference to legs)
consciente	*aware*	*conscious* (not asleep or knocked out)
despierto	*sharp, alert*	*awake* (not sleeping)
distraído	*absentminded*	*distracted*
interesado	*self-seeking*	*interested*
libre	*free* (not constrained)	*free* (unoccupied)
listo	*clever*	*ready, prepared*

ADJECTIVE	SER	ESTAR
loco	*crazy, insane* (mentally ill)	*crazy* (acting or seeming)
nuevo	*new* (brand new, never used before)	*new* (like new in appearance or condition)
orgulloso	*haughty, proud* (negative connotation)	*proud* (of some accomplishment or person)
pálido	*pale, clear*	*pale* (from illness or fright)
rico	*rich* (possessing abundance of something)	*rich* (figuratively), *delicious* (said of food)
seguro	*safe*	*sure, certain*
sordo	*deaf* (loss of hearing)	*deaf* (figuratively, momentarily)
vivo	*sharp, alert, energetic*	*alive* (living as opposed to dead)

Este capítulo del libro **es** muy **aburrido**.

*This chapter of the book **is** very **boring**.*

María **estaba aburrida** y decidió ir al cine.

*María **was bored** and decided to go to the movies.*

Joaquín **es ciego** y necesita un perro que le ayude.

*Joaquín **is blind**, and needs a guide dog to help him.*

Yo **estaba ciego** pero ella me abrió los ojos.

*I **was blind** but she opened my eyes.*

Juan no sabía si **estaba** dormido o **despierto**.

*Juan didn't know if **he was** asleep or awake.*

Ese profesor **es** terriblemente **distraído**.

*That professor **is** terribly **absent-minded**.*

El título de la película **es** "Las mariposas **son libres**."

*The title of the film **is** "Butterflies **are free**."*

¿**Está libre** esta mesa?

***Is** this table **free (unoccupied)**?*

He dormido toda la tarde y **estoy** (como) **nuevo**.

*I've slept all afternoon and **I'm like new (a new person)**.*

Nos han tocado diez mil dólares en la lotería. **¡Estamos ricos!**

*We have won ten thousand dollars in the lottery. **We're rich!***

Las calles de nuestra ciudad ya no **son seguras**.

*The streets of our city **are** no longer safe.*

Other uses of "ser" to render the English *to be*

Certain Formulaic Expressions of Accompaniment. **Ser**, rather than **estar**, is used in a small number of set expressions such as the following:

Dios **sea** contigo.

*God **be** with you.*

Seré con Ud. en seguida.

*I'll **be** with you right away.* (said in traditional business establishments).

Nonetheless, the above utterance would more commonly be expressed as:

Estaré con Ud. en seguida.

To Signal Events. We mentioned earlier that location, whether permanent or temporary, is indicated in Spanish with **estar**. Some statements, however, tell where an event or activity takes place rather than where something is located or found. When such is the case, **ser** (not **estar**) renders English *to be*. In this context, **ser** is often equivalent in meaning to such expressions as **tener lugar**, *to take place*, **celebrarse**, *to be held*, **ocurrir**, **darse**, and so on.

El concierto **será** en el teatro esta noche.

*The concert **will be (given, held)** in the theater tonight.*

Aquí **es** donde vivió nuestro presidente.

*Here **is** where our president lived.*

La clase **es** en el aula 25.

*The class **is** (given, held) in room 25.*

La clase **está** en el aula 25.

*The class **is** in room 25.* (indicates the present location of students who make up the class)

La conferencia **es** aquí.

*The lecture **is (being given)** here.*

¿Dónde **está** mi conferencia?

*Where **is** my lecture?* (locates a physical object, such as a photocopy of the lecture)

To Tell Time and Indicate Dates.

¿Qué hora **era** cuándo llegaste?	*What time **was** it when you arrived?*
La batalla de Bailén, donde Napoleón sufrió su primera derrota, **fue** en el año 1808.	*The battle of Bailén, where Napoleon suffered his first defeat, **was** in the year 1808.*

"Tener" as an equivalent of the English *to be*

Tener + **noun** is the standard way in Spanish to render English *to be* in a number of common expressions that refer mostly to people. In some cases, **estar** or **ser** + **an adjective** (such as **cuidadoso**, **miedoso**, **talentoso**) may also translate the same idea as **tener** + **noun**. However, these are little used outside of written Spanish.

Tenga Ud. cuidado.	*Be careful.* (standard)
Sea Ud. cuidadoso.	*Be careful.* (more formal)
Mariana **no tenía miedo** a nadie ni a nada.	*Mariana **wasn't afraid** of anyone or anything.*
El joven **tiene talento** pero es perezoso.	*The young man **is talented** but is lazy.*
Al terminar de correr, **teníamos hambre**.	*When we finished running, **we were hungry**.*
Yo **tenía** mucho **frío** cuando estábamos en el jardín.	*I **was** very **cold** when we were in the garden.*

To express the condition or state of a part of the human body or an article of clothing, spoken Spanish normally uses **tener** + **definite article** + **noun** + **adjective**, as in the sentences below. This usage of **tener** is usually translated with the verb *to be* in English.

El mendigo **tiene el estómago vacío**.	*The beggar's **stomach is empty**.*
El **tiene las manos frías** y está tiritando.	*His **hands are cold** and he's shivering.*
Lazarillo **tenía los zapatos rotos**.	*Lazarillo's **shoes were all worn**.*

The above expressions with **tener** enable the speaker to associate a particular condition more closely with its subject than do the following written, more literary equivalents with **estar**.

Sus manos **estaban** frías.	*His hands **were** cold.* (almost as if the hands were a possession or object detached from the person)
Los zapatos de Lazarillo **estaban** rotos.	*Lazarillo's shoes **were** all worn.* (sees shoes as separate from Lazarillo; he's not necessarily wearing them)

Notice, too, that **tener frío** means *to be cold* in English when it indicates how a person feels. However, if we touch someone, we may express our reaction to his or her body temperature with **estar**.

El soldado **estaba** rígido y frío, y nos dio miedo tocarlo.	*The soldier **was** stiff and cold, and it frightened us to touch him.*

"Hacer" and "haber" as Equivalents of the English *to be*

The Spanish equivalent of *to be* in weather expressions is **hacer** or **haber** in the third-person singular. Some weather phenomena may be expressed with both verbs; for others, however, only one verb may be used. **Haber** often emphasizes the visual perception of a weather phenomenon or its effects. **Hacer** is the more commonly used verb. Both **hacer** and **haber** may be used with expressions concerning sun or wind; **haber** alone is used to refer to the moon. To indicate temperature or weather in broad, general terms, **hacer** is normally used.

¿No te das cuenta de que esta noche **hay luna**?	*Don't you realize that tonight **the moon is out (shining)**.*
Hoy **hace (hay)** sol.	*It is sunny (the sun is shining, out) today.*
Hacía (había) mucho viento en Chicago.	*It was very windy in Chicago.*
Hace treinta grados esta tarde.	*It's (the temperature is) thirty degrees this afternoon.*
Aquí siempre **hace buen tiempo** en verano.	*Here **the weather is** always **good** in the summer.*

"Quedar" and "quedarse" as Equivalents of the English *to be*

Another common equivalent of English *to be* is **quedar(se)**. **Estar** and **quedar(se)** both indicate a resultant state, but **quedar(se)** goes one step further than **estar**. It shows the state or condition as the direct result or consequence of a previous action. Although **quedar(se)** in this usage is especially common with the preterit and the future, it is also used with other tenses.

Me quedé atónito cuando nos lo contó.	*I was astonished (astounded) when he told us.*
Si usa nuestro detergente, su ropa **quedará** más blanca.	*If you use our detergent, your clothes **will be** whiter.*
Este restaurante, antes de media hora, **quedará** vacío.	*This restaurant, within half an hour, **will be empty**.*

PRÁCTICA

A. *Complete las siguientes frases con la forma correcta de **ser, estar, hacer, haber, tener o quedar(se)**. En algunas frases, hay más de un verbo correcto para el equivalente español de "to be". En varias frases, también es posible usar más de un tiempo verbal.*

1. Después de las fiebres, Luisito __quedó /está /estaba__ débil.
2. Mi abuelo __es__ ya muy viejo y __está__ próximo a la muerte.
3. Todos los esclavos soñaban con __ser__ libres algún día.
4. __Estás__ pálido, Carlos. Vete a la enfermería.
5. Anoche, Juana __tenía__ las piernas cansadas por haber corrido tanto.
6. Han operado a la hija tantas veces que la madre __está /estaba / quedó__ medio loca.
7. Aquel profesor tiene que __ser__ siempre el primero en hablar.
8. Tienen tres niños y compraron el Volvo porque __es /era__ más seguro que otros coches.
9. Como el sol tardaba en salir, __hacía__ frío en la playa y muchos bañistas volvieron a casa.
10. Por el incendio, la casa de la abuela de Eréndida __estaba (quedó)__ reducida a cenizas.
11. __Tenía / hacía__ tanto calor que me quité la camisa y los zapatos en seguida.
12. Nosotros __(nos) quedamos__ asombrados al saber la noticia de su muerte.
13. Es un hombre de negocios que tiene fama de __ser__ duro y seco.
14. Aunque gravemente herido, el soldado __está / estaba__ todavía consciente.
15. Beethoven __era__ sordo, pero la sordera no le impidió componer música maravillosa.

B. *Rellene los espacios en blanco usando la forma apropiada de los verbos **ser** o **estar**.*

Mi tío _____ *era* (1) el hombre más aburrido que yo he conocido nunca; daba la impresión de _____ *estar* (2) aburrido consigo mismo. Yo, que por naturaleza _____ *soy* (3) una persona muy atenta, no lo _____ *fui* (4) mucho el día que anunció su boda. "Eso _____ *está* (5) muy bien" -me dije. No podía evitarlo, por más que yo trataba de ignorar la pesadez de mi tío, yo no podía _____ *ser* (6) amable con él, no *estaba* (7) ciego, y me daba cuenta de las cosas tan aburridas que decía. Al contrario de mi amigo Carlos que lo _____ *era* (8) de nacimiento. El pobre, como no veía, se había caído hace unas semanas, y ahora _____ *estaba* (9) cojo. Yo, en cambio, lo _____ *era* (10) de nacimiento, ya que había nacido con los músculos de la pantorrilla izquierda atrofiados. _____ *soy* (11) consciente de que, ni el _____ *estar* (12) ciego o cojo es un impedimento para no hacer ejercicios físicos. Se ha dicho de mí que _____ *soy* (13) muy despierto, aunque no siempre lo _____ *estoy* (14), ya que me gusta dormir mucho. Sí es verdad que _____ *soy* (15) un tanto distraído, pero no lo es cuando dicen que ésa _____ *es* (16) mi forma de ser. _____ *estoy* (17) muy interesado en todo lo que ocurre alrededor de mí. Se dice también que mi generosidad no tiene límites, y es verdad, _____ *soy* (18) muy desinteresado y me esfuerzo constantemente porque todos _____ *estén* (19) contentos a mi alrededor. No _____ *soy* (20) muy listo, pero siempre lo _____ *estoy* (21) cuando se trata de aprender algo. Ciertamente no _____ *estoy* (22) loco aunque, a veces, lo parezca. No _____ *soy* (23) nada orgulloso, pero si lo _____ *estoy* (24) de haberme hecho a mí mismo. Vamos, que _____ *soy* (25) un personaje muy seguro y del que se pueden fiar los demás.

C. *Traduzca al español las siguientes frases usando los equivalentes de "to be" estudiados en este capítulo. En algunas frases hay más de una respuesta correcta.*

1. He is a good person, but he is very boring.
2. It was hot and the window was wide open.
3. Is your wrist broken? No, but my hand is swollen.
4. There is where we had the accident.
5. It was not cold yesterday, but the air was very humid.
6. He was a little lame after the accident.
7. Are you deaf? How many times do I have to tell you?
8. Will the dance be in this wing of the building or the other?
9. He knew it was windy because he saw the branches moving.
10. Where was the last meeting of the Security Council?

D. *Cada una de las frases siguientes contiene un error. Indique cuál es, y explique por qué la frase está mal escrita.*

1. Andrés, a pesar de lo que digan, está una buena persona.
2. El peligro de fuegos forestales en Yellowstone está alto en agosto.
3. Después del examen físico, el médico me dijo que yo era sano.
4. Los frutos cítricos son muy ricos en vitaminas.
5. El título de la película está "Secretos del corazón".

ENFOQUE   Using the right register

Perhaps the best advice we give to those who want to write in any language is to point out the differences between spoken and written language. If we are not aware of these differences, we have problems as soon as we sit down to write. Therefore, briefly, here are the main points we should consider when thinking about writing:

The spoken language is based on sounds, on the intonation patterns and pauses we use to produce the desired effect. Spoken language tends to be spontaneous, i.e., we are being "natural" when we speak, and we count on a great richness of resources (gestures, insinuations, imitations, the things which surround us, etc.). Spoken language tends to be somewhat imprecise, repetitive, and seeded with "pre-made" expressions (we are all familiar with "you know," "like," etc.). When speaking we are right there, that is, our communication is immediate, and what we say tends to disappear immediately. We are in front of the person with whom we are speaking, and we can see, as we speak, the effect produced by our words.

When we write, we must use printed letters and punctuation signs, we must be careful to use proper spelling, and we must keep in mind accent marks (as is the case in the class for which you are using this book). It makes a poor impression on our reader if accents, or opening question or exclamation marks are missing, or words are misspelled. We must carefully develop our sentences and they must be logical. We must be precise. Our sentences must be grammatical. What we write lasts longer than speech, and it may take some time in writing to produce the effect we are seeking, that is, the reader may have to ponder what is being said. When we write, we do not have our interlocutor in front of us. In our writing we can employ references, always remembering to give the origin of such references. Finally, we must remember not to overwhelm the reader with adjectives, and to be as concise as possible.

CAPÍTULO

 EL TÚNEL
ERNESTO SÁBATO

 REPASO GRAMATICAL
   • *Simple Tenses of the
     Indicative Mode*

El túnel

ERNESTO SÁBATO

Doctorado en física, en 1937, el argentino Ernesto Sábato (1911–   ), llevado probablemente por una crisis intelectual, abandonó su profesión de cientifico para dedicarse a la literatura. Aunque inició su carrera literaria como ensayista, Uno y el universo, *publicado en 1945, pasó luego al campo de la novela, donde se dio a conocer con obras como* El túnel, *1948,* Sobre héroes y tumbas, *1961, y* Abbadón, el exterminador, *1974. Ya a una edad madura, escribe ensayos como* El escritor y sus fantasmas, *1963,* Apologias y rechazos, *1975, y la que, hasta ahora es su última obra,* La resistencia, *2000. Esta colección de ensayos está formada por cinco cartas dirigidas a los lectores a quienes Sábato presenta, en forma breve, diversos temas, siempre desde la perspectiva pesimista que caracteriza toda la obra de este autor argentino. Sábato goza de una gran fama como novelista y ensayista internacional, a pesar de la brevedad de sus obras de ficción.*

El túnel ha sido muy aclamado por la crítica europea y americana. En esta novela, el protagonista, un pintor llamado Juan Pablo Castel, se encuentra en prisión por haber asesinado a su amante, María Iribarne. Juan Pablo nos narra en primera persona la historia del crimen. Al matar a María, Castel acaba con la última esperanza que le quedaba para salir del túnel oscuro y solitario de su existencia, perdiendo así la posibilidad de reconciliarse con la vida. La narración de Castel es una visión paranoica del estado humano. El pintor es un esquizofrénico, cuyas palabras nos van descubriendo su torturado proceso mental y su angustia ante el misterio que Maria, sus acciones y motivos, representaban para él. El túnel es, además de la vida de un hombre neurótico destinado a matar, una meditación sobre el aislamiento del hombre y de la mujer modernos, sobre su soledad y su incapacidad para comunicarse con otros seres humanos. Sábato nos muestra, en esta novela, que no se había alejado mucho de Sartre o Camus, ni del existencialismo en general. El pasaje que sigue pertenece al comienzo de la novela.

I

Bastará decir que soy Juan Pablo Castel, el pintor que mató a María Iribarne; supongo que el proceso está en el recuerdo de todos y que no se necesitan mayores explicaciones sobre mi persona.

Aunque ni el diablo sabe qué es lo que ha de **recordar**[1] la **gente**,[2] ni por qué.
En realidad, siempre he pensado que no hay memoria colectiva, lo que quizá sea
una forma de defensa de la especie humana. La frase "todo tiempo pasado fue
mejor" no indica que antes sucedieran menos cosas malas, sino que —felizmen-
te— la gente las echa en olvido. Desde luego, semejante frase no tiene validez
universal; yo, por ejemplo, me caracterizo por recordar preferentemente los
hechos malos y, así, casi podría decir que "todo tiempo pasado fue peor," si no
fuera porque el presente me parece tan horrible como el pasado; recuerdo tantas
calamidades, tantos **rostros**[3] cínicos y crueles, tantas malas **acciones**,[4] que la
memoria es para mí como la temerosa luz que alumbra un sórdido museo de la
vergüenza. ¡Cuántas veces he quedado aplastado durante horas, en un rincón oscuro del **taller**,[5] después de leer una noticia en la sección policial! Pero la verdad es
que no siempre lo más vergonzoso de la raza humana aparece allí; hasta cierto
punto, los criminales son gente más limpia, más inofensiva; esta afirmación no la
hago porque yo mismo haya matado a un ser humano; es una honesta y profunda
convicción. ¿Un individuo es pernicioso? Pues se lo liquida y se acabó. Eso es lo
que yo llamo una "buena acción." Piensen cuánto peor es para la sociedad que ese
individuo siga destilando su veneno y que en vez de eliminarlo se quiera contrarrestar su acción recurriendo a anónimos, maledicencia y otras bajezas semejantes.
En lo que a mí se refiere, debo confesar que ahora lamento no haber **aprovechado**[6]
mejor el tiempo de mi libertad, liquidando a seis o siete tipos que conozco.

Que el mundo es horrible, es una verdad que no necesita demostración. Bastaría
un hecho para probarlo, en todo caso: en un campo de concentración un ex pianista
se quejó de hambre y entonces lo obligaron a comerse una rata, "pero viva."

No es de eso, sin embargo, de lo que quiero hablar ahora; ya diré más adelante, si hay ocasión, algo más sobre este asunto de la rata.

II

Como decía, me llamo Juan Pablo Castel. Podrán preguntarse qué me mueve a
escribir la historia de mi **crimen**[7] (no sé si ya dije que voy a relatar mi crimen) y,
sobre todo, a buscar un **editor**.[8] Conozco bastante bien el alma humana para pre-
ver que pensarán en la vanidad. Piensen lo que quieran: me importa un bledo;
hace rato que me importan un bledo la opinión y la justicia de los hombres.
Supongan, pues, que publico esta historia por vanidad. A fin de cuentas estoy hecho de carne, huesos, pelo y uñas como cualquier otro hombre y me parecería
muy injusto que **exigiesen**[9] de mí, precisamente de mí, **cualidades**[10] especiales;
uno se cree a veces un superhombre, hasta que advierte que también es mezquino, sucio y pérfido. De la vanidad no digo nada: creo que nadie está desprovisto
de este notable motor del Progreso Humano. Me hacen reír esos señores que salen
con la modestia de Einstein o gente por el estilo; respuesta: "es fácil ser modesto
cuando se es célebre"; quiero decir "parecer modesto." Aun cuando se imagina
que no existe en absoluto, se la descubre en su forma más sutil: la vanidad de la
modestia. ¡Cuántas veces **tropezamos**[11] con esa clase de individuos! Hasta un
hombre, real o simbólico, como Cristo, pronunció palabras sugeridas por la vani-

dad o al menos por la soberbia. La vanidad se encuentra en los lugares más ines-
perados: al lado de la bondad, de la abnegación, de la generosidad. Cuando yo era
chico y me desesperaba ante la idea de que mi madre debía morirse un día (con
los años se llega a saber que la muerte no sólo es soportable, sino hasta reconfor-
50   tante), no imaginaba que mi madre pudiese tener defectos. Ahora que no existe,
debo decir que fue tan buena como puede llegar a serlo un ser humano.
Pero recuerdo, en sus últimos años, cuando yo era un hombre, cómo al comienzo
me dolía descubrir debajo de sus mejores acciones un sutilísimo ingrediente de
vanidad o de orgullo. Algo mucho más demostrativo me sucedió a mí mismo
55   cuando la **operaron**[12] de cáncer. Para llegar a tiempo tuve que viajar dos días
enteros sin dormir. Cuando llegué al lado de su **cama,**[13] su rostro de cadáver logró
sonreírme levemente, con ternura, y murmuró unas palabras para **compadecer-
me**[14] (¡ella se compadecía de mi cansancio!). Y yo **sentí**[15] dentro de mí, oscura-
mente, el vanidoso orgullo de haber acudido tan pronto. Confieso este secreto
60   para que vean hasta qué punto no me creo mejor que los demás.

CUESTIONARIO

Contenido

1.   ¿A qué se dedicaba Juan Pablo Castel y por qué cree que es conocido de
     todos?
2.   ¿Por qué está de acuerdo Juan Pablo Castel con el significado del verso "todo
     tiempo pasado fue mejor" del poeta medieval Jorge Manrique?
3.   ¿Qué es lo que llama el narrador "una buena acción"?
4.   ¿Qué lamenta no haber hecho el protagonista cuando estaba todavía libre?
5.   Según Juan Pablo Castel, ¿qué se pensará de su decisión de relatar su crimen?
6.   ¿Qué opina el protagonista de la modestia?
7.   ¿Por qué fue él a ver a su madre?
8.   ¿Cómo reaccionó su madre al verlo desde su lecho en el hospital?

Interpretación y estilo

1.   ¿Cuál es el tono que predomina en esta selección?
2.   ¿Cómo consigue el narrador integrar su pasado en el presente?
3.   ¿Desde qué perspectiva se percibe la realidad del protagonista?
4.   ¿Cree Ud. que el mundo es tan "horrible" como dice el protagonista?
5.   ¿Por qué cree el narrador que para una persona célebre es fácil ser modesto?
6.   ¿Cómo explicaría Ud. la compasión de la madre enferma por su hijo Juan
     Pablo?
7.   ¿Por qué cree Ud. que el narrador dice que la verdad se encuentra en los lugares
     inesperados?

～ **Léxico: opciones** ～

━1

acordar *to agree*
acordarse de *to remember*

recordar *to remember, recall;to remind*
rememorar *to recall, evoke*

Recordar and **acordarse de** are synonyms in their basic meaning of *to remember*. But only **recordar** also means *to remind (of)*. Both verbs may be followed by a noun object or a subordinate clause, but only **acordarse de** may be followed by an infinitive. Notice that **acordar** without the reflexive means *to agree*, not *to remember*. Finally, **rememorar** is a literary word that suggests a nostalgic recalling or evoking of things past.

Recuerdo el (Me acuerdo del) verano que pasamos en Málaga.

I remember the summer we spent in Málaga.

Recuérdale a Isabel que mañana es mi cumpleaños.

Remind Isabel that tomorrow is my birthday.

Esa chica me **recuerda** a su madre.

That girl reminds me of her mother.

No **me acuerdo de** nombres ni fechas.

I don't (can't) remember names or dates.

Acordaron trabajar juntos.

They agreed to work together.

En su novela, Gabriel Miró **rememoraba** el campo de Alicante.

In his novel, Gabriel Miró evoked the countryside of Alicante.

━2

la gente *people*
el público *people, public*

el pueblo *people*
se + verb in 3rd. sg. *people + verb*

Gente refers to *people* as an undifferentiated mass and is sometimes used disparagingly. **Pueblo** identifies *people* in the sense of their national or ethnic unity. **Público** is frequently used in a commercial context to avoid the negative connotations of **gente. Se + verb (3rd. sg.)** may be the equivalent of English *people* when used in the indefinite sense of *one* or *they*.

Durante el Carnaval, mucha **gente** se paseó por las calles.	*During Mardi Gras, many **people** strolled through the streets.*
En 1776, se alzó el **pueblo** de las colonias norteamericanas contra Inglaterra.	*In 1776, the **people** of the North American colonies rose up against England.*
A las diez de la mañana las tiendas ya estaban llenas de **público**.	*At ten in the morning the stores were already full of **people**.*
En Irún **se habla** español y euskera.	*In Irun **people speak** Spanish and Basque.*

3

el rostro *face*	**la faz** *face, appearance*
tener mucha cara *to be shameless*	**el caradura** *shameless or insolent person*
la cara *face*	**tener buena (mala) cara** *to look well (not to look well)*
tener la cara dura *to be shameless*	

Cara is the standard term to refer to the face of human beings and most animals. **Rostro**, used only for people, is more common in written than in spoken Spanish. It is often, but not always, used in conjunction with some feeling or emotion. **Faz** is used in literary Spanish as a synonym of **cara** and **rostro**. It also means *face* in the context of the change in the general appearance of something like the earth, an organization or institution, and so on. The idiomatic expressions with **cara** listed above are frequently used in Spanish, an indication of the less inhibited nature of social relationships in Hispanic countries compared to most English-speaking ones.

En su **rostro**, veíamos el temor a la muerte.	*We saw the fear of death in his **face**.*
Me corté la **cara** al afeitarme.	*I cut my **face** while shaving.*
La contaminación está cambiando la **faz** de la tierra.	*Pollution is changing the **face** of the earth.*
—El enfermo **tiene buena cara** hoy — dijo el médico.	*"The patient **looks well** today," the doctor said.*
Ese senador **tiene la cara** muy dura (es un **caradura**).	*That senator **is shameless (has no shame)**.*

4 ━━

la acción *act, deed, action*
el acto *act, action*
el acta *(fem.)* *minutes, record of proceeding*
el acta de nacimiento (matrimonio) *birth (wedding) certificate*

Acción means *act* in the sense of any kind of activity that is carried out. It is often the equivalent of *deed*. **Acto** may be a synonym of **acción** when a moral judgment or qualification is suggested. It is also *act* when used in a theatrical, ceremonial, or public context. **Acto** is not to be confused with **acta**, which always implies some kind of document or written record.

Enseñar al que no sabe es una noble **acción**.	*To teach someone who is ignorant is a noble **act (deed)**.*
Las palabras de Luis son buenas pero sus **actos** no.	*Luis's words are good but his **deeds (acts)** aren't.*
La inauguración de un presidente es siempre un **acto** público de gran importancia.	*The inauguration of a president is always an important public **act (event)**.*
Los novios firmaron el **acta** de matrimonio.	*The newlyweds signed the marriage **certificate**.*

5 ━━

el taller *(artist's) studio; shop*
la tienda *store, shop*
ir de tiendas *to go shopping*

In the Sábato selection, **taller** refers to an artist's studio, for the protagonist is a painter. **Taller** most often refers to *shop* in the sense of a workplace where manual labor is performed or something is made or repaired. *Shop*, in the English sense of small store, is **tienda**. In this meaning, **tienda** is normally modified to indicate the kind of shop or store referred to. In Spanish, of course, many types of stores are expressed with a specific word, such as **librería**, rather than by **tienda** or **tienda + modifier**.

Tengo que llevar el auto al **taller**.	*I have to take the car to the **(auto) shop**.*
El carpintero nos reparó las sillas en su **taller**.	*The carpenter repaired our chairs in his **(wood) shop**.*
Rosario ha abierto una estupenda **tienda de regalos** en la Calle Serrano.	*Rosario has opened a great **gift shop** on Serrano Street.*
Ha ido a la **tienda** a comprar comida.	*He went to the **(grocery) store** to buy food.*
Lo busqué en la **librería** pero no lo encontré.	*I looked for it in the **bookstore** but I didn't find it.*

~~~~~~ 6 ~~~~~~

decidir *to decide*
aprovecharse de *to take advantage of*
decidirse a *to decide to, resolve to*
aprovechar *to make (good) use of, profit from, take advantage of*

Certain Spanish verbs are used with the reflexive pronoun and a preposition to suggest a greater degree of personal involvement in an action. For instance, **aprovecharse de** (as opposed to **aprovechar**) has negative connotations, suggesting selfish or exploitative behavior. The use of **decidirse a** rather than **decidir** implies an initial hesitation and then a greater determination to carry out a particular decision.

Rodrigo, tienes que **aprovechar** mejor tu tiempo.	*Rodrigo, you have **to make** better **use of** your time.*
El general **se aprovechó del** caos político para asumir el poder.	*The general **took advantage of** the political chaos to assume power.*
Decidí ir a la fiesta con mi novia.	*I **decided** to go to the party with my girlfriend.*
Después de pensarlo bien, **se decidió a** estudiar informática.	*After thinking it over carefully, **he decided (resolved)** to study computer science.*

─7──

el crimen *crime, murder*
el atraco *holdup, robbery*
el robo *robbery, theft, burglary*
el ladrón *thief, robber, burglar*
asaltar *to mug*
hurtar *to steal, swipe, filch*

el delito *crime*
atracar *to hold up, rob*
robar *to rob, steal, burglarize*
el asalto *mugging*
el hurto *theft, thievery*

Crimen in Spanish most often refers to *murder*, although it may also be used to indicate crime in general. English *crime* in most other instances is expressed by **delito** in Spanish. **Atraco (atracar)** always implies an armed robbery or holdup. **Robo (robar)** is the most common expression to denote taking property from another person or place. Its meanings include *burglary* and *burglarize*. **Asalto (asaltar)** translates the English *mugging* (*to mug*), but in Spanish it always implies the use of some kind of weapon. **Hurto** and **hurtar** are synonyms of **robo** and **robar** but are preferred when stealth is implied and the objects taken are of relatively little value.

El **crimen** de la calle de Fuencarral fue muy famoso en España.

*The **murder (crime)** on Fuencarral Street drew lots of attention in Spain.*

Ese gobierno no distingue entre un **delito** común y uno político.

*That government doesn't differentiate between a common **crime** and a political one.*

En Los Angeles hay más **atracos** a los bancos que en cualquier otra ciudad.

*There are more bank **robberies (holdups)** in Los Angeles than in any other city.*

El **robo** es un **delito** castigado por la ley.

Stealing (robbery, theft, burglary) *is a* ***crime*** *punished by the law.*

Nos **robaron** en la casa mientras estábamos de tiendas.

They burglarized *our home while we were (out) shopping.*

Los chicos **hurtaban (robaban)** fruta en la frutería.

*The boys used to **steal** fruit from the fruit store (stand).*

─8──

el editor *publisher, editor*
editar *to publish*
la editorial *publishing house, publisher*

el editorial *editorial (in newspaper, journal, radio, TV)*
la edición *edition, printing*
publicar *to publicize, make known; to publish*

Editor is translatable as both *publisher* and *editor* in English. Spanish **edición** means both *edition* and *printing*, and context serves to indicate which meaning is intended. Note that in English, each edition of a work represents some kind of revision of the previous edition. In Spanish, however, unless qualified by **revisada**, **aumentada**, **renovada**, **corregida**, and so on, the word **edición** means merely a reprinting of an existing edition. The primary meaning of **publicar** is *to make something public knowledge*, but it is also sometimes used as a synonym of the more common **editar**, *to publish*.

Acaban de **editar (publicar)** mi último libro de poemas.	*They have just **published** my most recent book of poetry.*
Muchas grandes **editoriales** tienen sus oficinas en Nueva York.	*Many large **publishers (publishing houses)** have their offices in New York.*
El periódico tiene un **editorial** hoy sobre la crisis económica.	*The newspaper has an **editorial** today on the economic crisis.*
La primera **edición** del Quijote vale millones de dólares.	*The first **edition** of the Quijote is worth millions of dollars.*
Es la sexta **edición** de la novela en un año.	*It's the sixth **printing** of the novel in a year.*

⎯⎯9⎯⎯

exigir *to demand*	**demandar** *to sue; to demand*
exigente *demanding*	**reclamar** *to demand; to claim*

Exigir is the most common Spanish equivalent of *to demand*. **Demandar**, in addition to its legal meaning of *to sue*, also means *to demand* in the sense of asking firmly and persistently for something. **Reclamar**, a more common verb than **demandar**, is *to demand* what a person considers to be his or her own by right.

Exijo que tú trabajes más.	***I demand** that you work more.*
Antonio es el profesor más **exigente** del departamento.	*Antonio is the most **demanding** professor in the department.*

El paciente **demandó** al hospital por tres millones de dólares.

*The patient **sued** the hospital for three million dollars.*

Ramón **reclamó** justicia ante el tribunal.

*Ramon **demanded** justice before the court.*

—10—

la cualidad *quality, trait*
la calidad *quality*
la característica *characteristic, quality*

Cualidad, which is a synonym of **característica**, refers to the intrinsic characteristics of something or someone. **Calidad**, which most often is used to refer to things, carries an implicit judgment about the relative superiority or inferiority of that which is under consideration.

La **cualidad (característica)** que me desagrada en él es su terquedad.

*The **quality (trait)** that I dislike in him is his stubbornness.*

La lana de tu traje es de muy buena **calidad**.

*The wool in your suit is of very good **quality**.*

—11—

tropezar con *to bump (run) into, stumble across, trip over*
topar con *run into (across)*
encontrarse con *to meet; to run into (across)*

Tropezar implies stumbling into or tripping over something with one's feet. It also suggests at least a momentary loss of balance. Figuratively, it can also indicate a chance encounter with someone, and in this context is a synonym of the less commonly used verb **topar**. Both verbs are most often used with **con**, although other prepositions are sometimes used. **Encontrarse con** is the standard expression to indicate both a chance meeting or encounter and a planned meeting or rendezvous.

En la oscuridad, **tropecé con** una silla.

I bumped into (stumbled over) *a chair in the dark.*

No quería salir por miedo de **tropezar con** Juana en la calle.

*He didn't want to go out for fear of **bumping (running)** into Juana in the street.*

Ayer **topé con** Cándido en el aeropuerto.

*Yesterday **I ran into** Cándido at the airport.*

Sin esperarlo, **me encontré** con un viejo amigo en el restaurante.

*Without expecting to, **I ran across** an old friend in the restaurant.*

Mañana **nos encontraremos** en la biblioteca universitaria.

***We'll meet** tomorrow in the university library.*

—12—

operar *to operate*
intervenir *to operate, intervene (surgically)*
la operación (intervención) *operation*

Operar, like **intervenir**, has a number of different meanings. They are synonymous, however, when used to refer to a surgical operation.

Ayer **operaron** del corazón a mi tío.

*Yesterday **they operated** on my uncle's heart.*

El cirujano que lo **intervino (operó)** salió satisfecho de la **operación (intervención)**.

*The surgeon who **operated** on him was satisfied with the **operation**.*

—13—

la cama *bed*
el lecho *bed*

Cama is the word used to refer to a piece of furniture. **Lecho** is a more learned or figurative word for **cama**, often used to refer to the bed of a seriously ill person or to the nuptial bed.

Necesito un reposo absoluto en la **cama**.

*I need complete rest in **bed**.*

En su **lecho**, el enfermo dictó el testamento.

*From his **bed**, the sick man dictated his will.*

14

compadecer *to pity, feel sorry for*
tener lástima *to feel sorry for, to pity*
simpatizar *to hit it off well with, get along well with*

Compadecer (literally *to suffer with*) and **tener lástima** are synonyms in Spanish. **Simpatizar**, however, is a false cognate of English *to sympathize*, for it means instead *to hit it off well with someone* in the sense of finding that person **simpático**.

Compadezco a estos refugiados de guerra.	*I feel sorry for these war refugees.*
Todos debemos **compadecer a (tener lástima de)** los sin hogar.	*We should all feel sorry for the homeless.*
Carmen y Mercedes **simpatizaron** en seguida.	*Carmen and Mercedes hit it off well (liked each other) right away.*

15

sentir *to feel; to regret, be sorry; to hear*
sentirse *to feel*

Sentir requires an object and therefore is followed either by a clause introduced by **que** or by a noun. **Sentir**, in addition to meaning *to feel*, also means *to regret, be sorry*, and *to hear*, in the sense of perceiving less clearly distinguishable sounds, noises, vibrations, and so on. **Sentirse**, however, is always followed by an adjective or word used with adjectival force.

Nuestros estudiantes **sienten** que están progresando en español.	*Our students feel they are making progress in Spanish.*
¿**Sentiste** el terremoto anoche?	*Did you feel the earthquake last night?*
Siento mucho que tu perro haya muerto.	*I regret very much (I am very sorry) that your dog died.*
Sentíamos las voces de los vecinos pero no entendíamos lo que decían.	*We heard the neighbors' voices, but we didn't understand what they were saying.*

Mi tía **no se sentía** bien ayer.   *My aunt **didn't feel** well yesterday.*

Ya no **me siento** amigo de Carlos.   *I no longer **feel myself (to be)** Carlos'
                                             friend.*

PRÁCTICA

*A. Para cada una de las frases siguientes, elija Ud. la palabra que complete el senti-
do. Haga también cualquier cambio necesario en la palabra elegida para que la
frase quede gramaticalmente correcta.*

1. ¿ _recuerdas_ tus primeras vacaciones en la playa (**acordar, recordar, rememorar**)?

2. Mañana, _recuérdame_ me que tengo que devolverte los discos que me prestaste
(**rememorar, recordar, acordarse de**).

3. Alejandro no _se acuerda de_ su niñez en Valencia (**rememorar, acordar, acordarse de**).

4. Pablo Neruda, en *Veinte poemas de amor*, _rememora_ sus primeros amores
(**acordar, recordar, rememorar**).

5. Los dos presidentes _acordaron_ firmar un tratado para reducir las armas
nucleares (**recordar, acordar, rememorar**).

6. En el mes de agosto, hay mucho(a) _gente_ en las playas de la costa
(**gente, pueblo, público**).

7. El (la) _pueblo_ norteamericano(a) se compone de todas las razas del
mundo (**pueblo, público, gente**).

8. Se lavó _la cara_ antes de desayunar (**la cara, la faz, el rostro**).

9. Ayudar a los menesterosos es un(a) buen(a) _acción_ (**acto, acta, acción**).

10. La apertura de los Juegos Olímpicos es siempre un(a) _acto_ espectá-
cular (**acto, acta, acción**).

11. El gran pintor Velázquez tenía su _taller_ en Madrid (**tienda, taller,
editorial**).

12. K-Mart es una cadena muy grande de _tiendas_ (**despachos, tiendas,
talleres**).

13. El estudiante _aprovechó_ el verano pasado para ganar dinero para sus gastos
escolares (**reclamar, aprovechar, aprovecharse de**).

14. Después de agotar todas las alternativas, _____ operarme del corazón
(**rememorar, decidir, decidirse a**).

15. En muchas casas de Madrid, los propietarios han instalado puertas blindadas para evitar el ___robo___ (**atraco, robo, asalto**).

16. Muchas personas creen que la guerra es un ___delito___ contra la humanidad (**asalto, delito, atraco**).

17. El ___asalto/ataque___ a la anciana ocurrió en pleno día (**asalto, delito, atraco**).

18. En algunos países es un ___delito___ quemar la bandera nacional (**crimen, delito, asalto**).

19. ___La ed.___ Prentice Hall tiene su oficina central en New Jersey (**El editorial, La editorial, El taller**).

20. Lo primero que leo del diario son ___los ed___ (**las editoriales, los editoriales, las ediciones**).

21. El cliente ___exige___ que le reparen el automóvil en seguida (**exigir, demandar, reclamar**).

22. Los ciudadanos ___reclaman___ más patrullas de policía por las noches (**demandar, reclamar, intervenir**).

23. Mis padres ___exigen___ que yo vuelva a casa antes de medianoche (**demandar, exigir, reclamar**).

24. Una de las buenas ___cualidades___ de Tomás es su generosidad (**calidades, cualidades, acciones**).

25. A las tres de la mañana, Paco ___tropezó___ con la mesilla del teléfono en el pasillo de su casa (**encontrarse, topar, tropezar**).

26. Cuando yo era estudiante, ___me encontraba___ con mis compañeros en un café del Paseo de la Reforma (**topar, tropezar, encontrarse**).

27. Nosotros ___compadecemos___ a (con) Jaime por la muerte de su perro (**simpatizar, sentir, compadecer**).

28. Llevo varias semanas que no ___me siento___ bien (**sentirse, sentir, compadecer**).

29. José Luis ___siente___ un gran interés por la pintura moderna (**sentir, sentirse, simpatizar**).

30. María Elena está muy preocupada porque la tienen que ___operar___ del riñón (**aprovechar, operar, reclamar**).

B. *Traduzca al español las siguientes frases empleando el vocabulario estudiado en este capítulo.*

1. Vincent didn't remember to lock the door.

2. In these poems, Antonio Machado recalls the first love of his life, Leonor.

3. The Spanish people celebrate the 12th of October as "El día de la Hispanidad."

4. Nowadays, people say that pollution is changing the world's climate.

5. There was an expression of deep sadness on General San Martín's face.

6. "You're shameless," [use a noun] said María to her ex-boyfriend.

7. Enrique's deeds prove that at least he is not a bad person.

8. Antonio couldn't find his birth certificate.

9. The mechanic had in his shop all the tools necessary to repair the truck.

10. Joaquín would never take advantage of his friends.

12. Ricardo was never condemned for his crimes.

13. Two masked men held up the bank on my block last week.

14. Everyone believed that the butler was responsible for the murder [do not use **asesinato**].

15. After the movies, we were mugged [use active voice] on the way home.

16. The child's thievery caused his expulsion from school.

17. The publisher of the local newspaper wrote this morning's editorial on the election.

18. Juan Miguel demanded the money that his brother Mario owed him.

19. The occasion seems to demand a radical solution.

20. After they operated on Eduardo, he had to stay in bed for a month.

Temas a escoger

Temas relacionados con la selección literaria

1. Describa Ud. el estado emotivo de Juan Pablo Castel.
2. Escriba Ud. un ensayo sobre "la vanidad de la modestia."
3. Escriba Ud. sobre la relación entre el protagonista y su madre.

Temas sugeridos por la selección literaria

1. Escriba Ud. un ensayo sobre el énfasis que la sociedad pone en los crímenes y los procesos judiciales.
2. Comente Ud. lo que la sociedad debería hacer con los "individuos perniciosos."
3. Explique Ud. cuál es su propia perspectiva sobre la vida.

Repaso gramatical

Simple Tenses of the Indicative Mode

Basic Statement

In contrast to compound tenses, simple tenses are formed by a single word composed of a stem (which indicates meaning) + an ending (which indicates person, number, tense, and mode). The indicative is one of two common modes or moods in Spanish. It is (in contrast to the subjunctive) the mode used to indicate that an action is viewed by the speaker as an objective fact. In this chapter we review the five *simple* (or one-word) tenses of the *indicative* mode in Spanish: Present, Imperfect, Preterite, Future, Conditional.

Present

The simple present in Spanish is approximately equivalent in meaning to the simple present in English. It is most often used to indicate events that occur in a habitual or timeless present, but which are not actually in progress right now.

María **habla** inglés.	*María **speaks** English.*

Nonetheless, the simple present in Spanish is sometimes also equivalent in meaning to the two other forms of the English present.

1) María **habla** inglés ahora.   *María **is speaking (speaks)** English now.*

2) María **habla** inglés muy bien.   *María **does speak (speaks)** English very well.*

Far more often, however, the two preceding forms of the English present are not expressed by the Spanish simple present. Instead, the progressive or continuous form of the present in Spanish (**estar** + gerund) is used to indicate that an action is *in progress* at the moment the utterance is being made. Sometimes, verbs of motion (**ir, venir, andar**) replace **estar** in this progressive construction.

María **está hablando** inglés ahora.   *María **is speaking** English now.*

No puedo salir porque **está lloviendo** a cántaros.   *I can't go out because **it's raining** cats and dogs.*

La senadora **va saludando** a toda la gente que está en la calle.   *The senator **is (goes about) greeting** everyone who is in the street.*

To indicate the emphasis conveyed by the words *do* or *does* used with the English simple present, or conveyed in English by raising the voice, Spanish places the particle **sí** before the simple present.

La materia no desaparece pero **sí cambia** de forma.	*Matter doesn't disappear, but it **does change** its form.*
Aquellas chicas **sí** que **son** simpáticas.	*Those girls **are** indeed nice.*

Although there may not be in every case a significant difference in meaning between the simple present and its progressive equivalent in Spanish, it is still best not to identify certain progressive forms in English with progressive forms in Spanish, especially when the action is not in progress at the present time.

Los hermanos **trabajan** en una fábrica de zapatos.	*The brothers **are working (work)** in a shoe factory.*
Creo que el autor **escribe** una nueva novela.	*I believe the author **is writing** a new novel.*
Viven ahora en Lisboa.	*They **are living (live)** in Lisbon now.*

Imperfect and Preterit

English has one simple past form, whereas Spanish has two: the imperfect and the preterit. Even though common terminology refers to the imperfect and preterit as tenses, the difference between them is really one of aspect rather than of tense. Past events can be looked at as having a beginning, a middle, and an end, which may be considered in linguistic terms as their initiative, imperfective, and terminative aspects, respectively. Aspect, then, is that verbal characteristic that shows an action as imperfective (i.e., going on or still incomplete) in the past or as perfective (i.e., complete or finished) in the past. In Spanish, the imperfect forms of a verb indicate imperfective aspect, and the preterit forms indicate perfective aspect.

In English, the simple past is marked only for time; it does not show aspect. For instance, the English utterance in the simple past *he studied* is ambiguous with regard to the feature of aspect. It could be the equivalent of either **estudió** or **estudiaba**. Correct translation into Spanish of *he studied* would require, therefore, a decision about which aspect was implied by the English verb. This would in turn require an examination of the context in which the verb was used. For instance, contrast the two sentences below to see why the first would require **estudió** and the second **estudiaba** in Spanish.

He studied the lesson yesterday.

He studied the lesson whenever he had the chance.

Clearly, in the first example above the action is seen as completed within a given past time, while in the second it is shown as repetitive or ongoing in the past. In short, because the English simple past is invariable in form, it cannot signal aspect. In Spanish, however, the speaker makes a choice as to aspect every time he or she chooses the imperfect or preterit.

It is true, however, that imperfective aspect is expressed in certain English forms such as the progressive *he was studying* and *he used to study*, which would be translated by the Spanish imperfect.

The Spanish imperfect is used, then, to describe a state or an action not completed in the past within a given fixed or determinate period of time. The imperfect is used for events that are viewed as incomplete at the time of the utterance. The preterit, in contrast, is used when an action in the past has been initiated or, more commonly, completed or accomplished within a given fixed or determinate period of time.

The imperfect shows the continuity of an action going on during a certain period of time in the past. It does not indicate that the action began or ended during that time, either because its beginning or ending, or both, are outside the temporal framework of the utterance or because the speaker has no desire to indicate or emphasize the aspect of completion. The imperfect is therefore the past aspect that enables us to relive an event by transferring us to the past to witness it as if it were taking place before our eyes. It is as if the past were impinging on the present. The preterit, in contrast, views a past situation (or even a series of past events) as a completed, unified whole that is part of a historical past. It shows an action or state as it began or ended, or both, within a given time frame. Obviously, in many cases it is not the nature of a past situation itself that determines whether the verb will be in the imperfect or preterit, but the way the speaker chooses to view it.

It may be helpful to draw an analogy to a film one has seen and is retelling to someone else. To narrate events that advanced the plot, activities that were completed within the film itself, one would use the preterit. Scenery, music, unresolved actions, background states, and so on, would all be described in the imperfect. It may be helpful to examine the following English sentence with its simple, one-word past tense verb which bears, of course, no indication of aspect. We can, however, imagine for it two contexts that would imply an imperfective and a perfective aspect, respectively.

La película **era** muy buena.

La película **fue** muy buena.

*The picture (film) **was** very good.*

The Spanish example with **era** implies a state of indefinite duration in the past and indicates that the film was of an inherently high quality. With **fue**, however, we indicate that a personal judgment on or reaction to the film was made at a specific time in the past.

La lección **era** difícil de explicar.

La lección **fue** difícil de explicar.

*The lesson **was** difficult to explain.*

In the examples immediately above, **era** suggests that the lesson, because of its nature, was always hard to explain. With **fue**, perfective aspect, there is reference to a specific moment in the past when someone experienced difficulty in actually attempting to explain the lesson.

Se levantaba todos los días a las seis. ⎫
                                            ⎬ *She got up every morning at six o'clock.*
Se levantó todos los días a las seis. ⎭

A context of repeated action in an unspecified past period would make **se levantaba** the Spanish equivalent of *got up* as expressed above. Indeed, we can even rephrase the English as *she used to get up*, a clear indication of imperfective aspect. But it is also possible to view these repeated occurrences as constituting one single, unified, completed action or experience in the past, perhaps when the subject was on vacation, travelling, or at summer camp. In this case, the preterit **se levantó** would be appropriate.

Two sentences that are identical in Spanish, except for the use of the imperfect and preterit, are often rendered differently in English in order to do justice to their difference in aspect.

Un guardaespaldas **acompañaba** al millonario.

*A bodyguard **(always) accompanied** (went around with) the millionaire.*

Un guardaespaldas **acompañó** al millonario.

*A bodyguard **accompanied** the millionaire (on this one occasion).*

We have seen, then, that the imperfect indicates continuity and process, whereas the preterit shows the beginning, end, or completion of an action or state. A small number of Spanish verbs acquire different meanings (which are also reflected in their English equivalents) according to the aspect used. The same Spanish verb must sometimes be rendered by different English verbs when used in the imperfect and preterit. In reviewing the following forms, remember that the Spanish imperfect shows a state or process already in force, whereas the preterit indicates something that happened and achieved completion during the past.

INFINITIVE	IMPERFECT	PRETERIT
conocer (yo)	*I knew, was acquainted with*	*I met* (for the first time), *made the acquaintance of*
haber (third person singular only)	*there was, there were* (there existed)	*there was, there were* (there befell, there took place)
poder (yo)	*I could, was able to* (I was in a position to)	*I was able to* (I managed to)
no poder (yo)	*I was not able to, could not* (was not in a position to)	*I could not, wasn't able to* (although I tried)
querer (yo)	*I wanted to, desired to*	*I tried to, I started to*
no querer (yo)	*I didn't want to*	*I refused to* (wouldn't)
saber (yo)	*I knew* (was aware that, had knowledge that)	*I found out* (learned, heard, realized)
tener (yo)	*I had* (possessed)	*I had* (received, got)
tener que (yo)	*I had to* (but did not necessarily do it)	*I had to* (and did do it)

Cuando **conoció** al jefe, ella ya **sabía** la verdad.

*When **she met** the boss, she already **knew** the truth.*

Cuando yo era niño, **había** dos robles delante de la casa.

*When I was a boy, **there were** two oak trees in front of the house.*

¡Qué espantosa tormenta **hubo** aquella noche!

*What a terrible storm **there was** that night.*

Aquí tienes un libro sobre la guerra; es el mejor que **pude** encontrar.

*Here's a book about the war; it's the best one **I could find (I found).***

Por la niebla, no **podía** ver la casa.

*Because of the fog, **I was unable** to see the house.*

Quise abrir la puerta pero estaba cerrada con llave.

***I tried (attempted)** to open the door but it was locked.*

Juan **tenía** el coche de su hermano cuando **tuvo** el accidente.

*Juan **had** his bother's car when **he had** the accident.*

Ayer, **tuve** una tarjeta postal de María.

*Yesterday **I got (had, received)** a post card from María.*

Al mudarse a Los Angeles, **tuvo** que cambiar de universidad.

*When he moved to Los Angeles, **he had** to change universities.*

Future

The straight future tense (formed by the *infinitive + personal endings*) is not the most common way of expressing a future action or state in spoken Spanish. Indeed, the future tense is used less than such standard English equivalents as *he will* or *he'll + verb*. One reason for this less frequent use of the straight future is its replacement by the periphrastic **ir** + **a** + **infinitive** to convey a future action or state. This construction enables the speaker to psychologically bring the future action or state closer to the present.

Voy a escribirle una carta.

I'm going to write him a letter.

Vas a ser muy feliz en Buenos Aires.

You are going to be very happy in Buenos Aires.

Another reason for the diminished use of the future is its replacement by the simple present. Indeed, the Spanish present indicative often replaces the future in informal language to refer to events that are in the immediate or near future. This substitution of present for future is almost always accompanied by some adverb or other expression of time.

Lo **hago** en seguida.

I'll do it immediately.

¿Le **sirvo** el café ya?

Shall I serve you coffee now?

Te **llamo** esta noche.

I'll call you tonight.

Despite the frequency with which the present substitutes for the future in sentences such as **Te llamo esta noche**, there is no absolute difference between that utterance and **Te llamaré esta noche**. However, the example with **llamo** implies a greater degree of certainty that the call will take place than does the one with **llamaré**. Note that for predictions, however, the simple present cannot substitute for the future, as in the following examples.

La economía **mejorará** pronto.

*The economy **will improve** soon.*

Creo que **tendrás** éxito con el negocio.

*I believe **you will be** successful with the business.*

Remember, too, that the future in Spanish is also employed by a speaker to indicate conjecture or probability. This suppositional future is more common in Spain than in Spanish America. Brevity is one reason why this future of probability is used more than a number of semantically equivalent expressions.

¿Quién **será** aquella mujer tan alta?   *Who **can** that tall woman **possibly be**?*
(I wonder who that tall woman is)

Luisa ha comprado un Mercedes. **Tendrá (probablemente tiene, debe de tener)** mucho dinero.   *Luisa has bought a Mercedes. **She must have (probably has)** a lot of money.*

Note that the simple present of **querer** + **infinitive** (not the future tense) renders English *will you* + *verb* in expressions of willingness to do something.

¿Quieres ayudarle con la tarea?   ***Will you help** him with his homework?*

¿Quién **quiere abrir** la ventana?   Who **will open** the window?

Conditional

The denomination *conditional* is, of course, most appropriate for this tense in its use in sentences that express a condition, i.e., an indication that one event is dependent on another, such as *I would go, if I had money*. In Chapter 8, where we review conditionality and the subjunctive mood, we focus on the primary use of the conditional in Spanish. However, the conditional has other uses not associated with conditional sentences.

English *would* + *verb* and infrequently *should* + *verb* are equivalent to the Spanish conditional. However, the imperfect and not the conditional is used for *would* when the reference is to a past habitual action, as in the second example below.

Le dije que **iría**.   *I told him **I would go**.*

Siempre que Carlos la **veía**, la **saludaba**.   *Whenever Carlos **would see (saw)** her, he **would greet (greeted)** her.*

The conditional in Spanish also indicates probability, conjecture, or supposition in the past. This use parallels that of the future of probability, in the present, and it, too, is preferred to certain semantically equivalent constructions because of its brevity.

Aquel día **andaríamos** diez kilómetros.   *That day **we probably (must have)** **walked** ten kilometers.*

Serían las cinco cuando llegué.

Probablemente eran las cinco cuando   *It was probably (must have been)*
llegué.   *five o'clock when I arrived*

Debían (de) ser las cinco cuando llegué.

PRÁCTICA

A. *Complete las siguientes frases con la forma correcta del verbo en uno de los tiempos simples del indicativo. En algunos casos, es posible usar más de un tiempo. A veces una forma progresiva es preferible al tiempo simple.*

1. Joaquín _se seca_ (secaba) las lágrimas mientras _lee (leía)_ el poema de Gabriela Mistral (**secarse; leer**).
2. Después, Elena _ingresó_ en el maravilloso conservatorio de Viena (**ingresar**).
3. Mis amigos me dicen que yo _estoy env..._ rápidamente (**envejecer**).
4. Algún día, Hispanoamérica también _tendrá_ un Mercado Común (**tener**).
5. Yo _tuve_ un pequeño accidente y me torcí el pie derecho (**tener**).
6. Julián _quería_ estudiar derecho, la carrera que su padre había hecho pero nunca _ejerció_ (**querer; ejercer**). _había ejercido_
7. Hoy _se cumple_ el primer aniversario de su boda (**cumplirse**).
8. El año pasado, en febrero, Carlos y su esposa _se divorciaron_ (**divorciarse**).
9. ¿Qué personaje histórico te _gustaría_ conocer si eso fuera posible (**gustar**)?
10. Nuestra economía _está creciendo_ (crece / crecerá) más este año que el año pasado (**crecer**).
11. Yo _me hice_ amigo de un anciano que _vivía_ en la casa de la esquina (**hacerse; vivir**).
12. Yo nunca _olvidaré_ (olvido) mis días de estudiante en la UNAM [Universidad Nacional Autónoma de México] (**olvidar**).
13. A partir del próximo Julio, _estará_ prohibido lavar con manguera los coches (**ser, estar**).
14. Iremos a la plaza porque todos los sábados _se convierte_ en un mercado para los turistas (**convertirse**).
15. Julio César _ganó_ más batallas que Marco Antonio (**ganar**).

B. *Rellene los espacios en blanco usando la forma apropiada del verbo entre paréntesis.*

Yo _digo_ (decir) (1) que María _habla_ (hablar) (2) inglés. Eso _está_ (estar) (3) bien porque, en el mundo de los negocios, hoy día _es_ (ser) (4) necesario _hablar_ (hablar) (5) ese idioma.
María _estudia_ (estudiar) (6) ese idioma desde _hace_ (hacer) (7) varios años, y se _puede_ (poder) (8) decir que lo _domina_ (dominar) (9) a la perfección. Cuando _comenzó_ (comenzar) (10) estudiar, no le _gustaba_ (gustar) (11) nada, pero pronto _descubrió_ (descubrir) (12) que _era_ (ser) (13) muy agradable _hablar_ (hablar) (14) con los turistas americanos o ingleses que _entran / entraban_ (entrar) (15) en nuestro comercio. Ella les _atiende / atendía_ (atender) (16), cómo no, en inglés. Ellos _sonríen / sonreían_ (sonreír) (17) y _compran / compraban_ (comprar) (18) más de lo que _piensan / pensaban_ (pensaban) (19) comprar. Una vez, mi hermana me _dijo_ (decir) (20) que un turista _pidió_ (pedir) (21) algo que no _teníamos_ (tener) (22) nosotros entonces en la tienda.
Inmediatamente, ella _se encargó_ (encargarse) (23) de pedir ese producto al fabricante, quien nos lo _envió_ (enviar) (24) por correo ultra-rápido. El cliente _quedó_ (quedar) (25) muy contento y _volvió_ (volver) (26) muchas veces.

C. *Traduzca al español las siguientes frases. Emplee en cada frase uno de los tiempos verbales estudiados es este capítulo. En algunas de las frases hay más de una forma verbal correcta.*

1. Did you know that he is thinking about getting married?
2. During the Spanish Civil War, there was an important battle near the Jarama River.
3. Did you know Consuelo before?
4. The old man no longer comes to see us; he must be very sick.
5. It was probably midnight when they found the car.
6. We explained to her that it would be necessary to send more letters of recommendation.
7. Although he promised to clean [use **lavar**] the windows, now he will not do it.
8. John doesn't earn much money, but he does know how to spend it.
9. The husband washed the car while his wife prepared lunch.
10. What shall I do now? Everything is lost.

D. *Cada una de las frases siguientes contiene un error. Explique por qué está mal.*

1. ¿Qué haremos ahora? Todo es perdido.
2. ¡Juanito, estoy haciendo mucho ruido¡ !Quiero que te calles!

3. Cuando por primera vez conocía a su jefe, no le gustó.
4. Probablemente fueron las cinco cuando yo llegué a casa.
5. En física, la materia no desapareció, pero si cambia de forma.

ENFOQUE   Selecting a Topic

For any writer, an essay topic is the most important first step. When you finally decide on a topic, you should ask yourself if your knowledge of it is sufficient to present a clearly written essay for your readers. This does not imply that you must be experts on your chosen topic, but that you must feel confident in your knowledge of it. Your chosen subject should interest you. Otherwise, how can you expect to interest your reader? Your essay will fall short, then, when either your knowledge or interest in the subject is lacking.

Writing in one's native language is difficult enough; writing in a foreign one is even more difficult. When you find yourself in this situation, you should choose a topic that you can manage and organize easily. There are a number of topics from which you may choose. Keep in mind, however, that a topic is only a point of departure. If you find the chosen topic too limiting, then by all means find a new approach or technique with which to handle it. If, after careful consideration, the prospective topic still does not seem to develop, it may be better to abandon it for another. Above all, you should have confidence in your ability as a writer. Nevertheless, do not hesitate to ask for help and guidance from others—even the best writers seek help from other sources.

TIPS

1. Select a topic.
2. Know the topic.
3. Are you interested in your prospective topic?
4. How can you organize it?
5. Is your topic too limiting? Is it too broad?
6. Ask yourself if you need help?
7. Get to work!

CAPÍTULO

4

 VIAJE A LA ALCARRIA
CAMILO JOSÉ CELA

 REPASO GRAMATICAL
* *Compound Tenses of the
Indicative Mode
(and Related Verbal Forms)*

Viaje a la Alcarria

CAMILO JOSÉ CELA

◆◆◆◆◆◆◆◆◆◆◆◆◆◆◆

El español Camilo José Cela (1916–), ganador del Premio Nobel en 1989, y del premio Cervantes en 1995 figura entre los grandes escritores de la literatura española contemporánea. Es, sin duda, el más conocido y el más leído entre los autores de la posguerra.

Sus novelas La familia de Pascual Duarte *(1942) y* La colmena *(1951), con las que estableció el llamado "estilo tremendista" (en el que se acentúa lo grosero, brutal o repelente, pero donde también se encuentran notas de ternura y de lirismo), han sido llevadas al cine y gozan de popularidad internacional.*

En la selección que sigue, tomada de Viaje a la Alcarria *(1952), Cela, para hacer más objetiva la narración, relata en tercera persona sus viajes a pie en pleno verano por la Alcarria, región en la provincia española de Guadalajara. En este fragmento del libro de viajes más popular de Cela, donde aparece como experto escritor costumbrista, la acción tiene lugar cuando el narrador se encuentra con un adolescente en el camino. Podemos observar la fina ironía en la conversación entre el "niño redicho" y el viajero (Cela), y al mismo tiempo presencian una escena que, si no estuviera escrita con un tono de ternura, podría inspirar cierta repugnancia cuando Cela "le alarga la mano" al niño para despedirse.*

◆

—¿Me permite usted que le acompañe unos hectómetros?

Y el viajero, que siente una admiración sin límites por los niños redichos, le había respondido:

—Bien; te permito que me acompañes unos hectómetros.

5   Ya en la carretera, el viajero se para en un regato, a lavarse un poco. El agua está **fresca**,[1] muy limpia.

—Es un agua muy cristalina, ¿verdad?

—Sí, hijo; **la mar de**[2] cristalina.

El viajero descuelga la mochila y se desnuda de medio cuerpo.

10   El niño se sienta en una piedra a mirarle.

—No es usted muy **velludo**.[3]

—Pues, no... Más bien, no.

El viajero se pone en cuclillas y empieza por refrescarse las manos.

15
—¿Va usted muy lejos?

—Psche...; regular. Dame el jabón.

—El niño **destapa**[4] la jabonera y se le acerca. Es un niño muy obsequioso.

—¡Pues, anda, que, como vaya usted muy lejos, con este calor!...

—A veces hace más. Dame la toalla.

El niño le da la toalla.

20
—¿Es usted de Madrid?

El viajero, mientras se seca, decide pasar a la ofensiva.

—No, no soy de Madrid. ¿Cómo te llamas?

—Armando, para servirle. Armando Mondéjar López.

—¿Cuántos años tienes?

25
—Trece.

—¿Qué estudias?

—Perito.

—¿Perito... qué?

—Pues, perito... perito.

30
—¿Qué es tu padre?

—Está en la Diputación.

—¿Cómo se llama?

—Pío.

—¿Cuántos hermanos tienes?

35
—Somos cinco: cuatro niños y una niña. Yo soy el mayor.

—¿Sois todos rubios?

—Sí, señor. Todos tenemos el **pelo**[5] rojo; mi papá también lo tiene.

En la voz del niño hay como una vaga cadencia de tristeza. El viajero no hubiera querido preguntar tanto. Piensa un instante, mientras guarda la toalla y el
40
jabón y saca de la mochila los tomates, el **pan**[6] y una **lata**[7] de "foie gras," que se ha pasado de rosca preguntando.

—¿Comemos un poco?

—Bueno; como usted guste.

El viajero trata de hacerse amable, y el niño, poco a poco, vuelve a la alegría
45
de antes de decir: "Sí, todos tenemos el pelo rojo; mi papá también lo tiene." El viajero le cuenta al niño que no va a Zaragoza, que va a darse una vueltecita por la Alcarria; le cuenta también de dónde es, cómo se llama, cuántos hermanos tiene. Cuando le habla de un primo suyo, **bizco**,[8] que vive en Málaga y que se llama Jenaro, el niño va ya muerto de risa. Después le cuenta cosas de la guerra, y
50
el niño escucha atento, emocionado, con los ojos muy abiertos.

—¿La han dado algún tiro?

El viajero y el niño se han hecho muy amigos y, hablando, hablando, llegan hasta el camino de Iriépal. El niño **se despide**.[9]

—Tengo que volver; mi mamá quiere que esté en casa a la hora de **merendar**.[10]
55
Además, no le gusta que venga hasta aquí; siempre me lo tiene dicho.

El viajero le alarga la mano, y el niño la rehuye.

—Es que la tengo sucia, ¿sabe usted?

—¡Anda, no seas tonto! ¿Qué más da?

El niño mira para el suelo.

60 —Es que me ando hurgando siempre con el dedo en la nariz.

—¿Y eso qué importa? Ya te he visto. Yo también me hurgo, algunas veces, con el dedo en la nariz. Da mucho gusto, ¿verdad?

—Sí, señor; mucho gusto.

El viajero echa a andar y el niño se queda mirándole, al **borde**[11] de la carrete-
65 ra. Desde muy lejos, el viajero se vuelve. El niño le dice adiós con la mano. **A pleno sol**,[12] el pelo le brilla como si fuera de fuego. El niño tiene un pelo hermo-so, luminoso, lleno de encanto. El cree lo contrario.

> Armando Mondéjar López
> es un niño preguntón;
70 > tiene el pelo colorado
> del color del pimentón.
>
> (La naranja ya está seca,
> amarillo está el limón.
> La sandía está llorando,
75 > está riendo el melón.)
>
> Armando Mondéjar López
> se queda parado al sol;
> su pelambrera rebrilla
> como arde su corazón,
>
80 > y en su mirada se enciende,
> poco a poco la ilusión.
> Tiene el pelo colorado
> del color del pimentón.

Poco más adelante, el viajero se sienta a comer en una vaguada, al pie de un
85 **olivar**.[13] Bebe después un trago de vino, desdobla su manta y se tumba a dormir la siesta bajo un árbol. Por la carretera pasa, de vez en cuando, alguna bicicleta o algún coche oficial. A lo lejos, sentado a la sombra de un olivo, un pastor canta. Las ovejas están apiñadas, inmóviles, muertas de calor. Echado sobre la manta, el viajero ve de cerca la vida de los insectos, que corren veloces de un lado para otro y se detienen
90 de golpe, mientras mueven acompasadamente sus largos cuernos, delgaditos como un pelo. El campo está verde, bien cuidado, y las florecitas **silvestres**[14] —las rojas amapolas, las margaritas blancas, los cardos de flor azul, los dorados botones del botón de oro— **crecen**[15] a los bordes de la carretera, fuera de los sembrados.

Pasan unas muchachas que se adornan el amplio sombrero de paja con rami-
95 tos de <u>aciana</u>; llevan unas batas de cretona y andan sueltas, ligeras, graciosas como
corzas. El viajero las ve marchar y cierra los ojos. El viajero prefiere dormir bajo el
recuerdo de una última sensación agradable: una cigüeña que vuela, un niño que
se chapuza en el restaño de un arroyo, una abeja libando la flor del espino, una
mujer joven que camina, al nacer del verano, con los brazos al aire y el pelo suelto
100 sobre los hombros.

El viajero, de nuevo sobre la carretera, recién descansado, piensa en las cosas
en las que no pensó en muchos años, y nota como si una corriente de aire le diese
ligereza al corazón.

CUESTIONARIO

Contenido

1. Describa Ud. al niño con el que se encuentra el viajero.
2. ¿Cómo es el viajero?
3. ¿Cómo se siente el viajero por haber hecho tantas preguntas al niño?
4. ¿Por qué no se atreve el niño a dar la mano al viajero?
5. ¿Qué hace el viajero después de despedirse del niño?
6. Describa Ud. el lugar donde se sienta el viajero.
7. ¿Cómo son las muchachas que ve pasar el viajero?

Interpretación y estilo

1. ¿Qué técnicas narrativas emplea Cela en este fragmento literario?
2. ¿Desde qué perspectivas presenciamos las experiencias del viajero?
3. Explique Ud. por qué el narrador considera "redicho" al niño.
4. ¿Por qué cree Ud. que el niño tiene una "vaga cadencia de tristeza" en la voz
    al contestar al viajero?
5. ¿Cómo se manifiesta la ironía de Cela en el diálogo entre el viajero y el niño?
6. Explique Ud. algunos de los momentos líricos de esta selección literaria.
7. Comente Ud. el significado del último párrafo.

⟶ **Léxico: opciones** ⟵

─1 ─────────────────────────────────

natural *natural; fresh*
fresco *cool, coolish, chilled; fresh*
el agua dulce *fresh water*

The adjective **fresco** has several meanings, including that of a temperature that is cool but not excessively cold. With regard to beverages, **fresco** may connote, in addition to temperature, the quality of being refreshing. With reference to food, however, **fresco** conveys the idea of *fresh*, i.e., that which has been recently made, picked or, caught as opposed to that which is canned or frozen. **Natural** is a synonym of **fresco** in this last meaning when speaking of fruits and vegetables. Like English *fresh*, **fresco** can also indicate *impudent, disrespectful, sassy*. Note, too, that *fresh* as opposed to *salt* water (**agua salada**) is **agua dulce** in Spanish.

Acabo de pescar estas truchas; están muy **frescas**.	*I've just caught these trout; they are very **fresh**.*
Pablo siempre hace la sopa con verduras **frescas (naturales)** porque no se fía de la comida enlatada.	*Pablo always makes soup with **fresh** vegetables because he doesn't trust canned food.*
Cuando hace mucho calor, me gusta tomar una gaseosa bien **fresca**.	*When it's very hot, I like to have a nice **cool (refreshing)** soft drink.*
Por su buena ventilación, esta casa es muy **fresca** en verano.	*On account of its good ventilation, this house is very **cool** in summer.*
El salmón nace en **agua dulce** pero se desarrolla en agua salada.	*Salmon are born in **fresh water** but develop in salt water.*

─2 ─────────────────────────────────

el mar *sea, ocean*	**la mar de** *a great deal of, lots*
la mar *sea*	**un mar de** *a great deal of, lots of*
el océano *ocean, sea*	

Both **la mar de** and **un mar de**, when followed by a noun, phrase, or adjective (such as in the text example), mean *a great deal* of something and are colloquial substitutes for forms of **mucho** or **muy**. In the Cela example, **la mar de cristalina** may be expressed as *very clear* in English. Seafaring people usually refer to the sea as **la mar**. This feminine form is also employed in poetic or artistic usage. **El mar**, however, is the standard form and must be used when a specific body of water is named or understood: **el mar Amarillo**, **el mar Caribe**, and so on. Note that **océano**, *ocean*, is used in Spanish only to refer to a specifically named ocean. In other instances, what would be *ocean* in English is rendered by Spanish **mar**.

Tengo **la mar (un mar) de** proyectos para este verano.	*I have **a great many** projects for this summer.*
Hoy vendrá **la mar de** gente a bañarse en el río.	*Today **lots of** people will come to swim in the river.*
Tienen una casita al lado del **mar** Mediterráneo.	*They have a little house next to the Mediterranean **Sea**.*
El mar cubre tres cuartas partes del planeta Tierra.	***The ocean (sea)** covers three fourths of the planet Earth.*

3

velludo *hairy*	**peludo** *hairy (with reference to the head)*
narigudo *large-nosed*	**sesudo** *brainy*
concienzudo *conscientious*	

The adjective ending **-udo** combines with certain noun stems to indicate an abundant or excessive degree of some trait or quality. Adjectives ending in **-udo** often (but not always) have a negative connotation.

Sancho Panza es el **panzudo** más famoso de la literatura española.	*Sancho Panza is the most famous **big-bellied (paunchy)** man in Spanish literature.*
El caballo de Don Quijote, Rocinante, era un caballo **huesudo**.	*Don Quijote's horse, Rocinante, was **a bag of bones**.*

4

deshacer *to undo, unmake*
destapar *to remove the lid from, to uncover*
desobedecer *to disobey*
desatar *to untie*

The prefix **des-** functions to invert or negate the meaning of many verbs in Spanish. **Des-** is often rendered in English by the prefix *un-* or *dis-*, as seen in the following examples.

¿Quién va a **deshacer** las maletas?

*Who is going **to unpack** the bags (suitcases)?*

La chica apareció y en seguida **des-aparecio**.

*The girl appeared and then **disappeared**.*

5

el pelo *hair*	**rubio** *blond*
el cabello *hair*	**pelirrojo** *redhead*
el vello *hair*	**castaño** *brown*
las canas *gray or white hair*	**calvo** *bald*

El pelo indicates *hair* in most contexts, human or animal. **Cabello** (sometimes used in the plural with singular meaning) is in most Spanish-speaking areas a bit more elevated in tone and normally refers to hair on the head. **Cabello** is often used in literary Spanish and for advertising purposes. Note that **vello** is used only for certain kinds of body hair.

Carlos tiene el **pelo** rizado pero su hermano lo tiene liso.

*Carlos has curly **hair** but his brother's hair is straight.*

La muchacha tenía largos **cabellos castaños**.

*The teenager (girl) had long, **auburn hair**.*

El **vello rubio** de los brazos le brillaba al sol.

*The **blond hair** on his arms shone in the sun.*

Aunque Carlos era joven, ya tenía algunas **canas**.

*Although Carlos was young, he already had some **gray hair** (a few gray hairs).*

6

el pan *bread, loaf of bread*	**la lechuga** *lettuce, head of lettuce*
el mueble *piece of furniture*	**el rayo** *bolt of lightning*

Although Spanish has an equivalent for the English counter-word for *loaf*, **hogaza**, this word is uncommon in the spoken language. Instead, **pan** conveys in Spanish the idea of both *bread* and *loaf of bread*. Similarly, numerous Spanish words like those listed above lack a separate equivalent for the English counter-word.

Compré dos **panes** de centeno en la panadería.	*I bought two **loaves** of rye bread in the bakery.*
Esta receta requiere medio kilo de carne y dos **coles** enteras.	*This recipe requires half a kilo of meat and two whole **heads of cabbage**.*
Esta silla es un **mueble** muy antiguo.	*This chair is a very old **piece of furniture**.*

—7

el bote *can*	**la lata** *can; annoyance, bother*
el tarro *jar*	**el envase** *package, container*

The main difference between **lata** and **bote** is the shape. A **lata** normally indicates a can that is flat, low in height, or rectangular in shape. A **bote** is a can that is round or cylindrical in shape, or one that is taller than it is wide. Note the colloquial meaning of **lata** as *annoyance*.

Para la ensalada, abrimos una **lata** de atún.	*For the salad, we opened a **can** of tuna fish.*
Es una **lata** tener que pagar tantos impuestos.	*It's a **pain in the neck** to have to pay so many taxes.*
Vete a la tienda y compra un **bote** de zumo de tomate y un **tarro** de mostaza.	*Go to the store and buy a **can** of tomato juice and a **jar** of mustard.*

—8

bizco *cross-eyed*	**ciego** *blind*
miope *nearsighted, myopic*	**tuerto** *one-eyed*
présbita *farsighted*	**daltónico** *colorblind*

The adjective **miope** is common for *nearsighted* (persons who see well nearby objects but not distant ones). However, the adjective **présbita**, meaning *farsighted*, is not commonly used. It is normally replaced in spoken Spanish by the expression **tener la vista cansada**. Note, too, that *colorblind* in Spanish is **daltónico**, an adjective derived from Dalton, the name of the English physician who scientifically described the condition of color blindness.

El Mr. Magoo de los dibujos animados es extremadamente **miope**.

*Mr. Magoo of the cartoons is extremely **nearsighted**.*

Después de tantos años de estudio, Joaquín acabó con **la vista cansada**.

*After so many years of studying, Joaquín ended up **farsighted**.*

Le es difícil conducir porque es **daltónico**.

*It's difficult for him to drive because he's **colorblind**.*

9

---

despedirse (de) *to say goodbye (farewell) to; to take leave of*
despedir a *to send (see) someone off; to fire*
la despedida *goodbye, farewell, send-off*

Despedirse (de) is the more common equivalent of **decir adiós**. **Despedir**, without the pronoun **se** means both *to see someone off* and *to fire or dismiss* someone. In the second meaning, it is synonymous with the more popular **echar**.

No olvides **despedirte de** tu abuela antes de salir.

*Don't forget **to say goodbye to** your grandmother before you leave.*

Fuimos al aeropuerto a **despedir a** su hermano.

*We went to the airport **to see** his brother **off**.*

Lo **despidieron (echaron)** porque no trabajaba bien.

***They fired (dismissed)** him because his work wasn't satisfactory.*

Cuando se jubiló Ricardo, le dimos una gran fiesta de **despedida**.

*When Ricardo retired, we gave him a big **farewell** party.*

10

---

la merienda *snack*
comer *to eat*
el almuerzo *lunch*
cenar *to have supper, dinner*
el desayuno *breakfast*

merendar *to have a snack, to snack*
la comida *meal, main meal; food*
almorzar *to lunch, to have (a light) lunch*
la cena *supper, dinner*
desayunar(se) *to have breakfast, to breakfast*

Merienda is a snack normally taken in the afternoon to stay the appetite until supper, which in Spain is served at an hour that is quite late by American standards. In Spain, **la comida**, the main meal of the day, is served from approximately 2 p.m. onward. **Almuerzo** in Spain refers to a much lighter meal, a lunch served at an earlier hour.

It may replace **la comida**, especially in rural areas or among industrial workers who do not return home to eat. In some Spanish-American countries, however, **almuerzo** is the standard word for the main, mid-day meal. Although **desayunar** was originally used as a reflexive verb, nowadays, by analogy with **cenar** and **almorzar**, it is used without the reflexive pronoun in most Spanish-speaking countries. Note, too, that **tomar**, used with the name of a specific meal, often replaces the verb that means to eat that same meal. Finally, the verbs **desayunar**, **almorzar**, and **cenar** can be used transitively to indicate specifically what one is eating at a particular meal.

Los campesinos **almorzaban (toma-ban el almuerzo)** a las 11:00 y volvían a casa a las 5:00.	*The farm workers **ate lunch** at 11:00 and returned home at 5:00.*
En España, la **cena** suele ser más ligera que la **comida**.	*In Spain, **dinner** is usually lighter than the main (afternoon) **meal**.*
Mañana vendrán a **desayunar (tomar el desayuno)** con nosotros.	*Tomorrow they will come **to eat (have) breakfast** with us.*
Vamos a **desayunar** huevos fritos, tostadas con mermelada y café con leche.	*We are going **to eat (have) for breakfast** fried eggs, toast with jam, and café au lait.*

~11~

el borde *edge, border, rim, brim*
la frontera *border, frontier*
el límite *limit, edge*
la linde *limit, boundary*
lindar *to border, adjoin (especially common for real estate)*
limitar *to limit; to border (common in geographic designations)*

El borde in Spanish most often refers to the edge of physical things. **Frontera** indicates the line that separates two countries, i.e., an international border. **Límite** has a broader range of meanings, for it may refer to that which separates what is material or immaterial from similar things in its class. **La linde** (more common in the feminine form than in its masculine equivalent) is very common when referring to property lines and boundaries.

Lléname la taza hasta el **borde**.	*Fill my cup up to the **brim**.*
Gloria estaba sentada en el **borde** de la piscina.	*Gloria was sitting on the **edge** of the pool.*

Era imposible cruzar la **frontera** en invierno.	*It was impossible to cross the **border** in winter.*
He llegado al **límite** de mi paciencia.	*I've reached the **limit (come to the end)** of my patience.*
Nos paseamos hasta el **límite** de la ciudad.	*We walked to the **edge** of the city (to the city **limits**).*
Su propiedad **lindaba** con la nuestra.	*His (Her) property **adjoined** ours.*
Suiza **limita** con cinco países.	*Switzerland **borders** on five countries.*

—**12**————————————————————————

a pleno sol *in the full sun*
a la sombra *in the shade*
pleno *full*
lleno *full*
en pleno + **noun** *in the heart (middle) of + noun*

Because the Spanish preposition **en** can indicate physical presence in or on the designated place, **al sol** and **a la sombra** render *in the sun* and *in the shade*, respectively. **Pleno** and **lleno** both mean *full*; however, **lleno** is the more common word and refers to *full* in a material or physical sense. **Pleno** means *full* in the sense of complete or total. It is used with a noun to convey what in English is expressed by the idea of *in the middle, midst, heart or center of, at the height of,* or *in broad* + *noun*.

En las corridas de toros, los asientos **a la sombra** son los más caros.	*At bullfights, the seats **in the shade** are the most expensive.*
Me dio **plenos** poderes para firmar el contrato.	*He (She) gave me **full** power to sign the contract.*
El vaso está **lleno** hasta los bordes.	*The glass is **full** up to its brim.*
El tranvía va **lleno**; tendremos que esperar otro.	*The streetcar is **full**; we'll have to wait for another one.*
Nuestra hija nació **en plena guerra**.	*Our daughter was born **right in the middle of the war**.*

▬**13**▬〰〰〰〰〰〰〰〰〰〰〰〰〰〰〰〰〰〰〰〰〰〰〰〰

el olivar *olive grove*
el manzanar *apple orchard*
el olivo *olive tree*
el manzano *apple tree*

la oliva *olive*
la aceituna *olive*
la manzana *apple*

Spanish regularly forms the words for a particular kind of orchard or grove, the corresponding tree, and its fruit through the use of a stem and the endings **-ar (-al), -o,** and **-a,** respectively. **Huerto,** *orchard* and **árbol,** *tree* are seldom used for these functions. There are a few exceptions to this **-ar, -o,** and **-a** pattern. For instance, *pear* is **pera** but *pear tree* is **peral** and *pear orchard* is **peraleda.** Also, when the base word for the fruit does not end in **-a,** the noun for the tree often bears a different ending: **limón, limonero, limonar.** Finally, there are two words for *olive;* **oliva** is now used almost exclusively in the expression **aceite de oliva.** But it has been replaced in almost every other context by the word **aceituna,** which is related to the basic word for *oil,* **aceite,** in Spanish. However, the words for olive tree and olive grove are still formed on the base of **oliva.**

Los árboles más típicos de España son el **naranjo** y el **olivo.**

*The most typical trees of Spain are the **orange tree** and the **olive tree.***

Este **melocotonero** da muchos **melocotones.**

*This **peach tree** produces (yields) many **peaches.***

En California y en la Florida hay extensos **naranjales.**

*In California and Florida there are extensive **orange groves.***

▬**14**▬〰〰〰〰〰〰〰〰〰〰〰〰〰〰〰〰〰〰〰〰〰〰〰〰

silvestre *wild*
salvaje *wild (not domesticated); savage, uncivilized*
fiero *fierce, ferocious, wild*
la fiera *wild animal (beast)*

Silvestre, said of plants, means *uncultivated* or *growing in a natural state.* It may also be applied to animals that live in a wild state but are of no danger to humans. **Salvaje** is used for animals, people, and land. Notice the special meaning of **la fiera,** which is used for animals that, in a wild state, are dangerous to humans.

En los Póconos comíamos moras **silvestres.**

*In the Poconos, we used to eat **wild** blackberries.*

El bosque está lleno de animales **salvajes.**

*The forest is full of **wild** animals.*

En el alto Amazonas hay todavía mucha tierra **salvaje**.

*In the upper Amazon basin, there is still lots of **wild** land.*

La isla de Borneo estuvo habitada por **salvajes** cazadores de cabezas.

*The island of Borneo was inhabited by wild **headhunters**.*

Las **fieras** del circo estaban en grandes jaulas.

*The **wild animals** at the circus were in large cages.*

15

crecer *to grow*
cultivar *to grow, to raise*
criar *to bring up, raise (animals); to rear or raise (children)*

The intransitive verb **crecer** indicates the natural increase in size of plants, animals, or people. **Cultivar** is a transitive verb that means *to grow* or *to raise plants*. **Criar**, also transitive, is used for both animals and people.

En este clima **crecen** muy bien los cactos.

*In this climate cactuses **grow** very well.*

Juan **cultiva** rosas en su jardín.

*Juan **grows** roses in his garden.*

Emilio **cría** gallinas (cerdos) en la granja.

*Emilio **is raising** chickens (hogs) on his farm.*

Cuando los niños quedaron huérfanos, los abuelos los **criaron**.

*When the children became (were left) orphans, their grandparents **raised** (reared) them.*

PRÁCTICA

A. *Para cada una de las frases siguientes, elija Ud. la palabra que complete el sentido. Haga también cualquier cambio necesario en la palabra elegida para que la frase quede gramaticalmente correcta.*

1. El pescado que comimos ayer estaba muy _____ (**natural, salvaje, fresco**).

2. Para una persona, es siempre más fácil flotar en agua _____ (**fresca, dulce, salada**).

3. En el verano, la gente toma más bebidas _____ que en el invierno (**calientes, frescas, naturales**).

4. El año próximo, tomaremos las vacaciones en una playa de _____ Caribe (**la mar, el mar, el océano**).

5. Son hermanos pero no lo parecen porque Juan es chato y Andrés es _____ (**peludo, narigudo, cabezudo**).

6. Eduardo es un estudiante muy aplicado, y tal vez el más _____ de la clase (**orejudo, velludo, concienzudo**).

7. Marilyn Monroe llegó a ser una superestrella del cine con el cabello _____ (**pelirrojo, rubio, castaño**).

8. Ayer compré patatas, huevos y un _____ de mayonesa para hacer ensaladilla rusa (**bote, envase, tarro**).

9. Para el aperitivo, compraron _____ de mejillones en escabeche (**un bote, una lata, un tarro**).

10. Ahora la leche fresca se vende normalmente en _____ cuadrados plastificados (**botes, envases, tarros**).

11. A las diez de la noche o más tarde, Eduardo suele servir _____ en su casa en Madrid (**la cena, el almuerzo, la comida**).

12. Cuando trabajábamos los veranos en la granja de la familia, _____ a las 10:45 de la mañana (**cenábamos, almorzábamos, desayunábamos**).

13. De niño, me gustaba _____ por la tarde pan con mermelada y leche (**almorzar, merendar, cenar**).

14. El explorador, por un flechazo en el ojo derecho, quedó _____ (**daltónico, miope, tuerto**).

15. Al terminar el invierno en Minnesota, los lagos se *deshielan* _____ (**deshacer, deshelar, destapar**).

16. El camión está lleno de comida congelada y lo tenemos que _____ en seguida (**descongelar, descargar, destapar**).

17. No se considera de buen gusto llenar las tazas y los vasos hasta _____ (**el límite, el borde, la linde**).

18. El Río Grande es parte _____ entre los Estados Unidos y México (**del límite, de la linde, de la frontera**).

19. Esa valla indica _____ entre nuestra propiedad y el rancho del vecino (**el borde, la linde, la frontera**).

20. España *limita* _____ al oeste con Portugal y al norte con Francia (**bordear, limitar, lindar**).

21. En _____ invierno, Napoleón tuvo que retirarse de Rusia (**fresco, pleno, lleno**).

22. Durante las horas punta, el metro de Madrid va siempre _____ (**en pleno, pleno, lleno**).

23. Puede ser peligroso comer hongos y setas _____ (**silvestres, salvajes, naturales**).

24. Desafortunadamente, algunas fieras _____ van quedando totalmente eliminadas por el hombre (**salvajes, silvestres, naturales**).

25. En mi jardín, yo cultivo _____ geranios, gladiolos, rosas y claveles (**cultivar, criar, crecer**).

26. A los niños, se les puede inculcar el sentido de la responsabilidad dejándoles _____ un gatito o un perrito (**crecer, cultivar, criar**).

27. Para robar fruta, el muchacho trepó a _____ (**la manzana, el manzano, el manzanar**).

28. Nos gusta preparar la ensalada con un buen aceite español de _____ (**aceituna, oliva, olivo**).

29. Su hija necesita gafas porque es _____ (**tuerta, daltónica, miope**).

30. Tendremos que cortar _____ al lado del garage porque ha crecido demasiado (**la pera, el peral, la peraleda**).

B. *Traduzca al español las siguientes frases empleando el vocabulario estudiado en este capítulo.*

1. Bolivia borders Argentina, Chile, Peru, Paraguay and Brazil, but it has no outlet to the sea.

2. In the Spring, wild flowers bloom in the desert.

3. They already have many pieces of furniture purchased for the new house.

4. Many professors have gray hair or are bald before they are forty.

5. Antonio grew up amid [use **en**] the hunger and misery of the Spanish Civil War.

6. The olive groves of the Spanish province of Jaén stretch for many kilometers.

7. He untied the mules and we set out on the road to Sigüenza.

8. With all that noise, he must have awakened in the middle of the night.

9. The students bought a head of lettuce, two cans of sardines and a loaf of bread for lunch.

10. We like to observe the wild animals and birds that come to feed [use **comer**] in our garden.

11. Their oldest son was always pulling someone's leg.

12. He was farsighted [do not use **présbita**] and never read without his glasses.

13. We shall have all the rooms painted by noon.

14. After a snack, we took leave of our friends.

15. In the heart of winter, the days are very short.
16. After the cat had raised her kittens, we gave them away [use **regalar**].
17. Pedrito, untie your shoes before taking them off.
18. I am so forgetful that I always have to pack and unpack my suitcase several times.
19. His lack of credit with the bank is causing him lots of [do not use **muchos**] problems.
20. To go from Lisbon to New York, one must cross the ocean.

TEMAS A ESCOGER

Temas relacionados con la selección literaria

1. Vuelva a escribir el diálogo entre el niño y el viajero pero con Ud. como viajero-protagonista.
2. Desde el punto de vista del niño, cuente a su familia el encuentro con el viajero.
3. Recree Ud. el campo visto por el viajero en esta parte de sus andanzas por la Alcarria.

Temas sugeridos por la selección literaria

1. Recree Ud. una conversación que Ud. haya tenido con un niño.
2. Describa Ud. el campo o el desierto en primavera o verano.
3. Haga Ud. algunas observaciones sobre la vida de algún insecto.

◆ Repaso gramatical

Compound Tenses of the Indicative Mode (and Related Verbal Forms)

Basic Statement

Parallel to the five *simple* or one-word tenses of the indicative mode (reviewed in Chapter 3), Spanish has five *compound* or two-word tenses. These are normally made up of the auxiliary or helping verb **haber**, *to have* (in one of the five simple tenses) + **the past participle**, which in most cases ends in -**ado** or -**ido**. In these compound tenses (also known as the "perfect tenses" in English), the auxiliary verb is always **haber** and the participle is invariable in its ending: -**o**. A small number of common -**er** and -**ir** verbs do have irregular participles, since they do not end in -**ido**. These include:

abrir abierto	**morir** muerto
decir dicho	**poner** puesto
(d)escribir (d)escrito	**romper** roto
(des)cubrir (des)cubierto	**ver** visto
hacer hecho	**volver** vuelto

There is also a small group of Spanish verbs with two past participles. The regular participle, which ends in **-ado** or **-ido**, combines with **haber** to form the compound tenses; the other, irregular participle, is used as an adjective only. Some of the verbs with two participles include:

bendecir *to bless*	**bendecido**	**bendito**
maldecir *to curse*	**maldecido**	**maldito**
confundir *to confuse*	**confundido**	**confuso**
despertar *to awaken*	**despertado**	**despierto**
imprimir *to print*	**imprimido**	**impreso**
soltar *to loosen*	**soltado**	**suelto**

El obispo **ha bendecido** la nueva iglesia.	*The bishop **has blessed** the new church.*
El niño me **ha soltado** el perro y ahora anda **suelto** por las calles.	*The boy **has unleashed** my dog and now he's running **loose** through the streets.*

The formation of these compound tenses, then, is **haber** (conjugated in one of the five simple tenses) + **participle**.

FORMATION	ENGLISH NAME OF COMPOUND TENSE
1. Present of **haber** + Participle	*Present Perfect*
2. Imperfect of **haber** + Participle	*Pluperfect*

FORMATION	ENGLISH NAME OF COMPOUND TENSE
3. Preterit of **haber** + Participle	*Preterit Perfect*
4. Future of **haber** + Participle	*Future Perfect*
5. Conditional of **haber** + Participle	*Conditional Perfect*

The above Spanish forms with their English equivalents are:

1.	**He hablado.**	*I have spoken.*
2.	**Habías comido.**	*You had eaten.*
3.	**Hubo llegado.**	*He (she) had arrived.*
4.	**Habrán descrito.**	*They will have described.*
5.	**Habría muerto.**	*He (she) would have died.*

We will now review in turn each of the five compound tenses, as well as other verbal forms that English-speaking students sometimes associate or confuse with these compound tenses.

Present Perfect

When English uses *have (has) + participle,* Spanish almost always uses the present perfect.

Han instalado más parquímetros en Madrid.	*They have installed more parking meters in Madrid.*
El mes de julio **ha sido** sumamente caluroso en Sevilla.	*The month of July has been exceedingly hot in Seville.*
No **han llamado** todavía.	*They haven't called yet.*

Often, however, the Spanish present perfect is used where the proper equivalent in English is the simple past, i.e., what would normally be the preterit in Spanish. This is true when an event has occurred in the recent past, or when any past event is viewed as relevant to the present or still having some effect at the present moment.

No sé quién **ha roto** este espejo.	*I don't know who **broke** this mirror.*
¿Me **has oído**?	***Did you hear** me?*
He visto a tu hermano esta mañana.	*I saw **(have seen)** your brother this morning.*
¿**Has contestado** la carta de Enrique?	***Did you answer (have you answered)** Enrique's letter?*
Mi amigo se **ha casado** el verano pasado.	*My friend **(got) married** last summer.*

As shown in the examples above, especially in sentences such as the last two, Spanish-American usage (as opposed to that of Spain, and especially of Madrid) prefers the simple preterit (**contestaste, se murió**) to the present perfect.

¿**Te ha gustado** la película esta tarde? (Spain)	*Did you like the film this afternoon?*
¿**Te gustó** la película esta tarde? (Spanish America)	*Did you like the film this afternoon?*

Other Present Constructions Instead of the Present Perfect

The Spanish and English present perfects normally indicate an action that was completed in the recent past or a past event that still impinges on the present moment. In both cases, they indicate perfective or terminative aspect, i.e., that an action or event has been completed. Other constructions in English, that involve a specific time unit and *have (has) + participle* are often confused by English-speaking students with the present perfect in Spanish. Nonetheless, these constructions indicate an action that began in the past but has not yet terminated.

We have worked for two hours.

We have been working for two hours.

The perfective aspect of the first example above implies that the two hours is viewed as a period of time that ended in the recent past. The second example gives no indication that the period of work has ended; indeed, the work is still going on at the present moment. For the first English example, the Spanish present perfect would be used. For the second, a construction with a present tense (either a simple or progressive form) is used in Spanish.

There are several patterns into which such constructions with a simple or progressive present, rather than a present perfect, can fall. They are appropriate whenever the English expression includes an indication of time + *have (has)* + the participle *been* + gerund (i.e., the verbal form ending in *-ing*).

A.   **hace** + time unit + **que** + present (simple or progressive form)

>   **Hace + media hora + que espero**   *I have been waiting for half an hour.*
>   **(estoy esperando)**.

B.   present (simple or progressive form) + **desde hace** + time unit

>   **Espero (estoy esperando) + desde**   *I have been waiting for half an hour.*
>   **hace** + media hora.

C.   present (simple or progressive form) + **desde** + date

>   **Espero (estoy esperando) + desde**   *I have been waiting since yesterday*
>   **+ ayer (lunes)**.   *(Monday).*

D.   **llevar** (in simple present) + time unit + gerund

>   **Llevo + media hora + esperando.**   *I have been waiting for half an hour.*

A common variant of the pattern in example D. above omits the gerund and replaces it with an adverbial expression. In these cases, the verb **llevar** is used figuratively to mean *to be.*

>   **llevar** (simple present) + time unit + adverb

>   **Llevo + tres meses + aquí.**   *I have been here for three months.*

Although sentences of the type patterned in example A. above, which express an action or state beginning in the past and continuing into the present, require the present tense when affirmative, when negative they can take either the present or the present perfect after **no**.

>   **Hace tres años que trabajo** con   ***I have been working** with Carlos **for***
>   Carlos.   ***three years.***

>   **Hace tres años que no trabajo (he**   ***I haven't been working (haven't wor-***
>   **trabajado)** con Carlos.   ***ked)** with Carlos **for three years.***

Pluperfect

In most cases, the pluperfect is used in Spanish as in English. As its name (more than "perfect" or "complete") suggests, the pluperfect shows that a past event or state preceded another event or state, and is felt to have some relevance to it.

<table>
<tr><td>Cuando llegué, ya habían salido.</td><td>When I arrived, they had already gone out.</td></tr>
<tr><td>Juan le había dicho que no podríamos ir.</td><td>Juan had told him that we couldn't go.</td></tr>
</table>

The imperfect is also used in four constructions related to the pluperfect in the same way the present is related to the present perfect, as we have seen in the section on the present perfect above. These constructions show that an action or state was still in progress or continuing at a given moment in the past.

A.   **hacía** + time unit + **que** + imperfect

   Hacía + **media hora** + **que** + **esperaba**. *I had been waiting for half an hour.*

B.   imperfect + **desde hacía** + time unit

   Esperaba + **desde hacía** + **media hora**. *I had been waiting for half an hour.*

C.   imperfect + **desde** + date

   Esperaba + **desde** + **mayo 1985**.   *I had been waiting since May 1985.*

D.   **llevar** (in the imperfect) + time unit + gerund

   La poeta llevaba + **un mes** + **trabajando en su poema**.   *The poet had been working on her poem for a month.*

A common variant of the pattern in example D. above is the omission of the gerund and its replacement by an adverbial expression. In these cases, the verb **llevar** is used figuratively to mean *to be*.

   Llevábamos + **dos años** + **en Buenos Aires cuando estalló la guerra**.   *We had been (living) in Buenos Aires for two years when the war broke out.*

Preterit Perfect

The preterit perfect (also called the anterior preterit) is used to indicate that one past event immediately followed another event. It is used after a limited number of conjunctions which include **apenas** (*hardly*), **después que**, **cuando**, **en cuanto** (as soon as), **luego que** (*after*), and **una vez que** (*once*). Except after the conjunction **apenas**,the preterit perfect is used almost exclusively in literature, being replaced in spoken Spanish by the preterit.

Apenas **hubo salido** Ana, cuando empezó a llover.	*Hardly **had** Ana **left** when it began to rain.*
Una vez que **hubo pagado** la cuenta, volvieron a casa.	*Once **he (she) had paid** the bill, they returned home.*

Future Perfect and Conditional Perfect

These tenses are used in Spanish in the same way as in English. The conditional perfect is especially common in contrary-to-fact sentences (see: Subjunctive, p. 223). Like the future and conditional of probability, the future perfect and conditional perfect can also be used to express conjecture and probability, as in the examples that follow.

Andrés **habrá salido** ya.	*Andrés **has probably (must have) gone** already.*
¡Cómo **se habría reído** la gente de él!	*How people **must have laughed** at him.*

Some Final Observations on the Compound Tenses

Sometimes, when the activities indicated by two compound tenses are of the same order or are conceptually related, **haber** is omitted with the second participle. This results in a sentence with two participles dependent on a single auxiliary verb.

Por la mañana, **había cortado** el césped y **regado** el jardín.	*In the morning **he had cut** the grass and **watered** the garden.*

The rule that **haber** + **participle** in any compound tense may not be separated by an adverb or any other word, is sometimes violated in written or literary style. However, students of Spanish should not imitate this variant usage, but always treat **haber** + **participle** as an inviolate unit.

Tal vez **habrá llegado** ya.	*Perhaps **he has** already **arrived**.* (normal usage)
Habrá tal vez **llegado** ya.	*Perhaps **he has** already **arrived**.* (variant usage)

Finally, **tener**, the standard word for *to have* or *to possess*, is sometimes also used as an auxiliary of the participle. Instead of indicating the completion of an action, however, **tener** indicates the state of completion resulting from a past action. The participle is thus used as an adjective and agrees with the word modified, unlike the true perfect tense with **haber**, in which the participle is invariable in its **-o** ending. Contrast the following pairs of sentences to observe this difference.

He lavado las ventanas.	*I **have washed** the windows.*
Ya **tengo** las ventanas **lavadas**.	*I already **have** the windows **washed**.*
¿**Has terminado** tus informes, Juan?	***Did you finish*** *your reports, Juan?*
¿**Tienes terminados** tus informes, Juan?	***Do you have*** *your reports **finished**, Juan?*

PRÁCTICA

A. *En cada una de las siguientes frases, use el verbo indicado entre paréntesis en 1) el tiempo compuesto correcto u 2) otra construcción verbal estudiada en este capítulo.*

1. Mariano _____ a una edad en la que tenía la salud completamente perdida (**llegar**).
2. Pablo _____ desde hace 25 años en la misma escuela secundaria (**enseñar**).
3. De no haber sido arquitecta, Elena _____ médica (**ser**).
4. El novelista Gabriel García Márquez _____ muchos años viviendo en México cuando le dieron el premio Nobel (**llevar**).
5. Apenas _____ de la cárcel cuando atracó otro banco (**salir**).
6. Cuando llegamos a casa de los abuelos, ya tenían _____ la comida (**preparar**).
7. ¿A qué hora te _____ esta mañana (**despertar**)?
8. Antes de firmar el acuerdo, el Presidente ya _____ el apoyo del Congreso (**conseguir**).
9. Esteban no _____ noticias de Víctor desde hacía varios meses (**tener**).
10. En la última década nosotros _____ muchos cambios políticos en el mundo (**presenciar**).

11. Andrés ha _____ el perro esta mañana y todavía está _____ (**soltar**).

12. José _____ los billetes antes de llegar nosotros (**comprar**).

13. Hace muchos años que ellos _____ una casa buena y barata (**buscar**).

14. Cuando el profesor le hizo la pregunta, Carmen ya tenía _____ la respuesta (**pensar**).

15. _____ los libros que pediste la semana pasada (**llegar**).

B. *Rellene los espacios en blanco usando la forma apropiada del verbo -recuerde usar las formas verbales compuestas en los casos necesarios- en paréntesis.*

Hace quince años, apenas *en cuanto* _____ (terminar) (1) mi carrera, _____ (buscar) (2) trabajo. ¡Qué inocente _____ (ser) (3) yo en aquellos tiempos! Yo _____ (estudiar) (4) derecho, pero esa carrera no me serviría para nada porque yo no _____ (aprender) (5) idiomas, y es necesario saberlos para poder encontrar algo en el mercado laboral. Así que yo _____ (matricularse) (6) en la Escuela Oficial de Idiomas y hoy _____ (poder) (7) decir que _____ (aprender) (8) tres: inglés, francés e italiano. Ahora _____ (trabajar) (9) en un bufete que se dedica a casos internacionales; ayer mismo _____ (presentar) (10) un caso ante el tribunal de la Haya. Creí que _____ (hacer) (11) un buen trabajo, pero ahora mismo _____ (darse cuenta de) (12) que no _____ (estar) (13) bien preparado. Yo _____ (cometer) (14) demasiados errores y los jueces no me _____ (prestar) (15) mucha atención. La próxima vez, antes de aparecer ante un tribunal tan importante, _____ (prepararse) (16) con más atención, y así no _____ (perder) (17) el caso. El jefe me _____ (decir) (18) que si no _____ (volver) (19) a cometer tales errores, _____ (tener) (20) un buen futuro en su bufete. ¿Qué _____ (creer) (21) ustedes? La verdad es que, hasta hace unos días yo _____ (ser) (22) muy inocente. Mis padres me _____ (decir) (23) que, si sigo mejorando, ellos me _____ (dar) (24) la oportunidad que otros no _____ (tener) (25). No _____ (saber) (26) qué pensar de esta oferta, a mí me gusta pensar que lo que tengo me lo _____ (ganar) (27) por mis propio esfuerzo.

C. *Traduzca al español las siguientes frases, usando en cada frase una forma verbal estudiada en este capítulo.*

1. This book has been out of print for a long time.
2. The teacher had been preparing the lesson for two hours when the phone rang.
3. Emilia is a good friend of mine, but I haven't seen her for a long time.
4. Hardly had he learned to ski, when he broke his leg.

5. He has not come around here [use **por aquí**] for a long time [use **hacer**].

6. I had to do it or he would have failed me in French.

7. Although Jorge Luis Borges had become [use **quedarse**] blind, he continued writing.

8. I already have ten exams read and corrected.

9. Don't invite Rosario, for she has probably seen the movie already [do not translate *probably* as a separate word].

10. She would have preferred to buy a smaller car.

D. *Cada una de las frases siguientes contiene un error. Indique cuál es. Explique por qué está mal.*

1. Tan pronto como Pablo salió del restaurante, se dio cuenta de que no ha pagado la cuenta.

2. Ayer no habré lavado las ventanas, pero sí las pinté.

3. Hace muchos años que iremos a México de vacaciones.

4. Ella habrá preferido que tu comprases un coche más pequeño.

5. En seguida que llegó la novia, se casarán.

ENFOQUE   Developing an Approach

After choosing an interesting topic, you should develop an approach and employ a variety of techniques to successfully complete your essay. Carefully consider the strengths and weaknesses of the ideas you might have for it. Remember: these ideas should be presented in such a way as to interest your readers.

There are no fixed rules to developing an approach to writing. No one has ever found the ideal method (other than through hard work) to develop a topic. Indeed, experienced writers tell us that developing an approach to writing often becomes a goal in itself. Frequently, and much to the writer's surprise, the writing process takes on a life of its own and goes in unexpected directions. It is imperative that you, as a writer, learn to look at your work objectively from the outside, as if your work had been written by someone else. Only then can you begin to determine its strengths and weaknesses.

Inspiration. Whether it comes to you from staring at empty space or by free association of thoughts with the environment that surrounds you, inspiration is a technique you should work to develop. Keeping your goal in mind, let your thoughts flow freely and you will encounter many new and interesting ideas.

Recommendations. Write down all the ideas that come to you while thinking about your topic. Consider these ideas from different perspectives and, again, write down whatever occurs to you. We strongly suggest that you write all these ideas in Spanish. Even if you have only jotted down single words or short sentences, you will find them invaluable as cues for writing your essay.

Do not worry at first about a definite order for the words, opinions, or ideas you are writing down, but this step—brainstorming—is mandatory if you want to create a successful essay. Again, do not analyze too much whatever you are writing down during this first stage; even if you do not believe a word, opinion, or idea is pertinent, do write it down. You can always discard it later. You can be pleasantly surprised by finding out how much material previously considered unnecessary, becomes valuable when it comes time to develop the topic or theme.

After you have written two or three pages of source material, do something else for a while. Take a rest from your topic; when you return to it, you may find it easier to organize all the gathered material.

Remember: writing is an art. It should be practiced with devotion and diligence.

TIPS:

Develop an approach that will:

1. find the strengths and weaknesses of your ideas.
2. allow your thoughts to flow freely.
3. help you write down anything and everything—that is, brainstorm.
4. give you the flexibility to look at your work objectively from the outside.
5. allow you to take a break every so often.

CAPÍTULO

 NADA
CARMEN LAFORET

 REPASO GRAMATICAL
 • *Other Verbal Forms*

Nada

CARMEN LAFORET

❖❖❖❖❖❖❖❖❖❖❖❖❖❖❖❖❖

Carmen Laforet (1921–   ) nace en Barcelona, pero pasa su juventud en las Islas Canarias. Al terminar la guerra civil española (1936-1939), regresa a su Barcelona natal. Tiene sólo veintitrés años al publicarse su primera novela, Nada (1945), con la que gana el premio Nadal y en la que revela la fluidez narrativa que caracteriza toda su obra. Es autora de sólo cuatro novelas, tres de las cuales tienen protagonistas femeninas, que en gran parte parecen ser autobiográficas. Según el crítico Gonzalo Sobejano, el tema único de Carmen Laforet puede enunciarse así: "un alma capaz de comprensión y de entusiasmo, lucha por salvarse y por salvar a otros de la confusión del vivir, pero el resultado de aquella lucha viene a ser, por regla general, el desencanto." Su estilo es realista, a veces de gran crudeza, pero siempre templado por una gran ternura emotiva aunque sin hacer concesiones a la situación o a los personajes.

Andrea, la protagonista de Nada, llega a Barcelona para estudiar en la universidad. Se aloja con unos parientes y tiene que luchar para no dejarse vencer por la atmósfera hostil y anormal en la que vive. Encuentra momentos de alivio entre los amigos universitarios y al fin logra su independencia apartándose de su triste y neurótica familia. El fragmento de la novela que reproducimos a continuación, revela su creciente resistencia a Angustias, su tía frustrada y amargada, en contraste con el descanso que Andrea encuentra entre sus compañeros en la universidad.

◆

No sé a qué fueron debidas aquellas fiebres, que pasaron como una ventolera dolorosa, removiendo los **rincones**[1] de mi espíritu, pero barriendo también sus nubes negras. El caso es que desaparecieron antes de que nadie hubiera pensado en llamar al médico y que al cesar me dejaron una extraña y débil sensación de bienestar. El primer día que pude levantarme tuve la impresión de que al tirar la manta hacia los pies quitaba también de mí aquel **ambiente**[2] opresivo que me anulaba desde mi llegada a la casa.

Angustias, examinando mis zapatos, cuyo **cuero**[3] arrugado como una cara **delataba**[4] su vejez, señaló las **suelas**[5] rotas que rezumaban humedad y dijo que yo había cogido un enfriamiento por llevar los pies mojados.

—Además, hija mía, cuando se es pobre y se tiene que vivir **a costa de**[6] la caridad de los parientes, es necesario cuidar más las prendas personales. Tienes que andar menos y pisar con más cuidado... No me mires así, porque te **advierto**[7] que sé perfectamente lo que haces cuando estoy en mi oficina. Sé que te vas a la calle y vuelves antes de que yo llegue, para que no pueda **pillarte**.[8] ¿Se puede saber adónde vas?

—Pues a ningún sitio concreto. Me gusta ver las calles. Ver la ciudad...

—Pero te gusta ir sola, hija mía, como si fueras un golfo. Expuesta a las impertinencias de los hombres, ¿es que eres una criada, acaso...? A tu edad, a mí no me dejaban ir sola ni a la puerta de la calle. Te advierto que **comprendo**[9] que es necesario que vayas y vengas de la Universidad..., pero de eso a andar por ahí **suelta**[10] como un perro vagabundo... Cuando estés sola en el mundo haz lo que quieras. Pero ahora tienes una familia, un hogar y un nombre. Ya sabía yo que tu prima del pueblo no podía haberte inculcado buenos hábitos. Tu padre era un hombre extraño... No es que tu prima no sea una excelente persona, pero le falta refinamiento. A pesar de todo, espero que no irías a corretear por las calles del pueblo.

—No.

—Pues aquí mucho menos. ¿Me has oído?

Yo no insistí, ¿qué podía decirle?

De pronto se volvió, espeluznada, cuando ya se iba.

—Espero que no habrás bajado hacia el puerto por las Ramblas.

—¿Por qué no?

—Hija mía, hay algunas calles en las que si una señorita se metiera alguna vez perdería para siempre su reputación. Me refiero al **barrio chino**.[11] Tú no sabes dónde comienza.

—Sí, sé perfectamente. En el barrio chino no he entrado... pero ¿qué hay allí? Angustias me miró furiosa.

—Perdidas, ladrones y el brillo del demonio, eso hay.

(Y yo, en aquel momento, me imaginé el barrio chino iluminado por una chispa de gran belleza.)

El momento de mi lucha con mi tía Angustias **se acercaba**[12] cada vez más, como una **tempestad**[13] inevitable. A la primera conversación que tuve con ella supe que nunca íbamos a entendernos. Luego, la sorpresa y la tristeza de mis primeras impresiones habían dado una gran ventaja a mi tía. "Pero —pensé yo, excitada después de esta conversación— este período se acaba." Me vi entrar en una vida nueva, en la que dispondría libremente de mis horas y sonreía a Angustias con sorna.

Cuando volví a reanudar las clases de la Universidad me pareció fermentar interiormente de impresiones acumuladas. Por primera vez en mi vida me encontré siendo expansiva y anudando amistades. Sin mucho esfuerzo **conseguí**[14] relacionarme con un grupo de muchachas y muchachos compañeros de clase.

La verdad es que me llevaba a ellos un afán indefinible que ahora puedo concretar como un instinto de defensa: sólo aquellos seres de mi misma generación
55 podían **respaldarme**[15] y ampararme contra el mundo un poco fantasmal de las personas maduras. Y verdaderamente, que yo en aquel tiempo necesitaba este apoyo.

Comprendí en seguida que con los muchachos era imposible el tono misterioso y reticente de las confidencias, al que las chicas suelen ser aficionadas, el
60 encanto de desmenuzar el alma, el roce de la sensibilidad almacenada durante años... En mis relaciones con la pandilla de la Universidad me encontré hundida en un cúmulo de discusiones sobre problemas generales en los que no había soñado antes siquiera y me sentía descentrada y contenta al mismo tiempo.

Pons, el más joven de mi grupo, me dijo un día: —Antes, ¿cómo podías vivir,
65 siempre huyendo de hablar con la gente? Te advierto que nos resultabas bastante cómica. Ena se reía de ti con mucha gracia. Decía que eras ridícula: ¿qué te pasaba?

Me encogí de hombros un poco dolida, porque de toda la juventud que yo conocía Ena era mi preferida.

Aun en los tiempos en que no pensaba ser su amiga, yo le tenía simpatía a
70 aquella muchacha y estaba segura de ser correspondida. Ella se había acercado algunas veces para hablarme cortésmente con cualquier pretexto. El primer día de curso me había preguntado que si yo era parienta de un violinista célebre. Recuerdo que la pregunta me pareció absurda y me hizo reír.

No era yo solamente quien sentía preferencia por Ena. Ella constituía algo así
75 como un centro atractivo en nuestras conversaciones, que presidía muchas veces. Su malicia y su inteligencia eran proverbiales. Yo estoy segura de que si alguna vez me había tomado como blanco de sus burlas, realmente debería haber sido yo el hazmerreír de todo nuestro curso.

CUESTIONARIO

Contenido

1. ¿Qué efectos tuvieron las fiebres sobre Andrea?
2. ¿Por qué insiste Angustias en que Andrea cuide más las prendas personales?
3. ¿Por qué le disgusta a Angustias que Andrea ande sola por las calles?
4. ¿En qué pensaba Andrea al sonreír con sorna a Angustias?
5. ¿Por qué se sentía Andrea atraída a sus compañeros de clase?
6. ¿Por qué cree Andrea que con los muchachos es imposible el tono confidencial?
7. ¿Cómo es Ena, la amiga preferida de Andrea?

Interpretación y estilo

1. Explique Ud. la metáfora "barriendo también sus nubes negras" en la primera frase del fragmento.
2. ¿Desde el punto de vista de quién se narra este episodio y qué efecto produce?
3. ¿Qué recursos literarios emplea Laforet para crear la tensión dramática entre Angustias y Andrea?
4. ¿Cómo nos revela la autora el mal genio de Angustias?
5. ¿Por qué cree Ud. que se imagina Andrea el barrio chino iluminado por una "chispa de belleza"?
6. ¿Qué diferentes actitudes sociales se perciben en este fragmento literario?
7. Comente Ud. algunas características del estilo de Laforet en la selección tales como el lenguaje, imágenes, estructura de frases, uso del tiempo y caracterización.

— Léxico: opciones —

—1—

el rincón *corner*
la esquina *corner*

el ángulo *angle, corner*
la comisura *corner*

Rincón normally renders English *corner* when referring to an inside corner or angle, or a remote or out-of-the-way place. **Esquina** refers to an external or outside corner of something, such as a box or table. **Esquina** also indicates *street corner*. **Angulo** is largely a mathematical or literary term meaning *angle* or any kind of *corner*, internal or external. Finally, **comisura** refers to the corner of the lips or mouth. In written Spanish it may also refer to the corner of the eye, which in standard speech, however, is **rabillo del ojo**.

Vamos a poner esa silla en ese **rincón**.

*Let's put that chair in that **corner**.*

Están pasando las vacaciones en un pintoresco **rincón** de Irlanda.

*They are spending their vacation in a picturesque **corner** of Ireland.*

Para doblar las sábanas, hay que cogerlas por las **esquinas**.

*To fold sheets, you have to hold them by the **corners**.*

Nos veremos en Correos en la **esquina** de la Calle de Alcalá y el Paseo del Prado.

*We'll meet in the post office at the **corner** of the Calle de Alcalá and the Paseo del Prado.*

El arpa estaba en un **ángulo** oscuro del salón.

*The harp was in a dark **corner** of the hall.*

Siempre tenía un cigarrillo en la **comisura** de los labios (la boca).	*He always had a cigarette in the **corner** of his mouth.*
El maestro nos observaba con el **rabillo del ojo**.	*The teacher was watching us out of the **corner of his eye**.*

2

el ambiente *environment, atmosphere*
la atmósfera *atmosphere*
el medio ambiente *environment*

Ambiente in Spanish refers to the air around us as well as all the things and conditions that surround us. However, **atmósfera** translates English *atmosphere* when it refers to the gasses around any star or planet. When English *atmosphere* is used to refer to the surroundings of a place or the general feeling or spirit it creates, **ambiente** is its Spanish equivalent. **Medio ambiente** is used when the context implies a total environment, whether it is physical, social, political, or any combination of these.

El ruido de la discoteca creó un **ambiente** muy desagradable.	*The noise of the discotheque created a very unpleasant **atmosphere**.*
El humo de los cigarrillos hacía irrespirable el **ambiente** del bar.	*Cigarette smoke made the **air (atmosphere)** of the bar unbreathable.*
No sabemos cómo es la **atmósfera** del planeta Plutón.	*We don't know what the **atmosphere** of the planet Pluto is like.*
Los problemas del **medio ambiente** dificultan la vida en Los Angeles.	*Problems of the **environment** make life difficult in Los Angeles.*
La contaminación del **medio ambiente** es ahora un problema mundial.	*The contamination of the **environment** is now a world problem.*

3

el cuero *leather; hide*	**la piel** *skin; leather; fur*
la tez *complexion*	**estar en cueros** *to be stark naked*
el cutis *skin*	**salvar el pellejo**. *to save one's own hide (skin)*

Cuero is standard for leather or hide. When leather refers to a soft or supple material, it is usually rendered by **piel**: **guantes de piel**, *leather gloves*. **Piel** is also the basic word for the skin of a person, animal, vegetable, fruit, etc. **Tez** is *complexion*, and it refers to the skin's natural color, appearance, and texture. **Cutis** is used almost exclusively for the skin of the human face, although technically it refers to the epidermis that covers the human body. **Estar en cueros**, in contrast with **estar desnudo**, *to be nude, undressed*, is strongly colloquial and somewhat pejorative in tone. In the final expression above, **pellejo** is a synonym of **piel**, and replaces it on a more colloquial or familiar level of speech.

Las botas de los vaqueros se hacen de **cuero** grueso.	*Cowboy boots are made of thick **leather**.*
Para su cumpleaños, Carmen le regaló una cartera de **piel** de cerdo.	*For his birthday, Carmen made him a gift of a pig-**skin** wallet.*
Muchas mujeres están boicoteando los abrigos de **pieles**.	*Many women are boycotting **fur** coats.*
La **piel** de muchas frutas es rica en vitaminas y fibra.	*The **skin** of many kinds of fruit is rich in vitamins and fiber.*
La palidez de su **tez** delataba la reciente enfermedad de Elisa.	*The paleness of her **skin (complexion)** revealed Elisa's recent illness.*
A pesar de sus años, la actriz tenía el **cutis** de una joven.	*In spite of her years, the actress had the **skin** of a young woman.*
Afortunadamente, en este país hay pocas playas donde se puede **estar en cueros**.	*Fortunately, in this country there are few beaches where people can **go around stark naked**.*
En el momento de mayor peligro, Mario sólo pensaba en salvar la **piel (el pellejo)**.	*At the moment of greatest danger, Mario only thought about saving his own **skin (hide)**.*

―4―――――――――――――――――――――――――――――

delatar *to reveal, give away, to inform on*
denunciar *to denounce, to report (a crime)*
traicionar *to betray*
revelar *to reveal, give away*

When used with physical things, as in Laforet's text, **delatar** indicates mainly a natural revealing of some circumstance or situation. **Delatar**, however, has another common meaning, which is *to betray* a person by purposely revealing his or her secrets, crimes, behavior, and so on to a third party. **Denunciar** is sometimes translated as *to denounce* in English. Most often, however, it corresponds to the English *to report* a crime or a violation of some ordinance to the proper authority. **Traicionar**, equivalent to the English *to betray*, indicates an act of disloyalty, treachery, or unfaithfulness to a person, institution, or nation. **Revelar**, as opposed to the verbs listed above, is a more neutral word and a standard term for *to reveal, uncover, or show something.*

El aire inquieto del contrabandista le **delató** al aduanero.

*The smuggler's restless manner **gave** him **away** to the custom's inspector.*

El soplón **delató** a sus compañeros a la policía.

*The stool-pigeon **informed on** his pals to the police.*

El inquilino **denunció** al propietario por no mantener el edificio en buenas condiciones higiénicas.

*The tenant **reported** the landlord for not keeping the building in proper sanitary condition.*

5

la suela *sole*
la planta (del pie) *sole*

el lenguado *sole*
el alma (*fem.*) *soul*

The English homonyms *sole* have three different translation equivalents in Spanish, according to whether the referent is a shoe (**suela**), the foot (**planta**), or a fish (**lenguado**). The homophone *soul* is **el alma** (*pl.* **las almas**) in Spanish.

El mendigo tenía agujeros en las **suelas** de los zapatos.

*The beggar had holes in the **soles** of his shoes.*

Me duelen las **plantas de los pies** de tanto andar.

*The **soles of my feet** hurt from walking so much.*

Compra un kilo de **lenguado** fresco.

*Buy a kilo of fresh **sole**.*

Rezaron por el **alma** de los difuntos.

*They prayed for the **souls** of the deceased.*

6

a costa de *at the expense of*
a toda costa *at any cost*
el coste *cost*
el costo *cost*

la costa *cost*
las costas *costs, expenses*
el coste de la vida *the cost of living*
costear *to pay for, to pay the cost of*

Las costas, used in the plural, implies the costs, in monetary or other terms, of some event, such as an accident or trial. **El coste** and **el costo** are synonyms, but **coste** is the more common word. It is roughly equivalent to **precio**, *price*. **Costo** is sometimes preferred to **coste** when larger amounts of money are involved. Note that **costear** is not followed by a preposition in Spanish, but directly by a noun.

Las costas de mi accidente las paga el seguro.	*The **cost (expenses)** of my accident are being paid by the insurance policy.*
El costo de la vida sube constantemente.	***The cost of living** is going up constantly.*
El **costo** de la presa hidroeléctrica sobrepasa los 500 millones de dólares.	*The **cost** of the hydroelectric dam exceeds 500 million dollars.*
El **coste (costo, precio)** del piso es más de lo que habíamos esperado.	*The **cost** of the apartment is more than we had expected.*
Sus padres le ayudaron a **costear** su educación.	*His parents helped him **to pay the costs of** his education.*

─ **7** ─────────────────────────────

advertir *to warn, notify, alert*	**avisar** *to inform, let know, notify*
aconsejar *to advise*	**asesorar** *to advise*
el consejero *adviser*	**el asesor** *adviser*

Advertir means *to call a person's attention* to something he or she should know or realize. Note that **avisar** does not mean *to advise* but *to inform or notify* in Spanish; it is a synonym of **informar**. **Aconsejar** is the standard word for *to advise* or *to give advice*. **Asesorar** is a synonym of **aconsejar**, but suggests expertise in legal, economic, or political matters.

Le **advertí** que era peligroso conducir borracho.	*I **warned** him it was dangerous to drive (while) drunk.*
Hay que **avisar (informar)** del robo a la policía.	*We must **inform** the police of the robbery.*
Mis padres siempre me **aconsejaron** bien.	*My parents always **gave** me good **advice**.*
Marta reside en Washington, donde es **asesora** económica del Presidente.	*Marta lives in Washington where she is the President's economic **adviser**.*

8

pillar *to catch*
coger *to catch*
asir *to catch, to grasp*

agarrar *to catch; to grasp, to grab*
atrapar *to catch, trap*

The above verbs all possess areas of meaning that enable them to render certain instances of English *to catch*. **Pillar**, for example, often indicates the unexpected catching of someone who is doing what he or she should not be doing. **Coger**, which means *to catch* in many contexts, is a taboo word in parts of Spanish America, where **agarrar** and **tomar**, *to take*, often replace it. **Agarrar** in Spain means *to grasp* or *to grab*, often with force. **Atrapar** also means *to catch*, especially after a pursuit or as a result of cunning or entrapment, physical, or figurative. **Asir** means *to catch* or *to grasp* something that has a handle, such as a pot, an umbrella, or a weapon.

Pilló al niño en una mentira.

__He caught__ the child in a lie.

¿Dónde **se coge** el tren para Guadalajara?

Where __does one catch__ the train for Guadalajara?

El poeta **asió** una pluma y se puso a escribir.

The poet __grasped__ a pen and started to write.

Cogieron (pillaron, agarraron) a los muchachos robando fruta.

__They caught__ the boys stealing fruit.

La policía nunca pudo **atrapar** a Jack el Destripador.

The police were never able __to catch__ Jack the Ripper.

El granjero **atrapó** el zorro que le había estado matando las gallinas.

The farmer __caught (trapped)__ the fox that had been killing his chickens.

9

comprender *to understand, comprehend; to comprise*
entender *to understand*

In most cases it is not possible to distinguish clearly between the above verbs. **Entender**, however, is much more common than **comprender** in both spoken and written Spanish. **Entender** alone means *to understand* in the sense of being intelligible with regard to the means of communication. **Comprender** may sometimes suggest a deeper or more complete understanding of something. But in most other cases no attempt is made to differentiate between the two verbs. Note, too, the separate meaning of **comprender**, *to comprise*, includes *embrace*.

No es cosa de no **entender** su español, es que no lo **comprendo** a él.

*It's not a question of not **understanding** his Spanish; it's that **I** don't **understand** him.*

Los adolescentes no **entienden (comprenden)** por qué la vida se ha complicado tanto.

*Adolescents don't **understand** why life has become so complicated.*

Pronto el Mercado Común **comprenderá** muchos más países.

*Soon the Common Market will **comprise** many more countries.*

─10─────────────────────────────────

suelto *loose, free (not confined)*
soltar *to let loose, let go of; to free*
apretado *tight*

flojo *loose, slack (not tight); lazy*
aflojar *to loosen, slacken*
apretar *to tighten*

The verb **soltar** has two participles: **soltado**, used with **haber** to form compound tenses, and **suelto**, used as an adjective. The English *loose* is **suelto** when referring to something that is not constricted by being bound, tied down, or confined. **Flojo** normally renders English *loose* in the sense of not tense or tight. In some Spanish-American countries, **flojo** also renders English *lazy*. **Apretado**, *tight*, is the opposite of both **suelto** and **flojo**. It conveys the idea of overcrowding or overfilling a particular space, or of excessively closing or tightening physical things or objects.

Han soltado las cobayas del laboratorio.

They have let loose (freed) *the guinea pigs in the laboratory.*

Los cables del teléfono han quedado **flojos** por la tormenta.

*The telephone wires are **loose** on account of the storm.*

La ropa **suelta** está muy de moda ahora.

Loose-fitting *clothes are very much in style now.*

A ciertas horas el metro va muy **apretado**.

*At certain hours (times) the subway is **tightly (jam) packed**.*

Apreté demasiado los tornillos y ahora tengo que **aflojarlos**.

I tightened *the screws too much and now **I** must **loosen** them.*

━11━〜〜〜〜〜〜〜〜〜〜〜〜〜〜〜〜〜〜〜〜〜

el barrio chino *the red-light district; Chinatown*
el barrio *district, quarter, neighborhood, section (of a city)*
el distrito *district*
la zona *zone, district*
el suburbio *suburb; outlying slum*
las afueras *outskirts, suburbs*

In Barcelona and in some other port cities, **barrio chino** designates a seamy area of town characterized by cheap bars, prostitution, etc. It is akin to the tenderloin district in some American cities. In certain cities (mostly outside the Spanish-speaking world) that have a concentrated Chinese population living in a single neighborhood, **barrio chino** refers to that area. **Barrio** refers to any of the specific area or neighborhoods defined along ethnic, socioeconomic, or similar lines. **Zona** is a synonym of **barrio** sometimes used to designate commercial, industrial, or residential use. **Distrito** shares an area of meaning with **zona** but reflects established administrative or governmental divisions. **Suburbio** has traditionally designated the outlying slum area of cities. In more recent times, however, at least in some Spanish-speaking countries, the term has come to designate newer middle-class or upper-class residential areas. Probably the safest interpretation in Spanish of the English term *suburbs*, is **afueras** rather than **suburbios**.

En San Francisco siempre visitamos el **barrio chino**.	*In San Francisco we always visit* ***Chinatown***.
Los Angeles tiene un **barrio** coreano grande.	*Los Angeles has a large Korean* ***neighborhood***.
Vivimos en el mismo **distrito** postal.	*We live in the same postal* ***district***.
Han comprado una casa en una nueva **zona** (un nuevo **barrio**) residencial.	*The have bought a home in a new residential* ***district***.
La **zona** portuaria de Los Angeles está en San Pedro.	*The port* ***area*** *of Los Angeles is in San Pedro.*
Las condiciones de las viviendas en los **suburbios** son muy desagradables.	*Housing conditions in the* ***slum areas*** *are very unpleasant.*
Ahora viven en las **afueras** de la capital.	*Now they live in the* ***suburbs (outskirts)*** *of the capital.*

─12─────────────────────────

acercarse(se) *to bring near; to approach*
aproximar(se) *to bring near; to approach, to draw near*
arrimar(se) *to bring close(r); to draw up to*
alejar(se) *to move away*

Acercar, its synonyms **aproximar** and **arrimar**, and its antonym **alejar**, are used reflexively to indicate that a subject is moving toward or away from something or someone. **Arrimar** suggests a closer degree of proximity (or even physical contact) than **acercar** and **aproximar**. All four verbs are also used non-reflexively to indicate that someone is moving something (or someone) toward or away from a particular place.

Se acercaban (aproximaban) a Jalapa, capital del estado de Veracruz.	**They were approaching** Jalapa, *capital of the state of Veracruz.*
¿Quieres **acercar (aproximar)** la lámpara un poco más?	*Will you please **move** the lamp a little **closer**?*
El niño **se arrimó** a su madre buscando protección.	*The child **snuggled up** to his mother seeking protection.*
Arrimé la escalera a la pared.	***I put** the ladder against the wall.*
El tren ya había comenzado a **alejarse** cuando llegamos.	*The train had already begun **to pull away** when we arrived.*
Ella me **alejó** por completo de su vida.	*She **put** me completely **out** of her life.*

─13─────────────────────────

la tempestad *storm*	**la tormenta** *storm*
el temporal *storm*	**el aguacero** *shower, storm*
la lluvia *rain*	**el chubasco** *squall, shower, storm*
la llovizna *drizzle*	**el chaparrón** *shower, downpour*

Tempestad indicates a rainstorm accompanied by strong winds, thunder, and lightning. In the selection from *Nada*, **tempestad** is used figuratively. In most cases, **tormenta** is a close synonym of **tempestad**, but it may also indicate a storm without rain. **Temporal** is longer in duration and may last several days; it is at times similar to a storm front. **Aguacero**, **chubasco**, and **chaparrón** all indicate sudden, brief, and heavy rainstorms. **Chubasco**, however, is most often associated with storms at sea and is characterized by very strong winds.

Desde el balcón, veíamos la **tormenta** que se acercaba.

*From the balcony we could see the **storm** that was approaching.*

Ese año un **temporal** arrasó grandes zonas de Inglaterra, Francia y Holanda.

*That year a **storm** devastated large areas of England, France, and Holland.*

El **aguacero** destruyó la cosecha de uvas.

*The **rainstorm** destroyed the grape harvest.*

Tuvimos que cambiarnos de ropa porque un **chaparrón** nos sorprendió en el parque.

*We had to change our clothes because a **storm (downpour)** surprised us in the park.*

14

conseguir *to get, obtain; to succeed in + gerund*
lograr *to get, obtain, achieve; succeed in + gerund*
alcanzar *to reach, overtake, obtain; to manage to + infinitive*
obtener *to obtain, to get*

Conseguir and **obtener** both indicate a person's obtaining or successfully doing what he or she desires. **Alcanzar** stresses the arrival at some physical destination and, figuratively, indicates reaching other types of goals through effort. Both **conseguir** and **lograr** are followed directly by the infinitive when they mean *to succeed in doing something*, but **alcanzar**, when followed by the infinitive, also requires the preposition **a**. Finally, **obtener** is followed by a direct object (never by an infinitive) and implies to obtain by effort.

Hemos conseguido el dinero para comprar la casa.

We have gotten (obtained) *the money to buy the house.*

Logró sacar el dinero antes que quebrara el banco.

He (She) succeeded in *taking his (her) money before the bank failed.*

Nuestro equipo **ha logrado** el campeonato este año.

*Our team **won (achieved)** the championship this year.*

No **alcanzó a** comprender por qué lo habían despedido.

He *never **managed to** understand (grasp) why they had fired him.*

Lo **alcanzamos** cuando estaba a punto de entrar en su casa.

We caught up with *him when he was about to enter his house.*

Alfredo por fin **alcanzó** el puesto que deseaba.

*Alfredo finally **got (obtained)** the position he wanted.*

Gabriela Mistral **obtuvo** el premio Nobel de literatura en 1945.

*Gabriela Mistral **got** the Nobel Prize in Literature in 1945.*

15

respaldar *to back; to endorse*
apoyar *to support, to back; to lean*
amparar *to shelter, to protect*
proteger *to protect*
ayudar *to help*
socorrer *to help, to aid*
auxiliar *to help, to aid, to assist*

Respaldar is *to protect or help* someone by offering a personal guarantee of support; it is a synonym of **proteger**. It can also mean *to endorse* in a political sense. **Apoyar** is to help someone by backing or standing behind him or her; it also means *to lean*. In the sense of helping someone, **apoyar** implies a lesser degree of personal commitment than **respaldar**. **Amparar** implies protection in the form of physical or spiritual shelter for someone in need or in danger. **Socorrer**, suggests urgency or immediate aid to someone in danger or need. **Auxiliar** is a general term with a meaning broad enough to encompass all the preceding terms. The noun forms corresponding to these verbs are: **respaldo**, **apoyo**, **amparo**, **protección**, **ayuda**, **socorro**, and **auxilio**. They reflect the same semantic distinctions as the corresponding verbs.

Para empezar el negocio, mi tío me **respaldó** con el dinero necesario.

*My uncle **backed** me **(up)** with enough money to start the business.*

En la guerra, el presidente no contaba con el **apoyo** del pueblo.

*During the war, the president didn't have the **support (backing)** of the people.*

Durante la tormenta, los monjes **ampararon** al peregrino.

*The monks **sheltered** the pilgrim during the storm.*

Debemos **socorrer** en seguida a las víctimas del terremoto.

*We must immediately **help** the victims of the earthquake.*

Después del incendio, la Cruz Roja **auxilió** a los sin casa.

*After the fire, the Red Cross **helped (assisted)** the homeless.*

El muchacho fue a la ciudad a buscar **ayuda (auxilio)**.

*The young man went to the city to get **help (assistance)**.*

PRÁCTICA

A. *Para cada una de las frases siguientes, elija Ud. la palabra que complete el sentido. Haga también cualquier cambio necesario en la palabra elegida para que la frase quede gramaticalmente correcta.*

1. Planchado el mantel, Tomás lo dobló cogiéndolo por _____ (**los rincones, las esquinas, las comisuras**).

2. El mejor lugar para esta mesilla es _____ del dormitorio (**el rincón, la esquina, el ángulo**).

3. Durante el verano, la contaminación del aire crea _____ irrespirable en Los Angeles (**un ambiente, un medio ambiente, una atmósfera**).

4. Mi hermana siempre come _____ de las manzanas y de las peras (**la piel, el pellejo, el cuero**).

5. El cómplice del asesino lo _delató_ al detective (**delatar, denunciar, traicionar**).

6. Me pican las _____ de los pies (**plantas, comisuras, suelas**).

7. _____ de los daños y perjuicios del último terremoto no se puede(n) calcular todavía (**Las costas, El precio, El costo**).

8. Su mujer le había _____ que no comiese tanto anoche (**advertido, avisado, asesorado**).

9. El hijo llamó por teléfono al número 911 para _____ que su padre había sufrido un ataque al corazón (**aconsejar, avisar, advertir**).

10. ¿Dónde se _coge_ el autobús para Valencia (**coger, pillar, atrapar**).

11. Los Estados Unidos _____ cincuenta estados (**comprenden, entienden, costean**).

12. Debido al fuego en la cárcel, tuvieron que _____ a los prisioneros (**aflojar, soltar, apretar**).

13. Chamberí es un _____ típico de Madrid (**barrio, distrito, suburbio**).

14. Habiendo estudiado muchos años, Isabel pudo por fin _____ el título de psiquiatra (**alcanzar, lograr, obtener**).

15. Nuestro partido no _apoya_ la propuesta para cambiar la ley (**apoyar, amparar, auxiliar**).

16. El visón es uno de los animales más apreciados por su _____ (**cuero, piel, pellejo**).

17. Humphrey Bogart casi siempre tenía un cigarrillo en _____ de la boca (**el ángulo, la esquina, la comisura**).

18. Ayer, antes de salir del cuarto, Alejandro _cogió_ los libros que estaban sobre la mesa (**coger, atrapar, pillar**).

19. Mis padres me ___avisaron___ que el tren estaba a punto de salir (**asesorar, aconsejar, avisar**).

20. En la antigua ciudad imperial de Toledo hay un _____ judío de gran valor artístico (**distrito, barrio, suburbio**).

21. El perro respiraba con dificultad y tuvimos que ___aflojarle___ el collar (**apretarle, aflojarle, soltarle**).

22. Durante el aguacero, ___nos arrimamos___ al edificio para resguardarnos de la lluvia (**arrimarse, acercarse, aproximarse**).

23. En la granja de mis tíos se ___crían___ patos y conejos (**cultivar, criar, crecer**).

24. Sir Edward Hillary fue el primero en _____ la cima del monte Everest (**lograr, alcanzar, conseguir**).

25. Los mexicanos ___cultivan___ muchos tipos de maíz (**crecen, crían, cultivan**).

26. Las huellas en la tierra húmeda ___delatan___ el paso del ciervo (**denunciar, traicionar, delatar**).

27. La Armada Invencible fue destruida por _____ en la costa del norte de Irlanda (**un chubasco, un aguacero, una tempestad**).

28. Miguel es políglota porque se ___crió___ en Suiza (**cultivar, criar, crecer**).

29. En los países de clima húmedo y templado, es más fácil mantener el _____ suave (**pellejo, cutis, cuero**).

30. Mi mujer se niega a comprar zapatos hechos con _____ de cocodrilo (**piel, cuero, tez**).

B. *Traduzca al español las siguientes frases empleando el vocabulario estudiado en este capítulo.*

1. The shoemaker put rubber soles on [use **a**] my old shoes.

2. Without the support of the army, the rebellion would have failed.

3. Brian would do anything to save his skin.

4. The employee informed on his boss for not having paid all his taxes.

5. Horse saddles are normally made with thick leather.

6. Every year the cost of living goes up and everything costs more.

7. The guard caught the thief opening the safe.

8. Help came when we needed it the most.

9. They never caught the wolf that had been attacking the sheep.

10. This storm will last at least three days.

11. The fishermen sought shelter in the port because a storm was approaching the coast.

12. The handle became so hot that he let go of the frying pan.

13. When they found the shipwrecked man, he was stark naked.

14. The meeting being finished, Antonio decided to loosen his tie.

15. On speaking, the general's words betrayed his anger.
16. He paid the cost [use one word] of the orphan's education in a good school.
17. The spraying with insecticide of the city has stirred up a storm of protest.
18. Her work as a movie star has taken her to the most remote corners of the world.
19. The burning of great forests is changing the environment of our planet.
20. I don't understand why they live in that neighborhood.

TEMAS A ESCOGER

Temas relacionados con la selección literaria

1. Suponga que Ud. es Angustias y discuta con una amiga íntima la presencia de Andrea en casa.
2. Escriba Ud. un diálogo en el que Andrea revela a Ena su situación familiar.
3. Caracterice Ud. a Andrea desde el punto de vista del grupo estudiantil al que acaba integrándose.

Temas sugeridos por la selección literaria

1. Analice Ud. la falta de comprensión entre personas de diferentes generaciones.
2. Escriba Ud. sobre la reputación de una familia.
3. Escriba Ud. un diálogo dramático entre un hijo y uno de sus padres o parientes.

◆ Repaso gramatical

Other Verbal Forms

The Infinitive

The infinitive sometimes functions as a noun. As such, it may be 1) the subject of a clause, 2) the object of a verb, or 3) the object of a preposition. Although any infinitive may be used as a noun, several common Spanish nouns are in fact infinitives preceded by an article.

el amanecer *the dawn*
un deber *a duty*
el parecer *the opinion*
un poder *a power*

A. In initial position, the infinitive used as a noun subject normally takes an article and is rendered in English by the gerund, a verb form with an *-ing* ending. When the article is omitted in initial position in Spanish, the construction corresponds more closely to the infinitive in English.

El viajar por el interior del país es peligroso.

Travelling through the interior of the country is dangerous.

El tener que callarlo me parece injusto.

Having to be quiet about it seems unjust to me.

Viajar por el interior del país es peligroso.

To travel throughout the interior of the country is dangerous.

Tener que callarlo me parece injusto.

To have to be quiet about it seems unjust to me.

The two previous sentences without the article in front of the infinitive, would more commonly be expressed in Spanish with the following word order.

Es peligroso **viajar** por el interior del país.

*It's dangerous **to travel** throughout the interior of the country.*

Me parece injusto **tener que** callarlo.

*It seems unjust to me **to have to** be quiet about it.*

B. An infinitive dependent on another verb may be thought of as the object of that verb, even though both obviously share the same subject. This is true even if the infinitive itself is followed by another infinitive. Among the higher-frequency verbs that govern infinitives in this way when there is no change of subject are: **poder, saber, querer,** and **pedir.** A number of other verbs, because of their meaning, cannot indicate a change of subject and are always followed by the infinitive. These include: **acabar de, empezar a, atreverse a, aparentar,** and **ofrecer.**

No queríamos **salir.**

*We didn't want **to go out.***

Carlos pidió **hablar** con su jefe.

*Carlos asked **to speak** with his boss.*

No puedes **evitar enfrentar** ese problema tarde o temprano.

*You can't **avoid facing** that problem sooner or later.*

El esperaba **ver aparecer** a María de un momento a otro.

*He expected **to see** María **appear** at any moment.*

El ofreció **acompañarme** hasta la estación.

*He offered **to accompany** me to the station.*

C. The infinitive is the verbal form that follows a preposition in Spanish. In this construction the infinitive is sometimes rendered in English by the infinitive and sometimes by the gerund -*ing*.

Para tener éxito, hay que trabajar.	*In order to be* successful, one must work.
Juan se empeñaba **en hablar** con el paciente.	*Juan insisted on talking with the patient.*
Al terminar, él se sentó.	*Upon finishing, he sat down.*
Francisco pasó delante de nosotros **sin vernos**.	*Francisco walked in front of us without seeing us.*

D. **Sin** + **infinitive**, in addition to its standard meaning of *without* + *gerund* (illustrated in the example immediately above), has another common use. It is used to modify a preceding noun or pronoun to indicate that something is in an incomplete or unfinished state. It is rendered in English by *un-* + *participle*.

Mi marido dejó los platos **sin fregar**.	*My husband left the dishes **unwashed**.*
En esta ciudad muchas calles están todavía **sin pavimentar**.	*In this city many streets are still **unpaved**.*

E. **Por** + **Infinitive** *versus Gerund*. One of the most common errors English-speaking students make in Spanish is to misuse the construction **por** + **infinitive**. The preposition **por** has, of course, many meanings. But the meaning that is indicated when **por** is followed by the infinitive is always *because, on account of*, or *due to*. But **por** followed by the infinitive never means *by* + *gerund*. To express English *by* + *gerund*, a construction indicating the means by which something is done, Spanish uses the gerund without any preposition whatsoever.

Por correr (haber corrido) tanto, José llegó muy cansado.	*Because José ran (had run) so much, he arrived very tired.*
Corriendo hasta la esquina, Luisa logró coger el autobús.	*By running to the corner, Luisa managed to catch the bus.*
Por decir la verdad, Elena perdió el empleo.	*Because she told the truth, Elena lost her job.*
El diputado se escapó **saltando** por la ventana.	*The congressman escaped by jumping out the window.*

The Past Participle

General Statement. The past participle *participates* in the qualities of both verb and adjective. With the auxiliary **haber**, it functions as a verb (always retaining the masculine singular **-o** ending) to form compound tenses. But when used with any verb other than **haber**, the participle is adjectival and, like any adjective, must agree in gender and number with the word it modifies.

Pilar **ha pintado** treinta acuarelas para la exposición.	*Pilar **has painted** thirty watercolors for the exhibit.*
Veinte cuadros **fueron pintados** por Pilar.	*Twenty pictures **were painted** by Pilar.*
Nos hemos cansado mucho esta tarde.	*We **have gotten** very **tired** this afternoon.*
Estábamos muy **cansados** esta tarde.	*We **were** very **tired** this afternoon.*
El lanzador **había ganado** veinte partidos.	*The pitcher **had won** twenty games.*
Veinte partidos **habían sido ganados** por el lanzador.	*Twenty games **had been won** by the pitcher.*

In the example immediately above, **haber** is not the auxiliary verb of the participle **ganados**, but an auxiliary of the main verb **ser**, on which the participle depends. **Ganados** thus agrees with **partidos** in gender and number instead of ending in **-o**. The forms of the past participle and the formation of compound tenses were reviewed in Chapter 4. Here, let us point out that there are several participial forms (recognized by their **-ado** and **-ido** endings) that are used exclusively as adjectives and do not combine with **haber** to form compound tenses. These include:

controvertido *controversial*
descarado *shameless*

Absolute Constructions

The past participle may be used adjectivally without a verb in an *absolute* participle phrase that is syntactically independent of the main clause. This construction is in large part a literary one, and it is used to indicate an action or state previous in time to the time of the main clause. Its rendering in English varies, as may be seen in the following examples.

Concluida su tarea, Juan se sentó a mirar la televisión.	*His homework **finished** (**having finished** his homework), Juan sat down to watch television.*

Hechos los preparativos, partieron para Roma.

*Preparations **having been made** (**when** the preparations **were made**), they departed for Rome.*

Después de **echada** la carta, recordé que no la había firmado.

*After the letter **had been mailed**, I remembered that I hadn't signed it.*

The Gerund

The Spanish gerund ends in **-ando** or **-iendo**, and has both simple and compound forms. The simple form indicates time corresponding closely to that of the verb, whether past or present. The compound form (with **haber** in the gerund) always refers to time previous to that of the main verb and is used exclusively to refer to past events.

Viajando por México, vimos muchos pueblos pintorescos.

***While (when) travelling** in Mexico, we saw many picturesque towns.* (contemporaneous events)

Habiendo dimitido el primer ministro, se disolvió su gabinete.

***After** the prime minister **resigned** (the prime minister **having resigned**), his cabinet was dissolved.* (resignation preceded dissolution of cabinet)

In Spanish, the gerund can modify verbs but not nouns. Thus a verbal modifier ending in -*ing* in English may correspond to the Spanish gerund. The -*ing* modifier referring to a noun in English, however, should not be rendered with the gerund in Spanish.

Major Uses of the Gerund

A. *As an adverb that directly modifies another verb*:

El año pasó **volando**.

*The year flew by (passed **flying**).*

Carlos entró **corriendo**.

*Carlos ran in (came in **running**).*

Cruzamos el río **nadando**.

*We swam across (crossed by **swimming**) the river.*

B. *To indicate the means or method by which something is done or achieved.* (This usage has already been referred to under Infinitive, p. 126). In these constructions, the Spanish gerund is rendered by the English gerund -*ing* with the preposition *by* either expressed or understood.

Estudiando más, podrás aprobar inglés.

By studying more, you'll be able to pass English.

El obispo empezó la jornada **asistiendo a** una misa.

The bishop began the day (by) attending a mass.

Guillermina se hizo rica **comprando** y **vendiendo** oro.

Guillermina became rich (by) buying and selling gold.

C. *With **ser** and **estar**, to relate a state of the subject to an action expressed in the main clause.* In this construction, the gerund is rendered in English by *when* or *while* + *finite verb.*

Estando yo en Europa, estalló la guerra.

While (when) I was in Europe, war broke out.

Se conocieron **siendo** Carlos estudiante en Ohio.

They met while Carlos was a student in Ohio.

D. *As a replacement for a relative clause that functions as an adjective after verbs of perception* (**mirar, ver, observar, oír, sentir**) *and verbs of representation* (**pintar, describir, representar, imaginarse, mostrar, enseñar**)*.* Such verbs convey the impression of something going on or in progress, which is the very essence of the gerund.

Mirábamos a dos niños **que jugaban** en la playa.

We watched two children who were playing on the beach.

Mirábamos a dos niños **jugando** en la playa.

We watched two children playing on the beach.

The second example with the gerund presents an action with greater immediacy. The construction with **jugando** may itself be replaced by an infinitive construction, as shown below, which represents a loss of immediacy in conveying a sense of an action in progress.

Mirábamos **jugar** a dos niños en la playa.

We watched two children **play** on the beach.

Since the gerund never loses its aspect of verbal continuity, it may not be used in Spanish as an adjective to modify a contiguous noun directly. (In English, the gerund always takes the place of a noun. It is the English present participle [see next section] that modifies a noun.) An adjective or some other circumlocution must often be used in Spanish to render an English present participle.

un lechero madrugador *an early-rising milkman*
un pueblo pescador *a fishing village*
unas palabras lisonjeras *some flattering words*
una máquina para barrer las calles *a street-sweeping machine*
un estudiante de habla francesa *a French-speaking student*

The Present Participle

Adjectives ending in -**ante** or -**(i)ente** are present participles in Spanish. Unlike the past participle, which may function as both verb and adjective, the present participle is only an adjective, for it is not used to form compound tenses. Often times, when the Spanish present participle corresponds to an English adjective ending in *-ing*, English-speaking students mistakingly render it with the Spanish gerund. Finally, unlike -**ado** and -**ido** , the suffixes -**ante** and -**(i)ente** may not be appended at will to any verb, but are found only in forms sanctioned by actual use. Listed below are several present participles used as adjectives.

ausente *absent*	**conveniente** *proper*
corriente *running*	**creciente** *growing*
chispeante *sparkling*	**durmiente** *sleeping*
interesante *interesting*	**obediente** *obedient*
pendiente *hanging; dependent*	**sonriente** *smiling*
sorprendente *surprising*	**tocante** *concerning*
Su mirada era totalmente **carente** de expresión **interrogante**.	*His glance was completely **lacking** in any **questioning** expression.*
Es una situación muy **preocupante**.	*It's a very **troubling** situation.*

Many present participles that were originally adjectives have also become nouns through their use with the definite article. The endings -**ante** and -**(i)ente** are, of course, not marked for gender and it is the use of **el** or **la** that indicates the gender of the referent.

el (la) asistente *assistant*	**el (la) creyente** *believer*
el (la) dependiente *clerk*	**el (la) estudiante** *student*
el (la) pariente *relative*	**el (la) presidente** *president*
el (la) sirviente *servant*	

A few of the above words also include in modern Spanish a purely feminine form marked for gender by the **-a** ending. However, acceptance or rejection of these newer forms varies considerably throughout the Spanish-speaking world.

la asistenta   **la parienta**

la presidenta   **la sirvienta**

Reflexive Verbs

A. A verb is used reflexively in Spanish to show that the subject performs an action on itself (i.e., it does something to or for itself). In order to constitute a truly reflexive construction in Spanish, 1) the subject must be animate (i.e., a person or an animal) and 2) the verb must be transitive (capable of taking a direct or indirect object). The verb must, of course, also be accompanied by a reflexive pronoun: **me**, **te**, **se**, **nos**, **os**, **se**. In the first sentence of each of the following pairs of examples, the action reflects directly on the subject as a whole, and in the second sentence of each pair it reflects back on a specific part of the subject.

Me corté esta mañana.	*I cut myself* this morning.
Me corté la mano esta mañana.	*I cut my hand* this morning.
Víctor **se rascaba** porque le había picado un mosquito.	*Víctor **was scratching himself** because a mosquito had bitten him.*
Víctor **se rascaba el brazo** porque le había picado un mosquito.	*Víctor **was scratching his arm** because a mosquito had bitten him.*
Carlos **se lastimó** al caerse de la escalera.	*Carlos **cut himself** when he fell from the ladder.*
Carlos **se lastimó la pierna** al caerse de la escalera.	*Carlos **hurt his leg** when he fell from the ladder.*

Notice, too, how the English equivalent of the second Spanish example in each of the above pairs uses the possessive adjective rather than a reflexive construction. This leads many English-speaking students to mistakenly use the possessive adjective instead of the reflexive pronoun in these structures, an error that should be guarded against.

B. There are many transitive verbs in English which, unlike the transitive verbs in the Spanish examples in section A. above, regularly omit the reflexive pronoun even though a reflexive meaning is clearly intended. Unlike English, Spanish never omits the reflexive pronoun in these constructions.

No me afeité esta mañana.	*I didn't shave this morning.*
¿Dónde **se escondieron** los niños?	*Where **did** the children **hide?***
La niña no quiere **lavarse**.	*The little girl doesn't want **to wash (herself)**.*
No puedo **concentrarme** con tanto ruido.	*I can't **concentrate** with so much noise.*
Nos hemos helado esperando el autobús en la esquina.	***We froze** while waiting for the bus on the corner.*

C. The pronouns **me, te, se, nos, os, se** may also be used non-reflexively with transitive verbs that have inanimate subjects.

Se rompió la lámpara del comedor.	*The dining-room lamp **broke**.*
Se abrieron las puertas.	*The doors **opened**.*
Se ha parado el motor del nuevo coche.	*The motor of the new car **has stopped**.*

Obviously, the inanimate objects **lámpara**, **puertas**, and **motor**, did not perform an action on themselves. Indeed, the above constructions with the reflexive pronouns suggest, at least linguistically, the accidental nature of the occurrence, i.e., that the person concerned with or affected by the specified action was not directly responsible for its happening.

D. The pronouns **me, te, se, nos, os, se** are also used with a small number of intransitive verbs in a non-reflexive way to show that an action is of great concern to the subject, and to express the completeness or totality of an action.

Yo sé lo que **me hago**.	*I know what **I'm doing**.*
El tío de Carlos **se ha muerto**.	*Carlos's uncle **has died**.*
Los niños **se comieron** el helado.	*The children **ate (up)** the ice cream.*
Se fumaron todos los cigarrillos.	***They smoked** all the cigarettes.*

The Passive Voice

The passive voice permits the same episode or action to be viewed from a different perspective or frame of reference than the active voice. Indeed, the passive voice, which always requires a transitive verb, changes the subject (normally the performer of an action) into the object of an action. In Spanish, the true passive is rendered with **ser** + **past participle**, with an agent either expressed or implied. The essence of the passive voice is that it stresses the action itself as it affects what in English is normally the subject. When, however, we refer to the state resulting from an action rather than the action itself, **estar**, **quedar**, or some other verb is used rather than the passive with **ser**. This is clear in the two sets of contrasting examples below:

Esta ventana **fue rota** ayer.	*This window **was broken** yesterday.*
Esta ventana **estaba rota** ayer.	*This window **was (already) broken** yesterday.*
El castillo **fue destruido** durante la guerra.	*The castle **was destroyed** during the war.*
El castillo **estaba destruido** cuando lo vi.	*The castle **was (already) destroyed** when I saw it.*

The Agent in the Passive Voice

Whenever the agent is expressed in a sentence with the verb in the passive voice, it is introduced by the proposition **por**. (**De** may replace **por** when the passive verb stresses a mental or emotional attitude—**temer**, **odiar**, **aborrecer**, **amar**, etc. Even in this context, however, **por** is used more often than **de**.)

El cuadro fue pintado **por** Andrés.	*The picture was painted **by** Andrés.*
Fernando VII fue odiado **de (por)** muchos españoles.	*Fernando VII was hated **by** many Spaniards.* (**por** suggests a more intense hatred)

Deletion of Agent with Reflexive Construction

A device commonly used in Spanish to remove any external agent from an action is to replace the passive voice with a reflexive substitute. This construction is very frequent in Spanish and is preferred over the true passive when there is no need to indicate an agent. But both the true passive and the reflexive substitute are rendered in English by the passive voice, which is one reason English-speaking students tend to overuse the passive voice in Spanish.

Se lavó la ropa ayer.	*The clothes **were washed** yesterday.* (not **fue lavada**)
Yo creo que **se solucionarán** sus problemas.	*I believe your problems **will be resolved**.*
Los funerales del presidente **se celebraron** ayer.	*The President's funeral **was held** yesterday.*

Reflexive Verbs with Causative Meaning

Certain verbal expressions with reflexive pronouns, such as **cortarse el pelo**, **operarse**, **retratarse**, **hacerse una fotografía**, clearly cannot have a true reflexive meaning. They are used instead with the causative meaning of *to have something done for or to oneself*.

Mañana tengo que **cortarme el pelo**.	*Tomorrow I must have **my hair cut**.*
Yo **me hago** dos trajes al año.	***I have** two suits **made (for myself)** each year.*
Luis fue a Boston a **operarse** de unas cataratas.	*Luis went to Boston **to have** his cataracts **operated on**.*

PRÁCTICA

A. *Para cada una de las siguientes frases, elija Ud. la forma verbal que la complete correctamente.*

1. El presidente de *El Tiempo* quedó herido _____ una bomba cerca del hotel (**estallando, estallada, al estallar**).
2. _____ tanto con poca luz hace daño a los ojos (**Leída, Leyendo, El leer**).
3. El niño _____ tres veces al día (**lava, se lava, está lavando**).
4. Elena no ha conseguido nada con _____ un préstamo al banco (**pidiendo, pedir, pedido**).
5. Una vez _____ los pantalones, me los puse (**planchando, planchado, planchados**).
6. No pude evitar _____ con Leandro (**hablando, hablar, hablado**).
7. La gripe que tengo _____ con este nuevo medicamento (**se cura, está curada, cura**).
8. La situación económica _____ al terminar la guerra (**normalizada, se normaliza, normalizándose**).

9. Nosotros _____ en la piscina del club (**estamos bañados, somos bañados, nos bañamos**).

10. Su hija _____ ayer por una serpiente venenosa (**se mordió, está mordida, fue mordida**).

11. Raquel es una persona que tiene prisa por _____ emociones nuevas (**viviendo, vividas, vivir**).

12. Pablo mandó _____ la casa vieja (**pintando, pintada, pintar**).

13. _____ yo conductor de autobús tuve un accidente en la autopista de Madrid (**Siendo, Haber sido, Ser**).

14. Mi hermano cruzó _____ el parque para llegar al colegio a tiempo (**corriente, corriendo, corrido**).

15. Su hija ha _____ por quemar la bandera (**sido detenida, sido detenido, estado deteniéndose**).

B. *Rellene los espacios en blanco usando la forma apropiada de la palabra entre paréntesis. Use los tiempos verbales compuestos cuando sea apropiado.*

La verdad, ahora no _sé_ (saber) (1) qué me _pasó_ (pasar) (2) aquel día. También ahora _me doy cuenta_ (darse) (3) cuenta de que entonces _tenía_ (tener) (4) fiebre. No, no _estaba_ (estar) (5) enferma aquel día, solamente _tenía_ (tener) (6) algo de fiebre, pero nunca _pensé_ (pensar) (7) en llamar al médico. La fiebre, al _pasar_ (pasar) (8) me _había dejado_ (dejar) (9) con la sensación de que alguien me _había_ (haber) (10) dado un paliza. De cualquier forma, ese día _me levanté_ (levantarse) (11) a _examinar_ (examinar) (12) mis zapatos, por si _estaban_ (estar) (13) rotos o sucios, y me los _puse_ (poner) (14).

Al verme, mi tía me _dijo_ (decir) (15) que yo _tenía_ (tener) (16) fiebre, porque _había ag_ (agarrar) (17) un catarro el día anterior al mojarme por andar descalza sobre el suelo frío. Me _dijo_ (decir) (18) también que yo _tenía_ (tener) (19) que tener más cuidado. A mí tía, le _gustaba_ (gustar) (20) mucho dejarme saber que yo _vivía_ (vivir) (21) gratis con ella, pero eso no _era_ (ser) (22) verdad, porque mi padre _enviaba_ (enviar) (23) dinero todos los meses para pagar mis gastos. Ella _creía_ (creer) (24) que yo no _estaba_ (estar) (25) enterada de eso.

C. *Traduzca al español las siguientes frases, usando las formas verbales estudiadas en este capítulo.*

1. "This continual living in doubt is killing me," said Juanita.
2. The child seemed to want to know what they were doing.
3. The two companions separated at the door.
4. She ran upstairs to look for her son.

5. They locked him up for having falsified some documents.

6. My uncle washed and dressed and then went to his office.

7. The strike in Bilbao is still unsettled.

8. Sleeping well is necessary for good health.

9. The prince will be crowned in May of 1995.

10. We watched the players drying the sweat from their foreheads with their handkerchiefs.

D. *Cada una de las siguientes frases contiene un error. Indique cuál es. Explique por qué está mal.*

1. Esta ventana estuvo rota ayer por mi hermano.
2. Al acabando de hablar, Pedro se sentó entre nosotros.
3. Todas las mañanas me lavo mi cara y mis manos.
4. Por la crisis económica, muchos obreros se estaban despidiendo. *fueron*
5. El proyecto que ella sugirió es muy prometiendo.

ENFOQUE　　Evaluating the First Draft

Experience has proven that a first draft is rarely the definitive version of an essay. It is sometimes necessary, therefore, to write more than one draft. Ideas and style often become clearer during this revision process.

Often, writers mention an "instinctive sensibility" which guides them through the revision of their work. It is possible to develop such sensibility, but you should recognize that when writing in a foreign language it is much more difficult to do so. Furthermore, it takes years of practice to develop such instinctive familiarity with writing. You should evaluate your first draft, then, by employing other helpful techniques.

To aid you for revising a draft, consider the following questions:

1. Is the topic meaningful and interesting enough to develop a strong essay?

2. Is the thesis appropriate for the goal of the essay?

3. Besides your teacher, who else might be interested in this essay? (You must always keep these other readers in mind while preparing your drafts.)

4. Is the first draft well organized?

5. Are the paragraphs well constructed?

6. Do you have an introductory paragraph? Is it interesting enough?

7. Do you have a concluding paragraph? Could you in any way, improve it?

8. Do you have enough material, examples, and reasons to support you ideas?

9. Have you employed all possible resources?

10. Have you carefully revised the language—grammar, vocabulary, tone—so that it enhances the style of the essay?

CAPÍTULO

 LA CIUDAD Y LOS PERROS
MARIO VARGAS LLOSA

 REPASO GRAMATICAL
  • *The Subjunctive Mood (Part I)*

La ciudad y los perros

MARIO VARGAS LLOSA

◆◆◆◆◆◆◆◆◆◆◆◆◆◆◆◆

La publicación de La ciudad y los perros *(1963), primera novela del peruano Mario Vargas Llosa (1936–) constituyó un acontecimiento literario en los países de habla española. Traducida a quince lenguas, esta valiosa obra del llamado "boom" hispanoamericano colocó al Perú en el mapa para los lectores de la literatura contemporánea mundial. Entre las obras más destacadas de Vargas Llosa figuran también* La casa grande *(1966), cuyo escenario es el Perú amazónico y la novela socio-política* Conversación en la catedral *(1969). Más recientemente ha publicado* Pantaleón y las visitadoras, *sátira de la burocracia militar peruana,* La tía Julia y el escribidor, *que contiene elementos autobiográficos del autor, e* Historia de Mayta, *acertado análisis de la psicología de un revolucionario.*

La acción de gran parte de La ciudad y los perros *tiene lugar en el Colegio Militar Leoncio Prado, en Lima, microcosmos de la sociedad peruana. Los cadetes de este colegio proceden de todas las clases sociales del país y son admitidos en él por especial favor del Estado, por vocación militar, o por castigo de sus padres. Los "perros" a los que el título se refiere, son los cadetes novatos que sufren, a manos de los cadetes mayores, humillantes y crueles ritos de iniciación en el proceso de hacerse hombres. También, como muestra Vargas Llosa, vemos que la educación que se pretende inculcar en los estudiantes para que lleguen a ser oficiales del ejército peruano sólo consigue matar en ellos toda sensibilidad y todo sentido de moralidad.*

Para el novelista y crítico mexicano Carlos Fuentes, La ciudad y los perros *es "la más extraordinaria novela de la adolescencia que se ha escrito entre nosotros." Un personaje central en la novela, y uno de sus varios narradores, es el cadete Alberto, cuyo padre le ha mandado al Colegio para quitarle de en medio de una situación familiar difícil creada por la infidelidad matrimonial del mismo padre. En el fragmento literario reproducido aquí, en una de las pocas escenas ubicadas fuera de los muros del Colegio, Alberto visita a su madre, una mujer neurótica que vive separada del marido.*

Bajó del autobús en el **paradero**[1] de Alcanfores y recorrió a largos trancos las tres cuadras que había hasta su casa. Al **cruzar**[2] una calle vio un grupo de chiquillos. Una voz irónica dijo, a su espalda: "¿Vendes chocolates?" Los otros se rieron. Años atrás, él y los muchachos del barrio gritaban también "chocolateros" a los cadetes del Colegio Militar. El cielo estaba plomizo, pero no hacía frío. La Quinta de Alcanfores parecía deshabitada. Su madre le abrió la puerta. Le besó.

—Llegas tarde —le dijo— ¿Por qué, Alberto?

—Los tranvías del Callao siempre están repletos, mamá. Y pasan cada media hora.

Su madre se había apoderado del maletín y del quepí y lo seguía a su cuarto. La casa era pequeña, de un **piso**[3] y brillaba. Alberto se quitó la guerrera y la corbata; las **arrojó**[4] sobre una silla. Su madre las levantó y las dobló cuidadosamente.

—¿Quieres almorzar de una vez?

—Me bañaré antes.

—¿Me has **extrañado**[5]?

—Mucho, mamá.

Alberto se sacó la camisa. Antes de quitarse el pantalón se puso la bata; su madre no lo había visto **desnudo**[6] desde que era cadete.

—Te plancharé el uniforme. Está lleno de tierra.

—Sí —dijo Alberto. Se puso las zapatillas. Abrió el cajón de la cómoda, sacó una camisa de cuello, ropa interior, medias. Luego, del velador, unos zapatos negros que relucían.

—Los lustré esta mañana —dijo su madre.

—Te vas a malograr las manos. No debiste hacerlo, mamá.

—¿A quién le importan mis manos? —dijo ella, suspirando— Soy una pobre mujer abandonada.

—Esta mañana **di un examen**,[7] muy difícil —la interrumpió Alberto—. Me fue mal.

—Ah —repuso la madre—. ¿Quieres que te llene la tina?

No. Me ducharé, mejor.

—Bueno. Voy a preparar el almuerzo.

Dio media vuelta y avanzó hasta la puerta.

—Mamá.

Se detuvo, en medio del vano. Era menuda, de piel muy blanca, de ojos hundidos y lánguidos. Estaba sin maquillar y con los cabellos en desorden. Tenía sobre la falda un delantal ajado. Alberto recordó una época relativamente próxima: su madre pasaba horas ante el espejo, borrándose sus arrugas con afeites, agrandándose los ojos, empolvándose; iba todas las tardes a la peluquería y cuando se disponía a salir, **la elección**[8] del vestido precipitaba crisis de nervios. Desde que su padre **se marchó**[9] se había transformado.

—¿No has visto a mi papá?

Ella volvió a suspirar y sus mejillas se sonrojaron.

—Figúrate que vino el martes —dijo—. Le abrí la puerta sin saber quién era. Ha perdido todo escrúpulo, Alberto, no tienes idea cómo está. Quería que fueras a verlo. Me ofreció plata otra vez. Se ha propuesto matarme de dolor. —Entornó
45 los ojos y bajó la voz.

—Tienes que resignarte, hijo.

—Voy a darme un duchazo —dijo él—. Estoy **inmundo**.[10]

Pasó ante su madre y le acarició los cabellos, pensando: "no volveremos a tener un centavo." Estuvo un buen rato bajo la ducha; después de jabonarse
50 minuciosamente se frotó el cuerpo con ambas manos y alternó varias veces el agua caliente y fría. "Como para quitarme la borrachera," pensó. Se vistió. Al igual que otros sábados, las ropas de civil le parecían extrañas, demasiado **suaves**,[11] tenía la impresión de estar desnudo: la piel añoraba el áspero contacto del dril. Su madre lo esperaba en el comedor. Almorzó en silencio. Cada vez que ter-
55 minaba un pedazo de pan, su madre le alcanzaba la panera con ansiedad.

—¿Vas a salir?

—Sí, mamá. Para hacer un encargo a un compañero que está consignado. Regresaré pronto.

La madre abrió y cerró los ojos varias veces y Alberto temió que **rompiera a**[12]
60 llorar.

—No te veo nunca —dijo ella—. Cuando sales, pasas el día en la calle. ¿No compadeces a tu madre?

—Sólo estaré fuera una hora, mamá —dijo Alberto, incómodo—. Quizá menos.

65 Se había sentado a la mesa con hambre y ahora la comida le parecía insípida e interminable. Soñaba toda la semana con la salida, pero apenas entraba a su casa se sentía irritado; la abrumadora obsequiosidad de su madre era tan mortificante como el encierro. Además, se trataba de algo nuevo, le costaba trabajo acostumbrarse. Antes, ella lo enviaba a la calle con cualquier pretexto para **disfrutar a sus**
70 **anchas**[13] con las amigas innumerables que venían a jugar canasta todas las tardes. Ahora, en cambio, se aferraba a él, exigía que Alberto le dedicara todo su tiempo libre y la escuchara lamentarse horas enteras de su destino trágico. Constantemente caía en trance: invocaba a Dios y **rezaba**[14] en voz alta. Porque también en eso había cambiado. Antes, olvidaba la misa con frecuencia y Alberto la había sor-
75 prendido varias veces cuchicheando con sus amigas contra los curas y las beatas. Ahora iba a la iglesia casi a diario, tenía un guía espiritual, un jesuita a quien llamaba "hombre santo," asistía a toda clase de novenas y, un sábado, Alberto descubrió en su velador una biografía de Santa Rosa de Lima. La madre levantaba los platos y recogía con su mano las migas dispersas sobre la mesa.

80 —Estaré de vuelta antes de las cinco —dijo él.

—No te demores, hijito —repuso ella—. Compraré **bizcochos**[15] para el té.

CUESTIONARIO

Contenido

1. ¿De dónde venía Alberto?
2. ¿Por qué llegó tarde a casa de su madre?
3. ¿Qué es lo primero que quiere hacer Alberto?
4. ¿Por qué no quería Alberto que su madre le limpiara los zapatos?
5. Describa Ud. el aspecto físico de la madre de Alberto.
6. ¿De qué se quejaba la madre de Alberto respecto a su marido?
7. Comparada con su actitud anterior, ¿cómo había cambiado la actitud de la madre hacia Alberto?

Interpretación y estilo

1. ¿Desde qué diferentes perspectivas está presentada esta selección literaria?
2. ¿Qué efectos produce en el lector el alternarse narración y diálogo?
3. ¿Por qué cree Ud. que la madre está tan deseosa de hacer tantas cosas por su hijo?
4. ¿Por qué se considera la madre de Alberto una mujer resignada y abandonada?
5. ¿Qué actitud revela Alberto ante las quejas de su madre contra su padre?
6. ¿Por qué cree Ud. que Alberto tiene tantas ganas de salir?
7. ¿Qué cambio psicológico parece haber experimentado la madre de Alberto?

⟞ Léxico: opciones ⟝

▬1 ⁓⁓⁓⁓⁓⁓⁓⁓⁓⁓⁓⁓⁓⁓⁓⁓⁓⁓⁓⁓⁓⁓⁓⁓⁓⁓⁓⁓⁓⁓⁓⁓⁓⁓⁓⁓⁓

la parada *stop*
el paradero *stop; whereabouts*
ir a parar *to end up*
la escala *stop; scale*
hacer escala *to stop at (in); to call at*

Vargas Llosa uses **paradero** as a synonym for **parada**, the standard term for *stop* when referring to public ground transportation. **Paradero** is common, however, in colloquial Spanish to indicate the whereabouts or location of persons or things. **Ir a parar** is its verbal equivalent. **Escala**, most commonly a scale for measurement (as on a thermometer), also means a *stop* when referring to air or sea transportation. It is most often used with **hacer**.

Su hijo desapareció y nadie sabe su **paradero**.	*Their son disappeared and nobody knows his **whereabouts**.*
Si sigues así, vas a **ir a parar** a la cárcel.	*If you continue to behave like that, you'll **end up** in jail.*
La carta que enviamos a Nueva York **fue a parar** a Miami.	*The letter we sent to New York **ended up** in Miami.*
El autobús número 5 tiene una **parada** en la Plaza de la Independencia.	*Bus No. 5 has a **stop** on Independence Square.*
Este avión **hace escalas** en Nueva York, las Azores y Lisboa.	*The plane **stops** in New York, the Azores, and Lisbon.*

—2—————————————————————

cruzar *to cross*
atravesar *to cross; to penetrate, go through*
el cruce *cross; crossing, crossroads*
la cruz *cross*

Cruzar is the standard word for *to cross*, i.e., to go from one side of something to another. **Atravesar** is a common synonym of **cruzar** in this sense. However, **atravesar** also means *to cross* when that verb conveys the idea of penetrating or passing through something, whether material or intangible. In this latter sense, it is often rendered by English *to go through* or *to pass through*. **Cruce**, in addition to *crossroad* or *intersection*, also renders *cross* when it refers to mixing of different breeds of animals or plants. **Cruz**, of course, means *cross* when referring to a structure made of lines or bars intersecting at right angles.

Le atropelló un coche, al **cruzar (atravesar)** la calle.	*He was run over by a car as **he was crossing** the street.*
El accidente ocurrió en el **cruce** entre las calles Serrano y Goya.	*The accident occurred at the **intersection** between (the **crossing** at) Serrano and Goya streets.*
Ese país **está atravesando** una crisis económica.	*That country **is going through** an economic crisis.*
Las balas **atravesaron** las paredes de la casa.	*The bullets **went through (penetrated)** the walls of the house.*

La nectarina es un **cruce** entre el melocotón y la ciruela.

*The nectarine is a **cross** between a peach and a plum.*

La **Cruz** Roja se originó en Suiza.

*The Red **Cross** originated in Switzerland.*

—**3**————————————————————————

la planta story, floor
el piso story, floor, level; apartment
el suelo the floor; soil
el apartamento, departamento apartment
la vivienda dwelling, housing

In Vargas Llosa's text, **piso** means *story* or *floor*, because Alberto's mother lives in a single-story house. This meaning of *floor* is the most common one for **piso** in Spanish America. In Spain, **piso** shares this meaning, but is also the standard word for *apartment* or *flat*. In most of the Spanish-speaking world, however, **apartamento** or **departamento** is used instead of **piso** to translate *apartment*. **Planta**, can mean *floor* when referring to the number of levels or stories in a building, or to a single floor in architectural terms. **Suelo**, which means *soil*, can also indicate the finished, inside floor of a building or other structure. **Vivienda**, although sometimes rendered by English *dwelling*, is a collective noun in Spanish and, in most instances, means *housing*. It is occasionally also used to indicate individual housing.

Eduardo va a comprar un **piso** en Lisboa.

*Eduardo is going to buy an **apartment** in Lisbon.*

El edificio tiene siete **plantas** y yo vivo en el segundo **piso**.

*The building has seven **stories** and I live on the second **floor**.*

Después de la fiesta, tuvimos que limpiar el **suelo (piso)** de la sala.

*After the party, we had to clean the **floor** of the living room.*

En muchas ciudades la **vivienda** se ha encarecido mucho.

*In many cities **housing** has become very expensive.*

—**4**————————————————————————

arrojar to throw, toss, hurl
tirar to throw; to throw out (away)
echar to throw, toss; to put; to fire
lanzar to throw, hurl
botar (Sp. Am. colloquial) to throw out (away); to fire; to bounce

The verbs above all render *to throw*. Often, especially in written Spanish, no careful distinction is made among them. **Arrojar** normally indicates an intensive type of action, revealing violence, emotion or impulsiveness. **Tirar** is *to throw away* something no longer wanted or useful. It may also indicate *to throw* something with the intent of doing some damage. **Echar**, in addition to *to throw*, may indicate a much gentler putting or tossing of something. **Echar** may further mean *to throw out* in the sense of evicting, and is thus synonymous with the more formal **despedir**, *to fire, dismiss*. **Lanzar**, a synonym of **tirar**, suggests the idea of throwing something a certain distance. **Botar** is common in some parts of Spanish America to indicate *to throw away*. It also means *to fire or evict* someone. Finally, **botar** is used everywhere in the Spanish-speaking world for *to bounce*.

Pedro quedó tan enfadado que **arrojó** la carta a la papelera.	*Pedro became so angry that **he threw** the letter in(to) the wastebasket.*
Los romanos **arrojaron** muchos cristianos a los leones.	*The Romans **threw** many Christians to the lions.*
El poeta se suicidó **tirándose (arrojándose)** desde el puente.	*The poet committed suicide **by throwing** himself from the bridge.*
No **tires** el periódico antes de que yo lo lea.	***Do** not **throw out** the newspaper before I (can) read it.*
El muchacho **tiraba** piedras a la estatua del dictador.	*The boy **threw** stones at the dictator's statue.*
Elisa **se echó** un suéter sobre los hombros.	*Elisa **threw (tossed)** a sweater over her shoulders.*
Lo **echaron** del piso por no pagar el alquiler.	***They evicted** him for not paying the rent.*
La atleta **lanzó** la jabalina 50 metros.	*The athlete **threw (hurled)** the javelin 50 meters.*
Le multaron por **botar (tirar)** papeles desde la ventanilla del auto.	*They fined him for **throwing** papers out the car window.*
Si sigues llegando tarde, te van a **botar (despedir, echar)** del empleo.	*If you keep on arriving late, they are going **to fire** you from your job.*
Botando la pelota entre sus piernas, el jugador pasó la defensa del equipo contrario.	***By bouncing** the ball between his legs, the player went through the other team's defense.*

5

extrañar *to miss; to surprise*   **añorar** *to long for, to miss*
echar de menos *to miss*   **perder** *to miss*

In Spanish America and parts of Andalucía, **extrañar** means *to miss*, i.e., to feel the absence of something or someone. It is also a synonym of **sorprender**, *to surprise*. In most of Spain, **echar de menos** is the standard expression for *to miss*. **Añorar** is a more literary synonym and connotes a certain feeling of nostalgia. *To miss*, in the sense of not arriving on time or failing to understand, is **perder**.

Extraño (echo de menos) a mis amigos.	*I miss my friends.*
Me **extraña** que hables así.	*I am surprised you are talking that way.*
El poeta **añoraba** los días de su juventud.	*The poet missed (longed for) the days of his youth.*
He perdido lo que ha dicho el profesor.	*I missed what the professor has said.*
No queríamos **perder** el avión.	*We didn't want to miss the plane.*

6

desnudo *bare, naked, nude*
estar en cueros *to be stark naked*
descalzo *barefoot*
descalzarse *to remove one's shoes*
nudo *nude, bare*
el nudista (desnudista) *nudist*
desnudarse *to undress, get undressed, take one's clothes off*
desvestirse *to undress, get undressed, take one's clothes off*

Desnudo, *naked* or *nude*, follows the pattern of **descalzo**, *barefoot*. The adjective **nudo** also exists but is very literary. Both **nudista** and **desnudista** render English *nudist*, but the first word is more common. Likewise, **desnudarse** and **desvestirse** may indicate to undress totally or partially; however, **desnudarse** is the more popular word.

Para vivir en un campamento de **nudistas**, hay que ir **desnudo** y **descalzo**.

*To live in a **nudist** camp, you have to go around **naked** and **barefoot**.*

¡Tápate! Te enfriarás yendo **en cueros** por la casa.

*Cover yourself! You'll catch a cold going about the house **stark naked**.*

Para bañar al niño, la madre lo **desnudó**.

*The mother **undressed** the child to bathe him.*

El cura **se desvistió** en la sacristía.

*The priest **undressed** in the vestry.*

—7—

dar un examen *to take an exam*
sufrir un examen *to take an exam*
examinarse de *to take an (the) exam in*
aprobar (pasar) un examen *to pass an exam*
suspender *to fail*

Dar un examen is used in Spanish America for *to take an exam*. This expression is not used in Spain. In Spanish, **sufrir un examen** does not necessarily imply *suffering*. It is simply a more learned equivalent of **tener un examen**. The most common equivalent of English *to take an exam* is **examinarse**, followed by **de** to introduce the subject matter of the test. *To fail* or *flunk* an exam is rendered in Spanish with **suspender + a personal direct object**. In English, this direct object becomes the grammatical subject of the sentence (see the final example below).

Los estudiantes **sufrieron (tuvieron) un examen** en latín.

*The students **had an exam** in Latin.*

Este otoño **me examinaré de** matemáticas.

*This Fall, **I'll take an exam** in math.*

He aprobado cuatro asignaturas pero **me han suspendido** en dos.

I passed *four subjects, but **I failed** two.*

—8—

la elección *choice, election*
escoger *to choose, select*
optar por *to opt for, choose*

elegir *to choose, elect, select*
seleccionar *to select*

The above verbs all indicate making some kind of choice and are often used interchangeably without much difference in meaning. **Escoger** and **elegir** are both high-frequency verbs, but **escoger** has the broader range of meaning. It implies choosing or selecting the best from whatever is being considered. Its synonym **elegir** is narrower in focus and indicates expressing a clear preference for one or a relatively small number of persons or things under consideration. Also note its specific meaning of *to elect*, whether in a political or other context. **Seleccionar**, like English *to select*, implies care and comparison in choosing the most suitable persons or things from among a large number or group. **Optar por** suggests a choice or preference expressed as a decision.

Le pasé la caja entera de bombones para que **escogiera** lo que le gustara.	*I passed him the whole box of candy so **he could choose** whatever he liked.*
Hoy tenemos que **elegir** entre los dos sofás que nos gustaron ayer en la mueblería.	*Today we have **to choose** between the two sofas we liked yesterday at the furniture store.*
Creo que volverán a **elegirle** presidente de la nación.	*I believe they will **elect him** president of the nation again.*
Algunos países **seleccionan** la mejor fruta para la exportación.	*Some countries **select** the best fruit for export.*
El presidente la **seleccionó** para servir en el Tribunal Supremo.	*The president **selected** her to serve on the Supreme Court.*
Lo pasaron tan bien que **optaron por** quedarse unos días más en las montañas.	*They had such a good time that **they opted** to stay a few more days in the mountains.*

━━●**9**━━~━~━~━~━~━~━~━~━~━~━~━~━━

marcharse *to leave, go away*	**irse** *to leave, go away*
salir *to leave, go out*	**dejar** *to leave (behind)*
abandonar *to leave, abandon*	

Marcharse and **irse** are synonyms, but **marcharse** is more common in Spanish America than in Spain. Both words indicate leaving a place, especially when a destination is neither mentioned nor implied. **Salir** is *to leave* when that verb means *to exit* or *to go out (of)*. **Dejar** and its more literary synonym **abandonar** mean *to leave* something or someone behind. **Abandonar** also shares the meaning of English *to abandon*.

Se marcharon (fueron) sin despedirse.	**They left (went away)** *without saying goodbye.*
El autobús **sale** a las siete de la tarde.	*The bus **leaves** at 7:00 P.M.*
El tren **salió** del túnel envuelto en humo.	*The train **came out** of the tunnel in a cloud of smoke.*
Carmen **dejó (abandonó)** el hotel porque no le gustaba el servicio.	*Carmen **left** the hotel because she didn't like the service.*
Tuvimos que **abandonar (dejar)** el coche averiado en la carretera.	*We had **to abandon (leave)** the broken-down car on the road.*

—10—

sucio *dirty, filthy*	**inmundo** *unclean, filthy, dirty*
cochino *filthy*	**puerco** *filthy*
asqueroso *disgusting, filthy*	**mugriento** *filthy, greasy*

The above adjectives mean basically the same thing, although there are regional preferences for certain terms. There are also differences in social register that dictate the selection of one word over another. Note that **cochino** and **puerco** are nouns meaning *pig* and are used colloquially as adjectives for *filthy*. Other words for *pig* (such as **marrano** or **cerdo**) are similarly used.

Tienes las manos **cochinas**; lávatelas antes de comer.	*Your hands are **filthy**; wash them before you eat.*
Como Marcos no se bañaba, siempre tenía un aspecto muy **puerco**.	*Since Marcos never bathed, he always had a **dirty (filthy)** appearance.*
Era una cocina **asquerosa** llena de cucarachas.	*It was a **disgusting (filthy)** kitchen full of cockroaches.*

—11—

suave *smooth, soft, gentle*	**mullido** *soft*
blando *soft*	**muelle** *soft*

In Spanish, **suave** indicates that which is smooth to the touch or does not have a rough surface. By extension, it is also used to describe what is pleasing to the senses and in such cases is rendered by the English *soft*. However, *soft*, in its primary meaning of that which it is not hard and yields easily to pressure, is **blando** in Spanish. **Mullido** and **muelle** are synonyms of **blando**, but suggest physical comfort or ease. **Mullido** is used mostly for physical objects and **muelle** for both physical things and circumstances.

La superficie de la mesa es muy **suave**.	*The surface of the table is very **smooth**.*
La seda es **suave** al tacto.	*Silk is **smooth (soft)** to the touch.*
No puedo dormir en una cama **blanda (mullida, muelle)**.	*I can't sleep on a **soft** bed.*
El millonario llevaba una vida **muelle**.	*The millionaire led a **soft (easy)** life.*

—12

romper a + infinitive *to start + gerund*
echar(se) a + infinitive *to start + gerund*
empezar a + infinitive *to start or to begin + infinitive*
comenzar a + infinitive *to start or to begin + infinitive*

Romper a + infinitive may be used instead of **empezar (comenzar) + infinitive** to indicate the precipitousness or suddenness with which an action begins. **Echar a + infinitive** indicates *to begin* with verbs of motion. **Echar(se) a + infinitive** is a synonym of **romper a**, but it is used with verbs of emotion. The standard **empezar (comenzar)**, although usable in all circumstances, lacks the special emphasis implicit in its synonyms.

Los niños **rompieron a gritar** al mismo tiempo.	*The children **began to shout (burst out shouting)** at the same time.*
Cuando vio al perro, el cartero **echó a correr**.	*When he saw the dog, the mailman **began to run**.*
Al recibir la mala noticia, Juan José **se echó a llorar**.	*When he heard the bad news, Juan José **began (started) to cry**.*
Las corridas de toros siempre **empiezan (comienzan)** a las cinco de la tarde.	*Bullfights always **begin** at 5:00 PM.*

13

disfrutar a sus anchas *to enjoy freely, to have a good time*
disfrutar de *to enjoy*
gozar de *to enjoy*

In the literary selection, Vargas Llosa uses **disfrutar a sus anchas** to indicate that Alberto's mother wanted to be unincumbered to enjoy herself freely with her friends. Normally, **disfrutar** and its synonym **gozar** are followed by the preposition **de** + **noun**. Sometimes, however, this preposition is omitted before the noun. **Gozar** is preferred when the subject experiences a real pleasure or joy from something. **Disfrutar** is preferred when *to enjoy* indicates *to have use of* or *to benefit* from something (such as privileges, advantages, comforts, and so on). These distinctions tend to disappear in written Spanish.

Antonio **disfruta (goza) de** una salud estupenda.

*Antonio **enjoys** wonderful health.*

Millones de franceses **disfrutaron** sus vacaciones bajo el sol español.

*Millions of French people **enjoyed** their vacations under the Spanish sun.*

14

rezar *to pray*
orar *to pray, to orate*
el rezo *prayer*
hacer una oración *to say a prayer*
la plegaria *prayer*

Rezar is the standard word for *to pray*, and often indicates to pray aloud. **Orar**, a more formal and literary term, may indicate either *to pray aloud or silently*. Of the corresponding nouns, however, **oración** is more common than **rezo**. **Plegaria** indicates a prayer in which a special request or favor is sought.

No he dejado de **rezar** ni un solo día por su alma.

*I've not failed **to pray** for his soul a single day.*

Mi tía **rezaba** un rosario todos los días.

*My aunt **prayed (said)** a rosary every day.*

Al llegar a la capilla, el peregrino **oró** ante la Virgen de Guadalupe.

*On arriving at the chapel, the pilgrim **prayed** before the Virgin of Guadalupe.*

Los campesinos hacían **plegarias** para que lloviera.	*The farmers said **prayers** so that it would rain.*
Muchos niños **rezan (hacen una oración)** antes de dormirse.	*Many children **say a prayer** before falling asleep.*
Las monjas de clausura se dedican principalmente al **rezo**.	*Cloistered nuns dedicate themselves mainly to **prayer**.*

━15━━━━━━━━━━━━━━━━━━━━━━━━━━━━━━━

el bizcocho *cake*
el pastel *pastry; pie (Sp. Am.)*
la tarta *cake, pie*

The words that designate types of pastries and cakes vary enormously throughout the Spanish-speaking world. Nonetheless, in many cases **bizcocho** is used to indicate a cake similar to sponge or pound cake. **Pastel** in the singular refers to a large pastry or cake; in the plural, it refers to small, individual pastries similar to cream puffs, fruit tarts, eclairs, petit fours. **Pastel** may also refer to pastries with a meat, fish, or vegetable filling. **Tarta** in Spain is the standard word for cake of one or more layers; it is also used to refer to large fruit pies.

Para hacer un **bizcocho** se necesitan seis huevos y mucha mantequilla.	*To make a **pound cake** one needs six eggs and lots of butter.*
Hemos comprado un **pastel de queso** para el cumpleaños de papá.	*We have bought a **cheese cake** for Dad's birthday.*
El perro se comió los **pasteles** que había traído mamá.	*The dog ate the **pastries** that Mom had brought.*
Mi hermana hizo una **tarta** de chocolate (de manzana) para la fiesta.	*My sister made a chocolate **cake** (apple pie) for the party.*

PRÁCTICA ━━━━━━━━━━━━━━━━━━━━━━━━━━

A. *Para cada una de las frases siguientes, elija Ud. la palabra que complete el sentido. Haga también cualquier cambio necesario en la palabra elegida para que la frase quede gramaticalmente correcta.*

1. Nuestro tren tiene _____ en Tarancón, Cuenca, Requena y Valencia (**paradero, parada, escala**).

2. Nadie sabe _____ del famoso cuadro que desapareció del museo (**la parada, la escala, el paradero**).

3. El botánico trataba de _____ la rosa roja con una blanca (**atravesar, cruzar, lanzar**).

4. Vivíamos en un edificio grande con más de dosciento(a)s _____ (**plantas, suelos, pisos**).

5. _____ de esta huerta es muy fértil y produce buenas sandías (**El piso, El suelo, La planta**).

6. Los marineros se _____ al mar para escapar del barco que se hundía (**arrojar, botar, echar**).

7. Después de un mes de llegar siempre tarde, _____ a David de la fábrica (**lanzar, tirar, echar**).

8. El perro estaba cansado y se _____ a los pies de su amo (**tirar, lanzar, echar**).

9. Estos pantalones están tan rotos que los voy a _____ (**lanzar, tirar, arrojar**).

10. El lanzador cubano de las Medias Rojas de Boston _____ la pelota a 95 millas por hora (**echar, arrojar, tirar**).

11. No puedo ir a Venezuela porque he _____ el pasaporte (**añorar, extrañar, perder**).

12. Cuando vayan a la universidad, _____ a tus padres (**añorar, echar de menos, perder**).

13. Antes de entrar en una casa japonesa, es costumbre _____ en la puerta (**desvestirse, frotarse, descalzarse**).

14. Jorge consiguió el diploma después de _____ geografía y física (**suspender, aprobar, extrañar**).

15. Los chicos repitieron el trimestre porque los _____ en inglés, historia y español (**examinar, aprobar, suspender**).

16. Cuando llegamos a casa de los tíos, éstos ya habían _____ de la casa (**dejar, salir, gozar**).

17. Como el dictador era tan odiado, tuvo que _____ su país (**marcharse, dejar, examinar**).

18. Se suele dormir bien en una cama _____ (**muelle, inmunda, desnuda**).

19. Nombraron una comisión para _____ los mejores vinos del país para la Feria Internacional (**seleccionar, optar por, escoger**).

20. Los socios tienen que _____ un nuevo presidente del club (**seleccionar, elegir, escoger**).

21. Joaquín ha _____ una jubilación anticipada por motivos de salud (**seleccionar, escoger, optar por**).

22. Era difícil escalar la montaña porque el granito estaba muy (**blando, mullido, suave**).

23. El sultán gozaba de una vida _____ y alegre (**blanda, mullida, muelle**).

24. Al oír el chiste, todos _____ a reír (**salir, romper, ir**).

25. Las enfermeras del hospital _____ a trabajar a las siete en punto de la mañana (**romper, echar, empezar**).

26. La pensión de Rafael le permitirá _____ una vida desahogada (**atravesar, disfrutar de, abandonar**).

27. Toda mi familia _____ por mí porque saliera bien de la operación (**rezar, orar, añorar**).

28. Desde el pórtico de la catedral, oíamos _____ de la anciana por la salud de su marido (**la oración, el rezo, la plegaria**).

29. "Empanada" es el nombre que se da a _____ de carne o de pescado (**una tarta, un bizcocho, un pastel**).

30. En el banquete de la boda de mi hermana, sirvieron _____ de vainilla con fresas (**un bizcocho, un pastel, una tarta**).

B. *Traduzca al español las siguientes frases empleando el vocabulario estudiado en este capítulo.*

1. We miss Carlos very much, and we have no idea of his whereabouts.

2. If Marcos doesn't take better care of himself, he'll end up [do not use **terminar**] in the hospital.

3. The arrow went through the target.

4. It will be necessary for you to take the ferry that crosses the river between the two countries.

5. Housing in this city has become so expensive that they decided to rent an apartment in the country.

6. When John finished reading the magazine, he threw it away.

7. When the bus driver said that he couldn't smoke, Victor angrily threw his cigarette on the floor.

8. The two brothers were throwing snowballs at the truck.

9. Refugees almost always miss [do three ways] their native land.

10. Nicholas speaks with such a heavy accent that I miss much of what he says.

11. I was exhausted from the trip and hardly had enough energy to get undressed.

12. My son took the examination in physics twice, but he didn't pass.

13. They left last year but we don't know where they ended up.

14. The police arrived after the only witness had left the scene of the crime.

15. It's incredible that at such a tender age Carlitos uses such filthy language.

16. After looking at [use **ver**] many television sets, they chose the one that had the largest screen.
17. My parents still haven't chosen the place they want to live when they retire.
18. After many years of hard work, Juan didn't enjoy the easy life his money had bought him.
19. When my friend was very sick, I prayed for him every day.
20. The grandchildren began to eat the chocolate cake before their grandparents.

TEMAS A ESCOGER

Temas relacionados con la selección literaria

1. Haga Ud. un retrato físico-psicológico de la madre de Alberto.
2. Imagínese Ud. cómo Alberto ve a cada uno de sus padres y la relación entre ellos.
3. Describa Ud. el cambio en la personalidad de la madre de Alberto.

Temas sugeridos por la selección literaria

1. Describa Ud. la vida de un adolescente en una academia militar.
2. Describa Ud. las consecuencias de la separación de los padres en los hijos.
3. Describa Ud. la transformación psicológica en una persona producida por la separación o el divorcio de su cónyuge.

◆ Repaso gramatical

The Subjunctive Mood (Part I)

The Subjunctive in English

One should distinguish between the spoken and the written language when referring to the subjunctive mood in English. Mood, or mode, is the indication of a speaker's attitude towards some action or condition through the use of distinctive verbal forms. The three verbal moods in English are the indicative (reviewed in Chapters 3 and 4), the subjunctive, and the imperative. In English, the use of the subjunctive has diminished steadily over time, especially in the spoken language. In the written language, however, it is more alive, although restricted to a limited number of uses.

In most Indo-European languages (including English and Spanish), the subjunctive has verb forms clearly distinct from those of the indicative. These forms are used to express wishes, commands, exhortations, and hypothetical events. But in English, most verbs are identical in the subjunctive and indicative, with the exception of the third-person singular forms. Thus, in most English utterances, a verb in the subjunctive cannot be recognized by its form alone. However, when the subjunctive occurs in the third-person singular, a form that normally requires a special inflection in the indicative, it is detectable by the lack of that inflection. If we contrast the following two sentences,

> *Charles **thinks** for himself.*

> *It is important that Charles **think** for himself.*

we observe that in the first, the verb is marked by **-s**, the normal third-person singular inflection of the indicative mood. It is the absence of this **-s** in the second example that marks *think* as a subjunctive rather than an indicative form.

The one English verb whose present subjunctive forms are discernible from those in the present indicative is the verb *to be*. All forms of the present subjunctive are *be*, and contrast with all the present indicative forms listed below.

INDICATIVE		SUBJUNCTIVE	
I am	*we are*	*I be*	*we be*
you are	*you are*	*you be*	*you be*
(s)he is	*they are*	*(s)he be*	*they be*

In the past tense of the verb *to be*, only some of the forms of the indicative contrast with those of the subjunctive. In English, the past subjunctive is more frequently used than the present subjunctive.

INDICATIVE		SUBJUNCTIVE	
I was	*we were*	*I were*	*we be*
you were	*you were*	*you were*	*you be*
(s)he was	*they were*	*(s)he were*	*they be*

Examples of the English Subjunctive

The subjunctive is used in clauses (introduced by *that...*) after 1) impersonal expressions such as *it is (was, will be) necessary, probable, important*, etc., and 2) such verbs as *to advise, ask, demand, recommend,* and *suggest.*

> *It is important that either you or I **be** here early.*

> *It was a pity that he **lost** his job.*

*I recommend that she **work** harder.*

*I suggest that they **work** harder.*

Only in the third example above would it be possible to contrast the subjunctive verb, *she work*, with an indicative equivalent, *she works*. Indeed, in popular speech, some speakers might use in the first example above the indicative *are* instead of the subjunctive *be*. But in the remaining examples, the subjunctive and indicative forms would be identical. This situation explains why many native English speakers are only vaguely aware of the existence of the subjunctive mood.

Two other common uses of the subjunctive in English are 1) in clauses after the verb *to wish*, and 2) in contrary-to-fact conditional clauses. Nonetheless, as shown by the following examples, and especially in the spoken language, many native speakers of English would use the indicative *was* (in parentheses in the examples) instead of the grammatically correct subjunctive *were*.

*I wish this game **were (was)** over.*

*We wished that he **were (was)** here.*

*If John **were (was)** younger, he would take the trip.*

*He speaks as if he **were (was)** satisfied.*

Finally, although some native speakers would not recognize them as such, the subjunctive mood is also used in a number of fixed expressions such as:

Heaven forbid.

Come what may.

If need be.

So be it.

Be that as it may.

The Subjunctive in Spanish

The subjunctive mood is used much more in Spanish than it is in English. Indeed, if one fails to acquire a reasonable control over the forms and uses of the subjunctive, accurate communication in Spanish becomes difficult. Since most English speakers have little awareness of the subjunctive in their native language, they often fail to realize its vital importance when they study Spanish. English speakers frequently use indicative forms when using the Spanish language, rather than the required subjunctive.

Whereas the use of the indicative mood asserts the independent existence of a statement, the subjunctive (which is the mood with which to express subjectivity) reveals that a statement is dependent on another expression, often one of attitude. Because of this dependence, the Spanish subjunctive is used primarily in subordinate clauses introduced by the conjunction **que**.

The subjunctive mood often reveals that the speaker has doubts concerning the validity of an assertion or about the possibility of something being done or happening. The subjunctive reflects the contingency inherent in almost all future events. It also gives known facts the color of subjectivity or personal feeling. In short, the subjunctive deals with the realms of subjectivity, mental reservation, and uncertainty, in sharp contrast to the reality, independence, and objectivity of the indicative. Unlike English, in which the verbal forms of the subjunctive are in many cases identical to those of the indicative, in Spanish all the forms of the subjunctive are different from those of the indicative, thus formally marking the difference in function between the two moods.

Time Sequence and the Four Subjunctive Tenses

As the following contrastive table indicates, the subjunctive has only four tenses, whereas the indicative has ten (also see table on page 157). The two simple subjunctive tenses cover (in a different mood) the same ground as the five simple indicative tenses. Similarly, the two compound subjunctive tenses cover that of the five indicative compound tenses.

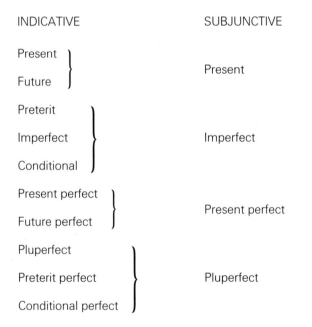

INDICATIVE	SUBJUNCTIVE
Present⎫	
Future⎭	Present
Preterit⎫	
Imperfect⎬	Imperfect
Conditional⎭	
Present perfect⎫	
Future perfect⎭	Present perfect
Pluperfect⎫	
Preterit perfect⎬	Pluperfect
Conditional perfect⎭	

After determining that the subjunctive, rather than the indicative, is the correct mood to use in a given sentence, one must decide which subjunctive form is the appropriate one. The *sequence of tenses* is a useful guide for making the correct choice in most cases. The *sequence of tenses* refers to the general correspondence between the tense of a subjunctive verb in the subordinate clause and that of the main-clause verb on which it depends. Usually, 1) the present subjunctive follows a verb in the present tense of the indicative, and 2) the imperfect (i.e., the past) subjunctive follows a verb in one of the past simple tenses of the indicative. In these contexts, *present* refers to the present, the future, and their compound tenses; *past* indicates imperfect, preterit, conditional, and their compound tenses. Let us examine the first case, that of the present, the future, and their compound tenses producing a present subjunctive in the subordinate clause.

Le digo a Carlos que **venga** hoy.	*I am telling Carlos **to come** today.*
Le diré a Carlos que **venga** hoy.	*I'll tell Carlos **to come** today.*
Le he dicho a Carlos que **venga** hoy.	*I've told Carlos **to come** today.*

The Indicative and Subjunctive Tenses

<table>
<tr><td colspan="4" align="center">INDICATIVE</td></tr>
<tr><td colspan="2" align="center">Simple</td><td colspan="2" align="center">Compound</td></tr>
<tr><td>Present</td><td>hablo, -as, -a</td><td>Present Perfect</td><td>he, has, ha — hablado</td></tr>
<tr><td>Imperfect</td><td>hablaba, -as, -a</td><td>Pluperfect</td><td>había, -ías, -ía — hablado</td></tr>
<tr><td>Preterit</td><td>hablé, -aste, -ó</td><td>Preterit Perfect</td><td>hubo, hubiste, hubo — hablado</td></tr>
<tr><td>Future</td><td>hablaré, -ás, -á</td><td>Future Perfect</td><td>habré, -ás, -á — hablado</td></tr>
<tr><td>Conditional</td><td>hablaría, -ías, -ía</td><td>Conditional Perfect</td><td>habría, -ías, -ía — hablado</td></tr>
<tr><td colspan="4" align="center">SUBJUNCTIVE</td></tr>
<tr><td colspan="2" align="center">Simple</td><td colspan="2" align="center">Compound</td></tr>
<tr><td>Present</td><td>hable, -es, -e</td><td>Present Perfect</td><td>haya, -as, -a — hablado</td></tr>
<tr><td>Imperfect</td><td>hablara, -as, -a</td><td>Pluperfect</td><td>hubiera, -as, -a — hablado</td></tr>
<tr><td colspan="4" align="center">or</td></tr>
<tr><td></td><td>hablase, -es, -e</td><td></td><td>hubiese, -es, -e — hablado</td></tr>
</table>

Now let us examine the second case, that of the imperfect, preterit, or conditional in the first part of a sentence producing the imperfect subjunctive in the subordinate clause.

Le decía		*I was telling him*	
Le dije }	que **viniera**.	*I told him* }	***to come**.*
Le diría		*I would tell him*	

Le había dicho ⎱
Le habría dicho ⎰ que **viniera.**

I had told him ⎱
I would have told him ⎰ **to come.**

When a compound subjunctive tense is required in the subordinate clause, it normally corresponds to the same compound tense in English.

No creo que Vicente **haya venido**   *I don't believe Vicente **has come**.*

Yo no creía que él **hubiera venido**   *I didn't believe he **had come**.*

No podré creer nunca que él **haya escrito** ese informe.   *I shall never be able to believe that he **has written** that report.*

No podría creer nunca que él **hubiera escrito** ese informe.   *I would never be able to believe that he **had written** that report.*

There are, however, instances in which the sequence of tenses does not hold in Spanish. In these cases, the tense of the subjunctive is *not* determined by (i.e., is not in sequence with) that of the previous verb, on which it depends grammatically. Instead, the subjunctive verb is used without reference to the time of the verb in the independent clause, and is related to the time of the actual event. Thus, examples such as the following are exceptions to the sequence of tenses.

No creo que Carlos **viniera** ayer.   *I don't believe that Carlos **came** yesterday.*

Te dije que lo **hagas** mañana.   *I told you **to do** it tomorrow.*

In the examples above, it is clear that the speaker is drawn more to an event (the action of the first example is in the past and that of the second in the future) than to the tense of the preceding verb in the independent clause. Nonetheless, in the second example above, the speaker also had the option to follow the sequence of tenses and use the imperfect subjunctive after the verb **dije**. Indeed, the more common way of rendering the idea expressed in that sentence would be:

Te dije que lo **hicieras** mañana.   *I told you **to do** it tomorrow.*

In short, because each of the ten indicative tenses can have an approximate temporal equivalent in one of the four subjunctive tenses, the boundaries of the subjunctive are, time-wise, broader and less precise. It is because of this general lack of temporal definition that the native speaker of Spanish will occasionally adapt the subjunctive to a time circumstance different from that of the verb on which it depends. Nonetheless, in most cases, the sequence of tenses is the norm to determine the correct verbal form when a subjunctive is needed.

From the table (p. 157) it is evident that there are two forms of the imperfect subjunctive distinguished by their **-ra** and **-se** suffixes. In Spanish America, the **-ra** form is by far the more common in the spoken language. It is also the standard form in the written language, although the **-se** form is some times encountered. In Spain, the **-ra** and **-se** forms are both used in written and spoken Spanish.

In Spain and Spanish America one occasionally finds in literature and journalistic writing what at first glance appears to be the **-ra** subjunctive, although the context does not require the use of the subjunctive. These **-ra** forms are actually being used as pluperfect indicatives, and should be interpreted as such. The Latin ancestor of the Spanish **-ra** forms was actually a pluperfect indicative, before its Spanish descendent became the grammatical equivalent of the imperfect subjunctive. The original imperfect subjunctive, in Latin, had the **-se** ending.

Por aquel mismo camino que le **llevara** a la capital, Antonio volvió a Isaba.	*Along that same road that **had taken** him to the capital, Antonio returned to Isaba.*

The Subjunctive and Impersonal Expressions

By way of introduction to the Spanish subjunctive, and to focus attention on the review of verbal forms, the exercises at the end of this section will treat only the use of the subjunctive after impersonal expressions. In Chapters 7 and 8, we will review the subjunctive in noun, adjective, and verbal clauses, which is the order in which the subjunctive mood is traditionally presented.

An impersonal expression in English has a meaningless *it* that anticipates the true subject that follows. The Spanish equivalent of *it* is found in the verb itself. An impersonal expression may be followed by an infinitive or by a subordinate clause. After an impersonal expression that does not indicate certainty, Spanish normally uses a subjunctive verb in the subordinate clause. When an impersonal expression in English is followed by an infinitive, a parallel construction (i.e., *impersonal expression + infinitive*) is used in Spanish. But when in English the impersonal expression and the infinitive are separated by an indirect object, the Spanish equivalent of the construction will require a subordinate clause introduced by **que** followed by the verb in the subjunctive mood. That is, the English indirect object becomes the subject of the verb in Spanish. Among the adjectives (and nouns) that follow the verb **ser** to form an impersonal expression in Spanish are **necesario, preciso, menester, inevitable, posible, imposible, cierto, seguro, penoso, una lástima, una pena, mejor, peor, maravilloso, peligroso, (in)justo, bueno, malo,** and **mentira**.

Es bastante **leer** el resumen.	*It is sufficient (enough) **to read** the summary.*
Basta que **leas** el resumen.	*It is sufficient (enough) for **you to read** the summary.*
Será necesario **terminar** en seguida.	*It will be necessary **to finish** immediately.*

Será necesario que Ud. **termine** en seguida.	*It will be necessary for **you to (that you) finish** immediately.*
Sería conveniente **ir** mañana.	*It would be a good idea **to go** tomorrow.*
Sería conveniente que **fuéramos** mañana.	*It would be a good idea for **us to (that we) go** tomorrow.*
Pablo ha tomado tres cafés y es lógico que **esté** nervioso.	*Pablo had three cups of coffee, and it is logical for **him to be nervous**.*
Es (parece) absurdo que un muchacho **necesite** tomar píldoras para dormir.	*It is (seems) absurd for a boy **to have to** take pills in order to sleep.*
Sería mejor que no **te metieras** en los asuntos de los demás.	*It would be better for **you not to meddle** in other people's affairs.*

The preceding examples illustrate how in Spanish a clause, never a preposition, renders the English *for one to be* or *to do* following an impersonal expression. However, after impersonal expressions that affirm certainty, Spanish normally uses the indicative mood in the subordinate clause.

Es cierto que la **acompañó** al Museo del Prado.	*It is certain that **he accompanied** her to the Prado Museum.*
No es cierto que la **acompañara** a su casa.	*It is not certain that **he accompanied** her home.*

Note that **fácil** and **difícil** do not mean *easy* and *difficult* when used in impersonal expressions followed by a dependent clause, but *likely* and *unlikely*.

Es **fácil (difícil)** que Felipe **venga**.	*It is **likely (unlikely)** that **Felipe is coming**.*

But in other cases, they do retain their normal meanings of *easy* and *difficult*.

Le es **fácil (difícil)** venir.	*It is **easy (difficult)** for him to come.*

In summary, an impersonal expression in Spanish is followed by the infinitive when 1) no specified subject follows, and 2) the logical subject can be expressed as an indirect object pronoun.

Es importante **acabarlo** ahora.	*It is important **to finish** it now.*
Te importa **acabarlo** ahora.	*It is important for you **to finish it** now.*

PRÁCTICA

A. *Para cada una de las frases siguientes con expresión impersonal, elija Ud. la forma verbal que la complete.*

1. Es aconsejable que Eric _____ sus estudios de medicina antes de casarse (**termina, termine, terminaría**).

2. Es cierto que Andrés no _____ muy bien (**cocine, haya cocinado, cocina**).

3. Sería justo que Mariano _____ su parte de los gastos (**pagará, pagara, paga**).

4. Fue injusto que el novelista _____ el premio literario (**ganó, ganara, gane**).

5. No era cierto que el presidente _____ dicho la verdad (**había, ha, hubiera**).

6. Sería aconsejable que tú _____ a ver a ese señor (**irás, vas, vayas**).

7. Es dudoso que Pablo _____ una casa en Barcelona (**compró, compra, compre**).

8. Es imposible que tus amigos _____ llegado a las siete (**han, hayan, habían**).

9. A José le será fácil _____ a bailar (**que aprenda, que aprende, aprender**).

10. Es penoso que un hombre inocente _____ en la cárcel tantos años (**estuvo, ha estado, haya estado**).

11. Es menester que los estudiantes se _____ para cada asignatura (**matriculen, matriculan, matricularan**).

12. Para estar bien de salud es necesario _____ menos grasas (**comiendo, comer, comamos**).

13. Ha sido obligatorio que ellos _____ al médico (**fueron, han ido, fueran**).

14. Habría sido mejor que ellos _____ hecho el trabajo ellos mismos (**hayan, hubieran, habían**).

15. Mañana será fácil que _____ (**llover, lloverá, llueva**).

B. *Rellene los espacios en blanco usando la forma apropiada del verbo entre paréntesis. Recuerde lo estudiado en este capítulo.*

Recuerdo que, cuando yo _____ (ser) (1) niño, mi madre no _____ (querer)(2) que yo _____ (comer) (3) antes de las horas indicadas. Yo, como todos los niños con buena salud, no _____ (pensar) (4) sino en que ella me _____ (hacer) (5) postres deliciosos, pero ella no _____ (hacer) (6) sino pedirme que yo _____ (comer) (7) mis espinacas, y que

_____ (beber) (8) leche. Me decía que quería que yo _____ (ser) (9) el chico más fuerte del barrio -también _____ (querer) (10) que yo _____ (estudiar) (11) mucho, pero a mí me _____ (gustar) (12) más jugar. Constantemente me _____ (pedir) (13) que no _____ (salir) (14) tanto a la calle para jugar con los otros chicos, pero yo no le _____ (hacer) (15) caso y me _____ (escapar) (16) por la ventana de mi cuarto, eso sí, procurando que ella no _____ (oír) (17) ningún ruido porque si _____ (enterarse) (18) me _____ (regañar) (19), y yo _____ (ir) (20) a quedar castigado sin poder salir durante dos semanas. Ahora, que yo _____ (tener) (21) hijos, me gusta que ellos _____ (estudiar) (22) y que _____ (aprender) (23) todo lo que _____ (poder) (24), así _____ (poder) (25) llegar a ser lo que _____ (querer) (26) en la vida.

C. *Traduzca al español las siguientes frases usando las formas gramaticales estudiadas en este capítulo.*

1. It was evident that he had not finished the task.

2. It is a shame that her son acted that way.

3. It was surprising that the flight took only six hours.

4. It was astonishing that the governor pardoned the owner of the savings bank.
   [handwritten: Es increíble que llegara / llegase la ayuda tan pronto después del accidente.]
5. It's incredible that help arrived so soon after the accident.
   [handwritten: Sería preferible que estudiara / estudiase en otra parte.]
6. It would be preferable for him to study elsewhere.
   [handwritten: Es obligatorio que todos usen (todo el mundo use) el cinturón de seguridad en su coche]
7. It is obligatory for everyone to use the seat belt in his/her car.
   [handwritten: A Carlos (para Carlos) le sería fácil jugar al fútbol.]
8. It would be easy for Carlos to play football.
   [handwritten: Es absurdo que el jugador pida tanto dinero]
9. It is absurd that the player should ask for so much money.
   [handwritten: Fuera una lástima que lloviera / lloviese el día del picnic (la merienda campestre)]
10. It was a pity that it rained the day of the picnic.

D. *Cada una de las frases siguientes contiene un error. Indique cuál es. Explique por qué está mal.*

1. Es una pena que el artista muere [handwritten: tenga] tan joven y sin terminar su obra.

2. Es natural que él tiene sueño; ha estado trabajando toda la noche.

3. Era muy peligroso que él comía [handwritten: comiera / comiese] el pescado de ese río.

4. Sería injusto que ella no recibiría [handwritten: recibiera / recibiese] ese ascenso.

5. Habría sido mejor que él terminaba [handwritten: terminara / hubiera terminado] el trabajo que estaba haciendo.

ENFOQUE   Revising the First Draft

To revise a first draft effectively, evaluate it carefully and decide what changes are necessary. Examine these changes both individually and in the context of your draft. Revise your work until you are honestly satisfied with its final form.

In the final version of an essay, the changes made on previous drafts should not be obvious (i.e., avoid the *patched* look in your final version). Revising an essay means *seeing it again*. You can be more successful with your essay when you rewrite a draft by introducing the necessary changes to improve it.

To revise your draft successfully, develop an objective attitude towards your work. As stated in the previous **Enfoque,** we recommend that if at all possible, before you revise your written work, you take a breather. When you return to your writing you may have new outlook on it. Another strategy is to read aloud what you have written. On hearing your words, you may gain a new perspective, not only with regards to the essay's content but to its organization as well. Still another useful technique is to read your paragraphs in reverse order, by starting with your conclusion and ending with the introductory paragraph.

While revising your work, focus your attention on the direction you want your ideas to take. Leave final corrections of grammatical aspects of writing— syntax, orthography, punctuation—for your last revision.

TIPS:

1. **Adding.** See if any new words, phrases, and/or paragraphs will enhance the essay's meaning and organization.
2. **Pruning.** Eliminate anything that is unnecessary to your topic or anything which may be redundant.
3. **Substituting.** Substitute words, phrases, and/or paragraphs with more effective ones if necessary.
4. **Changes.** Change the organization of sentences and/or paragraph sequence if the order of your ideas does not evolve logically.

CAPÍTULO

7

 LA RAMA SECA
ANA MARÍA MATUTE

 REPASO GRAMATICAL
- *The Subjunctive Mood (Part II)*

La rama seca

ANA MARÍA MATUTE

◆◆◆◆◆◆◆◆◆◆◆◆◆◆◆

La española, Ana María Matute, nació en Barcelona en 1926. La crítica española y extranjera la considera una de los mejores novelistas de su generación. Matute es autora de unas nueve novelas y de numerosas colecciones de cuentos. Entre sus novelas más conocidas son Fiesta al Noroeste *(1953) —Premio Café Gijón;* Los hijos muertos *(1958) — Premio Nacional de Literatura; y* Primera memoria *(1960) —Premio Nadal. Entre sus libros de cuentos más destacados figuran* Los niños tontos *(1956) e* Historias de la Artámila *(1961) de donde hemos tomado la parte del cuento "La rama seca" que se reproduce a continuación.*

Los protagonistas de Matute son, con frecuencia, niños o adolescentes que se mueven en un mundo al que no comprenden y que, a su vez, abusa de ellos. Estos personajes son, a menudo, enfermos o físicamente deformes y sufren de la soledad y de la falta de comprensión de los demás. A veces, como para escapar de una vida que les resulta cruel e intolerable, intentan huidas físicas o imaginativas. Otras veces mueren sin razón aparente.

En la selección de "La rama seca" que reproducimos, la protagonista es una niña enferma de apenas seis años. "Pipa" es el nombre que la niña da a su muñeca, hecha por ella misma, con una ramita seca, un trocito de tela y mucha imaginación. La niña pasa largas horas a solas con Pipa mientras sus padres están trabajando en el campo y su hermano mayor, Pascualín, está jugando en la calle.

Doña Clementina, vecina, y mujer del médico del pueblo, se encariña con la niña. Cuando Pascualín le quita Pipa a su hermana, doña Clementina le compra una muñeca preciosa para reemplazarla.

Matute, en "La rama seca," como en otras muchas obras suyas, enfrenta con gran maestría la incomprensión que separa el mundo de los adultos del de los niños.

◆

—Hola, pequeña —dijo doña Clementina— ¿Cómo estás?

La niña empezó a llorar de un modo suave y silencioso. Doña Clementina se agachó y contempló su carita amarillenta, entre las trenzas negras.

—Sabe usted —dijo la niña—, Pascualín es malo. Es un bruto. Dígale usted
5   que me devuelva a "Pipa", que me aburro sin "Pipa"...

10   Seguía llorando. Doña Clementina no estaba acostumbrada a hablar a los niños, y algo extraño agarrotaba su garganta y su corazón.

Salió de allí, en silencio, y buscó a Pascualín. Estaba sentado en la calle, con la espalda apoyada en el **muro**[1] de la casa. Iba descalzo y sus piernas morenas, desnudas, brillaban al sol como dos piezas de cobre.

15   —Pascualín —dijo doña Clementina.

El muchacho **levantó**[2] hacia ella sus ojos desconfiados. Tenía las pupilas grises y muy juntas y el cabello le crecía abundante como a una muchacha, por encima de las orejas.

—Pascualín, ¿qué hiciste de la muñeca de tu hermana? Devuélvesela.

20   Pascualín lanzó una blasfemia y se levantó.

—¡Anda! ¡La muñeca, dice! ¡*Aviaos* estamos!

Dio media vuelta y se fue hacia la casa, murmurando.

Al día siguiente, doña Clementina volvió a visitar a la niña. En cuanto la vio, como si se tratara de una cómplice, la pequeña le habló de "Pipa":

25   —Que me **traiga**[3] a "Pipa," dígaselo usted, que la traiga...

El llanto levantaba el pecho de la niña, le llenaba la cara de lágrimas, que caían despacio hasta la manta.

—Yo te voy a traer una muñeca, no llores. Doña Clementina dijo a su marido, por la noche:

30   —Tendría que bajar a Fuenmayor, a unas compras.

—Baja —respondió el médico, con la cabeza hundida en el periódico.

A las seis de la mañana doña Clementina tomó el auto de línea, y a las once bajó en Fuenmayor. En Fuenmayor había tiendas, mercado y un gran bazar llamado "El ideal." Doña Clementina llevaba sus pequeños ahorros envueltos en un pañuelo de seda. En

35   "El Ideal" compró una muñeca de cabello crespo y ojos redondos y fijos, que le pareció muy hermosa. "La pequeña va a alegrarse de veras," pensó. Le costó más cara de lo que imaginaba, pero pagó de buena gana. Anochecía ya cuando llegó a la aldea. Subió la escalera y, algo avergonzada de sí misma, notó que su corazón **latía**[4] fuerte. La mujer Mediavilla estaba ya en casa, preparando la cena. En cuanto la vio alzó las dos manos.

40   —¡Ay, *usté*, doña Clementina! ¡Válgame Dios, ya disimulará en qué trazas la recibo! ¡Quién iba a pensar...!

Cortó sus exclamaciones.

—Venía a ver a la pequeña: le traigo un juguete...

Muda de **asombro**[5] la Mediavilla la hizo pasar.

45   —Ay, cuitada, y mira quién viene a verte...

La niña levantó la cabeza de la **almohada**.[6] La llama de un candil de aceite, clavado en la pared, temblaba, amarilla.

—Mira lo que te traigo: te traigo otra "Pipa," mucho más **bonita**.[7]

Abrió la caja y la muñeca **apareció**,[8] rubia y extraña.

50   Los ojos negros de la niña estaban llenos de una luz nueva, que casi embellecía su carita fea. Una sonrisa se le iniciaba, que se enfrió enseguida a la vista de la

muñeca. Dejó caer de nuevo la cabeza en la almohada y empezó a llorar despacio y silenciosamente, como acostumbraba.

—No es "Pipa" —dijo—. No es "Pipa."

55   La madre empezó a **chillar:**[9]

—¡Habráse visto la tonta! ¡Habráse visto, la desgraciada! ¡Ay, por Dios, doña Clementina, no se lo tenga usted en cuenta, que esta moza nos ha salido **retrasada**[10]...!

Doña Clementina parpadeó. (Todos en el pueblo sabían que era una mujer 60 tímida y solitaria, y le tenían cierta compasión.)

—No importa, mujer —dijo con una pálida sonrisa—. No importa. Salió. La mujer Mediavilla cogió la muñeca entre sus manos rudas, como si se tratara de una flor.

—¡Ay, madre, y qué cosa más preciosa! ¡Habráse visto la tonta ésta... !

65   Al día siguiente doña Clementina recogió del huerto una ramita seca y la envolvió en un retal. Subió a ver a la niña:

—Te traigo a tu "Pipa." La niña levantó la cabeza con la viveza del día anterior. De nuevo, la tristeza subió a sus ojos oscuros.

—No es "Pipa."

70   Día a día, doña Clementina confeccionó "Pipa" tras "Pipa," sin ningún resultado, y el caso llegó a oídos de don Leoncio.

—Oye, mujer: que no sepa yo de más **majaderías**[11] de ésas... ¡Ya no estamos, a estas alturas, para andar siendo el hazmerreír del pueblo! Que no vuelvas a ver a esa **muchacha:**[12] se va a **morir,**[13] de todos modos...

75   —Pues claro, ¡qué remedio! No tienen posibilidades los Mediavilla para pensar en otra cosa... ¡Va a ser mejor para todos!

En efecto, apenas iniciado el otoño, la niña se murió. Doña Clementina sintió un pesar grande, allí dentro, donde un día le naciera tan tierna curiosidad por "Pipa" y su pequeña madre.

80   Fue a la primavera siguiente ya en pleno deshielo, cuando una mañana, **rebuscando**[14] en la tierra, bajo los ciruelos, apareció la **ramita**[15] seca, envuelta en su pedazo de percal. Estaba quemada por la nieve, y el color rojo de la tela se había vuelto de un rosa desvaído. Doña Clementina tomó a "Pipa" entre sus dedos, la levantó con respeto y la miró, bajo los rayos pálidos del sol.

85   —Verdaderamente —se dijo. ¡Cuánta razón tenía la pequeña! ¡Qué cara tan hermosa y triste tiene esta muñeca!

CUESTIONARIO

Contenido

1.   ¿De qué manera combatía la niña la soledad?
2.   ¿Qué pidió la niña que hiciera doña Clementina?

3. Cuando no pudo recuperar la muñeca, ¿qué hizo doña Clementina para la niña?

4. ¿Qué reacción tuvo la niña cuando doña Clementina le regaló la muñeca?

5. ¿Cómo reaccionó la madre de la niña ante el comportamiento de ésta con doña Clementina?

6. ¿Qué pensaba el marido de doña Clementina de sus atenciones para con la niña?

7. ¿Qué encontró doña Clementina en la tierra y cómo la afectó este hallazgo?

Interpretación y estilo

1. ¿Por qué cree Ud. que se siente tan sola la niña?

2. ¿Cómo afecta el uso del diálogo el impacto emotivo de este cuento?

3. ¿Qué actitudes de la autora percibimos en su retrato de doña Clementina?

4. ¿Cómo caracterizaría Ud. a la madre de la niña?

5. Comente Ud. el lenguaje usado por los diferentes personajes.

6. ¿Por qué razones cree Ud. que ha muerto la niña?

7. ¿Cómo interpreta Ud. el que doña Clementina, al hallar a Pipa, la encuentre también hermosa y triste?

➤ Léxico: opciones ➤

━1 ━━━━━━━━━━━━━━━━━━━━━━━━━━━━━━━━

el muro *wall*   **la tapia** *wall*
la muralla *wall*   **el tabique** *wall, partition*
la pared *wall*   **el malecón** *sea wall*
el paredón *wall*

Muro is the stone wall, of variable thickness, of a building or fortress. **Muralla** is a very large defensive or protective wall of masonry. **Pared** is the standard word for wall (inside or out) in most other contexts. **Paredón** refers to the part of a thick wall that remains standing among ruins. **Tapia** is an outside masonry wall, usually of adobe, brick, or stucco, used to enclose a garden or cemetery. **Tabique** indicates a very thin wall or partition made of any kind of material. **Malecón** refers to a sea wall, dike, or breakwater that often has a promenade or walkway on it.

A fines de 1989 empezaron a desmantelar el **muro** de Berlín.

*Towards the end of 1989, they began to dismantle the Berlin **wall**.*

Desde el camino, se veían las **murallas** de la vieja ciudad.

*From the road, the **walls** of the old city were visible.*

Después del terremoto, salieron muchas grietas en las **paredes** del comedor.

*Many cracks appeared in the dining room **walls** after the earthquake.*

Las **tapias** de nuestro jardín están cubiertas de buganvillas.

*The **walls** of our garden are covered with bougainvillea.*

A través del **tabique**, se oye jugar a los niños.

*Through the **(thin) wall**, we can hear the children play.*

—2—

levantar *to raise, lift*
alzar *to raise, lift*
elevar *to raise, lift*

izar *to raise, lift*
erguir *to raise up, straighten*

The basic verb to indicate physically moving something from a lower to a higher position is **levantar**. **Alzar** is a common literary synonym of **levantar**. **Elevar**, another synonym of **levantar**, is frequently used in the language of mechanics and physics. In other cases, it is a more learned synonym for **levantar**. **Izar** replaces **elevar** when an object such as a flag, banner, or sail is raised or lifted by means of a rope or cable device. **Izar** is especially common in military language. **Erguir** is to lift or raise something to an upright position, such as one's head or neck.

Pesa tanto la maleta que no la puedo **levantar**.

*The suitcase weighs so much that I can't **lift** it.*

El estudiante **alzó (levantó)** la mano para hacer una pregunta.

*The student **raised** his hand to ask a question.*

Usaron una polea para **elevar** el piano hasta el quinto piso.

*They used a pulley to **raise (hoist)** the piano up to the fifth floor.*

Todas las mañanas **izan** la bandera delante de correos.

*Every morning they **raise** the flag in front of the post office.*

Los soldados **se irguieron** al acercarse el teniente.

*The soldiers **straightened up** when the lieutenant approached.*

3

traer *to bring*   **venir** *to come*
llevar *to take, carry*   **ir** *to go*

In Spanish, both **traer** and **venir** always indicate motion towards the speaker. **Llevar** and **ir** indicate motion away from the speaker. Although in most cases the same directions are implied in the English equivalents of these Spanish verbs, in some cases they are not.

¿Qué regalo quieres que te **traiga** de Guadalajara?	*What gift do you want me to **bring** you from Guadalajara?*
Le he **llevado** un hermoso regalo de Guadalajara.	*I have **brought (taken)** her a beautiful gift from Guadalajara.*
Vengo ahora de México donde pasé tres semanas.	*I'm **coming** now from Mexico where I spent three weeks.*
¿Piensas **ir** a la fiesta el sábado?	*Do you intend to **go (come)** to the party on Saturday?*
Cuando llamaron a la puerta, la mujer gritó: —Ya **voy**.	*When they knocked at the door, the woman yelled out, "I'm **coming**."*

4

latir *to beat*   **pegar** *to beat*
batir *to beat*   **ganar** *to win, beat*

Latir indicates the heart's normal beating or pulsating. **Batir** is *to beat* in the sense of mixing or beating ingredients or materials. **Batir** is sometimes used to refer to the heart; in those cases it implies a more vigorous beating than **latir**. **Batir** also means *to beat* or *to break* a record in the competitive sense. **Pegar** means *to beat* in the sense of *to strike* in order to injure; **ganar** indicates *to win* at a game or contest.

La música de la corrida hizo **batir** todos los corazones.	*The music of the bullfight made everyone's heart **beat**.*
Para hacer este postre, primero hay que **batir** las yemas y luego las claras.	*In order to make this dessert, first you must **beat** the egg yolks and then whip the whites.*

Mark Spitz **batió** muchos records mundiales en los Juegos Olímpicos de 1972.

*Mark Spitz **broke** many world re-cords in the Olympic Games of 1972.*

El asaltante le **pegó** tan fuerte que lo dejó medio muerto.

*The mugger **beat** him so hard that he left him half dead.*

Le **gané** en una partida de ajedrez.

*I **beat** him in a game of chess.*

5 ～～～～～～～～～～～～～～～～～～～

el asombro *astonishment, amazement*
asombrar *to astonish, amaze*
pasmar *to astound, leave speechless, stun*
maravillar *to astonish, amaze, fill with wonder*
sorprender *to surprise*

The verb forms corresponding to Spanish nouns indicating astonishment or surprise (**asombro, pasmo, maravilla, sorpresa**) are more commonly used than their nouns. **Asombrar, pasmar** and **maravillar** all convey the idea of *to astonish* or *to amaze*. They are often used with the reflexive pronoun and **de** or another preposition to express *to be amazed* or *to be astonished at (or by)* something. **Asombrar** can render *to amaze* in almost all cases. **Pasmar**, however, indicates an intense state of amazement or astonishment. It implies being left stunned, speechless, or unable to react. Both verbs may refer to unpleasant or pleasant circumstances. **Maravillar**, however, indicates a positive reaction of awe or wonderment to something beautiful or admirable.

Nos **asombran** los últimos avances de la medicina.

*The latest advances in medicine **astonish** us.*

Me asombré de lo viejo que estaba nuestro antiguo profesor.

*I was **astonished (surprised)** at how old our former professor looked.*

El cartero jubilado se quedó **pasmado** al saber que su banco había quebrado.

*The retired mailman was **astonished (stunned, shocked)** when he learned his bank had failed.*

El inmigrante **se maravilló** de los rascacielos de Nueva York.

*The immigrant **was awed** by the sky-scrapers of New York.*

6 ～～～～～～～～～～～～～～～～～～～

la almohada *pillow*
la almohadilla *pillow, cushion*

el almohadón *pillow, cushion*
el cojín *cushion, pillow*

Almohada normally indicates a bed-pillow or a pillow for resting one's head. **Alhomadilla** can indicate a small cushion; it also refers to the plastic or leather pads used to cover seats at sporting events and the like. **Almohadón** and **cojín** are often used synonymously and are equivalents of English *cushion* or *pillow*. Nonetheless, there exists a tendency to use **cojín** for smaller cushions or pillows and **almohadón** for larger ones.

En el avión le pedí a la azafata una **almohada** para descansar la cabeza.	*On the plane I asked the flight attendant for a **pillow** to rest my head.*
En el estadio alquilamos **almohadillas** para los asientos.	*At the stadium we rented **cushions** for our seats.*
Mucha gente en la fiesta se sentaba sobre **almohadones** en el suelo.	*Many persons at the party sat on **(large) pillows** on the floor.*
La mujer rezaba en la iglesia arrodillada sobre un **cojín** de pana.	*The woman, kneeling on a corduroy **cushion**, was praying in the church.*

—7—

bonito *pretty*	**lindo** *pretty; beautiful*
hermoso *beautiful*	**guapo** *handsome; beautiful*
bello *beautiful*	

Bonito, like the English *pretty*, applies to that which gives immediate but sometimes superficial pleasure to the senses. **Hermoso** applies to that which provides deeper pleasure and is also capable of stirring the emotions. **Bello**, a synonym of **hermoso**, is the term preferred to refer to the arts and to moral and spiritual beauty, as opposed to physical beauty. **Lindo** is a synonym of **bonito** in Spain, but in Spanish America, where it is used far more than in Spain, it has the force of **hermoso**. **Guapo(a)**, *handsome*, is applied not only to men but to women; in the latter case, it corresponds more closely in meaning to *beautiful* than to *handsome*.

Le compramos unos regalos muy **bonitos** para su santo.	*We bought her some very **pretty** gifts for her saint's day.*
Hedy Lamarr era una mujer muy **hermosa**.	*Hedy Lamarr was a very **beautiful** woman.*
Se quedó maravillado de los cuadros tan **bellos** del Museo del Prado.	*He was awed by the **beautiful** paintings in the Prado Museum.*

La niña tenía una cara muy **linda**.	*The child had a very **pretty** face.*
¡Qué **linda** vista tenemos desde esta montaña!	*What a **lovely (beautiful)** view we have from this mountain!*
Según Shakespeare, Cleopatra era una mujer muy **guapa**.	*According to Shakespeare, Cleopatra was a very **beautiful** woman.*

—8—

aparecer *to appear*
asomarse a *to appear at*

comparecer *to appear*

The English *to appear*, in its meaning of *to come into sight*, is **aparecer** in Spanish. In the sense of *to appear* before some legal body or judicial board, the English *to appear* corresponds to Spanish **comparecer**. **Asomar(se)** is a synonym of **aparecer**, and commonly replaces it in the context of *to appear at* or *to be at* some opening (door, window, and so on) for the purpose of looking in or looking out. As the examples below reveal, no fixed translation equivalents exist for **asomarse a** and **estar asomado a**.

Nunca sabemos cuándo David va a **aparecer** por aquí.	*We never know when David is going **to appear** around here.*
El ministro de Hacienda **compareció** ante la comisión de relaciones exteriores.	*The Secretary of the Treasury **appeared** before the foreign relations committee.*
A ver si **se asoma** pronto.	*Let's see if (s)he **appears (pops up, shows up)** soon.*
Al oír el ruido en la calle, saltó de la cama y **se asomó** a la ventana.	*On hearing the noise in the street, he jumped out of bed and **looked out** the window.*
Cuando el carcelero **se asomó**, encontró la celda vacía.	*When the jailer **looked in**, he found the cell empty.*
Los pasajeros **estaban asomados a** las ventanillas del tren.	*The passengers were **looking out** the windows of the train.*

9

ladrar *to bark*
alborotar *to make a racket*
maullar *to meow*
mugir *to moo*

gritar *to shout, scream, cry out*
vocear *to shout or cry out publicly*
ronronear *to purr*
chillar *to shriek, screech, scream, shout loudly*

Chillar, besides indicating the shrill noises corresponding to the English *shriek* and *screech*, also means *to shout very loudly*. **Gritar** is the most common Spanish verb to indicate *to shout* or *to scream* and is used when a verbal message is to be communicated to someone distant from the speaker. **Alborotar** connotes the considerable noise or racket (vocal or otherwise) often associated with trouble-making or a public disturbance. The two principal uses of **vocear** are as synonyms of **gritar**, *to shout*, and **pregonar**, *to announce or advertise aloud*.

No me gusta que me **chilles**.

*I don't like **you to scream** at me.*

Juan tuvo que **gritar** para que le oyeran desde la esquina.

*Juan had **to shout** so that they could hear him from the corner.*

Al salir del estadio, los aficionados **alborotaron** tanto que no se podía dormir.

*When they left the stadium, the fans **made** so much **noise (racket)** that one couldn't sleep.*

Los domingos, los vendedores ambulantes **vocean** sus frutas y verduras en la calle.

*On Sundays, the hucksters **hawk (peddle)** their fruits and vegetables in the street.*

A veces me desespero cuando **ladra** sin cesar el perro del vecino.

*At times I despair (become exasperated) when the neighbor's dog **barks** incessantly.*

Mi gata **ronronea** cuando alguien la acaricia.

*My cat **purrs** whenever someone pets her.*

10

retrasar *to retard, delay*
atrasar *to slow down, delay*

demorar *to delay*
retardar *to retard, slow down; to postpone*

Retrasar and **atrasar** are synonymous in almost all their meanings. Both indicate a delay or lateness in arriving or in doing something. Nonetheless, there are uses in which these verbs are distinguishable. **Retrasar** (and not **atrasar**), as in

Matute's example, indicates mental retardation. **Demorar** is more common in written than in spoken Spanish; it is much used in administrative language. **Retardar**, a transitive verb, indicates a voluntary or non-voluntary decrease in the speed with which someone or something moves. **Retardar** also means *to put off* or *to postpone* something.

Atrasamos (retrasamos) la compra de la casa hasta que nazca el niño.

We are delaying the purchase of the house until the baby is born.

Nuestro avión viene **atrasado (retrasado)** media hora.

*Our plane is **delayed** half an hour.*

Demoraron tres días más en entregar los documentos.

They delayed three more days in delivering the documents.

La nevasca **retardó** la marcha del ejército hacia Moscú.

*The blizzard **delayed (slowed down)** the army's advance towards Moscow.*

Tuvimos que **retardar** nuestra partida para poder asistir a la boda.

*We had **to postpone** our departure in order to be able to attend the wedding.*

—11

la majadería *foolish act or statement*
el disparate *nonsensical act or statement*
la tontería *foolish act or statement*
la estupidez *stupid act or statement*
la locura *crazy or insane act or statement*

The above and many similar nouns are often used instead of **cosa** or **algo** + **the corresponding adjective** to indicate that someone has done or said something foolish, stupid, crazy, and so forth.

Ismael siempre dice **tonterías**.

*Ismael is always saying **foolish things**.*

Has hecho una **locura**, Julio.

*You've done **something crazy**, Julio.*

Fue una **estupidez** que le prestaras tanto dinero.

*It was a **stupid thing** for you to lend him so much money.*

─**12**────────────────────────────────────

el (la) muchacho(a) *boy (girl), young person*
el (la) chaval(a) *young person, youth*
el (la) niño(a) *young child, child*
el (la) nene(a) *baby*
el (la) chico(a) *child, youngster*

el bebé *infant, baby*
el (la) joven *young person*
el (la) infante(a) *heir to the Spanish throne*
el (la) adolescente *adolescent, teenager*

As in English, the Spanish terms for young people tend to be imprecise in establishing chronological boundaries. There is also considerable personal and regional variation in the way some of these words are used. For instance, **muchacho(a)** may refer to any young boy or girl, but it is most common for an adolescent or teenager. **Joven** and **adolescente** are also common to refer to the teenage years. **Niño(a)** may refer to any child up to the age of puberty. **Chico(a)** is a common synonym of both **niño(a)** and **muchacho(a)**. **Chaval(a)**, used mostly in Spain, may also refer to a **niño(a)** or **muchacho(a)**. **Nene(a)** and **bebé** both render *baby* in Spanish, but the latter is preferred for the nursing or infant stage. Finally, **infante(a)** is a false cognate of the English *infant*. It is used in modern Spanish as a title for the heirs to the Spanish throne.

El domingo había varios **chicos (muchachos)** jugando al béisbol en el parque.

*On Sunday there were several **boys** playing baseball in the park.*

Todas las mañanas Rubén lleva a los **niños** al colegio.

*Every morning Rubén takes his **children** to school.*

Carlos y Javier son dos **chavales** estupendos.

*Carlos and Javier are two wonderful **young men**.*

Mañana el **nene** cumple dos años.

*Tomorrow the **baby** is two years old.*

Hace sólo tres meses que nació nuestro **bebé**.

*Our **baby** was born only three months ago.*

─**13**────────────────────────────────────

morir *to die*
fallecer *to die, decease*
perecer *to die, perish*

expirar *to expire, die*
estirar la pata *to kick the bucket*

Morir, *to die*, is often used reflexively, as in the selection from Matute. The use of the reflexive pronoun indicates a greater emotional involvement on the part of the speaker, whereas **morir** by itself indicates an objective, unemotional reporting of the death. Primary among the other Spanish terms for *to die* is **fallecer**, which has all but replaced **morir** in death notices, obituaries, and legal documents. **Perecer**, like the English *to perish*, indicates *to die* in a violent or untimely manner. **Expirar**, like the English *to expire* (i.e., *to breathe one's last breath*) is a euphemism focusing on the very last moments of life. A humorous substitute for **morir** is **estirar la pata** (literally *to stretch one's leg*), which conveys the idea and tone of English *to kick the bucket*.

Ha fallecido en el hospital el rector de la universidad.

*The president of the university **has died** in the hospital.*

Veinte civiles **perecieron** en el ataque terrorista.

*Twenty civilians **perished (died)** in the terrorist attack.*

~14~

rebuscar *to look closely (for)*
rellenar *to refill*
recorrer *to go through or over an area*
reatar *to re-tie*
rehacer *to redo, remake, do over again*

The verbal prefix **re-** in Spanish has two main functions. In verbs such as **rebuscar**, it serves as an intensifier to indicate a more careful, vigorous, or thorough activity than the base verb itself. In many other cases, **re-** indicates a repetition or doing something over again.

Recorrimos todo el barrio hasta dar con la casa.

We went all over (through) the neighborhood before finding the house.

En seguida el camarero me **rellenó** la taza de café.

*The waiter immediately **refilled** my cup with coffee.*

~15~

la ramita *small branch, twig*
la rama *branch*
el ramo *branch*

el charco *puddle*
la charca *pool*
el leño *log*
la leña *firewood*

el gorro *cap, bonnet*   **el gimnasio** *gymnasium*
la gorra *cap (usually with visor)* **la gimnasia** *gymnastics*

Spanish has many pairs of nouns that differ only in their **-o** and **-a** endings. In many (but not all) instances, the **-a** form indicates the larger entity. In other cases, the distinction is not one of size but of different, although related, meanings.

Una enorme **rama** del roble cayó sobre el camino.	*An enormous **branch** from the oak tree fell onto the road.*
En Semana Santa, se hacen cruces con **ramos** de palmera.	*During Easter Week people make crosses from palm **branches (fronds)**.*
El coche, al pasar por el **charco**, nos salpicó a todos.	*The car, on going through the **puddle**, splashed all of us.*
Después de las lluvias, el campo quedó hecho una **charca**.	*After the rains, the countryside became (was like) a **lake**.*

PRÁCTICA

A. *Para cada una de las frases siguientes, elija Ud. la palabra que complete el sentido. Haga también cualquier cambio necesario en la palabra elegida para que la frase quede gramaticalmente correcta.*

1. Vamos a pintar de azul _____ del dormitorio del nene (**los muros, las paredes, las tapias**).

2. Cuando vayas a Asia, no dejes de visitar _____ de la China (**el gran malecón, el gran paredón, la gran muralla**).

3. Cada noche en Mazatlán dábamos un hermoso paseo por _____ al lado del mar (**la tapia, la muralla, el malecón**).

4. Juana mandó construir _____ de estuco alrededor del jardín (**un tabique, una tapia, un paredón**).

5. Lo primero que hicimos al salir del puerto fue _____ las velas del barco (**erguir, izar, levantar**).

6. El peregrino _____ los ojos hacia la estatua de Cristo que había encima de la montaña (**erguir, izar, alzar**).

7. Para edificar el rascacielos, era necesario usar unas enormes grúas para _____ los materiales de construcción hasta los pisos de arriba (**izar, erguir, elevar**).

8. Cuando vayas a Barcelona este verano, debes de _____ unos zapatos cómodos contigo (**traer, llevar, recorrer**).

9. Le dieron a Esteban una medalla de oro por haber _____ el record de la escuela en salto de altura (**pegar, batir, ganar**).

10. El cardiólogo le dijo que no se preocupara porque su corazón _____ normalmente (**latir, batir, pegar**).

11. Cuando me enteré de que mi profesor se había carbonizado en el incendio, _____ (**maravillarse, pasmarse, sorprenderse**).

12. Los turistas _____ ante la majestuosidad de las cataratas del Niágara (**sorprenderse, maravillarse, asomarse**).

13. Mi mujer acaba de comprar _____ nuevos (-as) para nuestra cama (**cojines, almohadones, almohadas**).

14. Pablo ha comprado un _____ juguetito para su sobrino (**guapo, hermoso, bonito**).

15. La novena sinfonía de Beethoven es una de sus obras más _____ (**guapo, bonito, bello**).

16. Después del accidente del coche, tuve que _____ ante el juez (**comparecer, aparecer, asomarse**).

17. El entrometido del barrio _____ la ventana cada vez que salía alguien a la calle (**aparecer en, comparecer en, asomarse a**).

18. El chaval que se fugó de casa _____ un año después en Los Angeles (**comparecer, aparecer, asomarse**).

19. Cuando los Beatles aparecían en público, muchas jóvenes _____ con frenesí (**alborotar, gritar, vocear**).

20. Se suspendió el mitin político porque los manifestantes entraron en el auditorio y _____ tanto que estorbaron el orden público (**vocear, alborotar, gritar**).

21. Cuando yo era niño, los chicos _____ los periódicos en las calles de Nueva York (**alborotar, gritar, vocear**).

22. El filántropo estableció una escuela para niños _____ en Boston (**retardados, retrasados, atrasados**).

23. Debido al papeleo burocrático, la decisión va a _____ seis meses más (**retrasarse, retardarse, demorarse**).

24. Debido al apagón, todos los relojes eléctricos de nuestro edificio se _____ quince minutos (**atrasar, retardar, demorar**).

25. Fue una _____ asesinar al rey (**locura, majadería, tontería**).

26. Entonces Andrés era todavía un _____ que empezaba a gatear (**bebé, nene, infante**).

27. Acabo de leer en los obituarios del periódico de hoy que ha _____ el director del museo (**fallecer, expirar, estirar la pata**).

28. _____ todos los pasajeros al estrellarse el avión contra la montaña (**perecer, expirar, estirar la pata**).
29. La persona que vivía en el apartamento ya no lo ocupa; tendré que _____ (**reanimarlo, realquilarlo, rellenarlo**).
30. Cuando el aduanero terminó de inspeccionar las cajas, tuvimos que _____ (**rellenarlas, realquilarlas, reatarlas**).

B. *Traduzca al español las siguientes frases empleando el vocabulario estudiado en este capítulo.*

1. The mirror on the wall was broken.
2. We built a stone retaining [use **de retención**] wall between our property and our neighbor's.
3. The medieval walls that surround the Spanish city of Avila are still in almost perfect condition.
4. At the ballpark, they raised the flag and played the national anthem before each game.
5. When they heard the door open, the students rose [do two ways] to see who was entering the room.
6. The taxi took us all to the airport and then brought me back home.
7. My heart never beat more violently than at that moment.
8. To make this dessert, one beats egg whites and sugar together.
9. It doesn't surprise me that he has ended up in jail.
10. When I saw him for the first time, I was [use **quedarse**] amazed at his youthful appearance.
11. The nation was stunned by the sudden and unexpected resignation of the president.
12. We bought some large decorative pillows for the living room sofa.
13. It annoyed the parents that their son appeared only at dinner time.
14. As the parade moved down [use **pasar**] the avenue, all the residents were looking out of their windows.
15. After the bus accident, the injured passengers were crying out for help.
16. Ana is very nervous and she always screams when she argues with someone.
17. The doctor was late [do not use **llegar tarde**] for his appointment because he had an emergency that morning.
18. His appointment as federal judge was delayed in the Senate.
19. The teenagers perished in a tragic automobile accident.
20. In the obituaries I read that the composer died [do not use **morir**] of natural causes.

TEMAS A ESCOGER

Temas relacionados con la selección literaria

1. Escriba Ud. sobre las dos mujeres del cuento: la madre de la niña y doña Clementina.
2. Describa Ud. la falta de lazos afectivos en la familia de la niña.
3. Analice Ud. la importancia de la muñeca en la vida de la niña.

Temas sugeridos por la selección literaria

1. Escriba Ud. de lo que hace para combatir la soledad en su propia vida.
2. Describa Ud. un ejemplo de crueldad sufrida por Ud. o hecha por Ud. a otra persona.
3. Describa Ud. una muñeca, un animalito o un juguete que Ud. consideraba un amigo cuando era niño o niña.

◆ Repaso gramatical

The Subjunctive Mood (Part II)

The Subjunctive in Noun Clauses

A clause is a group of words that has its own subject and predicate (a predicate being that part of the clause that expresses what the subject is doing or experiencing). For instance, *the child* is the subject of the two sentences that follow. But in the first, the verb *ran* is the predicate, while in the second, *ran to the corner* is the predicate.

> The child **ran**.

> The child **ran to the corner**.

Clauses are divided into two kinds: main, or principal, clauses (which in some cases may constitute independent sentences by themselves); and dependent, or subordinate, clauses that can never stand alone, but must depend on a previous main clause. These subordinate clauses function grammatically as nouns, adjectives, or adverbs to complete the meaning of the main clause. In English, subordinate clauses are introduced either by subordinating conjunctions such as *that* and *which* or by relative pronouns such as *who*. Compare the subordinate clauses in the following sentences:

> The doctor said **that he would be in his office the next day**.

*I know the man **who is standing on the corner**.*

*The mechanic fixed the car **so that we could leave on our trip**.*

In the three preceding sentences, the first subordinate clause functions as a noun, the second as an adjective, and the third as an adverb. Although it is occasionally used in the verb of an independent clause expressing doubt, most Spanish subjunctives are found in subordinate clauses of the kind illustrated above. In this chapter, we treat the first of these types: noun clauses.

The verb of a subordinate noun clause in Spanish is subjunctive when it depends on a verb expressing necessity, (un)desirability, ignorance, doubt, emotion, or (im)possibility. It is important to bear in mind that the conjunction **que** introduces the noun clause with the subjunctive verb, and that only rarely is there a subjunctive without both **que** and a change of subject between the main clause and the subordinate one. The use of the subjunctive in noun clauses is found after expressions of: a) Volition, Desire; b) Doubt, Denial, Negation; c) Emotion; and d) Impersonal Expressions.

Volition, Desire

The merest indication that one person wants another person to do or not to do something, or wants something to happen or not to happen, requires a subjunctive in the subordinate clause. In such constructions the subjunctive will follow expressions indicating any degree of volition (command, desire, approval, opposition, preference, advisability, suggestion, persuasion, and so on).

Le aconsejó que **pensara** en otra cosa.	*He advised him/her **to think** about something else.*
Tengo ganas de que **sea** domingo otra vez.	*I want it **to be** Sunday again.*
La madre se opuso a que su hija **se casara** con un extranjero.	*The mother opposed her daughter's **marrying** a foreigner.*
Prefiero que no **llames** al abogado hasta el lunes.	*I prefer that **you** not **call** the attorney until Monday.*
Te ruego que **olvides** lo que te dije.	*I beg you **to (that you) forget** what I said to you.*
Me gustaría que mi hija **fuese** juez como su padre.	*I would like my daughter **to be** a judge like her father.*

El policía mandó que el conductor **bajara** del coche.

*The policeman ordered the driver **to get out** of the car.*

Las Naciones Unidas querían evitar que la guerra **continuase**.

*The United Nations wanted to prevent the war from **continuing**.*

Yo sugeriría que **fueras** a disculparte con Gonzalo.

*I would suggest that **you go** apologize to Gonzalo.*

Verbs of communication may express either factual information or volition (commands, orders, and so forth). In the first case they require an indicative and in the second a subjunctive in the subordinate clause.

Le dije (telefoneé) a Miguel que **vendríamos** pronto.

*I told (telephoned) Miguel that **we would come soon**.*

Le dije (telefoneé) a Miguel que **viniera** pronto.

*I told (telephoned) Miguel **to come** soon.*

An infinitive construction may be substituted for certain noun clauses with a subjunctive after an expression of volition. A limited number of verbs that indicate ordering, allowing, prohibiting, and advising are often followed by the infinitive rather than a clause with a subjunctive. This is most common when the subject of the subordinate clause is a pronoun, in which case the pronoun becomes the indirect object of the main verb. Among the common verbs that may take either a subjunctive or an infinitive construction are **mandar**, **ordenar**, **hacer**, **dejar**, **permitir**, **aconsejar**, **prohibir**, **proponer**, and **impedir** (but not **pedir**).

No nos dejaron **ir** a la fiesta.

*They didn't let us **go** to the party.*

Te aconsejo **salir** mañana.

*I advise you **to leave** tomorrow.*

Le prohibió **gastar** más dinero.

*He prohibited him/her **from spending (to spend)** more money.*

Hizo **estudiar** más a su hija.

*He made his daughter **study** more.*

The preceding sentences in Spanish may, of course, also be expressed with the subjunctive in a subordinate clause.

No dejaron que **fuéramos** a la fiesta.

Aconsejo que **salgas** mañana.

Prohibió que **gastara** más dinero.

Hizo que su hija **estudiara** más.

Spanish, like English, often prefers the more economical means of expression whenever such a choice exists. This explains why the infinitive construction is more common than its subjunctive equivalent, especially in colloquial Spanish.

Doubt, Denial, Negation

Nuance and connotation are important when dealing with the subjunctive and verbs that indicate doubt, denial, and uncertainty. For example, the indicative in the following sentence stresses the speaker's conviction that Juan has actually eaten. The second sentence with the subjunctive indicates that uncertainty or doubt still exists in the speaker's mind.

Sospecho que Juan **ha cenado**.	*I suspect that Juan **has dined**.*
Sospecho que Juan **haya cenado**.	*I suspect that Juan **has (may have) dined**.*

In brief, the connotative range of the verb in the main clause as well as the nuance intended by the speaker will determine whether the verb in the subordinate clause will be subjunctive or indicative. Generally, verbs of negation, doubt, or uncertainty produce the subjunctive. But when the element of negation, doubt, or uncertainty is weakened and the verb leans toward affirmation, the indicative is used. The predominant nuance of a verb, not any fixed meaning, determines the mood of the verb in the subordinate clause.

No rule can include all possibilities. However, verbs such as **dudar** and **negar** leave little margin for affirmation and are only infrequently followed by the indicative. **No creer**, **sospechar**, and similar verbs usually result in a subjunctive but also have a range of meaning broad enough to permit their use with the indicative to express affirmation. Verbs like **creer**, **suponer**, and **presumir** ordinarily signal a greater degree of certainty and are therefore normally followed by an indicative verb. In general, any verb in the main clause that is used to reveal genuine doubt or absolute denial takes the subjunctive in its subordinate clause. Any verb used to indicate affirmation or conviction takes the indicative.

The following sentences illustrate a few of many possibilities on a scale ranging from certainty-belief to uncertainty-negation. Some of the above are borderline examples that could also have taken the verb of the subordinate clause in the other mode.

Afirmo que **viene**.	*I say that he **is coming**.*
Sé que **viene**.	*I know that he **is coming**.*
Creo que **viene**.	*I believe that he **is coming**.*
Es que **viene**.	*It's that he **is coming**.*

No dudo que **viene**.	*I don't doubt that he **is coming**.*
No es que **venga**.	*It isn't that he **is coming**.*
No creo que **venga**.	*I don't believe he **is coming**.*
Dudo que **venga**.	*I doubt that he **is coming**.*
Niego que **venga**.	*I deny that he **is coming**.*

A question to which the speaker expects an answer confirming his or her own opinion takes the indicative. However, a question that indicates real doubt on the part of the speaker requires the subjunctive.

¿No cree Ud. que **está** enamorado?	*Don't you believe **he is** in love?* (I certainly do.)
¿Cree Ud. que **esté** enamorado?	*Do you believe **he is (may be)** in love?* (I'm not sure.)

An independent clause after adverbs that take the subjunctive when they indicate uncertainty (**acaso, tal vez, quizá[s]**) will take the indicative when the sense of futurity is stronger than the sense of uncertainty, or when the latter is absent or weak.

El cielo está muy oscuro. Acaso **llueva** esta tarde.	*The sky is very dark. Perhaps **it will rain** this afternoon.*
Quizá pronto **podamos** viajar a ese planeta.	*Perhaps soon **we'll be able** to travel to that planet.*
Tal vez **venga** hoy.	*Maybe **he is coming** today.*
Tal vez **vino** ayer.	*Perhaps **he came** yesterday.*
Quizás nuestro amigo **llama** hoy.	*Perhaps our friend **will call** today.*

Finally, whereas most noun clauses require a change of subject for the subordinate verb to be in the subjunctive, expressions of doubt and uncertainty take the subjunctive without such a change of subject.

No creo que **vaya** a verle.	*I don't believe that **I am going** to see him.*
Carlos duda que **tenga** bastante dinero.	*Carlos doubts that **he (Carlos) has** enough money.*

Emotion

The subjunctive is used in a subordinate clause following expressions that indicate any degree of emotion or feeling: fear, anger, joy, sadness, shame, relief, surprise, and so forth.

Me sorprendió que les **hablase** así.	*It surprised me that **he spoke** to them that way.*
Temo que nos **estén engañando**.	*I fear **they are deceiving** us.*
La madre se alegró (de) que su hijo **aprobara** todos sus exámenes.	*The mother was happy that her son **passed** all his exams.*
Me entristece que **haya muerto** nuestra profesora.	*I am saddened that our professor **has died**.*
Nos enfada que **hayas usado** el coche sin permiso.	*It angers us that **you have used** the car without permission.*

Notice the difference in the following two sentences. In the first, **que** subordinates the verb **llover** and makes it dependent on an expression of emotion. Thus it requires the subjunctive. In the second sentence, **pero** coordinates two independent statements, hence no subordination and no subjunctive.

Siento que **esté lloviendo**.	*I am sorry that **it is raining**.*
Lo siento, pero **está lloviendo**.	*I am sorry but **it is raining**.*

Temer, *to fear*, and **esperar**, *to hope*, may express expectation or futurity rather than feeling. The indicative follows these verbs when they are so used. The first example with **temer** may indicate that the speaker feels certain that an acquaintance has returned for yet another handout.

Temo que **ha venido** a pedirme otro favor.	*I am afraid **he has come** to ask another favor of me.*
Espero que **te pagarán** bien.	*I expect (hope) **they will pay** you well.*

When the subject doesn't change after an expression of emotion or feeling, the following verb is normally in the infinitive form and no clause with a subjunctive is required.

Me alegro de **estar** con Uds.

*I am glad **to be (that I am)** with you.*

Tiene miedo de **hablar** con el jefe.

*He is afraid **to speak** with the boss.*

Impersonal Expressions

In Chapter 6, we reviewed the use of the subjunctive after certain impersonal expressions in Spanish. Here we want to point out that although both the indicative and subjunctive may follow an impersonal expression, the subjunctive is more common. This is because most impersonal expressions in Spanish express subjective value judgments. But the smaller number of impersonal expressions that establish a fact or make an assertion rather than express a value judgment are followed by the indicative in Spanish.

Es lógico que **estés** cansado.

*It's logical that **you are (for you to be)** tired.*

Es importante que Juanjo **hable** con Matilde.

*It's important that Juanjo (for Juanjo to) **speak** with Matilde.*

Ocurre que ya **ha comprado** los billetes para el teatro.

*It happens that **he has** already **bought** the tickets for the theater.*

Es seguro que **vamos a ganar** el campeonato.

*It's certain that **we are going to win** the championship.*

Nonetheless, the impersonal expressions that are normally followed by the indicative are followed by the subjunctive when used in the negative.

Es evidente que **tiene** mucha plata.

*It's evident that **he has** lots of money.*

No es evidente que **tenga** mucha plata.

*It isn't evident that **he has** lots of money.*

PRÁCTICA

A. *En cada una de las siguientes frases, sustituya el infinitivo en paréntesis por la forma correcta del subjuntivo o del indicativo.*

1. Me molesta que mi hija _____ tanto (**fumar**).
2. Será necesario que Uds. _____ después de llegar al hotel (**descansar**).
3. Siento que tú no _____ aceptar nuestra invitación anoche (**poder**).
4. No quiero que te _____ si llegamos tarde (**enfadar**).

5. A sus padres no les gustó que Juan _____ con Elena (**casarse**).

6. A sus padres no les gustó, pero Juan _____ con Elena (**casarse**).

7. Yo no le aconsejaría a nadie que _____ aquel museo (**visitar**).

8. Era evidente que el vecino no _____ a poder pagar la hipoteca (**ir**).

9. Le prohibieron al preso _____ con los otros prisioneros (**hablar**).

10. Prohibieron al preso que _____ con los otros prisioneros (**hablar**).

11. El padre le dijo al hijo que _____ (**callarse**).

12. Es seguro que este verano Mayte _____ a México de vacaciones (**ir**).

13. No es seguro que este verano Mayte _____ a México de vacaciones (**ir**).

14. Fue una lástima que nosotros no _____ la verdad antes (**saber**).

15. La enfermedad impidió que Santiago _____ de la casa (**salir**).

B. *Rellene los espacios en blancos usando la forma apropiada del verbo entre parén-*
    tesis. Recuerde lo estudiado en los capítulos 6 y 7.

Hace años, mis padres me _____ (aconsejar) (1) repetidamente que _____ (estudiar) (2) todo lo que yo _____ (poder) (3). A mí no me _____ (gustar) (4) demasiado los libros, porque yo _____ (querer) (5) ser pintor. _____ (Tener) (6) siempre ganas de que _____ (ser) (7) domingo para así poder visitar el Museo del Prado. Mis padres _____ (creer) (8) que yo me _____ (pasar) (9) las horas estudiando; ellos se _____ (oponerse) (10) a que yo _____ (malgastar) (11) el tiempo, como ellos _____ (decir) (12). La verdad es que yo no los quería _____ (engañar) (13) pero ellos no me _____ (dar) (14) otra alterna-tiva. Me _____ (dar) (15) poco dinero, para que no _____ (poder) (16) salir con los amigos; ni siquiera me _____ (dar) (17) para que yo _____ (poder) (18) ir al cine de vez en cuando. Siempre _____ (temer) (19) que yo los _____ (estar) (20) engañando porque yo casi nunca _____ (aprobar) (21) mis exámenes. "¡Es imposible - decía mi padre - que tú _____ (estudiar) (22) tanto, y que no _____ (aprobar) (23)!" "Yo quiero que tú _____ (ser) (24) -me _____ (decir) (25) él - un hom-bre de provecho." Bueno, mañana se inaugura una exposición de mis cuadros en la galería más importante de Madrid. Mi padre _____ (venir) (26) conmi-go a verla.

C. *Traduzca al español las siguientes frases, usando el verbo en subjuntivo o indica-*
    tivo, según sea apropiado.

1. Luis insists that you go up to the park with him.

2. The poor criminal can't conceive that they want to hang him.

3. I am glad that you have waited for her.

4. I asked to see the soldier.

5. He defends me and will not let anyone hurt me.

6. The doctor suggested to him that he contact a specialist.

7. I have never believed that it is a sin to tell the truth.

8. I believe they will win the championship. Don't you believe they will win it?

9. His parents were unhappy but he got divorced anyway.

10. I never suggested that they get married.

D. *Cada una de las frases siguientes contiene un error. Indique cuál es. Explique por qué está mal.*

1. Ella le telefoneó que era necesario que la esperaba en la oficina.

2. Nos entristece que el mejor violoncelista, Pablo Casals, ha muerto.

3. Es lógico que tú estás tan cansado después de trabajar tanto.

4. Es obvio que Gates tenga mucho dinero; es el dueño de Microsoft.

5. No me gusta que mis hijos fuman tanto; no saben que es malo para ellos.

ENFOQUE Narration

A narrative technique is employed when the writer wants to tell what is happening or has happened. With it, events are usually presented in a chronological sequence. The writer tries to present everything in such a way that any reader may see, hear, and/or experience the event. While writing a narrative, the writer employs memory as a resource; however, this memory is used selectively. When you choose a narrative technique, remember to select only those details which will convey to your readers exactly what you want them to see, hear, and experience.

If your narrative is limited to a short chronological expanse (i.e., the time frame or sequence of events is compressed), you may be forced to condense everything, employing generalizations. You may only be able to mention events rather than show—through a few carefully chosen details—what makes them noteworthy. Remember that a narrative is truly successful only if it grasps the reader's attention and holds it throughout. The following questions may be useful when you write a narrative essay.

1. Are you accurately recreating the scene or experience for your readers? Are you including enough details and descriptions so that the readers may see, hear, and experience everything in your narration? Is the meaning of your narration clear? What impression(s) are you trying to form in your readers?

2. What techniques have you employed to develop the narration? Which words, sentences, and/or paragraphs stand out? Is your narrative tone consistent throughout?

3. Are your descriptions precise? Is there anything you can eliminate from your narrative without taking away from its impact? Is there anything you might add to strengthen it?

Remember that as you ask yourself these questions, you should keep an objective eye on your work. Look at it as if someone else has written it.

C A P Í T U L O

 CON LOS OJOS CERRADOS
REINALDO ARENAS

 REPASO GRAMATICAL
- *The Subjunctive Mood (Part II)*

Con los ojos cerrados

Reinaldo Arenas

◆◆◆◆◆◆◆◆◆◆◆◆◆◆◆◆◆◆◆◆◆

Reinaldo Arenas (Cuba, 1943–Nueva York, 1990), fue uno de los más innovadores escritores de la literatura hispanoamericana; sus novelas y cuentos han sido traducidos a más de ocho idiomas. Hasta su adolescencia, Reinaldo Arenas vivió muy humildemente y entre grandes privaciones. Llevado por su idealismo juvenil se unió desde sus principios a la revolución castrista. Estudió Filosofía y Letras en la Universidad de la Habana. Hasta 1980 residió en Cuba. Desengañado por la persecución que el gobierno de Fidel Castro había iniciado desde mediados de los años 60 contra los homosexuales, escapó de la isla y se estableció en Nueva York. A partir de ese momento aumentó notablemente su producción literaria, que abarca todos los géneros literarios: novelas, cuentos, teatro, poesía, ensayos y artículos periodísticos. Para Reinaldo Arenas, la literatura era la forma de expresar su sentido de la libertad y su rebelión contra todo tipo de dogmatismos ideológicos. Cuando murió, Arenas había escrito nueve novelas, dos de las cuales se publicaron póstumamente en 1991.

Su novela más conocida, El mundo alucinante, *1969, es la biografía imaginada de un personaje histórico: Fray Servando Teresa de Mier, fraile del Mexico colonial. El protago-nista de esta obra viaja por varios países de Europa y América tratando de escapar de la persecución a la que es sometido por tener ciertas ideas que sus superiores consideran heréticas; en sus viajes, sufre innumerables sufrimientos, persecuciones y encarcelamientos. Sus aventuras, reflejadas por medio del realismo mágico hacen de Reinaldo Arenas uno de los precursores de este movimiento literario. Según el crítico Félix Lugo Nazario el principio poético que unifica la producción novelística de Reinaldo Arenas es el de la alucinación: "La alucinación logra, de este modo, en la obra de Reinaldo Arenas, captar y aprehender la ansiedad que tortura la mente de los asediados, y en su producción novelística todos los protagonistas son asediados, en su deseo y afán por escapar de una realidad que los estrangula."*

El cuento "Con los ojos cerrados", que originalmente fue publicado en 1964, está recogido en el libro Termina el desfile *(1981). Este cuento recoge parte de la vida de un muchacho de ocho años quien cierra los ojos para escapar de la cruel realidad y para percibirla, ya con los ojos cerrados, totalmente cambiada. Al hacer esto, paga el precio de sufrir un grave accidente que le lleva a un hospital, desde donde nos hace la narración.*

A USTED sí se lo voy a decir, porque sé que si se lo cuento a usted no se me va a
reír en la cara ni me va a regañar. Pero a mi madre no. A mamá no le diré nada,
porque de hacerlo no dejaría de pelearme y de regañarme. Y, aunque es casi
seguro que ella tendría la razón, no quiero oír ningún consejo ni advertencia.

5   Por eso. Porque sé que usted no me va a decir nada, se lo digo todo.

Ya que solamente tengo ocho años voy todos los días a la escuela. Y aquí
empieza la tragedia, pues debo levantarme temprano --cuando el pimeo que me
regaló la tía Grande Ángela sólo ha dado dos voces-- porque la escuela está
bastante lejos.

10   A eso de las seis de la mañana empieza mamá a pelearme para que me levante
y ya a las siete estoy sentado en la cama y estrujándome los ojos. Entonces todo
lo tengo que hacer corriendo: ponerme la ropa corriendo, llegar corriendo hasta
la escuela y entrar corriendo en la **fila**[1] pues ya han tocado el **timbre**[2] y la maestra
está parada en la puerta.

15   Pero ayer fue diferente ya que la tía Grande Ángela debía irse para Oriente y
tenía que coger el tren antes de las siete. Y se formó un alboroto enorme en la
casa. Todos los vecinos vinieron a despedirla, y mamá se puso tan nerviosa que se
le cayó la olla con el agua hirviendo en el piso cuando iba a pasar el agua por el
colador para hacer el café, y se le quemó un pie.

20   Con aquel escándalo tan insoportable no me quedó más remedio que desper-
tarme. Y, ya que estaba **despierto**[3], pues me decidí a levantarme.

La tía Grande Ángela, después de muchos besos y abrazos, pudo marcharse.
Y yo salí en seguida para la escuela, aunque todavía era bastante temprano.

Hoy no tengo que ir corriendo, me dije casi sonriente. Y eché a andar bastan-
25   te despacio por cierto. Y cuando fui a cruzar la **calle**[4] me tropecé con un gato que
estaba acostado en el contén de la acera. Vaya **lugar**[5] que escogiste para dormir --
le dije--, y lo toqué con la **punta**[6] del pie. Pero no se movió. Entonces me agaché
junto a él y pude comprobar que estaba muerto. El pobre, pensé, seguramente lo
arrolló[7] alguna máquina, y alguien lo tiró en ese rincón para que no lo siguieran
30   aplastando. Qué lástima, porque era un gato grande y de color amarillo que seguramente no tenía ningún deseo de morirse. Pero bueno: ya no tiene remedio. Y
seguí andando.

Como todavía era temprano me llegué hasta la dulcería, porque aunque está
lejos de la escuela, hay siempre dulces frescos y sabrosos. En esta dulcería hay
35   también dos viejitas de pie en la entrada, con una jaba cada una, y las manos
extendidas, pidiendo limosnas . . . Un día yo le di un medio a cada una, y las dos
me dijeron al mismo tiempo: "Dios te haga un santo". Eso me dio mucha risa y
cogí y volví a **poner**[8] otros dos medios entre aquellas manos tan arrugadas y peco-
sas. Y ellas volvieron a repetir "Dios te haga un santo", pero ya no tenía tantas
40   ganas de reírme. Y desde entonces, cada vez que paso por allí, me miran con sus
caras de pasas pícaras y no me queda más remedio que darles un medio a cada
una. Pero ayer sí que no podía darles nada, ya que hasta la peseta de la merienda

la gasté en tortas de chocolate. Y por eso salí por la puerta de atrás, para que las viejitas no me vieran.

45   Ya sólo me faltaba cruzar el puente, caminar dos cuadras y llegar a la escuela.

En ese puente me paré un momento porque sentí una algarabía enorme allá abajo, en la orilla del río. Me arreguindé a la baranda y miré: un coro de muchachos de todos tamaños tenían acorralada una rata de agua en un rincón y la **acosaban**[9] con gritos y pedradas. La rata corría de un extremo a otro del rincón,
50   pero no tenía **escapatoria**[10] y soltaba unos chillidos estrechos y desesperados. Por fin, uno de los muchachos cogió una vara de bambú y golpeó con fuerza sobre el lomo de la rata, reventándola. Entonces todos los demás corrieron hasta donde estaba el animal y tomándolo, entre saltos y gritos de triunfo, la arrojaron hasta el centro del río. Pero la rata muerta no se hundió. Siguió flotando bocarriba hasta
55   perderse en la corriente.

Los muchachos se fueron con la algarabía hasta otro rincón del río. Y yo también eché a andar.

Caramba --me dije--, qué fácil es caminar sobre el puente. Se puede hacer hasta con los ojos cerrados, pues a un lado tenemos las rejas que no lo dejan a
60   uno caer al agua, y del otro, el contén de la acera que nos avisa antes de que pisemos la calle. Y para comprobarlo cerré los ojos y seguí caminando. Al principio me sujetaba con una mano a la baranda del puente, pero luego ya no fue necesario. Y seguí caminando con los ojos cerrados. Y no se lo vaya usted a decir a mi madre, pero con los ojos cerrados uno ve muchas cosas, y hasta mejor que si los
65   lleváramos abiertos . . . Lo primero que vi fue una gran nube amarillenta que brillaba unas veces más fuerte que otras, igual que el sol cuando se va cayendo entre los árboles. Entonces apreté los párpados bien duros y la nube rojiza se volvió de color azul. Pero no solamente azul, sino verde. Verde y morada. Morada brillante como si fuese un arco iris de esos que salen cuando ha llovido mucho y
70   la tierra está casi ahogada.

Y, con los ojos cerrados, me puse a pensar en las calles y en las cosas; sin dejar de andar. Y vi a mi tía Grande Ángela saliendo de la casa. Pero no con el vestido de bolas rojas que es el que siempre se pone cuando va para Oriente, sino con un vestido largo y blanco. Y de tan alta que es parecía un palo de teléfono envuelto
75   en una sábana. Pero se veía bien.

Y seguí andando. Y me tropecé de nuevo con el gato en el contén. Pero esta vez, cuando lo rocé con la punta del pie, dio un salto y salió corriendo. Salió corriendo el gato amarillo brillante porque estaba vivo y se asustó cuando lo desperté. Y yo me reí muchísimo cuando lo vi desaparecer, desmandado y con el
80   lomo erizado que parecía soltar chispas.

Seguí caminando, con los ojos desde luego bien cerrados. Y así fue como llegué de nuevo a la dulcería. Pero como no podía comprarme ningún dulce pues ya me había gastado hasta la última peseta de la merienda, me conformé con mirarlos a través de la vidriera. Y estaba así, mirándolos, cuando oigo dos voces

85   detrás del mostrador que me dicen: "¿No quieres comerte algún dulce?" Y cuando alcé la cabeza vi que las dependientes eran las dos viejitas que siempre estaban pidiendo limosnas a la entrada de la dulcería. No supe qué decir. Pero ellas parece que adivinaron mis deseos y sacaron, sonrientes, una torta grande y casi colorada hecha de chocolate y de almendras. Y me la pusieron en las manos. Y yo me volví
90   loco de alegría con aquella torta tan grande y salí a la calle.

Cuando iba por el puente con la torta entre las manos, oí de nuevo el escándalo de los muchachos. Y (con los ojos cerrados) me asomé por la baranda del puente y los vi allá abajo, nadando apresurados hasta el centro del río para salvar una rata de agua, pues la pobre parece que estaba enferma y no podía nadar.

95   Los muchachos sacaron la rata temblorosa del agua y la depositaron sobre una piedra del arenal para que se oreara con el sol. Entonces los fui a llamar para que vinieran hasta donde yo estaba y comernos todos juntos la torta de chocolate, pues yo solo no iba a **poder**[11] comerme aquella torta tan grande.

Palabra que los iba a llamar. Y hasta levanté las manos con la torta y todo
100   encima para que la vieran y no fueran a creer que era mentira lo que les iba a decir, y vinieron todos corriendo. Pero entonces, "puch", me pasó el camión casi por arriba en medio de la calle que era donde, sin **darme cuenta**[12], me había parado.

Y aquí me ve usted: con las piernas blancas por el esparadrapo y el yeso. Tan blancas como las paredes de este cuarto, donde sólo entran mujeres vestidas de
105   blanco para darme un pinchazo o una pastilla también blanca.

Y no crea que lo que le he contado es mentira. No vaya a pensar que porque tengo un poco de fiebre y a cada rato me quejo del **dolor**[13] en las piernas, estoy diciendo mentiras, porque no es así. Y si usted quiere comprobar si fue verdad, vaya al puente, que seguramente debe estar todavía, toda desparramada sobre el
110   asfalto, la torta grande y casi colorada, hecha de chocolate y almendras, que me **regalaron**[14] sonrientes las dos viejitas de la dulcería.

Cuestionario

Contenido

1. ¿Qué sabemos del niño que narra este cuento?
2. ¿Qué relación tiene el niño con su madre?
3. Según el niño, ¿por qué fue "ayer" diferente a los otros días?
4. ¿Qué encuentra el niño en el camino a la escuela?
5. ¿Qué observa el niño desde el puente cuando mira hacia el río?
6. ¿Qué ocurre entre el protagonista de este cuento y las dos viejitas?
7. ¿Por qué acaba el niño en el hospital?

Interpretación y estilo

1. Comente sobre el título del cuento.

2. ¿Cómo se refleja en el cuento el que el narrador sea un niño?

3. ¿Cómo usa Reinaldo Arenas la imaginación como recurso literario en este cuento?

4. ¿Cómo se justifica el estilo claro, directo y sencillo de este cuento?

5. Comente Ud. el uso de imaginación y realidad en esta narración.

6. ¿Qué nos revela de la psicología del niño su transformación imaginativa de la realidad?

7. Comente Ud. sobre el final del cuento.

⟞ Léxico: opciones ⟝

—1 ——————————————————————————————————————

la fila *line, row*
la hilera *string, line, row*
la línea *line*
alinear *to line up, to arrange in a line*

el renglón *(written) line*
la raya *stripe, line*
la cola *tail, line*
hacer cola *to stand (wait) in line*

Fila indicates a *straight line* or row of people lined up in an orderly way, such as soldiers marching, or standing in rank, etc. Although **hilera** is a synonym of **fila,** it is especially common with reference to trees, shrubs, and inanimate objects. The most common equivalent of English *line* is **línea** in Spanish. In the context of *written line* in contrast to the lines actually printed or drawn on a page (**líneas** or **rayas**), **renglón** is often used in Spanish. **Raya,** line or stripe, is also used in the sense of that which establishes *guidelines* or *limits*. **Rayas** can be lines on paper or drawn by persons. **Cola,** *tail,* also indicates *line* as a number of persons waiting one behind the other.

Ningún estudiante quiere sentarse en la primera **fila**	No student wants to sit down in the first ***row***
Para abrirnos paso por la selva, tuvimos que andar en **fila** india.	To make our way through the jungle we had to walk in a single ***line***. *(single file)*
Por la orilla del río había una **hilera** de sauces.	Along the river bank there was a ***row*** of willow trees.

La distancia más corta entre dos puntos es una **línea** recta.

*The shortest distance between two points is a straight **line.***

En cada página caben veinte **renglones.**

*On each page there is space for twenty **lines.** ˙*

El árbitro indicó que el jugador había pisado la **raya** blanca.

*The referee indicated that the player had stepped on the white **line.***

Carlos prefiere escribir en papel **rayado.**

*Carlos prefers to write on **lined** paper.*

Pablo llevaba dos horas **haciendo cola** para sacar las entradas.

*Pablo had been **waiting in line** for two hours to get tickets.*

2

el timbre *bell, buzzer*
el cascabel *bell*
la campana *bell*

el cencerro *(cow)bell*
la campanilla *bell, handbell*

The English word *bell* encompasses a wide variety of sound- or music-producing devices. **Timbre** renders *bell* when referring to a spring or electrically operated device, such as a bicycle bell or a doorbell. In Spanish, **cascabel** refers to a small, hollow and roundish device with a metal ball inside. It produces a jingling or tinkling sound and may be used on a cat's collar, as jingle bells, sewn on clothing, etc. **Campana** indicates a larger, cup shaped instrument made of bronze and found in churches, convents, etc. **Campanilla** is a smaller bell of the same shape such as a *handbell.* A **cencerro** is hung around the neck of certain farm animals for the purpose of locating them more easily.

Toqué repetidamente el **timbre** de la puerta, pero no contestó nadie.

*I rang the **doorbell** repeatedly but no one answered.*

Para el nuevo gato, hemos comprado un collar con un **cascabel.**

*For the new cat, we have bought a collar with a **bell.***

Las **campanas** de la iglesia nos avisaron que la boda había comenzado.

*The church **bells** let us know that the wedding had started.*

En los barcos suelen anunciar la hora de comer con una **campanilla.**

*On ships they usually announce meal time with a **bell.***

A la cabeza del rebaño, con el pastor, iban dos cabras que llevaban (un) **cencerro.**

*At the head of the flock, with the sheperd, there were two goats that had **bells** on them.*

━**3**━━━━━━━━━━━━━━━━━━━━━━━━━━━━━━━━━

despierto *awake, wide awake, sharp*
(d)espabilado *wide awake, alert*

listo *bright, clever, sly*
vivo *bright, sharp, clever, sly*

Despierto with the verb *estar* is the antonym of *estar dormido,* "to be asleep". The above adjectives when used with **ser** are all partial synonyms of **inteligente;** as illustrated in the examples they indicate different states of mental ability. With **estar,** they have different meanings. Notice, too, that **listo** and **vivo** can have negative connotations of being *too clever,* or being *tricky,* or *untrustworthy.*

Mariano es el chico más **(d)espabilado** de la clase.

*Mariano is the **sharpest (most wide awake)** kid in the class.*

María es muy **lista** y comprende todo en seguida.

*María is very **clever** and understands everything right away.*

Ricardo no está muy **despierto** todavía.

*Ricardo isn't very much **awake** yet.*

Pepito es muy **vivo** y siempre está haciendo preguntas.

*Pepito is very **bright** and he's always asking questions.*

Entonces mi abuelo estaba **vivo** todavía.

*At that time my grandfather was still **alive.***

Ten mucho cuidado con Felipe porque es muy **vivo.**

*Be very careful with of Philip because he's very **sharp (clever).***

━**4**━━━━━━━━━━━━━━━━━━━━━━━━━━━━━━━━━

la calle *street*
la carretera *highway*
la autovía *freeway*
el carril *lane*
de peaje *toll*

la autopista *freeway*
la autopista de peaje *toll road*
el camino *road, path*
la vía *lane*

Calle indicates a public throughfare in a city or town. **Carretera** may indicate a *highway* or any major road. **Autopista** corresponds closely to the concept of *free-*

way or *turnpike,* that is, a highway without stoplights or stop signs intended for rapid, mostly long-distance travel. **Autovía,** a newer term, is often used as a synonym of **autopista,** especially when referring to a newer freeway with more lanes than a **carretera.** The preferred word for *lane* in reference to streets and highways is **carril** in Spain but **vía** in many parts of Spanish America.

En las **autopistas** californianas hay un límite de velocidad de 65 o 70 millas por hora.	*On California **freeways** there is a speed limit of 65 miles or 70 miles per hour.*
Evitamos ir por esa **autovía** porque siempre tiene mucha circulación.	*We avoid using that **freeway** because it always has lots of traffic.*
En las **calles** de algunas ciudades hay **carriles** reservados para autobuses y taxis.	*On the streets of many cities there are **lanes** reserved for buses and taxis.*
Hay muchos puentes de **peaje** en el este de los Estados Unidos.	*There are many **toll** bridges in the eastern part of the United States.*

5

el lugar *place, spot*	**el local** *place, premises*
el sitio *place, spot*	**la localidad** *place, town*
el paraje *place, spot*	

Lugar and **sitio,** close synonyms, are appropriate to render English *place* in most contexts. Nonetheless, to refer to a place that is the customary location where something is kept or found, **sitio** is preferred. **Paraje,** sometimes used in the plural but with a singular meaning, most often connotes a secluded, deserted or remote location. **Local** indicates a place indoors, usually the location or premises of a business establishment. **Localidad** is a very common synonym of **lugar** and **sitio;** it is also often used in the sense of "town".

Estábamos buscando un **lugar (sitio)** para dejar el coche.	*We were looking for a **place** to leave the car.*
Manuel es muy ordenado y le gusta dejar cada cosa en su **sitio**	*Manuel is very orderly and he likes to keep everything in its **place.***
Al poeta Antonio Machado le gustaban los **parajes** solitarios.	*The poet Antonio Machado liked solitary **places.***

El sastre ha tenido mucho éxito en su nuevo **local.**	*The tailor has been very successful in his new **locale (premises).***
Isaba es una **localidad** pirenaica muy agradable.	*Isaba is a very pleasant **place (town)** in the Pyrenees.*

6

la punta *point, tip*
el punto *point*
en punto *sharp*
a punto *on time*
estar a punto de + infinitive *to be about to do something*
poner a punto *to tune up, to adjust, to get (something) ready*

Punta, *point,* refers to the sharp pointed or projecting end of things, and by extension, to that which is comparable in shape. **Punto,** the most common equivalent of English *point,* may indicate a moment in time or a point in space or in an argument, discussion, etc. Notice that **a punto** is used with a variety of verbs to indicate *on time* or *punctually.* If a specific hour is indicated, however, **en punto** is used.

Este lápiz no tiene **punta.**	*This pencil has no **point.***
Punta Arenas es un puerto en Chile.	***Point** Arenas is a port in Chile.*
No veo el **punto** del informe del presidente.	*I don't see the **point** of the president's report.*
Al llegar a ese **punto** de la carretera, pudimos ver el río.	*On reaching that **point** in the highway, we saw the river.*
En ese **punto** de su vida, Eduardo tuvo que separarse de su mujer.	*At that **point** in his life, Eduardo had to separate from his wife.*
Si queremos oír todo el concierto, tenemos que llegar **a punto.**	*If we want to hear the entire concert, we have to arrive **promptly (on time).***
Las corridas de toros normalmente empiezan a las cinco **en punto** de la tarde.	*Bullfights normally begin at five o'clock **sharp** in the afternoon.*
Llevé el coche al mecánico para que lo pusiera **a punto.**	*I took the car to the mechanic so that he could **give it a tune up.***

7

arrollar *to roll (over), to crush*
atropellar *to run over; to knock down*
aplastar *to crush*
aniquilar *to annihilate*

Arrollar, as used in the text, is a synonym of **atropellar,** *to run over.* More commonly, **arrollar** indicates physically rolling over something with force. By extension, it means to *crush* or *defeat* an opponent. **Atropellar** is to run violently into, or over, a person or animal with vehicle. **Aplastar,** the most common verb for *to crush* or *to flatten* something, is also a synonym of **arrollar** in the sense of crushing a defeated opponent. **Aniquilar** is to destroy totally something or someone.

En fútbol, el Brasil **arrolló** 7 a 0 al equipo de Bolivia.	*In soccer, the Brazilian team **rolled over (routed)** the Bolivian team 7 to 0.*
En el año 1926 al gran arquitecto español Antonio Gaudí le **atropelló** un tranvía en Barcelona.	*In the year 1926 the great Spanish architect Antonio Gaudí was **run over** by a streetcar in Barcelona.*
Al pasear por el parque **he aplastado** sin querer varios caracoles.	*While walking in the park I accidentally **crushed** several snails.*
Los romanos **aniquilaron** a los cartagineses en la tercera guerra púnica.	*The Romans **annihilated** the Carthaginians in the third Punic war.*

8

poner *to put*
meter *to put, to insert*
colocar *to place, to put*
introducir *to put in, insert, introduce*

Poner is the basic word for *to put* or *to place* but it is sometimes replaced by **meter** as well as by **colocar. Meter** indicates to put something or someone within or inside of something else. **Introducir,** in turn, sometimes replaces **meter,** particularly in written Spanish and specially when something passes through or goes into a small, narrow place, such as a key into a lock, a coin into a slot, or a letter into an envelope or mailbox. **Colocar** is preferred over **poner** to indicate that something is being put or placed in its appropriate location or order, often with special care.

Pusieron (metieron) el coche en el garage.	***They put*** *the car in(side) the garage.*
Metieron todos los calcetines en un cajón grande.	***They put*** *all the socks in a large drawer.*
Metieron al banquero en la cárcel.	***They put*** *the banker in jail.*
La llave estaba torcida y no pude **introducirla** en la cerradura.	*The key was twisted and I couldn't* ***get it*** *into the lock.*
El marido **colocó** todos los cubiertos sobre la mesa.	*The husband* ***put*** *the place settings on the table.*

⟶9

acosar *to harass*
perseguir *to pursue*
importunar *to annoy*
molestar *to annoy, to bother, to pester*
hostigar *to lash, to harass*

Acosar indicates the persistent or continuous pursuing of a person or animal (**acoso sexual** renders English "sexual harassment"). **Perseguir,** like **acosar,** indicates a high degree of intensity but may have both people or goals as its direct object. It lacks the negative connotation of **acosar** and it is semantically neutral. **Importunar** is more common than its English cognate "to importune" to indicate *to annoy.* **Molestar** is the standard Spanish verb to indicate *to annoy, to bother* or *to pester.* The primary meaning for **hostigar** is physical, *"to lash"* or *"to whip"* a person or animal. However, by extension, it is often used in the sense of **acosar,** "to harass" or *to pursue relentlessly.*

El jefe de la oficina **acosaba** a la nueva empleada.	*The office manager* ***harassed*** *the new employee.*
El gobierno **perseguía** a los terroristas.	*The government* ***pursued*** *the terrorists.*
El niño **importunaba** tanto al padre que éste no podía trabajar.	*The child* ***pestered (bothered)*** *his father so much that he couldn't work.*
El ruido de la calle **molesta** a los inquilinos de la finca.	*The noise from the street* ***bothers*** *the tenants in the building.*

El vaquero **hostigaba** al ganado para que cruzase el río.

*The cowboy **whipped** the cattle so they would cross the river.*

La empresa **hostigó** a los empleados para que produjeran más.

*The company **pressured (pressed)** the workers to produce more.*

—10—

la escapatoria *getaway*
escaparse *to escape, to flee*
la evasión *escape, evasion*
evadirse *to escape, to avoid*
la fuga *flight, escape*
fugarse *to flee, to escape, to run away*
la huida *flight, escape*
huir *to flee, to escape*

Escapatoria, as illustrated in the example, can refer to the *"get away"* or *"escape route"*, as well as the actual act of escaping. **Fuga (fugarse)** like **huida (huir)** stresses the rapidity of the escape, and **fuga** is almost always used with an indication of the place "escaped from". The words **evasión (evadirse),** although synonymous with the other words in their meaning of *"escape"*, often add the notion of avoidance or concealment of some action.

La **escapatoria** de los novios sorprendió a los padres.

*The **elopement** of the couple surprised their parents.*

Algunos criminales **escapan** de las consecuencias de sus crímenes.

*Some criminals **escape** the consequences of their crimes.*

La **evasión** de capitales es un fenómemo contemporáneo.

*Capital **flight** is a contemporary phenonenom.*

Al salir de las Cortes, el diputado **evadió** a los periodistas.

*On leaving the Parliament the congressman **avoided** the reporters.*

*La **fuga** de Segovia* es una película española sobre presos políticos.

*The **Escape** from Segovia is a Spanish film about political prisoners.*

Varios famosos jugadores de béisbol **se han escapado** de Cuba.

*Several famous baseball players **have escaped** from Cuba.*

La **huida del fugitivo** es el origen de una entretenida película.	The **Escape (Flight)** of the Fugitive *gave rise to an entertaining movie.*
Los habitantes **huyeron** de la costa al oír que se acercaba un huracán.	*The inhabitants **fled** the coast on hearing that a hurricane was coming.*

— **11** ————————————————————————————————

poder *to be able, can*
el poder *power*
la potencia *power*
la fuerza *power, force*

The verb **poder,** *to be able,* when used as a noun with a preceding masculine definite article, becomes one of the nouns that expresses the *power* or the *ability* to do something. **Poder** is *power* in the sense of the capacity to act or to something of a personal, social, or political nature. **Poder** can also have a legal connotation, referring to the power of attorney. **Potencia** renders English *power* in the sense of measurable mechanical or electrical energy. It also translates English *power* when referring to a nation as a political, economic or military force. **Fuerza** indicates *power* as the strength, physical or otherwise, to realize or accomplish something.

¿Vas a **poder** ayudar a Juan?	*Are you going **to be able** to help Juan?*
La Arabia Saudita es un gran **poder** económico.	*Saudi Arabia is a great economic **power**.*
Nuestro abogado tiene plenos **poderes** para vender nuestro negocio.	*Our lawyer has full **power** of attorney to sell our business.*
El motor de este coche tiene una **potencia** de 200 caballos.	*The motor in this car has 200 **horsepower**.*
El Japón todavía es una gran **potencia** industrial.	*Japan is still a great industrial **power**.*
El público quedó convencido por la **fuerza** del argumento del senador.	*The public was convinced by the **power (force)** of the senator's argument.*

—**12**———————————————————————————

darse cuenta de *to realize*
caer en la cuenta *to realize*
realizar *to realize.*

Darse cuenta renders English *to realize* in the sense of *to become aware* of something. **Caer en la cuenta,** a less commonly used synonym, stresses the suddenness of one's perception. **Realizar** renders English *to realize* only in its meaning to *accomplish* or *to achieve* something.

No **me daba cuenta de** que tú creías en la astrología.	*I didn't **realize** that you believed in astrology.*
Nada más al ver la cara de Pablo, **caí en la cuenta** de que quería algo.	*The moment I saw Pablo's face, **I realized** he wanted something.*
Al fin el matrimonio **realizó** su sueño de tener casa propia.	*The couple finally **realized** their dream of having their own home.*

—**13**———————————————————————————

el dolor *pain, ache*   **el padecimiento** *suffering*
doler *to ache, to hurt*   **padecer** *to suffer*
el sufrimiento *suffering*   **pasar + certain nouns** *to suffer*
sufrir *to suffer*

The noun **dolor + de + noun** is used to indicate a pain or ache in a specific part of the body. The verb **doler** can similarly be used with indirect object constructions, as in the examples below. **Sufrimiento (sufrir)** and **padecimiento (padecer)** are synonyms and refer to both physical or mental suffering. When the suffering is chronic, or of relatively long duration or severity, **padecer (padecimiento)** are the more common words. **Sufrir** sometimes suggests to suffer or to endure without complaint, with patience and resignation. **Pasar** may also render *to suffer* or *endure* when used in conjunction with such nouns as **hambre, sed, dolor, angustias, calor,** etc.

Tengo **dolor** de cabeza (de espalda).	*I have a **head (back)** ache.*
Me **duele** la cabeza (espalda).	*My head (back) **aches**.*
Falleció después de muchos años de **sufrimientos (padecimientos).**	*He passed on after many years of **suffering**.*

Luis **ha sufrido** un terrible accidente de automóvil.	*Luis **has suffered** a terrible car accident.*
Millones de personas **padecen** malnutrición en nuestro planeta.	*Millions of people **suffer** malnutrition on our planet.*
Durante la guerra civil, los habitantes de Madrid **pasaron** mucha **hambre.**	*During the civil war, the inhabitants of Madrid **endured** great **hunger.***

14

regalar *to give (as a gift or a present)*
el regalo *gift, present*
hacer un regalo *to give a gift*
el don *gift*
el obsequio *gift*
el donativo *gift, donation*
la dádiva *gift*

Regalar, and its equivalent **hacer un regalo,** are the most common terms to indicate *to give a gift.* Similarly, **regalo** is the most general term for *gift* or *present,* and its meaning subsumes those of the other nouns listed above. As seen in the examples, the nouns for *gift* combine with various other verbs to indicate the action of giving a gift. **Don** is a *natural gift* or *talent.* **Presente** is a somewhat more formal or ceremonial term, and it is less common than **regalo. Obsequio** is a *token gift* or a *gift* meant to gain or keep the favor of the recipient. **Donativo** is a *private gift* of money to some entity or institution. **Dádiva** implies something given disinterestedly and freely for the benefit of someone of equal or lesser social position.

Tuvimos que **regalar** un sillón de cuero a nuestro jefe.	*We had to **give a gift** of a leather armchair to our boss.*
Cándido recibió muchos **regalos** el día de su cumpleaños.	*Cándido received many **gifts** on his birthday.*
Mario es un artista que no aprovecha los **dones** que tiene.	*Mario is an artist who doesn't make good use of the **gifts (talents)** he has.*
El maestro recibió un libro como **obsequio** de sus alumnos.	*The teacher received a book as a **(token) gift** from his students.*
En la tienda, la dependienta nos dio un frasquito de perfume como **obsequio.**	*In the store, the salesperson gave us a tiny bottle of perfume as a **gift.***

El emigrante volvió de América e hizo un importante **donativo** para construir un hospital.	*The immigrant returned from America and made an important **donation (gift)** for building a hospital.*
La amnistía a los prisioneros fue una **dádiva** por el cumpleaños del rey.	*The amnesty for the prisoners was a **gift** on account of the the king's birthday.*

EJERCICIO ESPECIAL

En el cuento "Con los ojos cerrados", Reinaldo Arenas emplea en numerosas ocasiones el subjuntivo. Ya que Ud. ha repasado muchos usos del modo subjuntivo, identifique los verbos en este modo empleados por Arenas, y explique, cuando pueda, su uso.

PRÁCTICA

A. *Para cada una de las frases siguientes, elija Ud. la palabra que complete el sentido de la frase. Haga Ud. también cualquier cambio necesario en la palabra elegida para que la frase quede gramaticalmente correcta.*

1. Al estudiante se le había olvidado escribir alguno(a)s _____ en las últimas páginas del informe. (**línea, hilera, renglón**).
2. Había un(a) _____ de hormigas subiendo por la pared (**cola, renglón, hilera**).
3. Si quieres tomar el próximo autobús, tendrás que esperar en _____ (**cola, fila, hilera**).
4. En la fábula, los ratones decidieron ponerle un(a) _____ al gato (**campanilla, timbre, cascabel**).
5. "Por quién doblan _____" es una famosa novela de Ernest Hemingway sobre la guerra civil española (**las campanillas, los cascabeles, las campanas**).
6. El niño era muy _____ y no se le podía engañar (**despierto, vivo, despabilado**).
7. El zorro es un animal muy _____ (**listo, vivo, despabilado**).
8. Había demasiados semáforos en el (la) _____ (**autopista, carretera, calle**).
9. En Pensilvania hay una famosa _____ de peaje (**carretera, autovía, autopista**).
10. Por la tormenta, tuvimos que detenernos en un _____ remoto, del cual ni conocíamos el nombre (**local, paraje, sitio**).

11. La farmacia se ha trasladado a un(a) nuevo(a) _____ (**paraje, locali-dad, local**).

12. Saqué _____ al lápiz porque apenas se podía escribir con él (**punto, punta, pico**).

13. Un taxi _____ a María cuando ésta cruzaba el bulevar Wilshire; afortunadamente, no le causó mucho daño (**aniquiló, atropelló, aplastó**).

14. El camión _____ al conejo en la carretera y lo dejó completamente aplanado (**aplastar, aniquilar, atropellar**).

15. Como hacía mucho frío, Enrique se _____ las manos en los bolsillos (**colocar, situar, meter**).

16. El filatelista _____ los sellos en su nuevo álbum (**introducir, colocar, meter**).

17. Al llegar a su cuarto, Juan _____ la maleta encima de la cama (**meter, poner, introducir**).

18. Hoy en día, si alguien está _____ sexualmente a otra persona, está cometiendo un delito (**hostigar, importunar, acosar**).

19. Indiana Jones, con su látigo, _____ a sus enemigos (**molestar, hostigar, acosar**).

20. En el laberinto del minotauro no había _____ (**huida, escapatoria, fuga**).

21. Cuando el ladrón vio al policía, _____ tan rápidamente como pudo (**evadirse, huir, fugarse**).

22. La familia real inglesa ya no tiene mucho(a) _____ (**potencia, fuerza, poder**).

23. Al ciclista le falta _____ para terminar de subir la cuesta (**potencia, fuerza, poder**).

24. Los (Las) grandes _____ no son tan agresivos(as) como durante la Guerra Fría (**potencias, poderes, fuerzas**).

25. El pintor Miguel Ángel _____ su obra maestra, la Capilla Sixtina en el siglo XVI (**darse cuenta de, realizar, caer en la cuenta de**).

26. Durante largos años, mi primo _____ terribles jaquecas por la tensión del trabajo (**pasar, doler, padecer**).

27. Los pasajeros del Titanic _____ una terrible catástrofe (**pasar, sufrir, padecer**).

28. Para asistir a la apertura del nuevo museo tuvimos que hacer un(a) _____ de cien dólares por persona (**dádiva, obsequio, donativo**).

29. Si quieres que te asciendan en esta compañía, tienes que hacer un(a) _____ al jefe (**don, donativo, obsequio**).

30. El niño recibió muchos(as) _____ por su cumpleaños (**dádivas, regalos, dones**).

B. *Traduzca al español las frases siguientes empleando el vocabulario estudiado en este capítulo.*

1. The path to our house was bordered by two rows of pine trees.
2. To see that movie, we had to stand in line for a long time.
3. The goat at the head of the flock had a brass bell around its neck.
4. The pedestrian did not hear the bell on my bicycle.
5. The student was so bright that he understood Neruda's poem the first time he heard it.
6. There is one toll road in Orange County, in California, but all the other roads are freeways.
7. In that place, he was very well known for his poetry.
8. They were about to leave when we arrived.
9. In Olympic fencing, the sabers do not have a point.
10. The bus ran over the couple as they were crossing the street.
11. They put so many books in the suitcase that they couldn't lift it afterwards.
12. I told my son to put the books in numerical order.
13. People who smoke near me bother me a lot.
14. The government harasses those who do not pay their taxes.
15. It is said that no one ever escaped from Alcatraz.
16. The earthquake did not give us time to flee.
17. Russia is no longer a great military power.
18. The football player said that his knees ached.
19. We suffered some terrible experiences in our ascent of Mount Everest, said the mountain climber.
20. Mozart had a great gift for music, and Salieri suffered when he realized that he lacked Mozart's talent.

TEMAS A ESCOGER

Temas relacionados con la selección literaria

1. ¿Por qué cree Ud. que Arenas escoge un narrador en primera persona como protagonista de ese cuento?
2. ¿Qué ocurrió el día que tía Ángela tuvo que irse a Oriente?
3. Describa Ud. las experiencias del niño en la dulcería.

Temas sugeridos por la selección literaria

1. ¿Cree Ud. en el poder de la imaginación? ¿Por qué, sí-no?
2. Describa Ud. alguna experiencia en la que, por no prestar atención, recibió Ud algún daño físico o material.
3. ¿Cree Ud. que los niños pueden ser crueles? Describa Ud. alguna situación en la que haya visto un acto de crueldad por parte de algún(os) niño(s).

◈ Repaso gramatical

The Subjunctive Mood (Part III)

The Subjunctive in Adjective Clauses

An adjective is a word that modifies a noun or a pronoun by describing its qualities or attributes. Likewise, an adjective clause is a clause which functions as an adjective by modifying a noun or a pronoun in the main clause.

> *I bought the **new** book.*

> *I bought the book **that was just published**.*

In the first sentence above, *new* is an adjective that modifies *book* by describing it and distinguishing it from other books. Similarly, *that was just published* is a clause that functions as an adjective because it also describes *book* and distinguishes it from other books.

In Spanish, the verb in an adjective clause is subjunctive when the referent of the adjective clause (i.e., the noun or pronoun to which it refers in the main clause) is: 1) negative, 2) indefinite, or 3) hypothetical. An adjective clause modifying a noun or pronoun referent that doesn't exist or whose existence is problematical requires a subjunctive verb to reflect the nature of that referent.

Negative Referent

No tengo ningún libro que **explique** cómo reparar ese coche.

*I don't have any book that **explains** how to repair that car.*

No me mostraron ningún traje que me **gustara.**

*They didn't show me any suit that I **liked**.*

En España no hay nadie que **cene** a las seis de la tarde.

*In Spain there isn't anyone who **eats** dinner at 6:00 in the evening.*

En su clase no aprendimos nada que **valiera** la pena.

*In his class we didn't learn anything that **was** worth while.*

No había otro mecánico en el taller que **fuese** mejor que Juan.

*There wasn't any other mechanic in the shop who **was** better than Juan.*

Indefinite Referent

In this construction, a future (or a conditional) in the main clause introduces a subjunctive in the subordinate adjective clause. In these cases, the adjective clause with the subjunctive refers to something that has not yet happened, is unknown or has not yet been revealed. The adjective clause with a subjunctive (in contrast to one with an indicative) verb, often modifies the referent so as to give it the force of English *whatever, whoever, wherever*, and so forth.

Tomaré el tren que Ud. **dice**.	*I shall take the train that you **say***.
Tomaré el tren que Ud. **diga**.	*I shall take the (**whatever, any**) train that you **say***.

The antecedent in the first example above is known and definite. In the second example, the train has not yet been identified. Consequently, the referent is indefinite and this requires that the verb in the adjective clause be in the subjunctive.

The following examples illustrate the contrastive use of subjunctive and indicative verbs in adjective clauses whose antecedent is the pronoun **lo**. Whenever the referent of **lo** is indefinite or unknown, the verb in the adjective clause is subjunctive. When the referent is definite and known, the verb is indicative.

Dijo que haría lo que **mandaron**.	*He said he would do what they **ordered***.
Dijo que haría lo que **mandaran**.	*He said he would do **whatever they ordered***.

The above example with the indicative **mandaron** expresses willingness to comply with a known order. The subjunctive **mandaran**, however, indicates that the nature of the command was still unknown and that the order would be carried out whatever it was.

Sometimes the adjective **cualquier**, *any* or *whatsoever*, is used before the indefinite noun antecedent to strengthen the idea of *any at all* or *whatever* that is already suggested by the use of the subjunctive mood.

Tomaré **cualquier** tren que Ud. **diga**.	*I shall take **any** train (whatsoever) that you **say***.
Haría **cualquier** cosa que Ud. **dijera**.	*He would do **any**thing (whatever, whatsoever) that you **said***.

The following are more examples of adjective clauses with both definite pronoun antecedents (with the verb in the indicative) and indefinite pronoun antecedents (with the verb in the subjunctive).

Págale lo que **creas** justo.	*Pay him what(ever)* ***you think*** *fair.*
Le pagué lo que **creí** justo.	*I paid him what* ***I thought*** *was fair.*
La recibiré lo mejor que **pueda**.	*I shall receive her as best* ***I can***.
La recibí lo mejor que **pude**.	*I received her as best* ***I could***.
Haremos lo que **podamos**.	*We shall do what(ever)* ***we can***.
Hacemos lo que **podemos**.	*We do what* ***we can***.
Haríamos lo que **pudiéramos**.	*We would do whatever* ***we could***.
Hicimos lo que **pudimos**.	*We did what* ***we could***.
Contaré en mi novela lo que **vea** en París.	*I shall relate in my novel what(ever)* ***I see*** *in Paris.*
Conté en mi novela lo que **vi** en París.	*I related in my novel what* ***I saw*** *in Paris.*

Hypothetical Referent

The verb in the main clause usually indicates some type of seeking, searching, desiring, needing, asking, and so forth. When the object of the seeking (i.e., the referent of the adjective clause) is hypothetical, the verb in the adjective clause is subjunctive since the existence of the referent is a supposition.

¿Hay alguien aquí que no **esté** conforme?	*Is there someone here who* ***isn't*** *in agreement?*
Tráeme media docena de huevos que **estén** bien frescos.	*Bring me half a dozen eggs that* ***are*** *nice and fresh.*
Querían algo viejo que ya no **sirviera** para otra cosa.	*They wanted something old that* ***was*** *no longer* ***good*** *for anything else.*
Necesito alquilar un piso que no **cueste** más de quinientos dólares.	*I need to rent an apartment that doesn't* ***cost*** *more than $500.*

Observe, however, that when the referent is definite, the indicative is used in the adjective clause, as in the second sentence below.

Busco un coche que **sea** barato. | *I am looking for a (any) car that **is** cheap. (I do not know from experience that it actually exists.)*

Busco el coche que **es** barato. | *I am looking for the (specific) car that (I know from experience) **is** cheap.*

The Subjunctive in Adverb Clauses

An adverb is a word that modifies a verb, adjective, or other adverb. It is often used to indicate degree, manner, place, time, and so forth. An adverb clause is a clause that functions as an adverb.

*The man ran **quickly**.*

*The thief ran **so that the policeman wouldn't catch him**.*

In the first example above, *quickly* is an adverb that modifies *ran*. In the second sentence, the clause beginning *so that...* is an adverb clause that also modifies the verb *ran*. Adverb clauses in Spanish may be divided into two groups: 1) those introduced by conjunctions that are always followed by the subjunctive and 2) those introduced by conjunctions that may be followed by the subjunctive or the indicative, depending on whether they signal *intent* or *result* (respectively).

A. In any adverb clause introduced by certain conjunctions (such as those in the following list), the conjugated verb must always be in the subjunctive.

para que **a fin de que**	*in order that (to), so that*
con tal (de) que	*provided that*
antes (de) que	*before*
sin que	*without*
en caso de que	*in case*
a menos que **a no ser que**	*unless*

The time of the verb after these conjunctions is normally future when compared to that of the verb in the main clause, and most of the sentences with an adverb clause indicate an anticipated event or the dependence of one event on another. This future contingency (it is possible that an indicated action may never be realized) accounts for the subjunctive mood.

However, unlike most kinds of noun and adjective clauses, where the use of either the subjunctive or indicative presents the possibility of mood contrast, no such contrast is possible in this first type of adverb clause, for it *always* requires the subjunctive. (The preposition **de**, in certain conjunctions listed above is often omitted in actual use, since **que**, introducing the conjunction, replaces the conjunction function of **de**.)

It is important to bear in mind, however, the difference between a preposition-infinitive construction and a subordinate adverb clause. In the latter case there is a change of subject from the verb in the main clause. The pairs of sentences below illustrate the difference between preposition-infinitive constructions and adverb clauses.

Trabaja mucho para **pagar** el coche.	He works hard (in order) **to pay for** the car. (he)
Trabaja mucho para que su hijo **tenga** coche.	He works hard in order that (so that) his son **may have a car**. (he—son)
Comimos antes de **salir**.	We ate before **leaving**. (we)
Comimos antes (de) que **salieran**.	We ate before **they left**. (we—they)
Entré sin **verlos**.	I entered without **seeing them**. (I)
Entré sin que me **vieran**.	I entered without **them (their) seeing me**. (I—they)

Other conjunctions sometimes replace the commonly used conjunction **para que**, *in order that*. **A que** is used after verbs of motion. **Porque** emphasizes the strong purpose behind an action as well as a more uncertain outcome. **De modo (manera) que** may replace **para que** to stress both purpose and the particular means by which something is achieved. (**De modo [manera] que** is not, however, always a subordinating conjunction. It is followed by the indicative when used as a locution introducing an independent clause).

Ha venido a que el médico le **reconozca**.	He has come so that the doctor **may (will) examine him**.
Todos los días su madre rezaba porque **volviese** pronto.	Every day his mother prayed so that he **would return** soon.
Haz todo lo posible porque nos **veamos** hoy.	Do everything possible so that **we can see** each other today.
Hágalo Ud. de modo que nadie **se entere**.	Do it so (in such a way) that nobody **finds out**.
¿De manera que **estás** dispuesto a hacer el viaje con nosotros?	So (that) **you are** agreeable to taking the trip with us?

No pasaba un solo día sin que Pedro **riñera** con los vecinos.

*Not a single day passed without Pedro **quarreling** with his neighbors.*

Envió solicitudes a muchas universidades a fin de que le **admitieran** por lo menos en una.

*He sent applications to many universities so that **they would admit** him in at least one.*

En caso (de) que aún no **hayan llegado** mis amigos, espéralos en la estación.

*In case my friends **haven't arrived** yet, wait for them at the station.*

Puedes acompañarnos con tal (de) que **te portes** bien.

*You may accompany us provided **you behave** well.*

Te veremos antes de que **salgas** para México.

*We shall see you before **you leave** for Mexico.*

Te van a suspender a no ser que **estudies** más.

*You are going to fail unless **you study** harder.*

No le hablaré a menos que me **pida** perdón.

*I will not speak to him unless **he asks** me to forgive him.*

B. The verb in the adverb clauses introduced by a different set of conjunctions (such as those listed below) may be either in the subjunctive or indicative mood. When the verb signals intention (i.e., refers to the future or something that may never happen), it is in the subjunctive. But when the verb after the conjunction signals result (i.e., past or present time), it is in the indicative. In other words, the following conjunctions take a subjunctive verb to indicate an unfulfilled event or unattained time, but the indicative to indicate a fulfilled event or attained time.

en cuanto
tan pronto como } *as soon as*
cuando *when*
después (de) que *after*

una vez que *once*
hasta que *until*
mientras (que) *as long as, while*

Paulina hablaba de irse a México cuando **obtuviera** el doctorado.

*Paulina used to speak of going to Mexico when **she received** her Ph.D.*

No te bañes hasta que **sepas** nadar.

*Don't go in the water until **you know how** to swim.*

Una vez que lo **hayas terminado**, avísame.

*Once you **have finished** it, let me know.*

Mientras le **dure** el dinero de la herencia, Martín no tendrá que trabajar.	*While (as long as) the money from the inheritance **lasts**, Martín won't have to work.*
Juanito murió en un bombardeo mientras **hacía** cola para comprar pan.	*Juanito died in a bombing while he **was waiting** in line to buy bread.*
Cerrarán las puertas en cuanto nos **vean**.	*They will shut the doors as soon as **they see** us.*
Cerraron las puertas en cuanto nos **vieron**.	*They shut the doors as soon as **they saw** us.*
Después que **termine**, vendrá a verme.	*After **he finishes**, he will come to see me.*
Después que **termina**, siempre viene a verme.	*After he **finishes**, he always comes to see me.*
Después que **terminó**, vino a verme.	*After **he finished**, he came to see me.*
Aguardará hasta que **devuelvan** el libro.	*He will wait until **they return** the book.*
Aguardó hasta que **devolvieron** el libro.	*He waited until **they returned** the book.*

As indicated above, **mientras (que)** may be followed by either the subjunctive or indicative. But this conjunction is also used with the meaning of *while at the same time* to indicate that two or more things are going on simultaneously. When used with this meaning, **mientras (que)** always takes the indicative.

Mientras mi mujer **trabajaba** en el banco, yo **cuidaba** a los niños.	*While my wife **worked** in the bank, I **took care** of the children.*

A que may replace not only **para que** (see p. 214) but also **hasta que**. In this latter case, it means *for* with a nuance of *until* and is used regularly after verbs indicating *to wait*. (In contrast, **hasta que** is used to stress the idea of *until* or *up to the moment when*.) Since **a que** always indicates purpose, it always takes the subjunctive.

Sin aguardar a que me **contestara**, corrí hacia la puerta.	*Without waiting for **him to answer me**, I ran towards the door.*
Esperó a que **llegaran**.	*He waited for **them to arrive**.*
Esperó hasta que **llegaron**.	*He waited until **they arrived**.*

Aunque, *although* and **a pesar de que**, *in spite of the fact that*, take the subjunctive instead of the indicative when used to express doubt, to discount a statement, to indicate that something is not conceded to be a fact, and to indicate an emotional reaction to a fact.

Aunque Juan lo **ha hecho**, lo negará.	*Although John **has done** it, he will deny it.*
Aunque Juan lo **haya hecho**, lo negará.	*Although Juan **has (may have) done** it, he will deny it.*
Aunque Carlos **sea** brillante, a veces habla como un idiota.	*Although Carlos **is (may be)** brilliant, sometimes he talks like an idiot.*
A pesar de que Mario **es** listo, no logrará su propósito.	*In spite of the fact that Mario **is** clever, he will not achieve his goal.*
A pesar de que Mario **sea** listo, no logrará su propósito.	*In spite of the fact that Mario **is (may be)** clever, he will not achieve his goal.*

In the two examples with **a pesar de que**, the one with **es** asserts unemotionally that Mario is, indeed, clever. The example with **sea** indicates that his cleverness is discounted, not conceded to be a fact, or viewed as a fact but stressed emotionally by the speaker.

The Subjunctive in Conditional Sentences

The Indicative and Subjunctive Moods in "If" Clauses. There is little difference in meaning in the following three sentences.

Si **llueve**, nos mojamos (mojaremos).	*If **it rains**, we (will) get wet.*
Si **lloviera**, nos mojaríamos.	*If **it rained (were to rain)**, we would get wet.*
Si **hubiese llovido**, nos habríamos mojado.	*If **it had rained**, we would have gotten wet.*

Each sentence expresses a conditional relationship between rain and our getting wet. Nevertheless, the way of looking at the condition expressed in the subordinate clause (the one after *if* or **si**) is different in each sentence. The first sentence neither affirms nor denies that the event will take place; it simply indicates a causal relationship between the subordinate and the independent clause on those occasions that the event happens. In Spanish, this neutral type of condition requires an indicative verb after **si**. The second sentence views the rain as unlikely or at most as a possibility. The uncertainty involved in this type of conditional sentence requires that the verb after **si** be in the subjunctive. The third sentence illustrates a contrary-to-fact condition, since the clause following **si** indicates that it did not happen. Contrary-to-fact conditions require a subjunctive verb in the subordinate clause.

Si **vino** ayer, no lo sabíamos.	*If **he came** yesterday, we didn't know it.*
Si nos **ayudara**, podríamos ir.	*If **he helped (were to help)** us, we would be able to go.* (not probable or at most a possibility)
Si yo **fuera** Ud., no iría.	*If **I were** you, I wouldn't go.* (contrary to fact for I am not you)
Si Joaquín **se cortara** el pelo, estaría más guapo.	*If Joaquín **would cut** his hair, he would look more handsome.*
Si **hubiésemos pagado** la factura, no nos habrían cortado la luz.	*If **we had paid** the bill, they wouldn't have cut off the electricity.*

The following rule of thumb should prove useful. In Spanish, when the verb in the independent clause is in the conditional (or conditional perfect), the verb in the clause introduced by **si** must be in the subjunctive. But when the verb in the independent clause is in any other tense except the conditional, then the verb in the clause after **si** is in the indicative. The sequence of tenses (see page 161) precludes the use of a present subjunctive after **si** when the verb in the main clause is conditional.

The Subjunctive Substitute for the Conditional. Instead of the usual conditional and imperfect subjunctive sequence in sentences with a **si** clause, native Spanish speakers sometimes replace the conditional with an imperfect subjunctive. This results in a sentence with both verbs in the imperfect subjunctive. The second verb, however, retains the meaning of a conditional. Some native speakers, however, frown on this construction with two imperfect subjunctives.

Si le **pidieras** dinero a tu padre, te lo **daría (diera)** enseguida.	*If **you asked** your father for money, **he would give** it to you right away.*
Si no lo **hubiera sospechado**, no **habría (hubiera) venido**.	*If **he had** not **suspected** it, **he would** not **have come**.*

Substitutes for the Subjunctive in Conditional Sentences*.* The preposition **de** + **infinitive** sometimes replaces the subjunctive (or indicative) in conditional sentences.

Sabía con certeza que **de olvidarlo**, todo estaría perdido.	He knew for sure that ***if he forgot it****,* everything would be lost.
De haber sido más inteligente, no habría depositado el dinero en ese banco.	***If he had been*** more intelligent, he wouldn't have deposited the money in that bank.

Que may replace the verb *to be* in the subjunctive.

Yo **que** Ud., no iría.	***If I*** *were you, I wouldn't go.*

Substitute for the Conditional Tense

In colloquial or popular spoken Spanish, the imperfect indicative often replaces the conditional in contrary-to-fact sentences.

Yo, ahora mismo, si **tuviera** un millón de dólares, **dejaba de** trabajar y **me iba** a vivir a Costa Rica.	*Right now, if **I had** a million dollars, **I would stop** working and **I would go** live in Costa Rica.*

"Como si" and the Subjunctive Mood

Como si, *as if,* and its literary equivalent **cual si**, are always followed by a past (i.e., an imperfect or pluperfect) subjunctive.

Paca movía la cabeza como si **se negara** a dar crédito a sus oídos.	*Paca moved her head as if **she refused** to believe her ears.*
Carlos conducía como si **estuviera** borracho.	*Carlos drove as if **he were** drunk.*
En La Habana, Germán se sentaba en su café favorito ~~cual~~ si **fuera** un millonario. como	*In Havana, Germán would sit down in his favorite café as if **he were** a millionaire.*
Trata a los obreros como si **fueran** esclavos.	*He treats the workers as if **they were** slaves.*

Other Uses of the Subjunctive

A. Clauses introduced by **el que**, **el hecho de que**, *the fact that*, and **de ahí que**, *hence, that is the reason that*, take the subjunctive.

El que ya no se **quieran** es motivo para que se divorcien.

*The fact that **they** don't **love** each other any more is reason for them to get divorced.*

De ahí que el profesor **llamara** españolas a las cuevas de Altamira.

*That is the reason the professor **called** the Caves of Altamira Spanish.*

B. Verbs expressing a stimulus to action (**alentar**, *to encourage, to cheer*, **animar**, *to encourage*, **incitar** and **persuadir**) and verbs of invitation (**invitar**, **convidar**) are normally followed by the preposition **a** + **infinitive**. There is, however, an alternative construction with **a que** + **subjunctive**.

Invito al lector **a meditar (a que medite)** sobre este problema.

*I invite the reader **to think** about this problem.*

Rosa animó a su hija **a cantar (a que cantara)**.

*Rosa encouraged her daughter **to sing**.*

PRÁCTICA

A. *En cada una de las siguientes frases, sustituya el infinitivo en paréntesis por la forma correcta del subjuntivo o del indicativo.*

1. Nunca he conocido antes a nadie que ___hable___ turco (**hablar**).
2. Hace mucho calor hoy. No cierres ninguna ventana que ___dé___ al mar (**dar**).
3. No había nadie que ___ignorara___ la existencia de esa terrible enfermedad (**ignorar**).
4. El soldado tenía órdenes de disparar contra el primero que ___saliera___ del edificio (**salir**).
5. Emilia tiene muy buen gusto y yo comería en cualquier restaurante que ella ___recomendara___ (**recomendar**).

recomiende

6. Haz lo que ___sea___ necesario para resolver el problema (**ser**).
7. En aquel momento necesitaba a alguien que me ___ayudara___ con mi trabajo (**ayudar**).
8. ¿Conoces algún mesón donde ___tengan___ buenas tapas (**tener**)?

9. Me gustaría comprar un televisor que ___cuesta___ menos de trescientos dólares (**costar**).

10. Buscábamos al dependiente que nos ___atendió___ la semana pasada (**atender**).

11. Te apuntaré su número de teléfono para que no se te ___olvide___ (**olvidar**).

12. Es una foto de su mujer de antes (de) que ellos ___se casaran___ (**casarse**).

13. En caso de que tu hijo no ___vuelva___ a casa pronto, debes llamar a la policía (**volver**).

14. ¿Cómo has llegado hasta aquí sin que nadie te ___viera___ (**ver**)?

15. Después (de) que ___se fueron___ los invitados, tuvimos que limpiar la casa (**irse**).

B. *Rellene los espacios en blanco usando la forma apropiada del verbo entre paréntesis. Recuerde lo estudiando en capítulos 6, 7 y 8.*

Mi padre acaba de decirme que si no ___estuviera___ (estar) (1) lloviendo, él y yo ___saldríamos___ (salir) (2) a pasear. Ya ___estuve___ (estar) (3) paseando ayer, así que le ___dije___ (decir) (4) a mi padre que yo prefería que ___fuéramos___ (ir) (5) al Museo Lázaro Galdiano. No hay otro museo que ___sea___ (ser) (6) más bonito — bueno, al menos lo es para mí — en Madrid. Mi padre me acaba de decir que ___iremos___ (ir) (7) a dónde yo ___quiera___ (querer) (8), al fin y al cabo él no quiere que ___discutamos___ (discutir) (9) por algo que no vale la pena. ¡Vamos, como si ___hubiera___ (haber) (10) algo que ___valiera___ (valer) (11) la pena! Nos llevamos muy bien, y siempre ___evitamos___ (evitar) (12) hacer todo aquello que ___pueda___ (poder) (13) molestar al otro. Yo ___quiero___ (querer) (14) que mi padre ___esté___ (estar) (15) contento conmigo, así que yo ___trato___ (tratar) (16) de hacer todo lo posible para que no se ___disguste___ (disgustar) (17) conmigo. Esta tarde, cuando ___salgamos___ (salir) (18) tal vez no ___esté___ (estar) (19) lloviendo, así que, tal vez ___vayamos___ (ir) (20) a visitar el Jardín Botánico, y también ___demos___ (darse) (21) una vuelta por el Museo la Reina Sofía. ¡Cómo me ___gustaría___ (gustar) (22) que aún ___tuvieran___ (tener) (23) esa exposición de fotografías que ___hizo___ (hacer) (24) Robert Capa de la guerra civil. ¡Es una pena que muchos jóvenes de ahora no ___sepan___ (saber) (25) nada sobre lo que ___ocurrió___ (ocurrir) (26) en esa guerra!

C. *Traduzca al español las siguientes frases usando el subjuntivo o indicativo según sea apropiado.*

1. There is nothing that tastes better than fresh grilled fish.

2. For Sunday buy a turkey that weighs between ten and twelve pounds.

3. He waited for the envelope to dry.

Esperó a que el sobre se secara.

a haberlo
sabido

4. They are looking for a driver who knows three languages.

5. If [use **de**] I had known it, I would not have come.

6. As long as there isn't a good library at this university, it will be difficult to do research. *Mientras no haya*

7. I don't believe there is anyone in this class who knows how to write well.

8. The day she disappears, I don't know what we will do. *desaparezca*

9. If you have a problem, let me know. *avísame / déjamelo saber*

10. If we didn't have children, perhaps we would do it.

D. *Cada una de las frases siguientes contiene un error. Indique cuál es. Explique por qué está mal.*

1. Si Nueva York gana el campeonato, estemos contentos.

2. Si no habría llovido, nos habríamos mojado.

3. Ante ayer, no habríamos ido al cine si estaba lloviendo.

4. En caso de que vienen tus padres, no les diremos nada.

5. Buscábamos una guía que conocía bien Boston.

ENFOQUE   A Description

Describing a scene or an event should engage as many of the reader's senses as possible: sight, hearing, smell, taste, and touch. The good writer conveys through words impressions of a sensorial and emotional nature to his readers.

To describe anything, you should apply the same principles used when writing a narrative; that is, focus, select, and define. Imagine you are moving in front of whatever you want to describe with a video camcorder. Your machine will gather the sights and sounds, you—with well selected words—must add tonalities, smells, tastes, and textures. You must make it come alive.

A good description is never reached by accident; it represents a conscious, artistically elaborated effect created by the writer. The writer should carefully select each noun, verb, adverb, and adjective employed in the description. While writing description, keep in mind what it is you want to communicate and to whom. Once you know this with certainty, you will have to choose which details (from among the many you may have gathered in your notes) will best transmit your impressions to the selected reader.

Avoid vague and superficial descriptions. Carefully select words and details so what you write will be *alive* and *vibrant*. It is better to use few—but revealing—details than to give a long list of them and risk losing your readers in the process. A good description implies that you must be a careful observer of life—and just as careful in selecting the words you employ while writing. A description has no power if it is merely an embellishment within the narration. To be effective, it must convey the necessary details to create the desired outcome. Remember that to make the readers experience what you want them to experience, you should employ as many of the senses as possible.

Avoid using abstract notions and generalizations; be as concrete and specific as you possibly can so the images or scenes you create will be effective. Do not excessively use adjectives and adverbs. Learn to use nouns properly and to be exact with verbs. When possible, use onomatopoeia—those words which represent sounds. Familiarize yourself with the connotations and derivations of the words you choose in your descriptions—a good dictionary and thesaurus are always useful.

CAPÍTULO

 COMO AGUA PARA CHOCOLATE
LAURA ESQUIVEL

 REPASO GRAMATICAL
    • *Adjectives and Adjective Position*

Como agua para chocolate

Laura Esquivel

✦✦✦✦✦✦✦✦✦✦✦✦✦✦✦✦✦

*La mexicana Laura Esquivel (1950–) inicia su carrera literaria como guionista cine-
matográfica. En 1989, publica en México la novela* Como agua para chocolate *que ya
en 1990 se convierte en un "best-seller." Poco después, se estrena la película del mismo
título, con guión escrito por Laura Esquivel, que recibe una acogida pública y crítica
muy favorable. La película recibe 10 premios Ariel de la Academia Mexicana de
Ciencias y Artes Cinematográficas. Entre estos premios se halla el concedido al mejor
guión del año. El éxito de la película hace que aumente aún más el interés por la novela.
Gracias a esta obra, Laura Esquivel es ahora reconocida como una de las más frescas e
innovadoras voces de la literatura hispanoamericana.*

Como agua para chocolate *es una novela que, en un principio, nos sorprende y
confunde porque no sabemos si es un libro de memorias, una colección de recetas de cocina o una novela. Al terminar su lectura, no podemos sino concluir que, en efecto, es una
muy bien desarrollada novela en la que su autora ha sabido mezclar elementos de las
otras categorías.*

*La novela, con obvias raíces en el realismo mágico, es una obra donde las emociones
evocan un intenso romanticismo. En ella, las circunstancias vividas por sus personajes
pueden dejarnos un sabor dulce o amargo (sugerido tal vez por las suculentas recetas
culinarias que acompañan estas circunstancias). En todo momento, hemos seguido las
actividades de estos protagonistas maravillados por la magia de las cosas que les ocurren
y seducidos por la sensualidad de los actos en que se ven envueltos. El título se refiere a la
temperatura necesaria para disolver el chocolate en el agua.*

*Tita, la protagonista, nace en una familia matriarcal dirigida con mano de hierro
por Mamá Elena. Desde niña, Tita encuentra refugio en la cocina de su casa. Allí, bajo
la protección de Nacha, la cocinera de la familia, Tita descubre, mientras prepara las
comidas, el camino que la lleva a manifestar su espíritu de independencia. Desde un
principio, Tita se opone a la absurda tradición que la condena a quedar soltera por ser
la hija menor de la familia, para así poder dedicar su vida a cuidar de Mamá Elena.
Por eso, cuando Pedro, un joven enamorado de Tita, y al cual ésta corresponde, quiere
casarse con ella, Mamá Elena dice que la boda no puede celebrarse ya que Tita debe
permanecer soltera porque así lo manda la tradición. Pedro, para poder al menos estar
cerca de Tita, acepta casarse con Rosaura, una hermana mayor. Cuando muere Mamá
Elena, un joven doctor norteamericano se enamora de Tita y quiere casarse con ella.*

En la selección que sigue, Tita se halla en la cocina pensando en su futura boda con John (el médico). Pedro se presenta allí y trata de convencerla de que su matrimonio con ese hombre es un error. Tita rechaza las sugerencias de Pedro y se envuelve en la preparación de una sabrosa comida al final de la cual John va a pedir oficialmente la mano de Tita.

Tita se sentó en un **escalón**[1] con la cabeza entre las manos para tomar aire. Se había levantado desde las cinco de la mañana para que las carreras no se apoderaran de ella y todo había sido en vano. Ahora tenía que preparar nuevamente el mole.

5   Pedro no podía haber elegido peor momento para hablar con Tita, pero aprovechando que la encontró en las escaleras, aparentemente tomando un descanso, se le acercó con la intención de convencerla de que no se casara con John.

—Tita, quisiera decirle que considero un lamentable error de su parte la idea que tiene de casarse con John. Aún está a tiempo de no cometer esa equivocación,
10   ¡no acepte ese matrimonio por favor!

—Pedro, usted no es nadie para decirme lo que tengo que hacer, o no. Cuando usted se casó yo no le pedí que no lo hiciera, a pesar de que esa boda me destrozó. Usted hizo su vida, ¡ahora déjeme hacer la mía en paz!

—Precisamente por esa decisión que tomé y de la cual estoy completamente
15   arrepentido, le pido que **recapacite**[2]. Usted sabe muy bién cuál fue el motivo que me unió a su hermana, pero resultó un acto inútil que no funcionó, ahora pienso que lo mejor hubiera sido huir con usted.

—Pues lo piensa demasiado tarde. Ahora ya no hay remedio. Y le **suplico**[3] que nunca más en la vida me vuelva a molestar, ni se atreva a repetir lo que me
20   acaba de decir, mi hermana lo podría escuchar y no tiene por qué haber otra persona infeliz en esta casa. ¡Con permiso! ...Ah, y le sugiero que para la próxima vez que se enamore, ¡no sea tan cobarde!

Tita, tomando la olla con furia se encaminó hacia la cocina. Terminó el mole entre masculleos y aventones de trastes y mientras éste se **cocía**[4] siguió con la pre-
25   paración del champandongo.

Cuando la carne se empieza a dorar, se le agregan el jitomate picado junto con el acitrón, las **nueces**[5] y las almendras partidas en trozos pequeños.

El **calor**[6] del vapor de la **olla**[7] se confundía con el que se desprendía del cuerpo de Tita. El enojo que sentía por dentro actuaba como la levadura con la masa
30   del pan. Lo sentía crecer atropelladamente, inundando hasta el último resquicio que su cuerpo podía contener y como levadura en un traste diminuto, se desbordaba hacia el exterior, saliendo en forma de vapor por los oídos, la nariz y todos los poros de su cuerpo.

Este desmesurado enojo era causado en una mínima parte por la discusión
con Pedro, en otra parte por los incidentes y el trabajo de la cocina y en una gran
parte por las palabras que Rosaura había pronunciado unos días antes. Estaban
reunidos en la recámara de su hermana, Tita, John y Alex. John había llevado a su
hijo a la visita médica, pues el niño extrañaba mucho la presencia de Tita en su
casa y la quería ver nuevamente. El niño se asomó a la cuna para conocer a
Esperanza y quedó muy impresionado con la belleza de la niña. Y como todos los
niños de esa edad que no se andan con tapujos, dijo en voz alta:

—Oye papi, yo quiero casarme también, así como tú. Pero yo con esta niñita.

Todos rieron por la graciosa **ocurrencia**[8] pero cuando Rosaura le explicó a
Alex que eso no podía ser pues esa niñita estaba destinada a cuidarla hasta el día
de su muerte, Tita sintió que los cabellos se le erizaban. Sólo a Rosaura se le podía
ocurrir semejante horror, perpetuar una tradición por demás inhumana.

¡Ojalá que a Rosaura la boca se le hiciera chicharrón! Y que nunca hubiera
dejado escapar esas repugnantes, malolientes, incoherentes, pestilentes, indecen-
tes y repelentes palabras. Más valía que se las hubiera tragado y guardado en el
fondo de sus entrañas hasta que se le pudrieran y agusanaran. Y ojalá que ella
viviera lo suficiente como para impedir que su hermana llevara a cabo tan nefas-
tas intenciones.

En fin, no sabía por qué tenía que pensar en esas cosas tan desagradables en
estos momentos que deberían ser para ella los más felices de su vida, ni sabía por
qué estaba tan molesta. Tal vez Pedro la había contagiado su mal humor. Desde
que regresaron del rancho y se enteró que Tita se pensaba casar con John andaba
de un humor de los mil demonios. Ni siquiera se le podía dirigir la palabra.
Procuraba[9] salirse muy temprano y recorrer el rancho a galope en su caballo.
Regresaba por la noche justo a tiempo para la cena y se encerraba en su recámara
inmediatamente después.

Nadie se explicaba este comportamiento, algunos creían que era porque le
había afectado profundamente la idea de no volver a tener más hijos. Por lo que
fuera, pero tal parecía que la ira dominaba los pensamientos y las acciones de
todos en la casa. Tita literalmente estaba como «agua para chocolate». Se sentía de
lo más irritable. Hasta el canturreo tan querido de las palomas, que ya se habían
reinstalado en el techo de la casa y que el día de su regreso le había **proporciona-
do**[10] tanto placer, en este momento le molestaba. Sentía que la cabeza le iba a
estallar como roseta de maíz. Tratando de impedirlo se la apretó fuertemente con
las dos manos. Un tímido golpe que sintió en el hombro la hizo reaccionar sobre-
saltada, con ganas de golpear a quien fuera el que lo hizo, que de seguro venía a
quitarle más el tiempo. Pero cuál no sería su sorpresa al ver a Chencha frente a
ella. La misma Chencha de siempre, sonriente y feliz. Nunca en la vida le había
dado tanto gusto verla, ni siquiera cuando la había visitado en casa de John.
Como siempre Chencha llegaba caída del cielo, en el momento en que Tita más
lo necesitaba.

Era asombroso observar lo **repuesta**[11] que se encontraba Chencha, después de haberla visto irse en el estado de angustia y desesperación en que lo hizo.

Ni rastro quedaba del trauma que había sufrido. El hombre que había logrado borrarlo estaba a su lado, luciendo una sincera y amplia sonrisa. A leguas se
80 veía que se trataba de un hombre honrado y callado, bueno, eso quién sabe, porque lo que pasaba era que Chencha no le permitió abrir la boca mas que para decirle a Tita: «Jesús Martínez para servirle a usted». Después Chencha, como siempre, **acaparó**[12] por completo la plática y rompiendo record de velocidad, en sólo dos minutos logró poner a Tita al día en los **acontecimientos**[13] de su vida:

85 Jesús había sido su primer novio y nunca la había olvidado. Los papás de Chencha se habían opuesto terminantemente a esos amores y de no haber sido porque Chencha regresó a su pueblo y él la volvió a ver nunca hubiera sabido dónde buscarla. Por supuesto no le importó que Chencha no fuera virgen y se casó inmediatamente con ella. Regresaban juntos al rancho con la idea de empe-
90 zar una nueva vida ahora que Mamá Elena había muerto, y pensaban tener muchos hijos y ser muy felices por los siglos de los siglos...

Chencha se detuvo para tomar aire pues se estaba poniendo morada y Tita aprovechó la interrupción para decirle, no tan rápido como ella, pero casi, que estaba encantada de su regreso al rancho, que mañana hablarían de la contrata-
95 ción de Jesús, que hoy venían a pedir su mano, que pronto se casaría, que aún no terminaba la cena y le pidió que ella la hiciera para poderse dar un calmante baño de agua helada y de esta manera estar presentable cuando John llegara, que sería de un momento a otro.

Chencha practicamente la echó de la cocina y de inmediato tomó el mando.
100 El champandongo lo podía hacer, según ella, con los ojos tapados y las manos amarradas.

Cuando la carne ya está cocida y seca, lo que procede es freír las tortillas en aceite, no mucho para que no se endurezcan. Después, en el traste que vamos a meter al horno se pone primero una capa de crema para que no se pegue el plati-
105 llo, encima una capa de tortillas, sobre ellas una capa de picadillo y por último el mole, cubriéndolo con el queso en rebanadas, y la crema. Se repite esta operación cuantas veces sea necesario hasta rellenar el molde. Se mete al horno y se **saca**[14] cuando el queso ya se derritió y las tortillas se ablandaron. Se sirve acompañado de arroz y frijoles.

110 Qué tranquilidad le daba a Tita saber que Chencha estaba en la cocina. Ahora sólo se tenía que preocupar por su arreglo personal. Cruzó el patio como ráfaga de viento y se metió a bañar. Contaba con tan solo 10 minutos, para bañarse, vestirse, perfumarse y peinarse adecuadamente. Tenía tal apuro que ni siquiera vio a Pedro, en el otro extremo del patio trasero, pateando piedras.

CUESTIONARIO

Contenido

1. ¿Por qué se había levantado Tita a las cinco de la mañana?
2. ¿Por qué no quiere Pedro que Tita se case con John?
3. ¿Cómo afectó la boda de Pedro a Tita?
4. ¿Qué sugiere Tita a Pedro para la próxima vez que éste se case?
5. ¿Qué causa el desmesurado enojo de Tita?
6. ¿Por qué se le erizan los cabellos a Tita?
7. ¿Quién golpea suavemente a Tita en el hombro?
8. ¿Qué quiere Tita que haga Chencha? ¿Por qué?

Interpretación y estilo

1. ¿Qué sugiere la conversación entre Tita y Pedro?
2. ¿Por qué llama Tita "cobarde" a Pedro?
3. Explique la imagen "el enojo que sentía por dentro actuaba como la levadura en la masa del pan".
4. ¿Por qué es "graciosa" la ocurrencia del hijo de John?
5. ¿Qué inhumana tradición quería perpetuar Rosaura?
6. ¿Por qué se pasa Pedro el día recorriendo el rancho al galope?
7. ¿Qué cree usted que significa la imagen "como agua para chocolate"?
8. ¿Cómo es el hombre con el que se ha casado Chencha?

⌐ Léxico: opciones ⌐

⌐1⌐⌐⌐⌐⌐⌐⌐⌐⌐⌐⌐⌐⌐⌐⌐⌐⌐⌐⌐⌐⌐⌐⌐⌐

el escalón *step*
el peldaño *step*
la escalinata *steps, stairway*
la escalera *stairs , stairway, staircase, ladder*
la escalera mecánica *escalator*

Escalón y **peldaño** are virtually synonymous, except that **escalón** is of higher frequency. **Escalinata**, used in the singular, refers to a series of broad masonry or concrete steps usually located on the outside of a building and serving as its entrance. Sometimes an **escalinata** is found in the vestibule of buildings (government buildings, opera houses, etc.), and leads to the upper floors. **Escalera,** a generic term for any kind of stairway connecting different floors of a building, also means *ladder*.

Se llega a la pequeña plaza subiendo tres **escalones (peldaños)** de piedra.	*One reaches the little square by going up three stone **steps.***
Te espero en la **escalinata** del museo.	*I'll wait for you on the **steps** of the museum.*
Por el apagón, tuvimos que subir a pie por la **escalera** a nuestra habitación en el hotel.	*Because of the power failure we had to walk up the **stairs** to our hotel room.*
Para pintar el techo de nuestra sala necesitamos una **escalera.**	*To paint the ceiling of our living room, we'll need a **ladder.***

—2—

recapacitar *to think over, to reconsider*
reflexionar *to reflect (upon), to ponder*
reconsiderar *to reconsider*
meditar *to meditate, to contemplate*

Recapacitar and **reflexionar** are synonyms. Both words mean "to ponder", but **recapacitar** normally implies a more laborious mental review of something already said or done, while **reflexionar** more often indicates consideration of a new idea or ideas. Although **reflexionar** and **meditar** are also partial synonyms of **pensar**, **meditar** is often used in religious and philosophical contexts.

El Presidente, ante la oposición del Congreso, **recapacitó** sobre el plan de reforma sanitaria.	*The President, in view of the opposition in Congress, **reconsidered (rethought)** the health plan reform.*
Las ideas del físico inglés Steven Hawking me hicieron **reflexionar** sobre la creación del universo.	*The ideas of the English physicist Steven Hawking made me **ponder (reflect upon)** the creation of the universe.*
Thomas Merton se hizo monje trapense para poder **meditar** en soledad.	*Thomas Merton became a Trappist monk in order to **meditate** in solitude.*

─3──

suplicar *to ask for, to implore*
rogar *to ask for, to beg, to pray*
solicitar *to ask for, to request, to apply for*
pedir *to ask for, to request*

The terms above are synonyms in their basic meaning of asking for or seeking to be given something. **Suplicar** implies a humbleness or servility on the part of the person making the request; **suplicar** is also the term used in official documents submitted to any government agency by an individual. Although **rogar** is a close synonym of **suplicar**, it suggests a lesser degree of humbleness in requesting something from someone; **rogar** is sometimes used in a religious context. **Solicitar** is a synonym of **pedir**, but it indicates respect or formality in making the request. **Solicitar** also renders English "to apply for". **Pedir,** of course, is the standard word for *to ask* for or *to request*.

La familia del condenado a pena de muerte **suplicó** al gobernador que le conmutara la sentencia a cadena perpetua.	*The family of the man sentenced to die **implored** the governor to commute the sentence to life imprisonment.*
Los campesinos **rogaron** a la Virgen de Guadalupe para que lloviese.	*The farmers **prayed** to (**begged**) the Virgin of Guadalupe for rain.*
Mi hijo **ha solicitado** un empleo en el ayuntamiento.	*My son **has applied** for a job in city hall.*
Le **pedí (rogué)** a Armida que ella diese la conferencia sobre Borges.	*I **asked** (**begged**) Armida to give the lecture on Borges.*

─4──

cocer *to boil, to cook*	**asar** *to roast, to broil, to grill*
hervir *to boil*	**freir** *to fry*
cocinar *to cook*	**cocer** (**cocinar**) **al horno** *to bake*
guisar *to cook, to stew*	

Cocer, as used in the text, means *to cook* and along with **cocinar** and **guisar** is one of three general terms for *to cook*. **Hervir** is the word used to indicate the boiling of liquids by themselves such as water, milk, coffee, etc. **Guisar** is also used to refer to the making of any kind of stew. **Asar**, whose primary meaning is *to roast*, has a secondary meaning of *to broil* or *to grill*. **Freir** is to fry food in oil, butter or fat. *To bake* is to cook in the oven (el **horno**) in Spanish, with a preference in Spain for **cocer al horno** and in Spanish America for **cocinar al horno**.

Para preparar este plato se **cuecen** los guisantes con 100 gramos de jamón.

*To prepare this dish, you **cook** the peas with 100 grams of ham.*

—¿A quién le toca **cocinar** esta noche? —preguntó mi hermano.

*"Whose turn is it **to cook** tonight?," asked my brother.*

En Segovia, el mejor cordero **asado** lo sirven en el Mesón de Cándido.

*In Segovia, the best **roast** lamb is served at the Mesón de Cándido.*

En el norte de España se pueden comer sardinas **asadas** en casi cualquier restaurante de la costa.

*In the north of Spain you can eat **grilled** sardines in almost any restaurant along the coast.*

Para hacer la pizza, hay que **cocerla al horno** a una temperatura alta.

*To make pizza, you have to **bake** it at a high temperature.*

5

la nuez *walnut*
el cacahuete *peanut*
el anacardo *cashew nut*
la castaña *chestnut*

el pistacho *pistachio*
la avellana *hazelnut (filbert)*
la almendra *almond*

In English, *nut* is a generic term for a variety of hard shelled seeds or fruits with a usually edible inner kernel. In Spanish, there is no single term that corresponds to the generic concept of *nut* in English. Indeed, each type of nut has a different name in Spanish, whereas in English, the corresponding term includes the word *nut* in it. While in Spain the term for *peanut* is **cacahuete**, in Mexico it is **cacahuate**, and in much of the rest of Spanish America it is **maní**. Of all the words listed above, **almendra**, *almond*, although a nut, is the only one that lacks the word *nut* in its English designation.

El **cacahuete (cacahuate, maní)** fue uno de los muchos alimentos que fueron de América a Europa.

*The **peanut** was one of the many foods that went from America to Europe.*

En el supermercado tienen helados con sabor a **pistacho, avellana** y **almendra**.

*The supermarket has ice cream with **pistachio, hazelnut,** and **almond** flavors.*

6 ~~~~~~

el calor *heat*
caliente *hot*
cálido *warm, hot*
caluroso *warm, hot*

The three adjectives, **caliente**, **cálido** and **caluroso** are synonymous but tend to be used in different contexts. Of the three, **caliente** is the term used to indicate the high temperature of a physical object. **Cálido** and **caluroso** are close synonyms but the latter is the higher frequency term. Of the two, **cálido** is the more learned term, while **caluroso** can be the more affective or emotional in its register. Sometimes **caluroso**, when applied to weather, indicates a kind of oppressive heat, a connotation lacking in its synonym.

El **calor** del desierto no es tan molesto porque es seco.	*The **heat** of the desert is not so bothersome because it is [a] dry [**heat**].*
—Para afeitarme bien —dijo mi padre, necesito agua **caliente**.	*"For a good shave," said my father, "I need **hot** water."*
El público dio una **calurosa** ovación a Monserrat Caballé.	*The crowd gave a **warm** ovation to Monserrat Caballé.*
Me gusta mucho el clima **cálido** de las Islas Canarias, pero no el **caluroso** de Santo Domingo.	*I very much like the **warm** weather of the Canary Islands, but not the **hot** weather of Santo Domingo.*

7 ~~~~~~

la olla *pot, kettle*	**la sartén** *frying pan, skillet*
la olla a presión *pressure cooker*	**el perol** *kettle, pot*
la cacerola *pan, pot*	**el puchero** *pot*
la cazuela *earthenware casserole*	

Olla is a standard word for a concave shaped pot or kettle of any size. **Cacerola** is a *pan* or a *pot* with straight sides and a round shape that tends to be higher than it is wide; it may be made of metal, earthenware or ceramic glass. **Cazuela** indicates a *casserole* made only of earthenware. The **perol** is a metal *pot* or *kettle* made in the form a hemisphere. The **puchero** is a small metal or earthenware receptacle that may contain a single serving of food.

Como éramos muchos en la familia, mi madre tenía que usar una **olla** muy grande para preparar la comida.

*Since we were a large family, my mother had to use a large **pot (kettle)** to prepare the meals.*

Para hacer la salsa de los espaguetis, la **cacerola** es mejor que la **olla**.

*To make spaghetti sauce a (sauce) **pan** is better than a **pot**.*

El menudo es un plato mexicano que se prepara en una **cazuela.**

*Menudo is a Mexican dish cooked in an earthenware **casserole**.*

Hace muchos años, los obreros llevaban su comida en un **puchero** al trabajo.

*Many years ago, workers carried their lunch to work in a **pot**.*

—8—

la ocurrencia *spontaneous remark*
la salida *surprising idea*
la gracia *witty remark*
el ingenio *wit*
ocurrente *witty*

ingenioso *witty, sharp*
gracioso *witty, amusing*

Ocurrencia indicates a sudden idea that a person expresses and which surprises someone else because of its unusualness. **Salida** is a synonym of **ocurrencia** but refers to either an action or comment. **Gracia**, whose primary meaning is *grace*, is also a synonym of **salida** in the sense of witty or amusing remark. **Ingenio**, although partially synonymous with the previous three nouns, differs from them in that it indicates a more profound innate talent for perceiving and expressing the humorous aspects of life. The adjectives **ocurrente**, **ingenioso** and **gracioso** reflect the distinctions existing in the corresponding nouns.

Qué **ocurrencia** decir que Colón y Vasco da Gama eran hermanos!

*What a **crazy idea** to say that Columbus and Vasco da Gama were brothers!*

La gente todavía se ríe con las **salidas** de Groucho Marx en la televisión.

*The public still laughs at the **hilarious comments** and **behavior** of Groucho Marx on T.V.*

En su programa, Johnny Carson se expresaba con mucha **gracia**.

*In his program, Johnny Carson expressed himself with a great deal of **wit**.*

El **ingenio** de Cervantes es patente en el *Quijote*.

*Cervantes' **wit** is obvious in* Quixote.

El método de mi hermano para ganar dinero en Las Vegas es muy **ingenioso**.

*My brother's system for winning money in Las Vegas is very **clever (ingenious)**.*

Lucille Ball era tan **ocurrente (graciosa)** que llegó a ser la reina de la comedia.

*Lucille Ball was so **witty (funny)** that she became the queen of comedy.*

9

procurar *to try*
intentar *to try, to attempt*
tratar de *to try, to attempt*
probar(se) *to try (on)*
ensayar *to try out, to rehearse*

Procurar, **intentar** and **tratar de** can be followed by an infinitive to indicate making an effort to do something. **Tratar de** is by far the most common of the three verbs, and it is the normal way to express English *to try*. **Procurar** implies making a special effort to do something and achieving the desired goal. **Intentar** suggests the initiation of an attempt to do something but with no indication of reaching or accomplishing one's aim. In the preterite, **intentar** implies the failure to do what was attempted. **Probar**, used reflexively, is to try on clothing. **Ensayar** is to try out in the sense of practicing something before its presentation.

Para conseguir una buena nota, el estudiante **procuró** estudiar más.

*To get a good grade, the student **tried** to study more.*

Intentaron (trataron de) llegar antes de que comenzara la ópera, pero el tráfico se lo impidió.

*They **tried** to arrive before the opera began, but traffic prevented them from getting there on time.*

Julia compró el primer par de zapatos que **se probó**.

*Julia bought the first pair of shoes that she **tried on**.*

La representante **ensayó** su discurso antes de presentarlo en la Cámara del Congreso.

*The congresswoman **tried out (rehearsed)** her speech before reading it in Congress.*

—10———————————————————

proporcionar *to provide, to supply*
proveer *to provide, to supply*
suministrar *to supply*
surtir *to supply, to stock*
abastecer *to provide, to supply, to stock*

Although some of the above verbs are used interchangeably, in certain contexts only one or two of them (is) are appropriate. **Proporcionar** and **proveer** mean to provide or supply a person or institution with what is needed. **Suministrar** and **surtir** also indicate *to supply* but often on a commercial, organizational, or large-scale basis. **Abastecer**, however, indicates supplying or providing basic needs such as fuel, water, utilities, and foodstuffs.

La huerta nos **provee** de todos los tomates y lechugas que necesitamos.	*The garden **provides (supplies)** us with all the tomatoes and lettuce we need.*
Mi padre me **ha proporcionado** un empleo en la fábrica.	*My father **has provided** me with a job at the factory.*
La bibliotecaria me **suministró (proporcionó)** los datos que yo necesitaba para mi libro.	*The librarian **provided** me with the facts that I needed for my book.*
Mi suegro me **surte** de carbón para todo el año.	*My father-in-law **supplies (provides)** me with coal for the entire year.*

—11———————————————————

repuesto *recovered*
reponer *to recover, to replace*
recuperar *to recuperate, to recover*
recobrar *to get back, to recover*
restablecer *to reestablish, to recover*

The participial adjective for **reponer**, *to recover*, is **repuesto**. **Reponer, recuperar** and **recobrar** are all commonly used to indicate the regaining of strength or health after an illness. **Reponer** is also used to indicate the replacement of something that has been sold, used, lost or broken. **Recuperar** and **recobrar** may both be used to indicate the recovery of material things that may have been lost. For nontangiblethings, such as reputation, honor, etc., only **recuperar** is appropriate. The primary meaning of **restablecer** is *to reestablish* something, but this Spanish verb is also a less frequent synonym of **recuperar** and **recobrar** with reference to health.

Para **reponerse (recuperarse)** de la pulmonía, Pedro tuvo que guardar cama varios días.

*To **recover (recuperate)** from pneumonia, Pedro had to stay in bed for a few days.*

Después de las Navidades, tuvimos que **reponer** la mercadería en la tienda .

*After Christmas, we had to **replace** the stock in the store.*

El tesoro del galeón español *Virgen de Atocha* fue **recuperado** en la costa de la Florida.

The treasure aboard the Spanish galleon Virgen de Atocha *was **recovered** off the Florida coast.*

Para **restablecer** su salud, Paco se fue a vivir a los Pirineos.

*To **recover** his health, Paco went to live in the Pyrenees.*

━**12**━━━━━━━━━━━━━━━━━━━━━━━━━━━━━

acaparar *to monopolize, to corner the market, buy up*
monopolizar *to monopolize*
apoderarse de *to take possession of, to seize*
acopiar *to gather, to amass*

Acaparar, as used in the text, means *monopolizing* in the sense of dominating the conversation. More often, **acaparar** is used in the material sense of buying or cornering the market in some commodity or product. **Monopolizar** is a close synonym of **acaparar** but it implies an absolute or total control of something through the exclusion of others. **Apoderarse de** indicates only taking possession of something but without any suggestion of monopolistic intent. **Acopiar** is simply to *gather* or *to accumulate* a quantity or amount of something sufficient for a particular purpose.

La multinacional **acaparó** la cosecha de café para poder subir los precios.

*The multinational corporation **bought up** the coffee crop in order to raise the prices.*

Durante muchos años, Pemex **ha monopolizado** la producción y venta de petróleo en México.

*For many years, Pemex **has** monopolized the production and sale of petroleum in Mexico.*

La urbanización costera quiere **monopolizar** el acceso a la playa.

*The coastal community wants **to monopolize** the access to the beach.*

El general, por la fuerza de las armas, **se apoderó** del gobierno.

*The general, by force of arms, **seized (took over)** the government.*

Tuve que **acopiar** muchos datos para mi informe sobre la economía nacional.

*I had **to gather** much data for my report on the national economy.*

—13—————————————————————————

el acontecimiento *event, happening*
el evento *event*
el suceso *event*
el acaecimiento *event, happening*
suceder, acontecer, acaecer *to happen*

Acontecimiento indicates something especially important or unforgettable in history, or in the life of a person. **Evento**, a sudden or unexpected event, was originally an Anglicism, which has gained acceptance in Spanish America, and to a lesser extent in Spain. **Suceso** the most common word for *event*, may refer to something of little or of great significance. It is also preferred when referring to something unfortunate. **Acaecimiento** has a decidedly literary flavor and is uncommon in spoken Spanish.

El primer viaje a la luna fue un **aconte-cimiento** de importancia mundial.

*The first trip to the moon was an **event** of world-wide importance.*

La restauración de la democracia en 1975 en España fue un **evento (acontecimiento)** de gran importancia.

*The restoration of democracy in 1975 in Spain was an **event** of great importance.*

El trágico **suceso** trastornó los planes de la familia.

*The tragic **event** upset the family's plans.*

Las elecciones constituyeron el **suceso** más importante del año.

*The elections were the most important **event** of the year.*

Durante todo el verano no **ha aconte-cido (sucedido)** nada que merezca la pena contarte.

*During the whole summer, nothing worth telling you **has happened.***

—14—————————————————————————

sacar *to take out, to obtain*
arrancar *to pull out (up); to root out*
quitar *to remove, to take away (off)*
extraer *to take out, to extract*
meter *to put, to insert*

Sacar implies the normal removal of something from within something else. In colloquial usage, **sacar** is a common substitute for **conseguir** or **obtener**, *to get* or *obtain* with reference to tickets for travel or admission to an event. **Arrancar** means the same as **sacar**, but stresses the force or violence needed to remove something.

Quitar means *to remove* in the sense of taking something away from someone (including oneself) or from something to which it is attached. **Extraer**, a somewhat literary term, indicates the removal of something which is inside, and placing it outside. **Meter**, an antonym for all the preceeding verbs, is used to indicate the placing or putting of something inside something else.

Mi abuela **sacó** del bolsillo un puñado de caramelos.	*My grandmother **took** a handful of hard candy out of her purse.*
El dentista le **sacó (arrancó)** dos muelas.	*The dentist **took (pulled) out** two of his molars.*
Nos costó mucho trabajo **arrancar** las raíces del árbol que habíamos cortado.	*It took a great deal of effort to **pull out** the roots of the tree we had cut down.*
En el metro me **quitaron** la cartera y no me di cuenta.	*In the subway someone took my wallet and I did not notice.*
¡Mamá! Carlos me **ha quitado** la bicicleta.	*Mama! Carlos **has taken** my bike away from me.*
Pablo **se quitó** los zapatos antes de entrar en casa.	*Pablo **took off (removed)** his shoes before entering his house.*
Los mineros **extraían** el carbón de la mina con grandes dificultades.	*The miners **extracted** the coal from the mine with great difficulty.*
Mete el pavo en el horno y **sácalo** después de tres horas.	***Put** the turkey in the oven and **take it out** after three hours.*

PRÁCTICA

    A. *Para cada una de las frases siguientes elija Ud. la palabra que complete el sentido. Haga también cualquier cambio necesario en la palabra elegida para que la frase quede gramaticalmente correcta.*

      1. Ayer, cuando fui a casa de Pablo, casi me caí porque no había luz y la _____ estaba rota (**escalinata, escalera mecánica, escalera**).

      2. En el aeropuerto tuvimos que subir al segundo piso a pie porque la _____ no funcionaba (**escalera, escalera mecánica, escalinata**).

      3. Dentro de la Opera de París hay una preciosa _____ de mármol (**escalinata, escalera mecánica, escalera**).

4. Después de ver su equivocación, el senador _____ sobre su oposición a la nueva ley (**meditar, reflexionar, recapacitar**).

5. A Sócrates le gustaba _____ sobre la naturaleza del ser humano (**reflexionar, reconsiderar, meditar**).

6. El vagabundo _____ con toda humildad que le dieran de comer porque tenía mucha hambre (**pedir, solicitar, suplicar**).

7. La senadora _____ al Presidente que la recibiera (**suplicar, solicitar, rogar**).

8. Cuando fuimos a Fátima, Pablo le _____ a la Virgen que le consiguiese un empleo (**rogar, pedir, solicitar**).

9. Mi padre puso a _____ el pavo en el horno (**freír, asar, hervir**).

10. Antonio no sabe cómo _____ unas patatas con carne (**hervir, asar, cocinar**).

11. El agua que había en la olla pronto comenzó a _____ (**hervir, cocinar, guisar**).

12. —¿Tú sabes cómo se llama el cacahuete en Cuba? Sí, se llama _____ (**castaña, almendra, maní**) —.

13. —No toques esa olla porque está muy _____ (**cálido, caluroso, caliente**) .

14. En el verano, el clima de Veracruz es muy _____ (**cálido, caluroso, caliente**).

15. Cuando estuve en el ejército, me tocaba limpiar todos(as) los (las) _____ de la cocina (**perol, olla, puchero**).

16. Para freír un par de huevos necesitas una _____ (**cazuela, cacerola, sartén**).

17. Como no tengo mucho tiempo para preparar la comida, voy a usar una _____ (**sartén, olla a presión, cazuela**).

18. Cuando el estudiante dijo que la capital de la Argentina era Caracas, todo el mundo dijo ¡qué _____ (**gracia, ingenio, ocurrencia**)!

19. Sin pensarlo, el niño se puso a bailar y todo el mundo le rió la _____ (**ocurrencia, salida, gracia**).

20. Me interesaba mucho conseguir el empleo, así que _____ hacer lo mejor posible para conseguirlo (**procurar, ensayar, probar**).

21. Ayer _____ ir a ver esa película pero no pudimos (**procurar, ensayar, intentar**).

22. Los actores _____ los papeles para la nueva comedia. (**ensayar, intentar, probar**).

23. Mi padre tiene un buen negocio porque es quien _____ toda la fruta a las cafeterías de la universidad (**proporcionar, abastecer, proveer**).

24. En mi casa no tenemos ningún lujo, pero no nos falta nada porque mi madre nos _____ de todo lo necesario (**abastecer, proporcionar, suministrar**).

25. Mi hermano dijo que yo tenía que _____ el disco compacto (C.D.) que le había roto (**recuperar, reponer, restablecer**).

26. Después que le insultaron, Alejandro tuvo que _____ su buen nombre (**reponer, recobrar, recuperar**).

27. Para controlar el precio del pescado, la compañía _____ todo lo que los pescadores habían capturado (**acaparar, acopiar, apoderarse de**).

28. Los montañeros _____ lo necesario para la escalada del Chimborazo en los Andes (**monopolizar, acaparar, acopiar**).

29. El accidente en el que murió James Dean fue un _____ muy triste (**acaecimiento, suceso, acontecimiento**).

30. Mi padre me dijo que me _____ las manos de los bolsillos para hacer el trabajo (**quitar, arrancar, sacar**).

B. *Traduzca al español las siguientes frases empleando el vocabulario estudiado en este capítulo.*

1. To reach the attic you must go up twelve steps.
2. She sat down on the staircase because she was tired.
3. I like to ponder what she says because she is quite philosophical.
4. You should reconsider what you have just said.
5. "I would like to apply for that job in the Senate", said my niece.
6. Do not ask me for anything more!
7. I do love grilled sardines!
8. We went to France to learn how to cook.
9. He likes walnut and hazel nut ice-cream.
10. During Christmas we ate roasted chestnuts.
11. When I touched the steering wheel it was so hot I burned my hands.
12. After the warm reception, the soprano thanked the public.
13. I dropped the casserole and it broke into a thousand pieces.
14. She hit the thief on the head with the frying pan.
15. You should see how witty my girlfriend is.
16. "You must try on this suit", said my mother.
17. He provided us with strawberries from his garden.
18. It took him six weeks to recover from his fall in Lisbon.
19. The Spanish petroleum corporation took complete control of all oil imports.
20. You must agree that the discovery of the transistor was a very important event.

Temas a escoger

Temas relacionados con la selección literaria

1. Imagínese Ud. el encuentro en que Tita informa a su madre (de) que quiere casarse con Pedro y en el que ésta se opone a ello.

2. Relate Ud. cómo serían las relaciones entre Chencha y Jesús Martínez desde que se conocieron hasta el momento descrito en la selección literaria.

3. Escriba Ud. un ensayo en el que compare el carácter de Tita con el de Pedro.

Temas sugeridos por la selección literaria

1. Relate Ud. cómo una amiga o un amigo, al no poder casarse con quién quería, se casó con otro (a), y las consecuencias de su enlace.

2. Escriba Ud. sobre el conflicto que puede existir entre la necesidad u obligación de los hijos de cuidar de sus padres en la vejez y el derecho que todos tenemos de ser libres.

3. En un ensayo explique Ud., paso a paso, cómo se prepara uno de sus platos favoritos.

◈ Repaso gramatical

Adjectives and Adjective Position

Adjectives

An adjective is a word that modifies a noun or a pronoun by limiting or qualifying its meaning in some way. A major difference between adjectives in English and in Spanish is that English adjectives never change their form. For instance, the adjective *good* is invariable in form no matter what the natural gender and number of its referents are.

the **good** boy

the **good** girl

the **good** boys

the **good** girls

In Spanish, however, an adjective agrees in both grammatical gender and number with the noun or pronoun it modifies.

> el muchacho **bueno**
>
> la muchacha **buena**
>
> los muchachos **buenos**
>
> las muchachas **buenas**

A small number of adjectives (most notably **pobre, grande, feliz, gris, cortés**) have a common masculine and feminine form. Obviously, these adjectives can agree with the nouns they modify in number only.

> un(a) estudiante **cortés**
>
> uno(a)s estudiantes **corteses**

There is another group of Spanish adjectives which are invariable in both gender and number. These words, which include **hembra**, *female*, **macho**, *male*, **modelo**, **sport,** and **color + word indicative of some color**, are in fact nouns being used adjectivally. However, if used as nouns, these words will vary in number.

En el laboratorio tenía veinte ratones **hembra**.	*In his laboratory, he had twenty **female** mice.*
El preso estaba en la cárcel **modelo**.	*The prisoner was in the **model** jail.*
Juan compró un nuevo coche **sport**.	*Juan bought a new **sports** car.*
María tenía un Ferrari **color limón**.	*María had a **lemon-colored** Ferrari.*
La niña llevaba pantalones **color naranja**.	*The girl was wearing **orange-colored** slacks.*

Many compound adjectives are hyphenated in both Spanish and English. In Spanish, however, only the second adjective agrees grammatically with the word it modifies. The first adjective of the compound is always masculine singular in form.

Es una compañía **hispano-suiza**.	*It's a **Spanish-Swiss** company.*
Luis tenía teorías **socio-económicas** muy raras.	*Luis had very strange **socio-economic** theories.*

When rendering the adjective into Spanish in expressions which also involve a *preposition +
noun qualifier*, care should be used to insure that the adjective agrees with the correct noun.

Compramos una mesa de pino **barata**.	*We bought a **cheap** pine table.*
Sólo usan aceite de oliva **puro**.	*They use only **pure** olive oil.*

Limiting Adjectives

It is convenient to divide adjectives into two main classes: limiting and descriptive. Limiting
adjectives tell, point out, or ask *which, how many,* or *whose,* but they do not describe. In
Spanish, they always precede the noun they modify.

dos subastas	***two** auctions*
tu colega	***your** colleague*
muchos (algunos) baúles	***many (some)** trunks*
este andén	***this** platform*
la **primera** lección	*the **first** lesson*

Some limiting adjectives (possessives, demonstratives, ordinals) may also follow the word
they modify for purposes of emphasis or sharper differentiation. When they are so used in
post-position, these adjectives require a preceding article. Note, too, from the second
example below, that the possessive adjective has a different (longer) form when it follows the
noun it modifies.

el tipo **ese**	***that** guy* (pejorative)
un colega **tuyo**	*a colleague **of yours*** (as opposed to one of mine or someone else's)
la lección **primera**	*the **(very) first** lesson* (in a series)

Descriptive Adjectives

A descriptive adjective indicates something about the nature of the noun it qualifies, such as its shape, size, color, condition or affiliation with some group or class. Whereas limiting adjectives in Spanish (with some exceptions) immediately precede the noun they modify, descriptive adjectives are flexible as to position. When a descriptive adjective immediately follows a noun, it differentiates the noun in some way from others of its class or category. If, however, an adjective indicates a quality we expect a given noun to have, or one we know is characteristic of that noun because it has been mentioned or stressed earlier, the adjective then functions as an enhancer or intensifier of that quality; in this role it precedes the noun. This preposition of adjectives is often used for poetic effect.

las **doradas** naranjas de California	*the **golden** oranges of California*
las **verdes** palmeras de Jamaica	*the **green** palm trees of Jamaica*

The differentiating or post-position of the Spanish adjective often corresponds to heavy stress or pause (or both) in English.

el equipo **bueno** de Chicago	*the "**good**" team from Chicago*
el **buen** equipo de Chicago	*the **good** team from Chicago*

The first example immediately above implies the existence of a second, less accomplished team. Post-position of the adjective avoids the possibility of confusion by making the referent clear. Pre-position of the adjective in the second example would imply either that Chicago had only one team (hence no differentiation is possible) or that the speaker prefers to ignore the existence of the second team and not use it as background for purposes of differentiation. Pre-position thus serves to enhance the well-known characteristic or quality conveyed by the adjective. Note that when we state that descriptive adjectives may immediately precede or follow the noun they modify, we are excluding predicate adjectives. These adjectives always follow some form of the verb *"to be"* or other linking verb. This verb both separates them from and links them to the noun they modify. Predicate adjectives should be considered as a separate group and their position presents no problem, for both in English and Spanish they always follow the verb *"to be"* or other linking verb.

María es **lista**.	*María is **clever**.*
Estos libros son **caros**.	*These books are **expensive**.*

Descriptive Adjectives with Unique Entities

An adjective which follows a noun indicates some degree, however slight, of contrast or comparison. But if a noun indicates a unique entity, the only one of its class, such differentiation is impossible. For this reason, descriptive adjectives always precede nouns that indicate unique entities.

la **hermosa** casa del general	*the general's **beautiful** house*
la **amigable** rectora de nuestra universidad	*our university's **friendly** president*
la **negra** silueta del guardia	*the guard's **black** silhouette*

Post-position of the adjectives above might make the general the owner of two houses and suggest that our university has two presidents and that the guard has more than one silhouette.

Change in Meaning According to Position

Certain descriptive adjectives that retain their literal meaning when they follow the noun (i.e., when they are in normal position) often have a different or more figurative meaning when they precede it.

ADJECTIVE	FOLLOWING	PRECEDING
antiguo	*old, ancient*	*former, ancient*
bajo	*short, low*	*low, common, vile*
gran(de)	*large, big*	*great*
medio	*average*	*half*
mismo	*(one)self, itself*	*same; very* (emphatic)
nuevo	*(brand) new*	*new* (different, another)
pobre	*poor (without money)*	*poor* (unfortunate, wretched)
puro	*pure (clean, unadulterated)*	*sheer, total, absolute*
único	*unique (one of a kind)*	*only*
viejo	*old (age in years)*	*old* (relatively, affectionately)

Tengo **media** libra de caramelos.

*I have **half** a pound of hard candy.*

El hombre **medio** ignora lo que ha pasado.

*The **average** man is ignorant about what has happened.*

Vamos a beber agua **pura** del manantial.

*We are going to drink **pure** water from the spring.*

Es **pura** mentira.

*It's an **absolute** lie.*

The Relative Importance of Noun and Adjective

The position of a descriptive adjective is often determined by one or more of several factors. The adjective is in a stronger position when it follows the noun, for then it does more work. Its appeal is mainly to the intellect, since it differentiates or contrasts in some degree by setting the noun apart from others of its kind. Thus, adjectives used in a scientific or technical way (and others, such as those of nationality) almost always follow because they are used in a differentiating, specifying way. When the adjective precedes the noun, however, there is a greater appeal to our emotional or poetic sense and any differentiating force inherent in the adjective is greatly diminished. Consequently, a descriptive adjective may be used to enhance a known characteristic more or less in isolation. And an adjective used emotionally, rather than differentiatingly, will precede the noun it modifies.

Position, then, depends largely on whether the speaker wishes emotion or intellect to predominate. When a quality is to be taken for granted or is considered inherent in the noun, the adjective precedes the noun. But if the noun is not to be taken in its usual sense and some degree of distinction is to be indicated or emphasized, the adjective follows the noun. The adjective in **la blanca nieve**, for instance, merely enhances a quality that is part of the normal concept of snow: **blanca** is used as an epithet and is largely ornamental, as are the needless adjectives in such English expressions as *unexpected surprise* and *true facts*. **Blanca** does little more than highlight the well-known characteristic of normal snow. Within a given context, we may refer to an old judge or an old building in a similar way, although the words *judge* and *building* obviously do not suggest age in the same way that *snow* suggests whiteness. Nonetheless, a context in which readers or listeners were familiar with the age of the judge or building in question could justify pre-position. It is possible, for instance, to begin a discussion or description with an adjective in post-position and to shift to pre-position when the reader or listener is deemed to be sufficiently well informed regarding a given characteristic.

In summary, an adjective in post-position is more *neutral* in tone and reflects a more objective, impersonal observation about the noun it modifies. In pre-position the adjective reflects a more personal, emotive or poetic evaluation of the noun. When the adjective precedes the noun, it does not distinguish it from others of its kind; when it follows, it does distinguish it from others. The affective force of adjectival pre-position explains its heavy use in poetic, emotional language and its frequent abuse in rhetorical and propagandistic language, and in advertising. Nonetheless, no rules can indicate where a descriptive adjective should be placed in every circumstance. Position is often influenced by ineffable rhythmic considerations on the part of the native speaker and the distinction between poetic and differentiating intent is indeed at times a very personal and subtle one.

Explain adjective position in the following sentences:

El mecánico **joven** repara los coches **alemanes**.	*The **young** mechanic repairs **German** cars.*
La **joven** mujer cuidaba el **enorme** elefante.	*The **young** woman took care of the **enormous** elephant.*
El poeta adoraba los ojos **azules**.	*The poet adored **blue** eyes.*
El poeta adoraba los **azules** ojos de su novia.	*The poet adored his girlfriend's **blue** eyes.*
Odio estas **malditas** hormigas.	*I hate these **damned** ants.*
Murió el **joven** presidente en un **trágico** accidente.	*The **young** president died in a **tragic** accident.*
Tengo una chaqueta **gruesa** para el invierno y otra **fina** para el verano.	*I have a **heavy** jacket for the winter and another **light one** for the summer.*

PRÁCTICA ━━━━━━━━━━━━━━━━━━━━━━━━━━━━━━━━━━━━

A. *Para cada una de las siguientes frases, indique Ud. la posición y la forma correcta del adjetivo o adjetivos que aparece(n) en paréntesis. Esté preparado(a) para explicar su respuesta.*

1. Juan está recuperándose de las _____ heridas _____ que le causó la explosión (**grave**).
2. Nunca me ha gustado hablar de mi _____ vida _____ (**privado**).
3. Al ver las _____ bayonetas _____ de los soldados, María se puso a gritar contra ellos (**agudo**).
4. Durante nuestra luna de miel, visitamos seis _____ ciudades _____ (**extranjero**).
5. Han introducido un _____ límite _____ de velocidad en las carreteras y autopistas (**nuevo**).

6. Han traído para ti dos botellas de _____ cerveza _____ (**fresco**).

7. En la película figura la _____ pareja _____ de Ginger Rogers y Fred Astaire (**legendario**).

8. Nuestra _____ vida _____ ha cambiado mucho (**político-cultural; política-cultural**).

9. El domador estaba al lado de un _____ leopardo _____ que mostraba sus _____ colmillos _____ (**hermoso; terrible**).

10. Tenemos un _____ afecto _____ por nuestro tío Joaquín (**enorme**).

11. Guillermo volvió a los brazos de su _____ esposa _____ (**amante**).

12. Había una _____ niebla _____ la noche de nuestra llegada a Londres (**espeso**).

13. Juan es un _____ miembro _____ del partido republicano (**antiguo**).

14. ¡Cómo envidiaba yo el _____ calor _____ de aquella casa (**íntimo y dulce**)!

15. Roberto trabajaba para la _____ compañía de tabacos _____ (**filipina; filipinos**).

B. *Coloque el adjetivo entre paréntesis en el lugar que le corresponde. Haga cualquier ajuste necesario en el adjetivo.*

Era una _____ casa _____ (antigua) (1), había sido construida en el siglo XVI, y ahora vivían en ella unos _____ profesores _____ (antiguo) (2) de mis padres. Tenían que vivir en la _____ planta _____ (bajo) (3) porque los _____ pisos _____ (superior) (4) eran inhabitables. Uno de esos _____ profesores _____ (viejo) (5) era muy conocido porque había escrito _____ libros _____ (grande) (6); eran obras importantes que habían servido para cambiar la forma de pensar del _____ ciudadano _____ (medio) (7). Yo, que soy un _____ estudiante _____ (nuevo) (8) en esta universidad, no soy el _____ estudiante _____ (único) (9) que no ha tenido la _____ oportunidad _____ (mismo) (10) que tuvieron otros que estudiaron bajo esos _____ profesores _____ (viejo) (11). A pesar de todo, sé que soy uno de los _____ estudiantes _____ (mejor) (12); algunos dicen que recibir _____ notas _____ (bueno) (13) es cuestión de _____ suerte _____ (puro) (14). ¿Qué creen ustedes?

C. *Traduzca al español las siguientes frases. Algunas de ellas admiten o la pre-posición o la pos-posición del adjetivo.*

1. Have you heard about the lamentable event that occurred in Los Angeles?
2. He returned to the village of Isaba to live among those he considered his old and intimate friends.
3. Among the affectionate words of farewell, we noticed an occasional ironic phrase.
4. The drought has had serious consequences for the cotton crop [use **el cultivo**].
5. The new Italian film has won important prizes.
6. I met his charming wife when I was in Naples.
7. Don't send me the green book but the thick red one.
8. A violent day [use **jornada**] of protest concluded with the death of three persons.
9. In spite of his bad reputation, he is a good man.
10. I don't trust "that" guy.

D. *Cada una de las frases siguientes contiene un error. Indique cuál es. Explique por qué está mal.*

1. Tenía seis hijos, pero su hija única era su preferida.
2. Un tío de Carlos es un soldado antiguo que había peleado en Viet Nam.
3. Yo vivo en el primero piso de una casa que tiene quince.
4. Se lo expliqué a María en la forma más cortés que pude.
5. El político se quejaba de que no tenía privada vida.

ENFOQUE   Writing a Summary

A synopsis is the summary or condensation, in a few lines or paragraphs, of a report, an essay, or a book. The synopsis must retain the essential and most meaningful elements of the material condensed.

If you learn to write a good synopsis, you can improve the quality of the notes you take in class, and make a good summary of any book or movie. Often in life, you will find it necessary to summarize.

Your goal in preparing a synopsis is to select the principal ideas from the pages you wish to condense. Your summary will be best when it presents in a clear and concise manner the essential material. Of course, the length of your synopsis may vary depending on what you want to summarize. Try not to use the author's words (except to stress a point); use your own vocabulary and style. Before preparing a synopsis, carefully read what you want to summarize. Do not include opinions or commentaries on what the author has written—the function of a synopsis is merely to reproduce in an abbreviated form the report, essay, or book.

As with any other type of writing, make sure you have presented the summarized material accurately, in a logical order, and that you have gathered the ideas you want to transmit to the readers.

CAPÍTULO

10

MALDITO AMOR
ROSARIO FERRÉ

REPASO GRAMATICAL
- *Pronouns*

Maldito amor
"El desengaño"

ROSARIO FERRÉ

◆◆◆◆◆◆◆◆◆◆◆◆◆◆◆

Rosario Ferré (Puerto Rico, 1941 –) se educa y reside hasta los 20 años de edad en Ponce, ciudad comercial al sur de la isla, cuyo ambiente servirá a la autora para documentar su novela Maldito Amor, *que publica en 1986.*

Rosario Ferré comienza a escribir para dar permanencia a un mundo que ve desaparecer; quiere, por medio de las páginas de sus obras, dar continuidad a este mundo.

Ferré obtiene el título, Maldito Amor *de una danza cuyo autor es un popular músico del siglo XIX. La acción de la novela ocurre precisamente durante los años que siguen a la guerra entre España y los EE. UU. (1898), en la cual España pierde los últimos restos de su antiguo imperio colonial. Las páginas de esta obra nos presentan los cambios en una sociedad feudal y agrícola que ahora tiene que ceder a la democratización. En una u otra forma, estos cambios introducen la industrialización y las nuevas fuerzas económicas traídas por los poderosos vecinos del norte.*

Ferré, muy acertadamente, recoge en esta novela los serios problemas económico-sociales de Puerto Rico. Vemos aquí las conflictivas fuerzas que aquejan a la sociedad de la isla ya que se enfrentan la tradicional clase social (representada por los hacendados criollos o inmigrantes, de ideología conservadora y tal vez arcaica), y el nuevo grupo representado por los banqueros, industriales y comerciantes, que acoge los intereses norteamericanos al reconocer en ellos la base del poder y de la riqueza. Ferré refleja aquí también, la búsqueda de una identidad nacional autónoma -identidad que quiere dejar atrás a la vieja España y que no quiere pasar a ser norteamericana. Vemos también en estas páginas el conflicto entre el materialismo introducido por los nuevos residentes en la isla, y el resentimiento de los isleños ya que ven pasar el poder a manos de los nuevos residentes.

En la selección que sigue, el protagonista, don Julio Font, un antiguo emigrante español que hizo fortuna en la isla, y quien ha visto desaparecer esta fortuna ante la competición presentada por los norteamericanos, se despide de uno de sus compatriotas. Este, don Rodobaldo Ramírez, vencido por las nuevas circunstancias, regresa a España.

Los norteamericanos, que dominan la vida comercial de la isla, comienzan también a dominar la vida social. Para celebrar la inauguración de una nueva fábrica de

azúcar (fábrica cuya producción excede la de todas las otras fábricas de la región) cu-
yos dueños son los hacendados locales; los norteamericanos organizan una gran fiesta e
invitan a todos a ella. Don Julio asiste a la fiesta y ve de paso la nueva maquinaria de
la fábrica. No puede menos que contrastar esta nueva maquinaria con la anticuada y
poco productiva de las viejas fábricas. Poco después, Don Julio se encuentra con Mr.
Durham, el presidente de la nueva fábrica, y con Mr. Irving, el banquero que rige
ahora —por medio de los préstamos que concede o niega— el destino económico de la
región.

◆

Luego de la muerte de doña Elvira, don Julio Font, el padre de Ubaldino De la
Valle, nuestro prócer, sólo tuvo problemas y más problemas. La nueva banca norteamericana, cuyos imponentes palacetes de granito rojo con portales flanqueados
de leones de yeso recién abría por aquel entonces sus puertas en la plaza del pueblo, financiaba sin dificultad a las corporaciones de los centralistas norteamericanos, pero desconfiaba de la iniciativa isleña. Era por ello que la Toa, la Cambalache y la Eureka, cuyos títulos habían relumbrado hacía poco sobre las frentes de
los Portalini, de los Plazuela y de los Iturbide como diademas de ducados o mar-
quesados, había rodado recientemente por los abismos de la ruina. Don Julio se
había **rehusado**[1] venderles a los a extranjeros un solo tablón de caña.

Como don Julio había sido en una época comerciante y almacenista, tenía
muchos amigos entre los refaccionistas españoles de la Capital. Estos indianos,
fundadores de la Banca Española de la Metrópoli, habían subvencionado en el
pasado los préstamos de la Justicia, pero al llegar los norteamericanos se habían
visto obligados a cerrar sus bancos y muchos se disponían a abandonar definitiva-
mente la isla. Durante los últimos años, don Julio había sobrevivido financiándo-
se heroicamente a sí mismo, conciente [sic] de que sus amigos no podían ayudar-
lo. Un día, sin embargo, cuando los talegos de oro que había logrado hacinar en
los sótanos de su casa ya se habían esfumado, le hizo una visita a su amigo, don
Rodobaldo Ramírez, antiguo presidente del extinto Banco de Bilbao. Los encontró desmontando su casa y vendiendo consolas y espejos al mejor postor, prepa-
rándose para abandonar la isla en compañía de su familia.

—Son todos unos traidores, gachupines de mala liendre—le dijo medio en
broma[2] y medio en serio, mientras lo ayudaba a cargar sus **bártulos**[3] sobre el car-
guero Borinquen—. Lo que Dios unió en el cielo, jamás lo separe el hombre en la
tierra, y nuestro destino estará **ligado**[4] para siempre al de esta pobre isla.

Don Rodobaldo le miró con tristeza, bajo los alacranes canosos de sus cejas.
Habían nacido en el mismo pueblo y juntos habían hecho la travesía hasta
América, compartiendo luego innumerables cazuelas de callos a la vizcaína y de
bacalao al pil pil, mientras evocaban los trigales dorados de Lérida.

—Lo siento, amigo Chano—le respondió, empleando el **sobrenombre**[5] que le había conocido en la niñez—. Ya sabes que moro viejo, mal cristiano. No quiero que a mi familia y a mí nos vuelvan orgánicamente diferentes. —Don Rodobaldo se **refería**[6] a la campaña furibunda que había montado el nuevo gobernador

35 de la isla para americanizar a los habitantes, sólo unos meses antes de pronunciarse el Acta Jones.

—Siempre hay tiempo para arrepentirse—insistió [sic] don Julio—. Te quedas, me prestas el dinero que necesito para la siembra de este año, y en cuanto se restablezcan nuestras Cámaras Legislativas, se resolverán nuestros problemas.—

40 Podrán nombrar isleños al Senado y a la Cámara—dijo—pero eso no **cambiará**[7] nada. Aquí, aunque los puertorriqueños gobiernen, los norteamericanos mandan, y yo ya estoy demasiado viejo para dejarme hacer gringo a la fuerza.

El Borinquen partió aquella misma tarde, alejándose como una pequeña ciudad de luces blancas por la boca del Morro. Cabizbajo y taciturno, don Julio

45 regresó al otro día a Guamaní, convencido de que ya no le quedaba un solo amigo en el mundo. A los pocos días de aquella visita funesta, descubrió que a sus preocupaciones económicas se sumaban otras más graves: acababa de recibir la invitación a la inauguración de la central Ejemplo, la supercentral que los extranjeros llevaban ya varios meses construyendo sobre el llano.

50 Por el valle de Guamaní se había corrido la voz de que los norteamericanos habían declarado una tregua en el combate centralista, y que se encontraban ahora ansiosos de ayudar a los hacendados criollos y de compartir con ellos sus maravillosos inventos. Enterado de aquellos rumores, don Julio creyó ver el cielo abierto, y se dispuso a asistir a aquellas celebraciones, convencido de que en el

55 curso de las mismas podría llevar a cabo el plan que se había fraguado con respecto a los **dueños**[8] de la central Ejemplo.

El día de la inauguración amaneció espléndido. Por el cielo salpicado de nubes que corrían como guajanas revueltas, empujadas por los vientos alisios, se desplazaba en silencio desde el amanecer un enorme zepelín plateado que parecía

60 supervisar desde su altura la febril actividad que se desenvolvía en el llano. Contratado por el Comité de Inauguración llevaba y traía sobre las vegas sus banderolas enlistadas de rojo, azul y blanco. 'April 15, 1918, —Follow our Example' proclamaba la cola tricolor que chorreaba tras él, cada vez que apuntaba hacia la central con su enorme nariz roma.

65 El globo señalaba el camino de las celebraciones a los numerosos invitados que se esperaban aquel día en el valle de Ensenada Honda. El Comité Ejecutivo de la Inauguración había telegrafiado a todas las haciendas vecinas, con el objeto de que mandaran delegaciones que pudieran disfrutar de los convites, y entre éstas se encontraba don Julio, representando a la central Justicia. Montado en su

70 zaino, se había unido aquella mañana a la caravana de quitrines, calesas y berlinas que se dirigían hacia la Ejemplo, picado, como todo el mundo, por la curiosidad, y con el corazón lleno de esperanzas de que aquél habría de ser un gran día para

la Justicia. El ambiente de feria, las caras sonrientes de los hacendados que se diri-
75 gían como él por el camino de la central, habían hecho que el temor que lo había
perseguido durante aquellos meses casi se desvaneciera, y se sentía contento.

Al llegar a la Ejemplo, se abrió paso por entre el hervor de la **muchedumbre**[9],
pasando por alto las miradas de odio de sus antiguos amigos, los hacendados del
pueblo, que le habían retirado la palabra luego de la muerte de doña Elvira.
80 Caminaba muy erguido, sacando el pecho y moviendo con orgullo los hombros
para destacar mejor su enorme altura.

Los entretenimientos de la tarde se encontraban a cargo de los infantes de la
Marina Norteamericana. Vestidos de gabardina añil con polainas y gorras relu-
cientes de paño blanco, soplaban tubos y redoblaban tambores, estallaban plati-
85 llos y resonaban clarines desde lo alto de la tarima de la banda, pasaban bandejas
de piscolabis y refrescos entre los invitados, y hasta convidaban a las hijas de los
hacendados a bailar el vals. Don Julio, con los ojos como un dos de oro[sic], se
paseó un rato por el edificio de máquinas admirando todo lo que veía y finalmente se acercó a la mesa donde se servían los refrigerios. El mozo le acercó una
90 bandeja y bebió, haciendo un gran esfuerzo, una taza de punch color malva.

Con la taza en la mano se paseó un rato por el edificio. Las maquinarias de la
central, recién pulidas y engrasadas, relucían sobre sus tarimas como insectos maravillosos: en lugar de los antiguos molinos verticales de vapor, provistos de lentas
volantas y balancines, que él tenía en la central, y había importado con tantas di-
95 ficultades de Francia, allí sólo había molinos horizontales de compactas volantas
modernas y velocísimos cigüeñales; en lugar de toscas bateas de madera, donde
los peones **escurrían**[10] pacientemente la miel con palas, allí sólo había veloces
centrífugas; y su rudimentario tren jamaiquino, en cuyas pailas de fondo se había
hervido la cochura del guarapo durante siglos, le parecía ahora una antigüedad de
100 coleccionista, junto a aquellas evaporadoras múltiples y aquellos milagrosos ta-
chos al vacío, que operaban prácticamente solos y cuya asombrosa eficiencia estaba de más supervisar. Con la boca abierta por el asombro, **presenció**[11] cómo se alcanzaba en ellos la densidad indicada del melao en cuestión de segundos: sólo era
necesario introducir un puñado de cristales en sus entrañas, para que los enormes
105 cilindros borbolleantes de líquido quedaran instantáneamente repletos de azúcar.

Don Julio **divisó**[12] por fin a lo lejos a Mr. Durham, el presidente de la Ejemplo, que hablaba con Mr. Irving, el presidente del National City Bank, sentado
en la tarima de honor, y se encaminó a ellos para saludarlos. Al acercarse escuchó
sin querer lo que Mr. Durham le decía en aquel momento a Mr. Irving. —Con
110 esta maquinaria, la Ejemplo llegará a producir hasta sesenta mil toneladas al año,
mucho más de lo que producen juntos todos los ingenios criollos—pero se hizo el
desentendido y **se detuvo**[13] ante ellos sonriendo—. Soy su vecino, don Julio Font
—le dijo a Mr. Durham—. He venido a ponerme a sus órdenes, por si en
algo puedo ayudarlos. -- Mr. Durham parpadeó varias veces sin reconocerlo.

115   —¡Ah si [sic], ya recuerdo!—dijo al fin—. ¡Don Julio, el de los cañaverales incomprables!—Pero a pesar del comentario irónico, lo saludó cordialmente.

  —Quizá haya cambiado de parecer—intervino Mr. Irving, saludando a su vez a don Julio, a quien conocía de vista—. Necesitaremos toda la ayuda de los **nativos**[14] para llegar a hacer de esta empresa un ejemplo. Y no sólo para el

120 Caribe, sino para el mundo entero. —Mr. Irving era un hombre mayor, de sienes encanecidas, y tenía una manera de ser afable, que contrastaba con los modales gélidos de Mr. Durham.

CUESTIONARIO

Contenido

1. ¿Por qué se habían arruinado la Toa, la Cambalache y la Eureka?
2. ¿Quién es don Julio Font?
3. ¿Cómo encuentra don Julio a su amigo don Rodobaldo?
4. ¿Por qué mira don Rodobaldo con tristeza a don Julio?
5. Según don Rodobaldo ¿quién manda en la isla?
6. ¿Qué hace, y por qué, el Comité Ejecutivo de la Inauguración?
7. ¿Cómo son y qué hacen los infantes de la Marina Norteamericana en la fiesta?
8. ¿Qué contraste hay entre la antigua maquinaria de la central y la maquinaria moderna?

Interpretación y estilo

1. ¿Cuál es la causa de los problemas que tienen los dueños de los ingenios de la isla?
2. ¿Qué efectos tiene la llegada de los norteamericanos a la isla?
3. ¿Por qué cree Ud. que don Rodobaldo se va de la isla?
4. ¿Qué significa la imagen "con los ojos como un dos de oro[s]"?
5. ¿Por qué cree Ud. que los dueños de la Toa, la Cambalache y la Eureka, no podían competir con la central?
6. ¿Qué actitud adopta don Julio ante la presencia de los norteamericanos?
7. ¿Qué cree Ud. que Rosario Ferré está discutiendo en esta selección de su novela?

⌐ **Léxico: opciones** ⌐

⌐1⌐

rehusar *to decline, to turn down*
rechazar *to reject*
negarse a *to refuse to*
no querer *to refuse*

Rehusar indicates to decline something offered or to do something requested. It can be followed by either a verb or a noun. **Rehusar** indicates a more polite non-acceptance or refusal to do something than **rechazar. Rehusar** is normally used without the reflexive pronoun shown in the text, which is an illustration of the "dative of interest" or "forma espontánea" a usage that is quite common in some Spanish-American countries. **Negarse a** + infinitive indicates a strong refusal or unwillingness to do something. **Rechazar,** although a synonym of **rehusar,** indicates a more direct and emphatic rejection. The preterite of **no querer +** infinitive conveys an absolute refusal to do something.

El senador **rehusó** el nombramiento al Tribunal Supremo.	*The senator **refused (declined)** the nomination to the Supreme Court.*
Ellos **rehusaron** viajar por ese país debido al terrorismo.	*They **refused** to travel in that country because of terrorism.*
María **rechazó** varios modelos antes de elegir uno más sencillo.	*María **rejected** several designs before choosing a simpler one.*
El acusado **se negó a (no quiso)** declarar ante la juez.	*The defendant **refused** to testify before the judge.*
Rosa **no quiso (se negó a)** pagar la factura.	*Rosa **refused** to pay the bill.*

⌐2⌐

la broma *joke, trick*
la broma pesada *practical joke*
gastar una broma *to play a trick*
bromear *to tease, to kid*
tomar el pelo a alguien *to tease, to pull one's leg*
el chiste *joke, verbal witticism*

Broma indicates something humorous (usually good-natured) that is said or done. In contrast, **broma pesada** indicates a nasty or practical joke played on someone. **Bromear,** like the idiom **tomar el pelo a alguien,** means "to tease" or "to joke with." **Tomar el pelo a alguien** is the idiomatic equivalent of the English "to pull someone's leg." **Chiste** indicates a story or an anecdote told to amuse or entertain.

Mi padre no está para **bromas.**	*My father is in no mood for **jokes.***
La iniciación en su fraternidad requería una **broma pesada.**	*Initiation in his [college] fraternity required a **practical joke.***
A mi hermano le gusta gastar **bromas** a todo el mundo.	*My brother likes to **play jokes** on everyone.*
Mariano, deja de **tomar el pelo** a tu hermano.	*Mariano, stop **pulling your** brother's **leg.***
Luisa sabe contar muy buenos **chistes.**	*Luisa knows how to tell very good **jokes.***

3

los bártulos *stuff, personal possessions and things*
el equipaje *luggage, baggage*
los enseres *furnishings or property*
las herramientas *tools*
los utensilios *utensils, equipment*
los bienes *possessions, assets, personal wealth*

Bártulos is often used as a synonym for **cosas** in the sense of "possessions" or "stuff." In the text example, Rosario Ferré uses **bártulos** as a synonym for the personal possessions and luggage being loaded on a ship. The English "luggage" or "baggage" is rendered in Spanish by **equipaje. Enseres** refers to furnishings or belongings inside a house or business establishment. **Herramientas** indicates a tool used by certain artisans or those engaged in certain manual trades such as carpentry, or plumbing, etc. **Utensilio,** although sometimes used as a synonym for **herramienta,** has a broader meaning. It is most often used in the plural to indicate the totality of tools or equipment used in a trade or profession. **Bienes** is used to indicated personal possessions especially in the economic sense of assets or wealth.

Cuando termines, no te olvides de recoger todos tus **bártulos.**	*When you finish, do no forget to pick up all your **things (stuff).***
Me gusta viajar con poco **equipaje.**	*I like to travel with very little **luggage.***
Al mudarse de casa descubrieron que todos los **enseres** no cabían en el camión.	*When they moved, they found out that all their **belongings** didn't fit in the truck.*
Antes de ir a la boda, el fotógrafo revisó todos sus **utensilios.**	*Before going to the wedding, the photographer checked all his **equipment.***
No tengo más **herramientas** que un martillo y un destor nillador.	*The only **tools** I have are a hammer and a screwdriver.*
El millonario dejó todos sus **bienes** al Ejército de Salvación.	*The millionaire left all his **wealth** to the Salvation Army.*

4

ligar *to tie, to bind*
atar *to tie, to bind*
amarrar *to tie (up), to moor*
trabar *to join, to unite, to connect, to tie up*
unir *to unite, to join, to bind*
liar *to tie up, to bundle up*

Although **ligar** and **atar** are synonyms, **atar** is the more common of the two. **Ligar** is used more often in a figurative and metaphorical sense than **atar. Amarrar** is "to tie" when a heavy rope or cable is used; its meanings include those of tying up a boat to a dock or mooring a ship. **Trabar** most often indicates the tying of animals to prevent their movement. **Unir,** which means "to unite" or "to join" [together], is "to tie" or "to bind" mostly in a figurative sense. Among its many meanings, **liar** can mean "to tie up" in the sense of making a bundle or package of something.

A los dos jubilados les **ligaba** una profunda amistad.	*The two retirees were **united** by a deep friendship.*
Diana **ligó (ató)** el paquete con un bramante fuerte para que no se abriese.	*Diana **tied** the package with a strong twine so it would not open.*
La policía **ató** las manos del prisionero.	*The police officer **tied** the hands of the prisoner*

Trabaron al doberman para que no molestase a los visitantes.

They **tied (up)** the doberman so it would not bother the visitors.

Voy a **liar** mi ropa en un bulto antes de ir de excursión.

I'm going **to tie up** my clothes in a bundle before going hiking.

5

el **sobrenombre** *nickname*
el **apellido** *family name, last name, surname*
el **nombre** *name*
el **nombre de pila** *given name, first name*
el **apodo** *nickname*
el **mote** *nickname*
poner nombre a *to name, to give a name*
nombrar *to name, to appoint, to nominate*

Although Rosario Ferré refers to "Chano" as a **sobrenombre,** a term which in Spanish designates an epithet, such as the adjective in "Alfonso X el Sabio", "Chano" is in reality an **apodo. Apellido** designates family name or surname. English "first name" is normally **nombre de pila,** an allusion to the christening at the baptismal font where Spanish infants originally received their names. **Apodo** and **mote** both designate English "nickname"; **apodo** normally is a popular substitute for a first name, such as "Pancho", for Francisco, or "Maribel", for María Isabel. **Mote,** however, is a nickname which is often humorous or which alludes to a particular characteristic of a person.

Juana de América era el **sobrenombre** de Juana de Ibarbourou, la famosa poetiza uruguaya.

Juana de América was the **nickname** of Juana de Ibarbourou, the famous Uruguayan poet.

Lincoln es el **apellido** de un gran presidente norteamericano.

Lincoln is the family name of a great American president.

El **nombre** de ese presidente es Abraham.

The **name** of that president is Abraham.

"Mi **nombre de pila** es Arantxa", dijo la tenista.

"My **given name** is Arantxa," said the tennis player.

Un famoso criminal norteamericano tenía de **mote** "Scarface".

A famous American criminal had "Scarface" as a nickname.

A la niña **le pusieron el nombre** de
Mónica.

*The little girl **was named** Mónica.*

El presidente **nombra** a los jueces fe-
derales.

*The President **nominates** the federal
judges.*

6

referirse a *to refer to*
referir *to tell, to relate*
contar *to narrate, to relate*
aludir a *to allude to, to mention*
relatar *to narrate, to tell*

English "to refer to" in the sense of "to mention" or "to pertain" is **referirse a** in
Spanish. But **referir,** by itself, without the pronoun **se,** means "to tell" or "to relate";
it is a synonym of the more common **contar** and **relatar.** Spanish **aludir a,** as with
its English equivalent "to allude," indicates an indirect reference to something.

La senadora **se refirió** a la ley aproba-
da el año anterior.

*The senator **referred to** the law
approved the previous year.*

Voy a **referir (contar, relatar)** lo que
nos pasó el verano pasado.

*I am going **to relate (to tell)** what
happened to us last summer.*

El poema épico español, *Cantar de mío
Çid,* **relata** los hechos heroicos de
Rodrigo Díaz de Bivar.

The Spanic epic poem, Cantar de mío
Çid, ***narrates** the heroic deeds of
Rodrigo Díaz de Bivar.*

Al hablar de la economía, el presidente
aludía al desempleo.

*When speaking on the economy, the
president **alluded** to unemployment.*

7

cambiar *to change, to exchange*
mudar *to change*
trocar *to exchange, to barter*
canjear *to exchange*

English "to change" in the sense of "to make something different" or "to become different" is **cambiar** in Spanish. When "change" refers to the appearance of living
beings, or to the character or nature of people, **mudar** often replaces **cambiar.**
Cambiar also means "to exchange" in the sense of "to give" or "to trade" one thing
for another. **Trocar** and **canjear** are synonyms of **cambiar** in its meaning of "to

exchange" but each has a limited semantic field; **trocar** is "to barter" and **canjear** "to exchange" money or prisoners.

La economía mexicana **ha cambiado** mucho en años recientes.	*The Mexican economy has **changed** a great deal in recent years.*
Queremos **cambiar** las plantas del jardín.	*We want **to change** the plants in the garden.*
Las serpientes, al crecer, **mudan** de piel.	*Snakes, as they grow, **change (shed)** their skins.*
Los sufrimientos le **mudaron** el carácter a Ricardo.	*Suffering **changed** Ricardo's character.*
El campesino **trocó** tres cerdos por una vaca.	*The farmer **bartered (traded)** three pigs for a cow.*
Me **canjearon (cambiaron)** los cheques de viajero por pesos.	*In the bank, they **exchanged** my travellers checks for pesos.*
Los dos gobiernos van a **canjear** prisioneros de guerra.	*The two governments are going to **exchange** prisoners of war.*

─── **8** ─────────────────────────────

el dueño *owner, proprietor*
el propietario *owner, proprietor*
el amo *owner, master*
el casero *landlord, owner*
el patrón *owner, boss*

The words **dueño** and **propietario** are synonyms, but **propietario** is more formal or elevated in tone than **dueño**. In legalistic language, **propietario** is preferred to **dueño. Amo** is sometimes used to indicate an owner who exercises direct control over something or someone; its meaning and its context is often that of "master". **Casero** is the owner of a house, or apartment(s), rented to someone else. **Patrón,** whose primary meaning is "boss", is often used to indicate the owner of a small business or enterprise.

¿Quién es el **dueño** de este coche?	*Who is the **owner** of this car?*
Una compañía de seguros es **propietaria** de la emisora.	*An insurance company is the **owner** of the radio station.*
Paco es el **amo** del perro.	*Paco is the dog's **owner.***
El **casero** de nuestro piso se niega a reparar las goteras del techo.	*Our **landlord** refuses to repair the leaks in the ceiling.*
Yo quise hablar con el **patrón** de la carpintería.	*I wanted to speak to the **owner (boss)** of the carpentry shop.*

9

la muchedumbre *crowd, mob*
la multitud *crowd*
la aglomeración *crowd*
el gentío *crowd, mob*
la chusma *mob or rabble*

The above nouns all indicate a large group or throng of people gathered close together. **Muchedumbre** and **gentío** can indicate either a normal "crowd" or an unruly one, i.e. "a mob."; the neutral meaning of **multitud** and **aglomeración** can not be extended to indicate "mob." **Chusma,** however, always has a negative connotation for it refers to an unruly and offensive group of people.

El policía se abrió paso entre la **muchedumbre** (la **multitud,** el **gentío**) para llegar al accidente.	*The police officer forced his way through the **crowd** to get to the accident.*
En Teherán, la **chusma** invadió la embajada norteamericana.	*In Teheran, the **rabble (mob)** invaded the American Embassy.*
El ruido del **gentío** no nos dejaba oír la música en el concierto de rock.	*The noise of the **mob (crowd)** did not let us hear the music in the rock concert.*

—10——————————————————————

escurrir *to drain, to wring (as in clothes)*
escurrirse *to slip (out, through, from, away)*
resbalar *to slip, to slide*
deslizar *to let slip; to slide*
patinar *to skid, to slip; to skate*

In the literary selection, Ferré uses **escurrir,** "to drain", in the sense of wiping away or making the molasses slip down the sides of the cauldron; more commonly, however, **escurrirse** is used reflexively for things that slip out of someone's hands or for people who slip away from the company of others. **Resbalar** indicates to slip or slide on a smooth surface. **Resbalar,** which is sometimes used reflexively, implies some loss of balance. **Deslizar** has two main meanings: 1) to deliberately slide something over a smooth surface or to surreptitiously slip it into something else such as a pocket or a conversation; 2) unintentionally to slip or slide on a smooth or wet surface. In this second meaning, **deslizar** is a synonym of **resbalar. Patinar,** whose primary meaning is "to skate", means "to skid" when said of motor vehicles.

Se me **escurrió** el pez de las manos.	*The fish **slipped** out of my hands.*
El turista **resbaló** en la acera mojada.	*The tourist **slipped** on the wet sidewalk.*
Teresa **deslizaba** la mano sobre la superficie del cuadro.	*Teresa **slid** her hand over the surface of the painting.*
El presidente **deslizó** en la conversación algunas alusiones a su mujer.	*The President **slipped** several allusions to his wife into the conversation.*
Margarita estaba nerviosa al ver que los días **se deslizaban** sin recibir noticias de su hijo.	*Margarita was nervious seeing that the days **were slipping by** without receiving news from her son.*
La carretera estaba húmeda y al frenar Pablo, el coche **patinó.**	*The highway was wet and when Pablo applied (put on) the brakes, the car **skidded.***

—11——————————————————————

presenciar *to witness, to see*
atestiguar *to attest, to call to witness*
declarar *to testify, to make a statement*
testificar *to testify, to give witness*
testimoniar *to bear witness, to attest*

Presenciar is "to witness" in the sense of having direct, or first hand, knowledge of something seen or observed. **Atestiguar, testificar,** and **testimoniar,** share the meaning of providing evidence in a legal context; however, **testimoniar** is more commonly used to indicate the idea of witnessing with one's signature an observed event, such as a wedding. **Declarar** does not necessarily imply being a witness to an event.

Presenciamos la inauguración de los Juegos Olimpícos en Barcelona.	*We **witnessed** the inauguration of the Olympic Games in Barcelona.*
Durante el juicio, Esteban **testificó (atestiguó, declaró)** que no **había presenciado** el asesinato.	*During the trial, Esteban **testified** that he **had** not **seen** the murder.*
Testimoniamos la boda de nuestra sobrina.	*We were **witnesses** at our niece's wedding.*

—12—

divisar *to make out, to perceive indistinctly*
contemplar *to contemplate*
observar *to observe*
atisbar *to see with difficulty, to glimpse*
vislumbrar *to glimpse, to catch a glimpse of*
escudriñar *to scrutinize*
otear *to see, to observe (from a high place)*

Divisar is to perceive something vaguely because of its distance. The other verbs indicate different kinds of visual perception. **Atisbar** suggests the blurry or indistinct perception of something or someone. **Vislumbrar** shares this meaning, but may stress the confused perception of that which is seen. **Escudriñar**, like English "to scrutinize", means to observe something or someone attentively in search of detailed information. **Otear** is to observe from a high vantage point that which is below or far away.

Divisamos unas nubes negras que traían lluvia.

*We **saw (could make out)** some black clouds that were bringing rain.*

Desde el tren, **atisbaron** un accidente en la autopista.

*From the train, they **caught a glimpse** of an accident on the freeway.*

Se **vislumbraban** las murallas de Avila entre los árboles.

*You **could make out** the walls of Avila among the trees.*

Desde la colina, el pastor **oteaba** las ovejas.

*From the hill, the shepherd **looked down** upon his sheep.*

13

detener(se) *to stop*
parar(se) *to stop*
dejar de + infinitive *to stop + gerund*
cesar de + infinitive *to stop + gerund*

When a person stops him or herself, **detener** is used with the reflexive pronoun; **detener** alone means "to stop" or "to halt" someone else's motion or to cause something to stop moving. Unlike **detener,** its more common synonym **parar** may omit the reflexive pronoun to indicate a halting of a person's own motion. Both **parar** and **detener** may be used as reflexives to indicate the cessation of motion of something that moves by itself or has moving parts. **Parar** alone should be used for "to stop over" or "to stop" on reaching one's destination. **Dejar de** and the more literary **cesar de + infinitive** are used mostly to indicate the cessation of some kind of activity or motion.

Nos **detuvieron** en la frontera pero pronto nos dejaron pasar.

*They **stopped** us at the border but soon let us cross.*

Elcano **se detuvo** un momento y aspiró el aire que venía del mar.

*Elcano **stopped** for a moment and inhaled the air coming from the ocean.*

Joaquín **paró** cuando me oyó llamarle.

*Joaquín **stopped** when he heard me call him.*

Tuvieron que **parar** la pelea en el tercer asalto.

*They had **to stop** the fight in the third round.*

Por el accidente, el tráfico **se paró** en la autopista.

*On account of the accident, traffic **stopped** on the freeway.*

El reloj de la cocina **se paró** a las cuatro y media.	*The kitchen clock **stopped at** 4:30.*
Esta noche vamos a **parar** en ese motel.	*Tonight we are going to **stop** at that motel.*
Si acaricias al perro, **dejará de** ladrar.	*If you pet the dog, he'll **stop** barking.*
Al amanecer **dejó (cesó) de** llover.	*It **stopped** raining at dawn.*

~14~

nativo *native*
natural *native*
indígena *native, indigenous*
oriundo *native, to come from*

Although **nativo** and **natural** are synonyms that indicate birth or origen in a specified place (country, region, city), **natural** is by far the more commonly used word. **Nativo,** as an adjective, does not carry the negative connotation of "backward" or "primitive" as does **nativo** used as a noun. **Indígena,** like English "indigenous," is a more learned word to designate people, plants and things that are native to a given geographic area. **Oriundo** indicates native origin by birth or geography, or by family descent.

El colonialismo oprimió a los **nativos** de muchas partes del mundo.	*Colonialism oppressed the **natives** in many parts of the world.*
Una de las lenguas **nativas (indígenas)** de las Islas Filipinas es el tagalo.	*One of the **native** tongues of the Philippine Islands is Tagalog.*
Benito Juárez era **natural (oriundo)** de México.	*Benito Juárez hailed from México.*
Los araucanos son **indígenas** de Chile.	*The Araucanians are indigenous to Chile.*
Aunque ella nació en Boston, Patricia es **oriunda** de Irlanda por sus padres.	*Though she was born in Boston, Patricia is **of Irish stock** on her father and mother's side.*

PRÁCTICA

A. *Para cada una de las frases siguientes, elija la palabra que complete el sentido. Haga también cualquier cambio necesario en la palabra elegida para que la frase quede gramaticalmente correcta.*

1. Ayer, Margarita amablemente _____ la oferta de un nuevo trabajo (**rechazar, rehusar, no querer**).

2. Con gran indignación, Cándido _____ la botella de vino avinagrado (**rehusar, negarse a, rechazar**).

3. Cuando oímos _____ que contó María, nos reímos mucho todos (**el chiste, la broma, la broma pesada**).

4. La rotura de la pierna de Juan es el resultado de _____ (**un chiste, una broma, una broma pesada**).

5. Aquella artista de cine siempre viaja con un exceso de _____ (**utensilios, herramientas, equipaje**).

6. En el taller del pintor vimos los _____ que él usaba para pintar sus cuadros (**enseres, utensilios, bártulos**).

7. Dicen que es una persona muy rica; tiene muchos _____ (**enseres, bienes, utensilios**).

8. Los dos novios _____ sus vidas en una ceremonia religiosa ortodoxa (**ligar, atar, trabar**).

9. El vaquero _____ el caballo a la entrada del bar (**ligar, unir, trabar**).

10. El marinero _____ todas sus posesiones y se dispuso a embarcar (**ligar, liar, unir**).

11. El Greco es el _____ de un famoso pintor (**mote, apellido, sobrenombre**).

12. Abe era el _____ con el que cariñosamente nos referíamos a Lincoln (**nombre, sobrenombre, apodo**).

13. ¿Sabes tú de qué habló el profesor ayer? No, pero _____ los incidentes del último escándalo en el senado (**narrar, relatar, aludir a**).

14. Al decir esto, nosotros _____ lo que sin querer presenciamos ayer (**contar, referirse a, relatar**).

15. Cuando visitábamos Marruecos, oímos _____ historias muy interesantes en las plazas públicas (**referir, aludir, contar**).

16. ¡Hay que ver cómo ha _____ la universidad en los últimos años (**cambiar, trocar, canjear**)!

17. Los dos niños _____ estampas de béisbol entre ellos (**mudar, trocar, cambiar**).

18. Juan Jacobo Astor inició su fortuna _____ licor por pieles (**cambiar, trocar, canjear**).

19. El abogado dijo que el _____ de los grandes almacenes no era responsable del accidente. (**propietario, amo, patrón**).

20. -- Cuando yo sea grande—dijo el niño—quiero ser el _____ de mi propio negocio (**casero, patrón, dueño**)—.

21. Vivimos en una casa de ocho pisos donde el _____ nos causa muchos problemas porque no quiere arreglar nada (**amo, patrón, casero**).

22. Una silenciosa _____ se agolpaba a las puertas de la catedral de Burgos (**chusma, muchedumbre, aglomeración**).

23. Como estaba a disgusto en la fiesta, Antonio _____ por la puerta trasera y se fue a su casa (**deslizar, resbalar, escurrirse**).

24. El turista _____ unos billetes en el cajón de la mesa del aduanero (**patinar, deslizar, escurrir**).

25. No tuvimos más remedio que _____ la discusión entre los dos políticos que vinieron a visitar nuestra clase (**testificar, declarar, presenciar**).

26. Como yo había visto el accidente, me llamaron a _____ durante el juicio (**presenciar, testificar, testimoniar**).

27. Colón, preocupado, _____ el horizonte buscando tierra. (**escudriñar, comtemplar, vislumbrar**)

28. Desde el torreón de Medina del Campo, nosotros _____ los grandes pinares de la provincia de Soria (**observar, otear, vislumbrar**).

29. Jorge se vió obligado a _____ el coche porque el semáforo estaba en rojo y el policía estaba observándole (**dejar de, parar, pararse**).

30. El senador por Nevada era _____ del país vasco porque sus padres nacieron allí. (**indígena, oriundo, nativo**)

B. *Traduzca al español las frases siguientes empleando el vocabulario estudiado en este capítulo.*

1. Offended by his bribe, the police officer refused it.
2. Yesterday, our son refused to eat during the family dinner.
3. Benjamin liked to pull everyone's leg.
4. Perhaps you should not play jokes on your boss.
5. The amount of stuff we have accumulated is extraordinary.
6. That airline only accepted one suitcase as baggage.
7. When we arrived at the pier, my father tied the boat up to a piling.
8. They fastened the tractor to the truck with chains.
9. The nickname of Sancho II, King of Castile, was "the strong one."
10. "The fat man" and "the skinny man" were the nicknames of Oliver Hardy and Stan Laurel.
11. My shirt was very dirty and my mother told me to change it.
12. I did not have proper identification, and the teller refused to cash my check at the bank.

13. I have just found a job as a mechanic in a garage, and the boss seems very kind.
14. The cat, shaking her tail, looked at her owner.
15. When the dictator appeared on the balcony, the mob protested.
16. You would not believe the crowd we saw at Macy's.
17. Be careful not to slip; we have just waxed the floor!
18. In the laboratory, we observed carefully the growth of the virus.
19. Agata could not stop working and became very tired.
20. I was not born there, but my father and mother were, so I do hail from Lithuania.

TEMAS A ESCOGER

Temas relacionados con la selección literaria

1. Describa Ud. lo que le ocurre a don Julio en la narración.
2. Describa Ud. qué ocurre el día de la inauguración de la Ejemplo.
3. ¿Por qué cree Ud. que los demás hacendados habían retirado la palabra a don Julio.

Temas sugeridos por la selección literaria

1. Qué efecto(s) tiene la llegada de una cultura económicamente superior al lugar donde hay otra no tan fuerte.

2. ¿Por qué cree Ud. que algunas personas no pueden aceptar en el lugar donde viven la presencia de una cultura extraña?

3. ¿Cree Ud. que la industrialización es beneficiosa para una cultura tradicional? ¿Por qué –sí o no?

◆ Repaso gramatical

Pronouns

Basic Statement

A pronoun is commonly defined as a word that replaces a noun or some other word used as a noun. Pronouns are normally used to refer to someone or something that has already been mentioned: people, things, places, concepts, thoughts, and so on. The specific word, clause, or phrase that a pronoun replaces is called its antecedent. Examine the following sentences:

Antonio has a bike.

Antonio rides his bike every day.

It would be natural to replace *Antonio* in the second sentence with the pronoun *he*, in which case Antonio becomes the antecedent of *he*.

Antonio has a bike.

He rides his bike every day.

Just like nouns, pronouns can serve as subjects and objects of other words, and their form normally changes according to their grammatical function. Traditionally, pronouns in Spanish have been divided into the following number of subclasses.

1) subject (personal) pronouns

2) reflexive pronouns

3) prepositional pronouns

4) demonstrative pronouns

5) possessive pronouns

6) interrogative pronouns

7) indefinite pronouns

8) relative pronouns

In this chapter we review the forms and uses of the first seven subclasses of pronouns listed above. In Chapter 11 we complete the review of pronouns by examining subclass 8, the important category of relative pronouns in Spanish. For pronoun forms, see the table. It lists all the forms covered in this chapter according to their grammatical function in a sentence.

In Spanish, these pronouns indicate person (first, second, or third), number (singular or pural), and in some cases grammatical gender (masculine or feminine). Here we subdivide personal pronouns into subject pronouns, indirect, and direct object pronouns. We also discuss the phenomenon of **loísmo**, **leísmo**, and **laísmo**.

Pronoun Forms

SINGULAR

Person	Subject	Object Indirect	Object Direct	Prepositional	Reflexive
1	yo	me	me	mí	me
2	tú	te	te	ti	te
3	él	le	le, lo	él	se
	ella	le	la	ella } sí	se
	usted	le	le, lo, la	usted	se

PLURAL

Person	Subject	Object Indirect	Object Direct	Prepositional	Reflexive
1	nosotros(as)	nos	nos	nosotros(as)	nos
2	vosotros(as)	os	os	vosotros(as)	os
3	ellos	les	les, los	ellos	se
	ellas	les	las	ellas } sí	se
	ustedes	les	les, los, las	ustedes	se

Subject Pronouns

Because the endings of the first- and second-person verbs clearly indicate the subject, these personal pronouns are normally omitted. They may be added, however, for emphasis. Since the third-person verb endings may refer to any one of three possible subjects—**él**, **ella**, **usted** (singular) and **ellos**, **ellas**, **ustedes** (plural)—the personal pronoun is included whenever needed for clarity or emphasis. Even when the referent is clear, **Ud.** and **Uds.** are sometimes repeated in normal conversation to show courtesy or respect.

¿Dónde está el libro que encontraste?	*Where is the book **you** found?*
Yo pago el taxi si **tú** sacas las entradas.	***I'll** pay the taxi if **you** buy the tickets.*
Ud. tiene derecho a quejarse.	***You** have a right to complain.*

Indirect Object Pronouns

When an action results in some advantage or disadvantage to a person, an indirect object pronoun is the appropriate pronoun to use. Often the English equivalent of the Spanish indirect object pronoun is preceded by the proposition *to* or *for*. In Spanish, indirect object pronouns precede all verbal forms except infinitives, gerunds, and affirmative commands, which they follow and to which they are attached. When an infinitive or gerund is used with a conjugated verb, the indirect object pronoun may either precede the conjugated verb or be attached to the infinitive or gerund.

Le leía su cuento favorito.
Estaba leyéndo**le** su cuento favorito.   *I was reading **him** his favorite story.*
Le estaba leyendo su cuento favorito.

Cómpre**me** una docena de huevos.   *Buy **me** a dozen eggs.*

No **me** compre una docena de huevos.   *Don't buy **me** a dozen eggs.*

Since **le** and **les** each has three possible antecedents, **él**, **ella**, **Ud.** and **ellos**, **ellas**, **Uds.**, respectively, a qualifier with **a** + **pronoun** may be used to avoid ambiguity. This qualifier normally follows the verb but occasionally precedes it for greater emphasis.

Le hablé ayer.   *I spoke **to him (her, you)** yesterday.*

Le hablé **a ella** ayer.   *I spoke **to her** yesterday.*

Ayer **le** hablé **a ella**.   *Yesterday I spoke **to her**.*

A ella le hablé ayer.   *I spoke **to "her"** yesterday.*

In the first example above, a qualifier would be omitted whenever the context made clear that the pronoun **le** referred to him, her, or you. The inclusion of the qualifier in the other examples is for clarity or to avoid ambiguity, or both. In the final example above, the initial position of the qualifier is used for emphasis as well as clarity.

Direct Object Pronouns

A direct object pronoun stands for the person or thing that receives the action of a verb directly, whereas the indirect object pronoun stands for the person to or for whom something is said, given, or done. In Spanish, when an indirect object pronoun and a direct object pronoun both depend on the same verb, they appear together and the indirect comes first. Furthermore, if both pronouns are in the third person (i.e., both begin with the letter **l**), the first, the indirect **le** or **les** is changed to **se**. (This **se** is etymologically a form of the indirect object pronoun and should not be confused with the reflexive **se**.) Lastly, verbs of saying or telling regularly take both a direct and an indirect object pronoun in Spanish, even though English often omits the direct object pronoun, as seen in the last two examples below.

Nos los mandaron.	*They sent **them to us***.
Se lo presté.	*I lent **it to her (him, you)***.
Mañana **te lo** digo.	*I'll tell **(it to) you** tomorrow*.
Ha prometido contár**selo**.	*He has promised to tell **(it to) him***.

Loísmo, leísmo, laísmo

A.   In Spanish America and some parts of Spain, the third-person forms of the indirect and direct object pronouns are always different. **Le (les)** is always indirect and **lo, la (los, las)** are always direct and therefore used both for people and for things. This use is known as **loísmo** because the direct object pronouns for things (**lo** and **los**) are also used for persons. From a practical point of view for a foreign learner of Spanish, this usage has the obvious advantage of simplicity.

Lo encontré en el café.	*I found **it (him, you)** in the café*.
Los vimos entrar en el cine.	*We saw **them (you)** enter the movies*.

B.   While **loísmo** distinguishes only between direct and indirect object pronouns, **leísmo** reflects an understandable desire to also differentiate people from things by using a different direct object pronoun for each. Thus **leísmo** is the use of **le (les)** as the direct object pronoun for masculine persons (he, you, them). **Leísmo**, which is standard in most of Spain, is accepted by the Real Academia Española de la Lengua, as is **loísmo**.

Le vi en el cine.	*I saw **you (him)** at the movies*.
Lo vi en el cine.	*I saw **it** at the movies*.

C.   **Laísmo** is the use of **la**, the direct object pronoun, instead of the correct indirect object pronoun **le** when referring to women. Although many persons condemn this usage (**leísmo** and **loísmo** are both accepted by the Real Academia, but **laísmo** is not), **laísmo** is nonetheless standard in Madrid and other parts of Spain. It is found in both spoken and written Spanish and probably arose from a desire to distinguish between the masculine and feminine forms of the indirect object pronoun. The following examples, taken from the works of Spanish novelists, illustrate **laísmo**, the use of the direct for the indirect object pronoun when referring to women.

Sí, la he visto y **la** he hablado. (Pío Baroja)

*Yes, I've seen her and I've spoken **to her**.*

A Juani **la** dije que cada martes me mandaban un ramo de flores. (Luis Romero)

I told Juani that each Thursday they sent me a bunch of flowers.

...¡y ahora su madre!, ¿qué **la** decimos a su madre, Daniel? (Rafael Sánchez Ferlosio)

...And now her mother! What are we going to say to her mother, Daniel?

Reflexive Pronouns

Reflexive pronouns are used with certain verbs to indicate that an action is reflected back on the subject of the verb. In these reflexive constructions, the performer of an action (rather than someone else) receives its effect or impact.

The barber shaved Bill.

*Bill shaved **himself**.*

In the first example above, Bill is the direct object of an action by the barber. In the second sentence, with the reflexive pronoun *himself*, Bill is the object of his own action. In Spanish, the reflexive pronouns (**me**, **te**, **se**; **nos**, **os**, **se**) precede any other object pronouns with which they are used. In most cases, Spanish reflexive verbs function much as do their English equivalents. However, there are a few verbs in English that are used reflexively but whose form omits the normal construction of verb followed by one of the reflexive pronouns *myself*, *yourself*, *himself*, and so on. For instance, English utterances such as the following are clearly reflexive in meaning even though they lack the reflexive pronoun:

*John never **shaves** on Sunday.*

***Wash** before going to bed.*

*He **hid** behind the garage.*

In Spanish, such sentences as the above must always include the reflexive pronoun.

Juan nunca **se afeita** los domingos.

Lávate antes de ir a la cama.

Se escondió detrás del garaje.

In most cases, Spanish and English verbs are flexible enough to allow their being used transitively with a noun or pronoun direct object, or with a reflexive pronoun.

Pablo cortó **el pan**. **Lo** cortó con un cuchillo.	*Pablo cut **the bread**. He cut **it** with a knife.*
Pablo **se** cortó esta mañana.	*Pablo cut **himself** this morning.*
Vi al **policía** en la esquina.	*I saw the **policeman** on the corner.*
Me vi en el espejo.	*I saw **myself** in the mirror.*

Reflexive pronouns are also used as *intensifiers* in Spanish to show a subject's increased emotional concern with, or his/her degree of participation in, some action. Obviously not a true reflexive meaning, this use is very common in colloquial speech. The English equivalents of such constructions are rarely able to capture the feeling conveyed by this use of the reflexive pronouns.

Oye, **tómate** un café con nosotros.	*Listen, **have** a cup of coffee with us.*
El chico **se comió** todo lo que teníamos en la nevera.	*The boy **ate (up)** everything we had in the refrigerator.*
No **me** lo **creo**.	***I** don't **believe** it.*
Pero **me** lo **sé** de memoria.	*But **I know** it by heart.*

Finally, Spanish often uses reflexive pronouns to render English constructions with the possessive adjectives. Just as the indirect object pronoun is used in Spanish along with the definite article to render the English possessive adjective (as in the first example below), the reflexive pronoun is also used with the definite article instead of the possessive adjective when a person does something for himself or in his own interest (as in the third and sixth examples below). This is a common way in Spanish to render the English possessive adjective with reference to clothing or parts of the body.

Le tapé **la** boca para que no hablara durante la misa.	*I covered **his** mouth so he wouldn't speak during mass.*
Nos pintaron **la** casa en agosto.	*They painted **our** house in August.*
Me tapé **los** oídos para no oír el ruido del tren.	*I covered **my** ears in order not to hear the noise of the train.*
No digas eso; **me** parte **el** corazón.	*Don't say that; it breaks **my** heart.*

Le vacié **los** zapatos de arena.

*I emptied the sand out of **his** shoes.*

Ella **se** vaciaba **los** zapatos de arena.

*She was emptying the sand out of **her** (own) shoes.*

Prepositional Pronouns

These pronouns follow prepositions and are most frequently used 1) in the redundant construction after the preposition **a**, 2) with verbs that require a preposition when followed by an object, or 3) to replace the indirect object pronoun when the verb is omitted.

1) A **ti** ya te expliqué lo que queríamos.

*I already explained to **you** what we wanted.*

2) No se queja de **mí**, sino de **Uds**.

*She doesn't complain about **me** but about **you**.*

3) ¿A quién mirabas? ¿A **él** o a **ella**?

*Whom were you looking at? At **him** or at **her**?*

Although **entre** is a preposition, it takes subject pronouns rather than prepositional pronouns. Note also the special forms of **conmigo**, **contigo**, and **consigo**. Since the third-person form **consigo** is a bit formal, it is often replaced by **con él**, **con ella**, **con Ud.**, etc.

Es un secreto entre mi hermano y **yo**.

*It's a secret between my brother and **me**.*

Antonio dijo para **sí** que no volvería.

*Antonio said to **himself** that he wouldn't return.*

Salieron con **ella** ayer.

*They went out with **her** yesterday.*

No creo que Mario tenga el dinero con **él (consigo)**.

*I don't believe that Mario has the money with **him**.*

Juan suplicó a Marcos que llevase a Jaime con **él**, pero Marcos no quiso.

*Juan begged Marcos to take Jaime with **him** but Marcos refused.*

Other Pronouns (not listed in table of Pronoun Forms)

Demonstratives. The written accent distinguishes the demonstrative pronouns from the demonstrative adjectives. The Real Academia Española recommends that the accent be retained only in the few cases where the pronoun could be mistaken for the adjective, but this norm is little followed. The neuter demonstrative pronouns **esto**, **eso**, and **aquello**

correspond to no adjective forms and therefore bear no accent. These neuter words ending in -**o** refer to concepts or ideas, but not to specific words that have a definite gender and number.

Esta mesa y **aquélla**.	*This table and **that one**.*
Sí, **éstos** son los libros a que me refiero.	*Yes, **these** are the books I am referring to.*
Todo **eso** me parece poco convincente.	*All **that** seems unconvincing to me.*

When a noun is implied rather than explicit in Spanish, its definite article is often retained and followed by an adjective or a prepositional modifier. This construction renders the pronoun "one" in English.

Me quedo con este traje y **el** (traje) **gris**.	*I'll take this suit and the gray **one**.*
Esta silla y **la** (silla) **de mimbre** son baratas.	*This chair and the wicker **one** are cheap.*

Possessives. The possessive pronouns are the long forms of the possessive adjectives and are generally used with the article: **el**, **la**, **los**, **las**, and with **lo**. Like adjectives, the pronouns agree with the thing(s) possessed.

el mío, la mía, los míos, las mías *mine*
el tuyo, la tuya, los tuyos, las tuyas *yours*
el suyo, la suya, los suyos, las suyas *his, hers, yours*
el nuestro, la nuestra, los nuestros, las nuestras *ours*
el vuestro, la vuestra, los vuestros, las vuestras *yours*
el suyo, la suya, los suyos, las suyas *theirs, yours*

The article is regularly omitted after **ser**, but it may be included to distinguish between objects rather than possessors. Clearly, the dividing line between whether a word is being used as a possessive adjective or possessive pronoun is often unclear in this context. Notice that only the third-person forms (**el suyo**, etc.) can be ambiguous; they may be replaced when necessary by **el (la, los, las) de él (ella, Ud., ellos, ellas, Uds.)**, and so on.

Tengo mi libro y **el de ella** (or **el suyo** if referent is clear).	*I have my book and **hers**.*
Este es **(el) tuyo**.	*This one is **yours**.*
Tenemos **las nuestras**, pero ¿dónde está **la de Ud.**?	*We have **ours**, but where is **yours**?*

Interrogatives. The interrogative pronouns are:

> **quién, quiénes** *who?, whom?* (identity of persons)
> **qué** *what?* (identity of things or persons)
> **cuál, cuáles** *which? what?* (implies selection from a group or class)
> **cuánto, -a, -os, -as** *how much?, how many?*

Although it is considered better form to use **cuál** and **cuáles**, which grammatically are pronouns, exclusively as pronouns, they are sometimes used as synonyms of the interrogative adjective **qué**, as in the fourth example below.

¿**Cuál** de los libros prefiere Ud.?	***Which*** of the books do you prefer?
¿**Cuál** es el libro que prefiere Ud.?	***Which (one)*** is the book you prefer?
¿**Qué** libro prefiere Ud.?	***What (which)*** book do you prefer?
¿**Cuál** libro prefiere Ud.? (use of interrogative pronoun as an interrogative adjective)	***Which (what)*** book do you prefer?

Indefinites. Indefinite pronouns are used for persons or things that the speaker is unable to or prefers not to identify more specifically: **alguien, nadie, algo, nada, quienquiera**. They also include the following words when they are used as pronouns: **uno** (**-a, -os, -as**), **alguno** (**-a, -os, -as**), and so on. They further include the following words in their various forms: **mucho, poco, bastante, demasiado**, and **varios**.

Algunos fueron a la reunión.	***Some*** went to the meeting.
Compré **varios** en la tienda.	*I bought **several** in the store.*

PRÁCTICA

A. Para cada una de las frases siguientes, escriba en el espacio en blanco una forma apropiada del pronombre que falta.

1. Dejamos nuestra maleta un momento cerca de la puerta de la estación y ahora no _____ encontramos.
2. A los niños _____ asusta quedarse solos en casa.
3. Teodoro parece preocupado pero no _____ está.

4. Yo no quiero bañar _____ en el agua de esta playa porque está sucia.

5. No me gusta esta casa blanca sino _____ al otro lado de la calle.

6. ¿Quién puede decirme _____ es la capital de Holanda?

7. Yo tengo mi abrigo, pero ¿dónde está _____, Mario?

8. A todos nos gusta el español y seguiremos estudiando _____ el año próximo.

9. "Juanita, lava _____ bien las manos antes de sentarte a la mesa."

10. No sé a _____ has visto en el parque.

11. A Carmen el dinero _____ devolveré cuando _____ vea.

12. Ricardo, si quieres mi diccionario otra vez, puedo prestar _____ ahora.

13. El jardinero regaba las flores esta tarde; yo _____ vi regar _____.

14. El guardia no _____ permitió a Carlos entrar en el cuartel.

15. Mi hijo bebe demasiado; ayer él _____ bebió seis botes de cerveza.

B.   Escriba en los espacios en blanco el pronombre, o el artículo adecuado al contexto.

A mis sobrinos _____ (1) gustaba mucho que yo _____ (2) leyera algunos de _____ (3) libros de aventuras que yo leía cuando era niño. Personalmente, a _____ (4) me encantaban _____ (5) novelas de Emilio Salgari -un autor ahora desconocido para muchos. Mi hermana, _____ (6) madre de los niños, decía que a _____ (7) no _____ (8) convenía oír tales fantasías, porque _____ (9) llenaban _____ (10) cabeza de cosas absurdas. Yo, que _____ (11) había criado creyendo en hadas, dragones y caballeros encantados, no veía por qué a _____ (12), mi hermana, quien era sólo un año mayor que yo, no _____ (13) caían bien esas lecturas. Para evitar conflictos, mis sobrinos y _____ (14) nos encontrábamos a escondidas en _____ (15) desván que hay antes de salir a _____ (16) azotea. Allí descubrimos también _____ (17) grandes obras de Alejandro Dumas, así como _____ (18) dramas de Echegaray que, a mis sobrinos _____ (19) encantaban por lo absurdo de sus argumentos. También _____ (20) leía _____ (21) poemas de algunos de _____ (22) grandes poetas del Siglo de Oro entre otros. Creo que, con esas lecturas, aprendieron a desarrollar _____ (23) imaginación; por lo menos, no _____ (24) pasaban tantas horas viendo _____ (25) programas de _____ (26) televisión, y esto siempre es bueno.

C. *Traduzca al español las siguientes frases, empleando las formas prenominales estudiadas en este capítulo.*

1. Paco, be [use **tener**] patient, and wait [use reflexive pronoun] a moment.
2. Enrique removed his glasses and put them in their case.
3. "I've turned [do not use **volver**] as red as a crab," said María on looking at her sunburnt shoulders.
4. The police tried to catch him, but he slipped away from them.
5. At four o'clock, Juanita's fiancé is coming to pick her up [use pronoun in two positions].
6. The teacher let us leave early, but not them.
7. What are your ideas on this subject?
8. What he said is so fascinating that I'm still thinking about it.
9. I found the blue pencil, but I still don't know where the red one is.
10. The fisherman took off his cap and scratched his head.

D. *Cada una de las frases siguientes contiene un error. Indique cuál es. Explique por qué está mal.*

1. A Pablo le regalaron un teléfono móvil, pero no le usa nunca.
2. El ladrón intentó esconder de la policía.
3. Ayer vi a María, pero no la hablé.
4. Me vi mi cara en el espejo roto que estaba en el pasillo.
5. Preguntábamos al estudiante cuál novela había leido.

ENFOQUE   Making Comparisons and Contrasts

Comparisons and contrasts in an essay help to point out the likenesses and differences of two ideas, situations, or objects of similar, but nor identical forms. This technique is widely used in much academic writing. When writing an essay that uses this approach, the writer's aim may be to determine and define the ideas under consideration; the writer can also develop this technique to try to convince the reader of the superiority of an idea, situation, or object. Whatever the goal, the procedure is the same.

To write a "comparing and contrasting" essay, the student must choose two elements. With more than two elements, this type of essay cannot be written effectively. The two elements should have enough differences to make the essay worthwhile. It is necessary that these elements be comparable for only then will the contrast work. Since the elements are to be compared, the writer should use a similar approach towards them with regards to tone, vocabulary, and style. If a particular detail is mentioned in one of the—elements, the writer should mention a similar detail in the other.

A comparing and contrasting essay should reveal the writer's capacity for good judgment. The essay can be serious or amusing. It may be used to explain or to convince the reader of a particular idea. The writer may use descriptions and anecdotes, as well as a personal tone to strengthen the essay.

C A P Í T U L O

 LA SOMBRA DEL CIPRÉS ES ALARGADA
MIGUEL DELIBES

 REPASO GRAMATICAL
  • *Relative Pronouns*

La sombra del ciprés es alargada

MIGUEL DELIBES

◆◆◆◆◆◆◆◆◆◆◆◆◆◆◆

El español Miguel Delibes, nació en 1920, en Valladolid, ciudad donde hizo sus primeros estudios. En 1943 se doctoró en Derecho por la Universidad de Madrid. Delibes se ha dedicado a la enseñanza, al periodismo y a la literatura. En 1947 ganó el Premio Nadal con su primera novela, La sombra del ciprés es alargada *(1948). Desde esa fecha ha venido publicando novelas, cuentos y ensayos. Con la novela* Diario de un cazador *(1955), ganó el premio Nacional de Literatura y con* La hoja roja *(1959), el Premio Juan March. Otras novelas importantes de Delibes son* Las ratas *(1962),* Cinco horas con Mario *(1966),* Parábola del náufrago *(1969) y* Los santos inocentes *(1981); esta última tuvo también un gran éxito en su versión cinematográfica. Según el destacado crítico español Gonzalo Sobejano, Miguel Delibes ha mantenido un puesto eminente entre los novelistas españoles de la posguerra por "su producción cuantiosa y de calidad creciente."*

La sombra del ciprés es alargada, *un fragmento de la cual reproducimos a continuación, pertenece a las novelas de la primera época de Delibes. Es una novela en que Delibes revela una obsesión por la muerte y la infelicidad. El autor revela también una gran tendencia al análisis introspectivo y crea protagonistas que defienden su individualidad. Gonzalo Sobejano opina que un tema central en la novelística de este autor es "la autenticidad, la elección del camino auténtico."*

En La sombra del ciprés es alargada, *el huérfano Pedro quiere evitar los dolores y desengaños que son parte de toda existencia humana, por lo que elige el camino de la soledad. Durante cierto tiempo logra su fin huyendo de todo lazo íntimo, pero al conocer a Jane el amor entra en su vida y la felicidad vence al estoicismo. Sin embargo, Pedro no se libra de la catástrofe ya que Jane muere en un trágico accidente de auto cuando ya está esperando el nacimiento de su primer hijo.*

En la siguiente selección, Miguel Delibes narra la conclusión de la novela con un estilo rítmico y lento. Pedro vuelve a Avila, ciudad española donde habían transcurrido su niñez y adolescencia, para visitar la tumba del que había sido su mejor amigo, Alfredo. Con esta escena de extraordinaria sensibilidad, Delibes introduce la nota de resignación esperanzada con que acaba la novela.

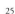

Inopinadamente me vi frente a la **verja**[1] cerrada del camposanto. La vegetación circundante conservaba el terso y helado agarrotamiento del invierno. No se veía a nadie a mi alrededor. Sobre la puerta de una casita contigua decía "Conserje." Llamé con los nudillos, embargado de un opaco sentimiento de temor. Era algo monstruoso ponerse uno
5   frente por frente del dueño de los muertos. Me le imaginé enteco, **alcoholizado,**[2] ansioso de olvidar su helada vecindad. **Transcurrió**[3] bastante tiempo sin que nadie respondiera a mi llamada. Al fin escuché una voz que iba haciéndose perceptible **a medida que**[4] la puerta, después de un ruidoso correr de **cerrojos,**[5] iba abriéndose sin prisa.

—¿Qué desea usted?

10   No era un tono demasiado áspero el de la voz teniendo en cuenta el aspecto soñoliento de mi interlocutora. Respeté su indiscreto y repentino bostezo con una pausa que ella empleó, además, para **restregarse**[6] concienzudamente los ojos con el dorso de las manos.

—Querría entrar en el cementerio...

Alargué mi mano hacia la suya en una ingenua tentativa de **soborno.**[7]

15   —No hace falta... —aulló dolorida y digna retirando su mano—; dentro de media hora abriremos para todos.

Cuando me contemplé desfilando entre dos hileras de muertos sentí abalanzarse sobre mí una **oleada**[8] de infinita paz; me hizo el efecto de que dejaba en la puerta una insoportable carga de sinsabores y pesadumbres. "Mi sitio está aquí, me dije; entre los
20   vivos y mis muertos, **actuando**[9] de intercesor." Sentí agitarse mi sangre al aproximarme a la tumba de Alfredo. La lápida estaba borrada por la nieve, pero nuestros nombres —Alfredo y Pedro— fosforecían sobre la costra oscura del pino. Me abalancé sobre él y **palpé**[10] su cuerpo con mis dos manos, anhelando **captar**[11] el estremecimiento de su savia. Así permanecí un rato absorto, renovando en mi mente los primeros
25   años de mi vida, el latente sabor de mi primera amistad. Luego, casi inconscientemente, extraje del bolsillo el **aro**[12] de Jane circundado por la inscripción de Zoroastro y me aproximé a la tumba de mi amigo. Por un **resquicio**[13] de la losa introduje el anillo y lo dejé caer. Experimenté una extraña reacción al sentir el tintineo del anillo al chocar contra los restos del fondo. Ahora ya estaban eslabonados, atados, mis afectos; las dos
30   corrientes que vitalizaran mi espíritu habían alcanzado su punto de confluencia.

Cuando una hora más tarde abandonaba el cementerio me invadió una sensación desusada de **relajada**[14] placidez. Se me hacía que ya había encontrado la razón suprema de mi pervivencia en el mundo. Ya no me encontraba solo. Detrás dejaba a buen recaudo mis afectos. Por delante se abría un día transparente, fúlgido, y la muralla de
35   Avila se recortaba, dentada y sobria, sobre el azul del firmamento. No sé por qué pensé en aquel instante en la madre de Alfredo y en "el hombre." Y fue casualmente en aquel momento en que tropecé con un obstáculo oculto por la nieve. Al mirar hacia el suelo comprobé que a la nieve la hace barro el contacto con el pie... Me sonreía el contorno de Avila allá, a lo lejos. Del otro lado de la muralla **permanecían**[15] Martina, doña Gregoria y
40   el señor Lesmes. Y por encima aún me quedaba Dios.

CUESTIONARIO

Contenido

1. ¿Por qué va Pedro al camposanto?
2. ¿Cómo ha afectado el tiempo al cementerio?
3. Describa al "dueño de los muertos."
4. ¿Por qué se ofende la interlocutora de Pedro?
5. ¿Qué hace que Pedro recuerde su vida pasada?
6. ¿De qué manera une Pedro los dos afectos de su vida?
7. ¿Qué cambio profundo experimenta Pedro en el cementerio?

Interpretación y estilo

1. Explique Ud. la paz que siente Pedro al estar entre los muertos.
2. ¿Por qué se imagina Pedro que el conserje es una persona enferma?
3. ¿Cómo emplea el autor la personificación?
4. ¿Por qué cree Pedro que él es el "intercesor" entre vivos y muertos?
5. Comente Ud. la línea "Por delante se abría un día transparente, fúlgido..."
6. ¿De qué se da cuenta Pedro al ver que a la nieve la hace barro el contacto del pie?
7. ¿Cómo logra Delibes introducir la idea de la esperanza al final de la novela?

➝ Léxico: opciones ➝

─1───────────────────────────────────

la reja *grating, iron bars*
la cancela *iron gate or door*
la valla *fence, barricade*

la verja *iron gate or fence, grating*
la cerca *fence*

Verja, which means *iron grating*, is often used to indicate a gate, fence, or door made of such grating. This eliminates the need to mention specific words such as **puerta**, **cerca**, etc. **Reja**, also renders English *grating* but its structure is that of simple iron bars on windows and doors used for purposes of security. **Cancela**, a less frequently used word than **verja** and **reja**, refers only to a gate or door, often of artistically designed wrought iron, found at the entrance of many Mediterranean-style dwellings. **Cerca** indicates a fence, of wood, metal, or other materials to mark a boundary or to control the entrance or exit to an enclosed area. **Valla** is a close synonym of **cerca**, but tends to be more temporary in nature and is often associated with construction projects.

Una alta **verja** de hierro rodea la embajada.	*A high iron **fence** surrounds the embassy.*
Para evitar que los ladrones entren en casa, hemos puesto **rejas** en las ventanas.	*To prevent burglars from entering the house, we have put **iron bars** on the windows.*
Para entrar en el patio, tuvimos que abrir una **cancela**.	*To enter the patio, we had to open a **gate**.*
Mi madre quiere una **cerca** de madera alrededor de la casa.	*My mother wants a wooden **fence** around the house.*
Habían puesto muchos anuncios políticos en la **valla** que cercaba el edificio en construcción.	*They had put up many political announcements on the **fence** of the building being erected.*

━**2**━━━━━━━━━━━━━━━━━━━━━━━━━━━━━━━

alcoholizado *alcoholic*	**beodo** *drunk*
alcohólico *alcoholic*	**ebrio** *drunk, inebriated*
borracho *drunk(ard)*	**embriagado** *intoxicated*
bebido *tipsy, somewhat drunk*	**la resaca** *hangover*
la cruda *hangover*	

dormir la borrachera (la mona) *to sleep it off*

The above words represent some of the more common terms in Spanish referring to various degrees of the state of drunkenness. English *alcoholic* is rendered by **alcohólico** and **alcoholizado**. **Alcohólico**, used with **ser**, indicates a person who is chronically ill with alcoholism; **alcoholizado**, used with **estar**, also refers to the condition of alcoholism, but does not see it as necessarily permanent. **Borracho**, the most common term for *drunk*, has a number of synonyms. **Bebido**, indicates *tipsy* or *slightly drunk*, and it is often used euphemistically to avoid calling someone **borracho**. **Beodo, ebrio**, and **embriagado** are synonyms of **borracho** which are used primarily in written or literary Spanish. Of these three terms, **beodo**, used with **ser**, suggests a habitual drunkard. The peninsular Spanish **resaca** (literally *undertow*) and the Spanish-American **cruda** both render *hangover*.

Angel, que es (un) **alcohólico**, tiene una cirrosis.

*Angel, who is (an) **alcoholic**, has cirrhosis (of the liver).*

La dificultad en pronunciar bien ciertas palabras mostraba que el conferenciante estaba **bebido**.

*The difficulty in pronouncing certain words well revealed that the speaker was **tipsy (slightly drunk)**.*

Aunque Pedro bebe dos copas de vino en todas las comidas, no es un **beodo** como cree Luis.

*Although Pedro has two glasses of wine at every meal, he is not a **drunk** as Luis believes.*

Un conductor **ebrio (embriagado)** es un peligro para todos.

*An **intoxicated** driver is a danger to everyone.*

Después de la fiesta de anoche, tengo una **resaca (cruda)** espantosa.

*After last night's party, I have a frightful **hangover**.*

Andrés durmió **la borrachera (la mona)** en un banco del parque.

*Andrés slept off his **drunkenness** on a park bench.*

3

transcurrir *to pass, to elapse*
correr *to run; to go by (quickly)*
pasar *to pass, to go by*
mediar *to elapse, to pass; to intervene*

Transcurrir is close to **pasar** in meaning with reference to time or events, but unlike **pasar**, it is almost always accompanied by an indication of the manner in which something occurs. **Pasar** by itself is neutral as to the way in which time passes. **Mediar** is used to indicate the passage or lapse of time between two or more events, as is suggested by its other meaning, *to intervene*. **Correr**, when used as a synonym of **pasar**, suggests a faster passing of time.

Cuando estuvimos en Puerto Rico, el tiempo **transcurrió** plácidamente.

*When we were in Puerto Rico, time **passed** pleasantly.*

Han pasado dos años desde que Eric se graduó.

*Two years **have passed** since Eric graduated.*

Entre las dos guerras mundiales **mediaron** tres décadas.

*Between the two world wars three decades **elapsed**.*

A partir de los treinta y cinco años, el tiempo **corre**.

*Beginning at 35 years of age, time **flies by**.*

─── **4** ───

a medida que *as*   **según** *according to; as*
como *as*   **mientras** *while, as*

A medida que renders *as* when it indicates *in proportion to* or *progressively*.
Como, at the beginning of a clause, indicates *as* in the sense of *because* or *since*.
Según, whose most common meaning is *according to*, may also be used as a
synonym of **a medida que**. Both expressions imply the dependency of one action
on another, but **según** tends to be a bit more colloquial than **a medida que**.
Mientras renders *while* or *as* to indicate two parallel, simultaneous actions.

Alfonso va siendo más formal **a medi-**   *Alfonso is becoming more formal (is*
da que pasan los años.   *maturing)* ***as*** *the years go by.*

Como llegamos tarde al aeropuerto,   ***As (Because)*** *we got to the airport*
perdimos el avión.   *late, we missed the plane.*

Comíamos las sardinas **según** Rubén   *We ate the sardines* ***as*** *Rubén took*
las sacaba del asador.   *them off the grill.*

Mientras yo trabajaba, mi hermano   ***While (As)*** *I was working, my brother*
dormía.   *was sleeping.*

─── **5** ───

el cerrojo *bolt, dead bolt*   **la cerradura** *lock*
el candado *padlock, lock*   **la llave** *key*
la clave *key*   **cerrar con llave** *to lock*
echar la llave *to lock*   **bajo llave** *under lock and key*

Cerradura is a lock when it is an integral part of a door. **Candado** is a device such
as a padlock or combination lock that is removable and portable. **Llave** refers to the
physical key for a lock, where as **clave** renders the English *key* in the contexts of
music, puzzles, codes, etc. **Cerrar**, *to close*, or *to shut*, in certain familiar contexts,
may be used to indicate *to lock*. However, to avoid ambiguity, the English *to lock*
should be translated either as **cerrar con llave** or **echar la llave**.

En Nueva York, las puertas de muchas   *In New York, the doors on many houses*
casas tienen dos o más **cerrojos**.   *have two or more* ***dead bolts***.

Introduje la **llave** en la **cerradura** sin   *I put the* ***key*** *in the* ***lock*** *without making*
hacer ruido.   *any noise.*

Julio olvidó poner el **candado** a la bicicleta y se la robaron.

*Julio forgot to put the **(pad)lock** on his bicycle and they stole it.*

En 1940 los norteamericanos encontraron la **clave** del código de los japoneses.

*In 1940 the Americans discovered the **key** to deciphering the Japanese (secret) code.*

A mi abuelo siempre se le olvida **cerrar con llave** la puerta (**echar la llave** a la puerta).

*My grandfather always forgets **to lock** the door.*

— 6 —

restregar *to rub*
frotar *to rub*
friccionar *to rub (down), to massage*
dar friegas *to give a massage, to massage*
fregar *to rub (hard), to scrub*
rozar *to rub, to brush against*

Restregar normally indicates a hard or rough rubbing of one thing against another. **Frotar** is the standard word for *to rub* but lacks any connotation of force. At times, when referring to lotions, creams, waxes, etc., **frotar** implies a gentle rubbing or even the act of applying such substances to a surface. Although **friccionar** and **dar friegas** are synonymous, the latter is the more frequently used expression for *to massage*. **Fregar** implies a hard rubbing or scrubbing with some kind of cleaning device. **Rozar**, frequently used with **con** or **contra**, most often indicates an accidental rubbing, brushing, or scraping of one person or thing against another.

Los elefantes **se restriegan** en el barro para quitarse los insectos de la piel.

*Elephants **roll about** in the mud to eliminate insects from their skin.*

El policía **se frotaba** las manos porque hacía mucho frío.

*The policeman **rubbed** his hands because it was very cold.*

El masajista **dio friegas (friccionó)** al jugador después del partido.

*The trainer **rubbed down (massaged)** the player after the game.*

Tuve que **fregar** el suelo de la cocina con la nueva fregona.

*I had **to wash (to scrub)** the kitchen floor with the new mop.*

Ten cuidado de no **rozarte** con la pared porque la pintura está todavía húmeda.

*Be careful not **to rub** against the wall, because the paint is still wet.*

─7─

el soborno *bribe(ry)*　　　　　　　　　**sobornar** *to bribe*
el cohecho *bribe(ry)*　　　　　　　　**cohechar** *to bribe*
la mordida *bribe*　　　　　　　　　　**tapar la boca** *to bribe*

Soborno is a general term that may be used to refer to any kind of a bribe. Its synonym **cohecho**, however, may replace **soborno** when the bribe is made to a judge or a public official. In much of Spanish America, there exists a third word for *bribe*, **mordida**, which is not used with this meaning in Spain. **Tapar la boca** implies bribing by buying off someone to insure silence.

Acusaron al juez de aceptar **cohechos (sobornos)**.

*They accused the judge of accepting **bribes**.*

El policía aceptó la **mordida** y no les puso una multa.

*The policeman accepted the **bribe** and did not give them a ticket.*

Taparon la boca del testigo con una gran cantidad de dinero.

***They bought off** the witness with a large amount of money.*

─8─

la oleada *(large) wave*　　　　　　　**el oleaje** *surge of waves; rough seas*
la ola *wave*　　　　　　　　　　　　**la onda** *wave*

Oleada is a large wave. It is also the destructive force implied in heavy waves. **Oleada** may also indicate a surge of emotion or of a group of persons or even of events that advance as in a wave or swell. **Ola** is standard for a wave in the ocean or sea and also renders *wave* in the context of heat or cold waves. **Oleaje** indicates a surge or large swell of waves in the sea and may be used to render the concept of *rough sea*. **Onda** most often refers to a sound or light wave. It is also used for *waves* or *curls* in the hair and for waves in bodies of water smaller than the ocean or the sea and caused by wind or other disturbances on the surface.

La **oleada** acabó por destruir los faroles en el Paseo Marítimo.

*The **pounding of the waves** ended up by destroying the street lights along the Paseo Marítimo.*

Una **oleada** de huelgas ha paralizado el país.

*A **wave** of strikes has paralyzed the country.*

El norte de España está sufriendo una terrible **ola** de frío.

*The north of Spain is suffering a terrible cold **wave**.*

Hay una emisora española que transmite todas las noches por **onda** corta.

*There is a Spanish radio station that broadcasts every night on short **wave**.*

Había tanto **oleaje** que los pescadores tuvieron que volver al puerto.

*There was such a **rough sea** (there were so many **heavy waves**) that the fishermen had to return to the port.*

Los niños se divertían tirando piedras al lago para crear **ondas**.

*The children were having fun throwing stones into the lake in order to make **waves**.*

—9—

actuar *to act*
obrar *to act*

(com)portarse *to act; to behave*
proceder *to act*

Actuar means *to act* in the sense of *to exert an influence or have an effect on*, or *to work in the capacity of*. **Obrar** shares these meanings, but is somewhat less common than **actuar**. **(Com)portarse** is *to behave* or *to conduct oneself* in a particular way. **Proceder** is similar in meaning but indicates conducting oneself in accordance with certain norms or standards of conduct.

La poesía de García Lorca **actúa** sobre cualquier lector sensible.

*The poetry of García Lorca **has an effect** on any sensitive reader.*

Arturo **actuó** como secretario durante dos años.

*Arturo **acted** as secretary for two years.*

El tirano **obró** como un criminal y eliminó a la oposición.

*The tyrant **acted** like a criminal and eliminated the opposition.*

Sus amigos **se (com)portaron** muy bien el día de su cumpleaños.

*His friends **acted (behaved)** very well on his birthday.*

Un juez siempre debe **proceder** imparcialmente.

*A judge should always **act** impartially.*

—10—

palpar *to touch, to feel*
tentar *to touch*
conmover *to touch, to move*
tocar *to touch; to play (an instrument)*
manosear *to handle, to fondle, to touch*

Palpar is *to touch* something with the fingers or hands in order to examine or identify it. **Tocar** is the most frequent equivalent of the English *to touch* in its basic meaning of to bring any part of the body or some object into contact with something else. **Tocar** also renders *to play* with reference to a musical instrument. **Manosear**, a word which suggests the repeated handling or touching of something, is specially common in everyday usage. **Tentar**, which also means *to tempt*, is a synonym of **palpar** and suggests *groping* or *feeling* in order to find something. Finally, **conmover** renders *to touch* in the sense of *to move emotionally*.

El médico le **palpó** el vientre y le preguntó dónde le dolía.	*The doctor **felt** his stomach and asked him where it hurt.*
En ese mercado no nos dejan **tocar** la fruta.	*In that market they do not let us **touch** the fruit.*
Me gustaba el libro, pero no lo compré porque estaba muy **manoseado**.	*I liked the book, but I did not buy it because it had been **handled by** too many **people**.*
Me **tenté** en el bolsillo de la chaqueta para ver si llevaba dinero.	*I felt inside my jacket pocket to see if I had any money.*
Las palabras de pésame de Roberto me **conmovieron** mucho.	*Roberto's words of condolence **touched** me deeply.*

—11——————————————————————

captar *to catch, to capture*
cautivar *to take prisoner; (fig.) to captivate, to charm*
capturar *to capture*
apresar *to capture, to catch, to take prisoner*

Captar doesn't imply the use of force. It most often indicates perceiving or capturing something through the senses or through some device such as a radio. **Cautivar**, formerly used as *to take prisoner or captive in a war*, is now used almost exclusively in its figurative meaning of *to captivate* or *to charm* someone. The primary sense of **capturar** is *to capture* as in seizing a person or an animal in order to confine them. **Apresar** refers to animals catching or capturing their prey or, by extension, to police capturing delinquents, criminals, and so on.

El orador **captó** la confianza del público.	*The speaker **captured (won)** the audience's confidence.*

Si quieres **captar** la atención de Miguel, háblale de dinero.

*If you want **to get (capture)** Miguel's attention, speak to him about money.*

En este valle es difícil **captar** una buena estación de radio.

*In this valley it is difficult **to get (to pick up)** a good radio station.*

Melibea **cautivó** con sus encantos a Calisto.

*Melibea **captivated** Calisto with her charms.*

El policía **capturó** al ladrón después de una larga carrera.

*The policeman **captured** the thief after a long chase.*

Capturaron dos tigres de Siberia para ayudar a preservar la especie.

***They captured** two Siberian tigers to help save the species.*

El halcón **apresó** al conejo cuando éste salía de su madriguera.

*The hawk **caught (captured)** the rabbit when it came out of its hole.*

⟶12⟶

el aro *hoop, large ring*
el anillo *ring*
la anilla *ring*

la argolla *ring*
la sortija *ring*

Miguel Delibes uses **aro** in the sense of *wedding ring*. **Aro** is used most frequently to indicate large rings or hoops of any material. **Anillo** indicates a ring, worn on the fingers, of relatively small size and simple design, and sometimes of little value. **Anilla** is a ring of larger size than **anillo** and normally with some practical function or use. **Argolla** is a thick metal ring to which a rope is attached for the purpose of tying down boats, animals, etc. **Sortija** is a synonym of **anillo**, a ring for the finger, but more heavily adorned. A **sortija** may be either fine or custom jewelry.

El tigre saltó por el **aro**.

*The tiger jumped through the **hoop (ring)**.*

El **anillo** de boda de Marta es de platino.

*Marta's wedding **ring (band)** is made of platinum.*

El piso de la iglesia tenía una losa con una **anilla** de hierro.

*The church floor had a stone slab with an iron **ring** in it.*

El pescador ató la barca a la **argolla** y se fue a casa.

*The fisherman tied up his boat to the **iron ring** and went home.*

Mi tío lleva una **sortija** indicando su graduación por Berkeley.

*My uncle wears a **class ring** indicating his graduation from Berkeley.*

—13—

el resquicio *crack*
la rendija *crack, split*
la hendidura *crack, split, cleft*

la grieta *crack*
la resquebrajadura *crack, split*

Resquicio means *crack* in the sense of the very narrow space that exists between a door or window and its frame. In the Delibes selection, the **resquicio** is between the stone slab that functions as a door and the entrance to the tomb. **Grieta** is the standard word for *crack* and is used in a broad range of situations from crack in the wall to those in the human skin. **Rendija** stresses the length of a crack, and the fact that it extends through to the other side of the object. **Rendija** is also used to indicate the narrow space or crack that exists between two contiguous but separate objects. **Resquebra(ja)dura** refers mostly to the hairline crack that appears in wooden or earthenware objects. **Hendidura** indicates a deep crack that cleaves some material and occurs not accidentally but as the result of a deliberate action by a person.

Después del terremoto, la pared quedó llena de **grietas**.

*After the earthquake, the wall was full of **cracks**.*

La luz entraba en el cuarto por las **rendijas** de las persianas.

*The light came into the room through the **cracks** in the blinds.*

Los ratones entraron en la casa por las **rendijas** en la pared de la cocina.

*The mice entered the house through **cracks** in the kitchen wall.*

Por la humedad, se abrieron unas **resquebrajaduras** en la mesa.

*On account of the humidity a few **cracks** opened up in the table.*

Con el hacha, el leñador hizo una **hendidura** en el tronco.

*The lumberman made a large **split** in the log with his axe.*

∼14∽

relajar *to relax*
aflojar *to loosen, to relax*
esparcir el ánimo *to relax, to take it easy*

descansar *to rest, to relax*
esparcirse *to relax*

To render the many connotations of the English *to relax*, Spanish has a number of common verbs. **Relajar** may indicate the loosening of something physical that is tight, or of relaxing customs, traditions, control over someone, and so on. **Descansar**, *to rest*, is also a common equivalent of *to relax* in the sense of enjoying oneself away from one's normal duties. **Aflojar** is *to relax* in the sense of loosening something physically or figuratively. **Esparcirse** and **esparcir el ánimo** stress more the idea of escaping from worry or preoccupation than does **descansar**.

Después de media hora en la piscina, Pedro tenía los músculos **relajados**.

*After half an hour in the pool, Pedro's muscles felt **relaxed**.*

Hemos trabajado mucho y mañana iremos al campo a **descansar**.

*We have worked a lot and tomorrow we'll go to the country to **relax**.*

El gobierno **aflojó** su control sobre la economía.

*The government **relaxed** its control over the economy.*

El domingo era el único día en el que los obreros podían **esparcirse (esparcir el ánimo)**.

*Sunday was the only day on which the workers could **relax (take it easy)**.*

∼15∽

permanecer *to remain, to stay*
durar *to last, to remain*

quedar(se) *to remain, to stay*

In spoken Spanish, **quedar(se)** is more common than **permanecer**. Although a synonym, **permanecer**, unlike **quedar(se)**, almost always implies a specific period of time. **Durar**, *to last*, or *to endure*, sometimes also renders the English *to remain* especially when the implication is that a person will not remain in a given place because of an unfavorable situation.

Hasta las diez de la mañana, esta calle **permanece** casi desierta.

*Until 10:00 AM, this street **remains** almost deserted.*

Pensaban **quedarse** ocho meses en Barcelona pero **permanecieron** allí toda la vida.

*They intended **to stay** eight months in Barcelona, but they **remained** there all their lives.*

Con el nuevo jefe, no creo que yo **dure** seis meses en este empleo.

*With the new boss, I don't think I'll **remain (last)** six months in this job.*

PRÁCTICA

A. *Para cada una de las frases siguientes, elija Ud. la palabra que complete el sentido. Haga también cualquier cambio necesario en la palabra elegida para que la frase quede gramaticalmente correcta.*

1. El Parque del Retiro en Madrid está rodeado por una _____ (**cancela, verja, reja**).
2. Don Juan quiso escapar por la ventana pero no pudo porque había una _____ de hierro (**valla, reja, cancela**).
3. Alberto tiene el hígado en malas condiciones porque él está _____ (**bebido, borracho, alcoholizado**).
4. Después de beber mucho en la fiesta, Luis se despertó _____ (**con resaca, borracho, alcoholizado**).
5. Juan dice que a él no le envejece el _____ de los años (**mediar, transcurrir, pasar**).
6. _____ lo que Carlos dice, mañana va a llover (**Mientras, Como, Según**).
7. Ayer fuimos a visitar a Julia, pero _____ no estaba en casa, nos fuimos al cine (**según, mientras, como**).
8. _____ se aproxima el día de las elecciones, aumenta el entusiasmo de los miembros del partido (**Como, Mientras, A medida que**).
9. La puerta de la catedral tenía un(a) enorme _____ que corrían todas las noches (**anilla, cerrojo, candado**).
10. Después de dar cera a la mesa, María la _____ con un paño para sacarle brillo (**friccionar, frotar, rozar**).
11. Como mi padre tiene reuma en el hombro izquierdo, mi madre le _____ con linimento (**restregar, friccionar, fregar**).
12. A pesar de las advertencias de su madre, Luisito seguía _____ los ojos con las manos sucias (**fregarse, frotarse, rozarse**).
13. La silla dejó señales donde había _____ con la pared (**frotar, restregar, rozar**).

14. Ese policía acaba de pedirme una _____ para olvidar la multa (**resaca, llave, mordida**).

15. El pelo de mi hermana tiene _____ naturales (**ola, onda, oleada**).

16. Después del accidente del buque petrolero, el (la) _____ cubrió las playas de petróleo (**oleada, onda, oleaje**).

17. En agosto, los países del sur de Europa reciben un(a) _____ de turistas extranjeros (**onda, oleaje, oleada**).

18. Dijimos a los niños que durante la fiesta debían _____ muy bien (**proceder, actuar, comportarse**).

19. Mi vecino _____ con precipitación al acusarme de robar fruta de sus árboles (**portarse, obrar, mediar**).

20. Al hacerle el examen médico, la doctora _____ el tumor que José tenía en el costado (**manosear, tentar, palpar**).

21. En las tiendas, a mi hermano le gusta _____ todo (**palpar, manosear, conmover**).

22. Algunas plantas secretan líquidos pegajosos para _____ a los insectos (**capturar, cautivar, captar**).

23. Los bellos ojos de la muchacha _____ mi atención desde el primer momento (**apresar, capturar, captar**).

24. Durante la boda, los novios intercambiaron _____ de oro (**sortija, anillo, anilla**).

25. En su testamento, mi abuela dejó a mi hermana un(a) _____ de diamantes (**aro, anillo, sortija**).

26. El gitano ató el burro en el (la) _____ que había al lado de la puerta (**anillo, aro, argolla**).

27. Las hormigas entraban en la cocina por un(a) _____ que había en la pared (**hendidura, resquicio, grieta**).

28. El rayo hizo un(a) gran _____ en el viejo roble que hay en la plaza de la iglesia (**grieta, resquicio, hendidura**).

29. Después de la primera parte del concierto, los músicos _____ en sus asientos (**relajarse, esparcirse, aflojarse**).

30. Durante nuestro viaje a Chile, nosotros _____ ocho días en Santiago (**durar, quedarse, esparcirse**).

B. *Traduzca al español las siguientes frases empleando el vocabulario estudiado en este capítulo.*

1. The guide pointed out a beautiful grating that dated from the 16th century.
2. Many people have a hangover on New Year's Day.

3. Ten years elapsed [do two ways] between the publication of the first part of the *Quixote* and that of the second part.

4. The lights grew brighter as the ship approached the harbor.

5. It was very difficult for the child to slide [use **correr**] the bolt on the door.

6. The mother told her daughter not to rub her eyes.

7. The nurse rubbed down the patient's back.

8. The customs officer indignantly rejected the bribe that the passenger offered him.

9. It's a crime to try to bribe a judge.

10. A wave of tourists forced the government to relax many laws.

11. The students always behaved well when the principal [use **director**] entered the room.

12. The nurse felt his arm to find a good vein from which to extract blood.

13. They captured the drug dealer [use **narcotraficante**] as he prepared to leave the hotel.

14. Wine was seeping through the cracks of the wooden barrel.

15. After Christmas dinner, Carlos had to loosen his belt.

16. María Elena remains undecided [use **indeciso**] about which job offer she should accept.

17. We stayed in an apartment two years before we bought a house.

18. When we were in Brazil, my wife bought a ring with an enormous topaz.

19. Donald was only a little tipsy, but was acting as if he were totally drunk.

20. The hard winter left the highway full of cracks and potholes.

TEMAS A ESCOGER

Temas relacionados con la selección literaria

1. Escriba sobre el cambio en Pedro al visitar el cementerio de Avila.

2. Escriba un ensayo en que analice las imágenes siguientes: a) "el dueño de los muertos," b) el pino sobre la tumba de Alfredo, c) el aro de Jane, d) la muralla de Avila, e) la nieve.

3. Escriba un ensayo sobre la última frase de la novela.

Temas sugeridos por la selección literaria

1. Escriba sobre sus impresiones de una visita a un cementerio.

2. Haga una comparación entre un cementerio tradicional y uno moderno.

3. Escriba sobre la esperanza como factor esencial en la vida humana.

Repaso gramatical

Relative Pronouns

Basic Statement

In both English and Spanish, relative pronouns introduce subordinate clauses. A subordinate clause is a group of words with a subject and verb of its own. This subject and verb are independent of those of the main clause on which the subordinate (sometimes called the relative clause) depends. Nonetheless, the subordinate clause is not a complete sentence that can stand alone. In the second sentence below, the relative pronoun *who* introduces the subordinate clause by joining it to its antecedent *man* in the preceding main clause, on which it depends.

> *I see a tall man. He is talking with a student.*

> *I see a tall man* (main clause) **who** *is talking with a student* (subordinate clause).

Forms

In English, the most common relative pronouns are *who*, *which*, and *that*. The antecedent of *who* (*whose* for the possessive and *whom* for the objective) is a person. *Which* refers to things and situations but not to persons. *Which*, however, may refer to collective nouns indicating groups of persons (orchestra, army, etc.). The pronoun *that* may refer either to persons or things.

> *Mary is the student **who** volunteered to do the work.*

> *This is the chair **which (that)** my grandparents gave us.*

> *The Board of Regents, **which** met yesterday, voted to raise tuition.*

> *Here is the book **that** I mentioned.*

> *Jean was the student **that (who)** raised her hand.*

Sometimes the relative pronoun is omitted in informal English, but it is *never* omitted in Spanish.

> Ese es el coche **que** Elisa compró la semana pasada.
>
> *That is the car **(that)** Elisa bought last week.*

In Spanish, the relative pronouns are:

que *that, which, who*
quien, quienes *who, whom*
cuyo (-a, -os, -as) *whose*
el cual, la cual, los cuales, las cuales
el que, la que, los que, las que } *which, who, whom*

Choice of Appropriate Relative Pronoun

Que. The most frequently used relative pronoun, **que**, refers to persons or things in either gender and in both singular and plural. It is the relative pronoun to use when the connection between the antecedent and the dependent clause is natural, simple, and clear.

> Has traído un libro **que** no sirve.
>
> *You have brought a book **that** is no good.*

> José Luis es una persona **que** ayuda a sus amigos.
>
> *José Luis is a person **who** helps his friends.*

Quien. In present-day Spanish, **quien** and its plural **quienes** refer only to people and are used largely in relative clauses that are *nonrestrictive*. A nonrestrictive clause, as opposed to a restrictive one, adds accessory information but does not give information that the writer or speaker considers essential to the meaning of the main clause. A restrictive clause, however, provides information about something in the main clause that the writer or speaker does consider essential to the meaning he or she intends.

When a clause is restrictive, there is no pause between it and the rest of the sentence. There is a pause, whether heavy or light, at the beginning of a nonrestrictive clause, for which reason it is set off by a comma or commas in Spanish and in English. When a relative clause in English begins with *that*, it is always restrictive (i.e., essential to the meaning). *Which* in most cases introduces nonrestrictive clauses in English, but it occasionally introduces a restrictive clause as well.

> *I broke a vase **that** was expensive.* (restrictive)

> *This novel, **which** has beautiful illustrations, is a best-seller.* (nonrestrictive)

> *This is the bad news **which (that)** we had been expecting.* (restrictive)

In Spanish, **que** is normally used to refer to people in restrictive clauses. In nonrestrictive clauses, however, **quien** tends to replace **que**, especially in careful speech, to refer to people.

Muchos de los soldados **que** murieron en aquella batalla fueron enterrados aquí.	*Many of the soldiers* ***who*** *died in that battle were buried here.* (restrictive)
Marta, **quien (que)** fue alumna mía, ha ganado un premio literario.	*Marta,* ***who*** *was a student of mine, has won a literary prize.* (nonrestrictive)

El que (el cual). In general, **el que** and **el cual** are the strongest relative pronouns. **Quien** is weaker than these long forms of the pronoun, but is stronger than **que**. When the connection established by a relative pronoun is strong (i.e., obvious and clear), the weak pronoun **que** suffices. When the connection is weaker, signaled by a pause between the clauses or by considerable intervening information that separates the antecedent from the relative pronoun, a stronger pronoun such as **el que** or **el cual** is required. Preference for **que**, **quien**, **el que**, **el cual**, etc., in many cases depends on the intent of the writer or speaker. Like **quien**, **el que** and **el cual** are always used in nonrestrictive clauses. Forms of **el que** are more common than those of **el cual**, for the latter are typical of a more formal Spanish. Nonetheless, **el cual** is strongly preferred in relative clauses after **según**, prepositions of two or more syllables, and prepositional phrases.

Hay muchas personas **que** votan como yo.	*There are many persons* ***who*** *vote as I do.*
Es un estudiante **que** siempre ha trabajado mucho.	*He's a student* ***who*** *has always worked hard.*
Ese es el coche **que** yo quería comprar.	*That is the car* ***that*** *I wanted to buy.*
Asistimos a la conferencia del profesor sobre los bosques, **quien** era gran amante de la naturaleza.	*We attended the lecture about forests by the professor,* ***who*** *was a great lover of nature.*
El otro era un viejo, a **quien** llamaban Paco, **el que (cual)** ayudaba a la criada con sus quehaceres.	*The other one was an old man,* ***whom (that)*** *they called Paco, (and)* ***who*** *helped the maid with the chores.*
Esta es la teoría según **la cual** el ser humano está llamado a desaparecer.	*This is the theory according to* ***which*** *human beings are destined to disappear.*
Esta es la esquina desde **la cual** vimos el accidente.	*This is the corner from* ***which*** *we saw the accident.*

Relative Pronouns After Prepositions

Because relative pronouns are used so frequently after prepositions in Spanish, it is useful to provide at this point a summary of guidelines on the choice of the appropriate pronoun in different circumstances involving prepositions.

A. To refer to *people* after short (one-syllable) prepositions (**con**, **de**, **en**) and **a**, when it is not the personal **a**, the pronoun **quien** is regularly used.

El amigo de **quien** te hablé viene hoy.	*The friend of **whom** I spoke is coming today.*
Los hermanos con **quienes** fuimos a Nueva York son gemelos.	*The brothers with **whom** we went to New York are twins.*

B. To refer to *things* after short prepositions, **que** is generally used.

El juguete con **que** juega es peligroso.	*The toy with **which** he is playing is dangerous.*
La película a **que** me refiero es italiana.	*The film (to **which**) I am referring to is Italian.*

C. To refer to *people* or *things* after long (two-syllable or more) prepositions, and especially after prepositional phrases, a longer form of the relative pronoun is required. Forms of **el cual** are most often used, but those of **el que** are not infrequent in this circumstance.

La muchacha, detrás de **la cual** estaba sentado, me ha invitado a su casa.	*The girl, behind **whom** I was sitting, has invited me to her house.*
La caja fuerte, dentro de **la cual (la que)** guardamos las joyas, está en el banco.	*The strongbox, in(side of) **which** we keep the jewels, is in the bank.*

Even though **sin**, **por**, and **tras** are short prepositions, long forms (almost always **el cual**), and not **que**, are used with them to refer to things. For the first two prepositions, this usage avoids confusion with the conjunctions **sin que** and **porque**.

Los consejos, sin **los cuales**...	*The advice, without **which**...*
La razón por **la cual** rechacé la oferta...	*The reason for **which** I rejected the offer...*
Las rocas tras **las cuales** desaparecieron...	*The rocks behind **which** they disappeared...*

D.   After such expressions as **la mayor parte de**, **la mayoría de**, **algunos de**, **pocos de**, and so on, forms of the long pronoun **el cual** are always used.

Compramos un cesto de manzanas, la mayor parte de **las cuales** estaban podridas.	*We bought a basket of apples, most of **which** were rotten.*
Los ciudadanos, muchos de **los cuales** votaban por primera vez, estaban jubilosos.	*The citizens, many of **whom** were voting for the first time, were jubilant.*

E.   The relative pronoun **lo que** or **lo cual** is used after a preposition referring to a previous clause or phrase, rather than to an antecedent that is a person or thing.

Hablamos con ellos, después de **lo que (cual)** nos dirigimos a casa.	*We spoke to them, after **which** we went home.*

Cuyo

Cuyo (cuya, cuyos, cuyas), *whose*, is a relative possessive pronoun used mainly to refer to people. It is not used to ask a question. Instead, **¿De quién?** renders the English interrogative pronoun *Whose...?* **Cuyo** must agree in gender and number with the thing possessed.

Es un señor, **cuyos** conocimientos de España son enormes.	*He's a gentleman **whose** knowledge of Spain is enormous.*
¿De quién son estos libros?	***Whose** books are these?*

Final Observations

It must be emphasized that the previous comments on the relative pronouns are intended as general guidelines only. In actual use, one will encounter exceptions to what has been said, especially with regard to the use of **el cual** and **el que**, with the latter form tending to encroach more and more on the terrain of the former, particularly on the colloquial level, but also in written Spanish. It should be pointed out that there are other words in Spanish which also introduce relative clauses and thus function as relative pronouns. The most common of the words so used are **cuando**, **como**, and **donde**.

Era el verano **cuando (en que)** conocí a Verónica.	*It was the summer **when (in which)** I met Verónica.*
Íbamos a la esquina **donde (en que)** había un nuevo café.	*We were going to the corner **where (on which)** there was a new café.*

PRÁCTICA

A. En cada una de las siguientes frases, llene el espacio en blanco con una forma apropiada de uno de los pronombres relativos.

1. Dijeron que habían preparado una modesta cena, _____ Julio aceptó por no parecer descortés.

2. Si nuestro partido triunfa, _____ no es probable, cambiará mucho la política exterior del país.

3. Esta es la universidad en _____ aulas han estudiado todos mis hijos.

4. Yo gano muy poco, y no podríamos vivir sin _____ gana mi mujer también.

5. En general, los coches _____ son grandes gastan más gasolina que _____ son pequeños.

6. Es un lago enorme, en _____ se elevan, en días de tempestad, olas altas como las del mar.

7. Quiero conocer a su hermano, de _____ todos me han hablado muy bien.

8. Todo _____ le diga sobre el escándalo es poco.

9. Conocimos al joven artista, _____ cuadros vimos en el museo de la Universidad.

10. Este es el libro sin _____ no habría podido aprobar el examen.

11. Montserrat Caballé es una cantante famosa, a _____ todos conocen.

12. Buscábamos un lugar _____ fuera tranquilo en _____ pasar las vacaciones.

13. Era un viejo actor _____ edad todos ignoraban.

14. ¿A _____ dirigiste la carta en _____ te quejas del servicio del hotel?

15. No conozco a nadie _____ hable francés mejor que Pierre.

B. Rellene los espacios en blanco usando la forma apropiada del pronombre, adjetivo, o del verbo que aparece en paréntesis.

Ayer, mi hermana _____ (1) (llegar) a casa con _____ (2) amigas suyas. Una de _____ (3) _____ (4) (decir) a mí que ella _____ (5) (tener) un familiar _____ (6) conocimientos de _____ (7) matemáticas _____ (ser) (8) impresionantes. Al día siguiente me trajo un libro _____ (9) creía iba a serme útil para mis clases y, en efecto, yo _____ (10) estoy usando ahora mismo porque mañana tengo un examen sobre trigonometría. Otra amiga, a _____ (11) mi hermana llamaba Puri, me dijo que _____ (12) podría ayudarme si yo _____ (13) necesitaba. A mí no _____ (14) hace gracia que otros sepan _____ (15) torpe que soy en esa materia, así que he _____ (16) (hablar) con mi hermana, y le he _____ (decir) (17) que no quiero que _____ (hacer) (18) algo así nunca más. Me ha _____ (contestar) (19) que la razón por _____ (20) lo ha _____ (hacer) (21) no es otra sino _____ (22) deseaba ayudarme. _____ (23) he _____ (dar) (24) las gracias, y _____ (25) he convidado al cine.

C. *Traduzca al español las siguientes frases, usando las formas prenominales estudiadas en este capítulo.*

1. The island, whose strategic importance is great, is poorly defended.
2. Ricardo is an intelligent man who understands the situation but who, nevertheless, refuses to do his part of the work.
3. David finished the task on time, which surprised us very much.
4. The friend in whom I have most confidence is Vicente.
5. A woman suddenly appeared with a child, whom she was accompanying to school.
6. We climbed the mountain from whose summit we saw the coast.
7. This country is entering a period in which the national income will double in ten years.
8. Ignacio is a talented artist who has many friends, but who refuses to work.
9. I saw that the table that I liked to sit at was occupied by a man whose face I didn't recognize.
10. They spent three days in the city, during which absolutely nothing happened.

D. *Cada una de las frases siguientes contiene un error. Indique cuál es. Explique por qué está mal.*

1. Los gansos del Canadá, quienes antes nos visitaban todos los años, ahora ya no pasan por aquí.
2. David tiene muchas razones para dejar ese trabajo el cual le disgusta tanto.
3. Los amigos con que fuimos a visitar el museo no eran los que tú crees.
4. Compramos varios libros usados, a muchos de los que les faltaban páginas.
5. Los ciudadanos, muchos de los que no votan nunca, ahora lo hicieron en masa.

ENFOQUE   Writing Critical Reviews

A critique is the evaluation of something under consideration such as a book, play, movie, musical performance, painting and so on. It implies discussing in an objective manner its virtues as well as its defects. The critique of a work of art is one of the most difficult tasks anyone can attempt. As a student, you will have to write critiques for many of your courses. One you may be frequently asked to do is the "review" essay for your courses in literature.

A review essay requires a presentation and an interpretation of the facts and opinions in a book. The essay should give the information contained in it, while at the same time present a critical judgment of that information. The review essay has three functions: 1) defines the book and its goals; 2) condenses the book's contents; and 3) gives an evaluation of the book. Of these three functions, perhaps the most important is the third one. You should combine facts and judgments in your evaluation to strengthen your critique.

TIPS

1. Explain the type of book you are reviewing.
2. Summarize in a clear and logical fashion its contents.
3. Write your own review—do not use other people's opinions.
4. Consider only the book's contents and do not introduce opinions which are not related to these contents.
5. Mention the strengths and weaknesses of the work you are reviewing. Include your interpretation of them.
6. Use quotations judiciously to support your comments.
7. Make the language you use direct, natural, and clear. Avoid being too subjective.
8. Discuss the appropriateness of the author's style and its contents.
9. Avoid generalizations and abstractions.

CAPÍTULO

LA CASA DE ASTERIÓN
JORGE LUIS BORGES

REPASO GRAMATICAL
- *Prepositions*

La casa de Asterión

JORGE LUIS BORGES

◆◆◆◆◆◆◆◆◆◆◆◆◆◆◆◆◆◆◆

El argentino Jorge Luis Borges (1899–1986) es uno de los más conocidos escritores modernos en lengua española. Ha escrito poesía y ensayos, pero es como cuentista que ha adquirido fama internacional. Sus cuentos, recogidos en colecciones como El jardín de los senderos que se bifurcan *(1942),* Ficciones *(1944) y* El aleph *(1949), muestran la extraordinaria capacidad de Borges como creador de situaciones y de personajes. Son, además, relatos de extraordinaria elaboración intelectual que revelan la gran imaginación de su autor. En ellos, Borges trata de expresar, de manera a veces enigmática, la crisis espiritual del siglo XX.*

Aunque Borges nunca escribió novelas, su impacto sobre la novela hispanoamericana moderna ha sido "revolucionario," según nos dice el gran novelista mexicano Carlos Fuentes. Afirma Fuentes que Borges es responsable de "una profunda revolución que equipara la libertad con la imaginación, y con ambas constituye un nuevo lenguaje hispanoamericano." Borges consigue esto al revindicar la literatura imaginativa y fantástica, y liberarla de la tradición del realismo social y psicológico anterior.

El tema central en muchos cuentos de Borges es el laberinto (representado por una multiplicidad de imágenes). En nuestra selección, "La casa de Asterión," Borges recrea, desde una perspectiva muy original, el mito clásico del minotauro y el laberinto. Seguimos las actividades del narrador con gran interés, sin saber hasta el final quién pueda ser éste. Este narrador, al igual que la persona de todos los tiempos, espera el cumplimiento de su destino y su liberación de una, aparentemente, absurda existencia.

◆

Y la reina **dio a luz**[1]
un hijo que se llamó
Asterión.

Apolodoro: Biblioteca, III, I.

Sé que me acusan de **soberbia**[2], y tal vez de misantropía, y tal vez de **locura**.[3] Tales acusaciones (que yo castigaré a su debido tiempo) son irrisorias. Es verdad que no salgo de mi casa, pero también es verdad que sus puertas (cuyo número es infinito)* están abiertas día y noche a los hombres y también a los animales.

5 Que entre el que quiera. No hallará pompas mujeriles aquí ni el bizarro aparato de los palacios pero sí la quietud y la soledad. Asimismo hallará una casa como no hay otra en la faz de la tierra. (Mienten los que declaran que en Egipto hay una parecida.) Hasta mis detractores admiten que no hay *un solo mueble* en la casa. Otra especie ridícula es que yo, Asterión, soy un **prisionero**.⁴ ¿Repetiré

10 que no hay una puerta cerrada, **añadiré**⁵ que no hay una cerradura? Por lo demás, algún atardecer he pisado la calle; si antes de la noche volví, lo hice por el temor que me infundieron las caras de la plebe, caras descoloridas y aplanadas, como la mano abierta. Ya se había puesto el sol, pero el desvalido llanto de un niño y las toscas plegarias de la grey dijeron que me habían reconocido. La

15 gente oraba, **huía**,⁶ se prosternaba; unos se encaramaban al estilóbato del templo de las Hachas, otros juntaban piedras. Alguno, creo, se ocultó bajo el mar. No **en vano**⁷ fue una reina mi madre; no puedo confundirme con el vulgo, aunque mi modestia lo quiera.

El **hecho**⁸ es que soy único. No me interesa lo que un hombre pueda trans-
20 mitir a otros hombres; como el filósofo, pienso que nada es comunicable por el arte de la escritura. Las enojosas y triviales minucias no tienen cabida en mi espíritu, que está capacitado para lo grande; jamás he retenido la diferencia entre una letra y otra. Cierta impaciencia generosa no **ha consentido**⁹ que yo aprendiera a leer. A veces lo deploro, porque las noches y los días son largos.

25 Claro que no me faltan distracciones. Semejante al carnero que va a **embestir**,¹⁰ corro por las galerías de piedra hasta rodar al suelo, mareado. Me agazapo a la sombra de un aljibe o a la vuelta de un corredor y **juego**¹¹ a que me buscan. Hay **azoteas**¹² desde las que me dejo caer, hasta ensangrentarme. A cualquier hora puedo jugar a estar dormido, con los ojos cerrados y la respiración poderosa. (A veces me

30 duermo realmente, y a veces ha cambiado el color del día cuando he abierto los ojos.) Pero de tantos juegos el que prefiero es el de otro Asterión. Finjo que viene a visitarme y que yo le muestro la casa. Con grandes reverencias le digo: *Ahora volvemos a la encrucijada anterior o Ahora desembocamos en otro patio o Bien decía yo que te gustaría la canaleta o Ahora verás una cisterna que se llenó de arena o Ya verás cómo*

35 *el sótano se bifurca.* A veces me equivoco y nos reímos buenamente los dos.

No sólo he imaginado estos juegos; también he meditado sobre la casa. Todas las partes de la casa están muchas veces, cualquier lugar es otro lugar. No hay un aljibe, un patio, un abrevadero, un pesebre; son catorce [son infinitos] los pesebres, abrevaderos, patios, aljibes. La casa es del **tamaño**¹³ del mundo; mejor

40 dicho, es el mundo. Sin embargo, a fuerza de fatigar patios con un aljibe y polvorientas galerías de piedra gris he alcanzado la calle y he visto el templo de las Hachas y el mar. Esto no lo entendí hasta que una visión de la noche me reveló que también son catorce [son infinitos] los mares y los templos. Todo está muchas veces, catorce veces, pero hay dos cosas en el mundo que parecen estar

45   una sola vez: arriba el intricado sol; abajo, Asterión. Quizá yo he creado las estre-
llas y el sol y la enorme casa, pero ya no me acuerdo.

     Cada nueve años entran en la casa nueve hombres para que yo los **libere**[14] de
todo mal. Oigo sus pasos o su voz en el fondo de las galerías de piedra y corro ale-
gremente a buscarlos. La ceremonia dura pocos minutos. Uno tras otro caen sin

50   que yo me ensangriente las manos. Donde cayeron quedan, y los cadáveres ayu-
dan a distinguir una galería de las otras. Ignoro quiénes son, pero sé que uno de
ellos profetizó, en la hora de su muerte, que alguna vez llegaría mi redentor.
Desde entonces no me duele la soledad, porque sé que vive mi redentor y al fin se
levantará sobre el polvo. Si mi oído alcanzara todos los **rumores**[15] del mundo, yo

55   percibiría sus pasos. Ojalá me lleve a un lugar con menos galerías y menos puertas. ¿Cómo será mi redentor?, me pregunto, ¿Será tal vez un toro con cara de
hombre? ¿O será como yo?

     El sol de la mañana reverberó en la espada de bronce. Ya no quedaba ni un
vestigio de sangre.

60   —¿Lo creerás, Ariadna? —dijo Teseo—. El minotauro apenas se defendió.

---

* El original dice *catorce*, pero sobran motivos para inferir que, en boca de
Asterión, ese adjetivo numeral vale por *infinitos*.

A Marta Mosquera Eastman

CUESTIONARIO

Contenido

1.   ¿Quién es el narrador?
2.   ¿De qué acusan al narrador?
3.   Describa la casa del narrador.
4.   ¿Qué distracciones tiene el narrador?
5.   ¿Quiénes visitan periódicamente al narrador?
6.   ¿Qué ocurre a los visitantes?
7.   ¿Cómo termina el narrador?

Interpretación y estilo

1.   ¿Qué concepto tiene de sí mismo el narrador?
2.   ¿Por qué vive en soledad?
3.   ¿Por qué reza la gente al reconocer al narrador en la calle?
4.   ¿Por qué cree que es "único" el narrador?

5. ¿Qué "ceremonia" tiene lugar entre el narrador y los visitantes?
6. ¿Por qué espera Asterión a su redentor?
7. ¿Qué significa la última frase de este cuento: "El minotauro apenas se defendió"?

⌁ Léxico: opciones ⌁

━1

dar a luz *to give birth*	**alumbrar** *to illuminate; to give birth*
parir *to give birth*	**nacer** *to be born*
el nacimiento *birth*	**el parto** *birth, delivery*

Dar a luz is a common euphemism, and **alumbrar** a less common one, for **parir**, to give birth. In modern Spanish, **parir** is used almost exclusively to indicate animal birth. **Nacimiento** and **parto** both render birth. But while **nacimiento** refers to the fact of being born, **parto** refers to the act of giving birth to a child.

Mi hermana **dio a luz (alumbró)** un niño de cuatro kilos.	*My sister **gave birth** to a baby weighing four kilos.*
La gata **parió** cuatro gatitos.	*The cat **had** four kittens.*
El **nacimiento** de Valentín tuvo lugar en un hospital de San Diego.	*The **birth** of Valentín took place in a hospital in San Diego.*
El último **parto** de Elena duró dos horas.	*Elena's last **delivery** took (lasted) two hours.*

━2

la soberbia *pride, haughtiness*	**soberbio** *proud, haughty*
orgulloso *proud, haughty*	**engreído** *conceited*
altivo *haughty, proud*	**arrogante** *arrogant, proud*

Soberbio and **engreído** are synonyms of **orgulloso**, the most common adjective for *proud*. **Orgulloso**, like English *proud,* may be used in the positive sense of self-worth or legitimate pride in something accomplished. It may also indicate an excessively high opinion of one's own worth and disdain for others. **Soberbio** and **engreído** are always used in this latter sense. **Altivo** and **arrogante** also render *proud, haughty, arrogant,* but refer primarily to the bearing, gestures, and words with which a person manifests his or her excessive pride.

Ricardo III de Inglaterra era un rey muy **soberbio**.

*Richard III of England was an excessively **proud** king.*

Los padres de Paquito están **orgullosos** de sus excelentes calificaciones.

*Paquito's parents are **proud** of his excellent grades.*

Roberto es tan **engreído** que no tiene amigos.

*Roberto is so **conceited (stuck up)** that he has no friends.*

El jefe era **altivo (arrogante)** y despreciaba a los empleados.

*The boss was **haughty (arrogant)** and looked down on his employees.*

—3———————————————————————————————

loco *insane, crazy, mad*
la cordura *sanity*
la sanidad *health*
chiflado *nutty, crazy*
ido *crazy*

la locura *insanity, craziness, madness*
sano *healthy*
cuerdo *sane*
chalado *nutty, crazy*

Locura and **loco** may indicate a variety of mental conditions or states ranging from a diseased or abnormal mind (i.e., clinically insane) to various lesser degrees of mental perturbation. As is true with the English *crazy*, **loco** and its synonyms may also be used in a literal or figurative sense. **Cordura** and **cuerdo** are the antonyms of **locura** and **loco**. Note that **sano**, *healthy*, and **sanidad**, *health, sanitation*, are false cognates of English *sane* and *sanity*. Among the more common synonyms of **loco** are **chiflado**, **chalado** and **ido**. They are used at a familiar or popular level, sometime with humorous intent and most often signal behavior that is strange, obsessive or eccentric, but not genuinely insane.

Cuando Juan se volvió **loco**, su familia tuvo que meterlo en un manicomio.

*When Juan became (went) **crazy**, his family had to commit him to an insane asylum.*

Víctor estaba **loco** por la nueva chica en la clase.

*Víctor was **crazy** about the new girl in class.*

Sancho dudaba que Don Quijote estuviese **cuerdo**.

*Sancho doubted that Don Quijote was **sane**.*

El médico le dijo que estaba más **sano** que nunca.

*The doctor told him he was **healthier** than ever.*

No hagas caso a Leandro; está algo **chiflado**.

*Don't pay attention to Leandro; he is somewhat **crazy**.*

Isabel está un poco **ida** desde que murió su hijo.

*Isabel has been a bit **crazy (disturbed)** since her son died.*

4 ━━━

el prisionero *prisoner*
el preso *prisoner, convict*
el recluso *inmate, prisoner*

el encarcelado *prisoner, jailed person*
el reo *criminal, defendant, prisoner*

English *prisoner* and Spanish **prisionero** may refer to a captured person or one who has been locked up. **Preso** stresses the aspect of confinement of a prisoner and **encarcelado** the place where he is confined (**la cárcel** = *jail*). **Recluso**, *inmate* or *prisoner*, stresses the idea of a confinement within an institution (prison, jail, penitentiary). **Reo** is a term used for a person who is on trial, awaits trial, or has been recently sentenced. **Reo** is sometimes also rendered by English *criminal* or *defendant* as well as *prisoner*.

Mi hermano fue **prisionero** de guerra en Alemania en 1945.

*My brother was a **prisoner** of war in Germany during 1945.*

Al Capone fue un **preso** en un penal federal.

*Al Capone was a **prisoner** in a federal institution.*

Los **encarcelados** alborotaron para protestar las malas condiciones en la cárcel.

*The **jailed men** rioted to protest the bad conditions at the jail.*

Los **reclusos** de la prisión declararon una huelga de hambre.

*The **inmates** at the prison went on a hunger strike.*

El **reo** miraba con curiosidad al jurado.

*The **criminal (defendant, prisoner)** looked with curiosity at the jury.*

5 ━━━

agregar *to add*
añadir *to add*
sumar *to add*

Of the two synonyms **añadir** and **agregar**, the former is the word of higher frequency. **Agregar** in very careful usage may imply that in a mixture obtained by adding one material to another the individual components retain their distinctive characteristics. In most cases, however, **agregar** and **añadir** are synonymous and their use implies that the final result is a homogeneous entity. **Sumar**, *to add* or *to add up*, is primarily a term of arithmetic to indicate adding one quantity to another.

Pablo **añadió** otra moneda romana a su colección.

*Pablo **added** another Roman coin to his collection.*

Mamá **agregó** más patatas al estofado.

*Mama **added** more potatoes to the stew.*

Los niños pequeños aprenden a **sumar** usando los dedos.

*Small children learn to **add** using their fingers.*

Repasé la cuenta del restaurante para ver si la **habían sumado** bien.

*I went over the bill at the restaurant to see if **they had added** it up correctly.*

—6

huir *to flee, to escape*
escaparse *to escape, to flee, to run away*
fugarse *to escape, to run away*
largarse *to go away, "to beat it"*

Huir, the most frequently used of the verbs above, indicates a certain speed and sense of urgency in fleeing some place either out of fear or to avoid danger. **Escaparse** and **fugarse** are close synonyms, but **fugarse**, unlike **escaparse**, always implies escaping while being under guard or close vigilance. **Largarse**, used colloquially, indicates *to go away* or *to leave a place* out of dissatisfaction or disappointment.

"Papillon" consiguió **fugarse (huir)** de la Isla del Diablo.

*"Papillon" succeeded in **escaping (fleeing)** from Devil's Island.*

El muchacho **se escapó** de casa y se fue a Hollywood.

*The boy **ran away** from home and went to Hollywood.*

En la reunión, Pablo se enfadó y **se largó**.

*At the meeting, Pablo became angry and **walked out**.*

—**Lárgate**— me dijo mi padre cuando le pedí el coche otra vez.

***Beat it (Get out of here!)**— my father said when I asked him for the car again.*

—7

en vano *in vain*
a propósito *on purpose, deliberately*
en balde *in vain*
adrede *on purpose, deliberately*

a posta *on purpose*
a prisa *quickly, hurriedly*
de prisa *quickly, hurriedly*

En vano and **en balde** are indistinguishable in meaning, usage, and frequency. Among the three adverbial expressions above for *on purpose*, **a posta** is colloquial and particularly common in the language of children. Both **a propósito** and **adrede** are high-frequency words and may be used interchangeably. Similarly, **de prisa** and **a prisa** are used without any distinction made between them.

Tenemos que hacer todo de nuevo. Hemos trabajado **en vano (en balde)**.	*We'll have to do everything again. We have worked **in vain**.*
Estoy enojado con Andrés porque lo hizo **a propósito (adrede)**.	*I'm angry with Andrés because he did it **on purpose**.*
Mi hermano dijo que yo le había roto el juguete **a posta**.	*My brother said I had broken his toy **on purpose**.*
Los estudiantes fueron a la universidad **de prisa (a prisa)** para no llegar tarde al examen.	*The students went to the university **quickly** in order not to be late for the exam.*

8 ～～～～～～～～～～～～～～～～～～～～～～～～～

el dato *fact*
el hecho *fact, deed*
el historial *record, dossier*
la estadística *statistics*
los antecedentes *record, facts on record*

Hecho and **dato** render English *fact*, but **hecho** refers to something that has been done or that has taken place. **Dato** indicates information from which some inference can be drawn. **Antecedente**, when used in the plural, indicates the record of any person or any institution kept in an archive or office file. **Historial** differs from **antecedentes** in that it refers to the official written document summarizing the information provided in the **antecedentes**. In Spanish, **estadística** in the singular may refer to a single item of numerical information or to the science of statistics. Unlike English, where the plural *statistics* is the more common form, in Spanish the singular **estadística** is of greater frequency.

Cuando se quiere a una persona, se demuestra con **hechos** y no sólo con bellas palabras.

*When you love someone, you show it with **deeds** and not only with beautiful words.*

De hecho, la boda de mi hermano fue un sábado y no un domingo.

***In fact**, my brother's wedding took place on a Saturday and not on a Sunday.*

El físico organizó todos los **datos** de su experimento.

*The physicist organized all the **data (facts)** from his experiment.*

Para concederme ese empleo, me pidieron mis **antecedentes** laborales.

*In order to give me that job, they asked me for my work **record**.*

El ladrón tenía un largo **historial** con la policía.

*The thief had a long police **record**.*

En casi todos los países, los políticos manipulan la(s) **estadística(s)** a su favor.

*In almost all countries, politicians manipulate **statistics** to their own advantage.*

9

permitir *to permit, to allow*
tolerar *to tolerate*
consentir *to permit, to tolerate, to pamper, to spoil*
dejar *to let, to allow*
autorizar *to authorize, to permit*

The above verbs share the common meaning of allowing or permitting something to be done. However, there are nuances that differentiate them and the way in which they are used. In Borges' short story, **consentir** refers to the protagonist who as a child was *spoiled* by allowing him to go undisciplined. **Consentir** most often indicates acquiescence in a situation or to something being done. **Dejar** and **permitir** are very close synonyms, but **dejar** is colloquial and **permitir** more formal in register. **Tolerar** means *to put up with* or *to accept* some situation or condition that one doesn't necessarily approve of. **Autorizar** is more common in Spanish than is its cognate *to authorize* in English. It indicates granting permission, legal or otherwise, for something to be done.

No **consiento** que me hables de esa manera.

*I will not **permit (tolerate)** your talking to me that way.*

Mi padre **consiente** que mi hermano haga lo que quiera.	*My father **permits** my brother to do whatever he pleases.*
El jefe **permitió** que los obreros se fueran a casa temprano por el calor.	*The boss **let** the workers go home early on account of the heat wave.*
¡Mamá! Juanito no me **deja** jugar con su balón.	*Mama! Juanito won't **let** me play with his soccer ball.*
No **tolero** que nadie fume en nuestra casa.	*I won't **tolerate (permit)** anybody's smoking in our house.*
El gobierno **autorizó** que se estableciera una playa para nudistas.	*The government **authorized** the establishment of a nudist beach.*

►10

embestir *to attack, to charge*
atacar *to attack*
acometer *to attack, to assault, to charge*
arremeter *to attack, to rush forth, to assail*

All the verbs above share the idea of an offensive or hostile action against someone or something, and normally stress the initial aspect of this action. **Atacar,** the most common of the verbs above, can be used in almost any situation. **Embestir** stresses the charge or the forward violent rush of the attack. Used often with regard to large animals such as bulls, elephants, and rhinos, it is used figuratively for people as well. **Acometer**, occasionally followed by the preposition **contra**, indicates a more premeditated action than **embestir**. The object of **acometer** may be both either people or things. **Acometer** is often used in the figurative sense of *to undertake* or *to start working* at some task, problem, or job. **Arremeter**, used also with the preposition **contra**, suggests a more spontaneous, impetuous attack than **acometer**. It is frequently used in a figurative sense in the context of attacking ideas.

El toro **embistió** el rojo capote del torero.	*The bull **charged (attacked)** the bullfighter's red cape.*
Atacamos al enemigo durante la madrugada.	*We **attacked** the enemy during the early dawn.*
Los soldados **acometieron** la fortaleza.	*The soldiers **attacked (charged)** the fortress.*

Cándido es muy enérgico y capaz de **acometer** cualquier tarea.

*Cándido is very energetic and capable of **undertaking (attacking)** any task.*

El senador **arremetió** contra el último discurso del presidente.

*The senator **attacked** the president's last speech.*

—11

jugar *to play, to gamble*
tocar *to touch, to play*

juguetear *to play, to fool around*
tañer *to play, to ring*

Jugar means to engage in some activity for the purpose of enjoying oneself or having fun. It also renders English *to gamble,* to wage money on a contest or game of chance. **Juguetear** also renders *to play* when no specific game is involved and it often corresponds to English *to play* or *fool around.* **Tocar**, to touch (see Chapter 11, note 10), also means *to play a musical instrument.* **Tañer** means primarily to play a stringed instrument or to ring bells, and is found largely in literary Spanish.

A muchos californianos les gusta ir a **jugar** a Las Vegas.

*Many Californians like to go to Las Vegas **to gamble**.*

El niño **jugueteaba** con la comida.

*The little boy **was playing (fooling around)** with his food.*

Quiero aprender a **tocar** la guitarra.

*I want to learn **to play** the guitar.*

El sacristán de la iglesia **tañía** las campanas para la misa del alba.

*The sexton at the church **was ringing** the bells for the early mass.*

—12

la azotea *roof*
la teja *roof tile*
el tejado *roof, tile roof*

el techo *ceiling*
la baldosa *(floor) tile*
el azulejo *ceramic tile*

Azotea is a flat roof whose surface has many uses such as drying clothes or relaxing with friends. **Teja**, the classic Spanish roof tile, has given rise to the word **tejado**, originally a tile roof, but now accepted for any kind of roof except the **azotea**. **Techo** is *ceiling*, the upper surface of a room. **Baldosa** indicates a *floor tile*, normally of *baked clay*, but sometimes made of other material. **Baldosas** of smaller size are referred to as **baldosines**. Finally, **azulejo** indicates a glazed ceramic tile, plain or with a design, used primarily for covering walls, floors, and so forth.

Los vecinos salieron a tomar el sol en la **azotea**.	*The neighbors went out to enjoy the sun on the **roof**.*
El granizo ha roto algunas tejas del **tejado**.	*The hail has broken some tiles on the **roof**.*
Había una araña colgada del **techo** del dormitorio.	*There was a spider hanging from the **ceiling** of the bedroom.*
Al caer la sartén, se rompió una **baldosa** de la cocina.	*When the frying pan fell, it broke a **tile** in the kitchen floor.*
Los **azulejos** de Valencia son conocidos por todo el mundo.	*Valencian **ceramic tiles** are known throughout the world.*

━13━━━━━━━━━━━━━━━━━━━━━━━━━━━━━━━━━━━━

el tamaño *size*
la dimensión *dimension, size, area*
la talla *size*
la medida *measurement, size*

Size, in the sense of the measurement(s) of something, is most often **tamaño** in Spanish. **Dimensión** and **dimensiones** are frequently used to indicate *size* when referring to something in terms of its spatial, linear dimensions. **Talla** is the equivalent of English *size* when referring to most articles of clothing. **Medida**, *measurement*, is a word that sometimes renders the English *size*, but with reference to a small number of items of clothing such as hats and gloves, although **talla** and **número** are also used in this context.

Compra una botella de champú de **tamaño** grande.	*Buy a large-**size** bottle of shampoo.*
Mi padre quería una casa de grandes **dimensiones**.	*My father wanted a large-**sized** house.*
En zapatos, el **número** (la **talla**) diez y medio en los Estados Unidos es el **número** (la **talla**) cuarenta y cuatro en España.	*In shoes, **size** ten and a half in the United States is **size** forty-four in Spain.*
Querían comprarle un traje al niño pero no sabían su **medida** (**talla**).	*They wanted to buy the boy a suit but they didn't know his **size**.*

━14━━

liberar *to free*   **soltar** *to let loose (go), to set free*
librar *to free*   **libertar(se)** *to free oneself*

Liberar is the most common equivalent of English *to liberate* and is often used in the sense of freeing someone from confinement, a nation from military occupation or political domination. **Librar**, a synonym of **liberar**, is frequently used in the context of becoming free of some obligation or responsibility. **Libertar** in most cases suggests direct participation in the act of freeing someone. **Soltar** means *to free* or *to set free* by untying or loosening whatever it was that bounded or restricted a person or thing.

El presidente Lincoln **liberó** a los   *President Lincoln **freed** the slaves.*
esclavos.

Su viaje a Londres les **libró** de estar en   *Their trip to London **freed** them from*
California durante el terremoto.   *being in California during the earth-*
                                                 quake.

Los electrodomésticos nos **han libra-**   *Electric appliances have **freed** us from*
do de muchos trabajos pesados en el   *a lot of hard housework.*
hogar.

Pedro fue al especialista para **librarse**   *Pedro went to the specialist to **free***
de los constantes dolores de cabeza.   *himself from his constant headaches.*

Simón Bolívar **libertó** a muchas colo-   *Simón Bolívar **freed (liberated)***
nias de la dominación española.   *many colonies from Spanish domina-*
                                                 tion.

Julián **soltó (liberó)** el canario de la   *Julián **let loose (freed)** the canary*
jaula.   *from the cage.*

━15━━

el rumor *rumor; murmur; noise*   **el ruido** *noise*
el murmullo *murmur, whisper*   **el barullo** *uproar, loud noise*
el alboroto *loud noise*   **el bullicio** *bustle, rumble*

Rumor is used by Borges to mean *unsubstantiated comment* or *hearsay*. **Rumor** may also be used to indicate a soft noise caused by indistinguishable voices or by other soft or weak sounds. **Ruido** is a general term for *noise*. **Murmullo** indicates a soft indistinct noise, often pleasant, produced by human voices or by elements of nature. **Barullo** indicates a loud noise accompanied by much confusion and disorder. **Alboroto**, like **barullo**, is a loud noise, often produced by several persons who are talking or laughing, or even shouting or fighting. **Bullicio** most often indicates the noise produced by the normal movement and activity of people living their everyday lives.

Había un **rumor** que iban a subir los impuestos.	*There was a **rumor** that taxes were going to be raised.*
El **ruido** de la discoteca no dejaba dormir a los vecinos.	*The **noise** from the discotheque kept the neighbors from sleeping.*
Los estudiantes armaron un **barullo (alboroto)** exigiendo la eliminación de los exámenes.	*The students created an **uproar** demanding the elimination of exams.*
Luis escapó del **bullicio** de Madrid y fue a vivir a una aldea.	*Luis fled the **noise** of Madrid and went to live in a village.*

PRÁCTICA

A. *Para cada una de las frases siguientes, elija Ud. la palabra que complete el sentido. Haga también cualquier cambio necesario en la palabra elegida para que la frase quede gramaticalmente correcta.*

1. La vaca _____ un ternero ayer (**alumbrar, parir, dar a luz**).
2. Esta mañana su esposa _____ una hermosa niña (**parir, dar a luz, nacer**).
3. El anciano _____ porque había podido terminar el maratón de Boston (**era altivo, estaba orgulloso, era soberbio**).
4. El adolescente quedó _____ por la nueva estudiante (**chiflado, ido, cuerdo**).
5. Hoy día se pueden curar con medicamentos algunos tipos de _____ (**cordura, soberbia, locura**).
6. Mientras escribía su libro, el autor fue un _____ en su casa (**preso, recluso, encarcelado**).
7. La cocinera _____ más especias al arroz (**sumar, añadir, soltar**).
8. Los niños chinos antes aprendían a _____ con el ábaco (**añadir, sumar, agregar**).

9. El soldado _____ ante la superioridad del enemigo (**largarse, escaparse, huir**).

10. Los presos _____ de la cárcel anteayer (**largarse, fugarse, huir**).

11. Algunas leyes de tráfico fueron aprobadas _____ porque los conductores no las obedecen (**en vano, adrede, a prisa**).

12. Pasó _____ por el despacho para hablar con el jefe que no estaba (**adrede, en balde, a propósito**).

13. En aquel país el que tiene _____ criminal(es) no puede votar en las elecciones (**un historial, unos datos, unas estadísticas**).

14. Es un(a) _____ histórico(a) que San Martín se reunió con Bolívar (**hecho, antecedente, estadística**).

15. La policía pidió _____ del criminal a la Interpol (**el hecho, la estadística, los antecedentes**).

16. Para terminar mi informe para la clase de historia, busqué los (las) _____ que me faltaban en la biblioteca (**hechos, datos, estadísticas**).

17. Era un niño mimado porque los abuelos le _____ todo (**autorizar, dejar, consentir**).

18. El ayuntamiento de nuestra ciudad va a _____ fuegos artificiales el 4 de julio (**tolerar, autorizar, dejar**).

19. El bisonte herido _____ contra el cazador (**acometer, embestir, atacar**).

20. El explorador Magallanes _____ la primera vuelta al mundo (**atacar, acometer, embestir**) pero nunca la terminó.

21. Pablo Casals _____ maravillosamente el violoncelo (**jugar, juguetear, tocar**).

22. En lugar de prestar atención al maestro, el niño estaba _____ con el papel y el lápiz (**tañer, tocar, juguetear**).

23. Bo Jackson _____ al fútbol y al béisbol (**tañer, juguetear, jugar**).

24. Los pájaros hicieron el nido en el _____ de la casa (**tejado, techo, azulejo**).

25. Había una mancha de humedad en el (la) _____ de mi alcoba (**tejado, techo, azotea**).

26. Cubrieron lo más alto de la casa con _____ (**azulejos, baldosas, tejas**).

27. Necesito un sombrero de una _____ más grande (**dimensión, talla, medida**).

28. Abrí la perrera y _____ al perro (**liberar, libertar, soltar**).

29. Nos despertó el _____ de los truenos (**rumor, ruido, alboroto**).

30. Cuando se apagó la luz en el cine, se armó un _____ espantoso (**murmullo, bullicio, alboroto**).

B. *Traduzca al español las siguientes frases empleando el vocabulario estudiado en este capítulo.*

1. The queen gave birth [do two ways] to a male heir.
2. Our dog had [do not use **tener**] three puppies.
3. The painter was proud of his work.
4. Don Quijote was not as crazy as he seemed to be.
5. The psychiatrist testified that the defendant was sane.
6. The government added new taxes to those we were already paying.
7. The kids broke the window and took off in a hurry.
8. I believe they did that deliberately [do two ways].
9. It was getting late and they finished the work in a hurry.
10. He needs to gather more data before writing his book.
11. The refugees left the place as soon as the general authorized their departure.
12. My father will not [use present indicative] tolerate [do three ways] loud noise.
13. The elephant charged the photographer when he got too close [use **acercarse**].
14. The tanks attacked [do two ways] the enemy trenches.
15. The minstrel played [do not use **tocar**] the lute to entertain the court.
16. Maradona then played soccer for an Italian team.
17. The house was old and there were many cracks in the ceilings of the rooms.
18. She bought her boyfriend a shirt that turned out to be two sizes larger than it should have been.
19. If you take these pills, you'll be free of (i.e., you'll free yourself from) your back pains.
20. Almost every major city has a problem with noise [use plural].

TEMAS A ESCOGER

Temas relacionados con la selección literaria

1. Escriba sobre el mito que Borges recrea en este cuento.
2. Escriba sobre la actitud de Asterión en cuanto a la sociedad en la que vive.
3. Explique la psicología del personaje Asterión.

Temas sugeridos por la selección literaria

1. Con respecto a cada uno de nosotros, ¿qué significa el mito de Asterión?
2. Escriba un ensayo relacionando el mito de Asterión con su propia vida.
3. Escriba sobre la importancia de la imaginación en su propia vida.

◈ Repaso gramatical

Prepositions

Basic Statement

Every language has categories of words that establish relationships between the elements of discourse. Prepositions are one such category of relater words. They relate one word (a noun or pronoun) to another word (a noun, verb, or adjective) in the same sentence. The relationships that prepositions establish are most often those of position, direction, time, and means (mode). The following sentences illustrate how prepositions can establish these four relationships.

> *John left his bike **in** the street.* (position)

> *Mary always goes **to** church on Sunday.* (direction)

> *The baseball game begins **at** 7:30.* (time)

> *He wrote the letter **with** great care.* (means)

A preposition + noun together constitute a prepositional phrase, which in turn may function as an adverb, adjective, or noun. At times, the meaning of a preposition is fixed semantically, but more often it also takes on shades of meaning from its context. Different languages have different inventories of prepositions and these determine how their speakers see the relationships between themselves and the world, and between and among other people and entities.

English and Spanish sometimes use synonymous prepositions in the same way. Nonetheless, semantically equivalent expressions frequently use different prepositions in the two languages:

pensar **en**	*to think **about***
depender **de**	*to depend **on***
soñar **con**	*to dream **of***

In both English and Spanish, most prepositions are single words of one or two syllables. Sometimes, however, shorter prepositions combine among themselves and with other words to form compound prepositions of one, two, or three words: *into, upon, because of, as for, by means of;* **debajo de, frente a, con motivo de**. The total number of prepositions is considerably smaller in Spanish than in English and therefore some Spanish prepositions have developed many meanings to express a broad variety of relationships, both physical and figurative. As in English, the choice of a preposition in Spanish is determined by the way one sees an entity, whether he/she sees it as: 1) a point in space, 2) a line, 3) a surface, 4) an area, 5) a volume.

The Real Academia Española accepts, rather restrictively, only the following 19 words as prepositions:

a	hacia
ante	hasta
bajo	para
cabe	por
con	según
contra	sin
de	so
desde	sobre
en	tras
entre	

Most grammarians, however, expand the above list by adding to it, among others, **debajo de**, **delante de**, **dentro de**, **durante**, **encima de**, **excepto**, **frente a**, **incluso**, **mediante**, **por medio de**, **salvo**, as well as words like the gerund **incluyendo**, when it is used prepositionally. In this chapter we review the function of many of the Spanish prepositions mentioned above, giving most attention to those that have the broadest range of meanings and have traditionally proven most troublesome to native speakers of English. These include the very common prepositions **a**, **en**, and **de** and a number of prepositions that are functionally and semantically related to them: **hacia**, **hasta**, **sobre**, **encima de**, **dentro de**, and **desde**.

The Preposition "a"

The preposition **a** *(to, at, in)* expresses direction or motion towards some place or goal and it normally follows verbs of motion whenever an object is expressed.

Fuimos **al** cine muy tarde.	*We went **to** the movies very late.*
Han hecho un viaje **a** México.	*They have taken on a trip **to** Mexico.*
Estoy enseñándole **a** leer.	*I'm teaching him **to** read.* (implied motion towards a goal).

For the native speaker of Spanish, there exists a basic opposition between the preposition **a** (with its inherent implication of motion or direction) and the preposition **en** (which implies a static situation or a stationary or fixed position). This sometimes creates problems for the speaker of English because, depending on circumstances, both **a** and **en** may render English *at*. However, only when English **at** indicates or suggests movement or motion should it be rendered by **a** in Spanish. In most cases (as we shall see when reviewing **en**), English *at*, when indicating position, corresponds to Spanish **en**, not **a**.

Tiró la pelota **a** la ventana.	*He threw the ball **at** the window.*
Claudia fue **a** Madrid **a** estudiar **a** la Universidad.	*Claudia went **to** Madrid **to** study **at** the University.*
Llegamos **al** aeropuerto por la mañana.	*We arrived **at** (got **to**) the airport in the morning.*

Although **a** regularly follows verbs of motion, **para**, in order to, sometimes replaces **a** before an infinitive to stress purpose or the idea of uncertainty regarding the outcome.

Corrió **a** alcanzarlos.	
Corrió **para** alcanzarlos.	*He ran **to** catch up with them.*
Ha venido **a** verte.	*He has come **to** see you.*
Ha venido **para** verte.	*He has come **to** see you.* (for the specific purpose of, or in the hope of seeing you)

Notwithstanding what has been said about **a** only infrequently rendering English **at** or **in** with reference to position or location, there are a number of high-frequency expressions which require **a** in Spanish and whose English translation equivalent is often *at* or *in,* such as expressions indicating time, hour, age, or distance:

El tren llega **a** medianoche.	*The train arrives **at** midnight.*
Abrimos la tienda **a** las nueve.	*We open the store **at** nine.*
Nuestro hijo se casó **a** los diez y siete años.	*Our son got married **at** seventeen.*
Mi ciudad natal está **a** cien millas de Nueva York.	*My native city is 100 miles **from** New York.*
Hay una farmacia **a** una manzana de nuestra casa.	*There is a pharmacy one block **from** our house.*

In certain situations which indicate close proximity to something, **a** is preferred to **en** even though no motion is implied. This preference may partly reflect the fact that **en** could be taken to mean *on* or *on top of.*

El senador estaba sentado **a** la mesa. (**en** is also possible)	*The senator was seated **at** the table.*
Tomamos una cerveza **a** la barra y salimos. (**en** is also possible)	*We had a beer **at** the bar and left.*
Pasé la semana pasada sentado **a** la computadora.	*I spent last week seated **at** the computer.*
Estábamos **a** la derecha (izquierda) del alcalde.	*We were **at (to)** the right (left) of the mayor.*
Cuando vamos al estadio, siempre nos sentamos **al** sol (**a** la sombra).	*When we go to the stadium, we always sit **in** the sun (shade).*

It should be noted, too, that formerly the common verb of motion **entrar** was always followed by **a**. In Spain, however, **en** came to replace **a** after **entrar**. In much of Spanish America, however, **entrar a** continues to be used and **a** is also used after semantically related verbs such as **ingresar** and **penetrar**.

El ejército entró **a (en)** la ciudad de noche.	*The army entered (**in**) the city at night.*

A is also used to express means, method, or instrument:

La carta está escrita **a** mano.	*The letter is written **by** hand.*
Prepararon la carne **a** la parrilla.	*They prepared the meat **on** the grill.*
Lo echaron de la tienda **a** patadas.	*They kicked him out of the store.*
Mi marido está **a** dieta otra vez.	*My husband is **on** a diet again.*
Las verduras están **a** punto ya.	*The vegetables are done now.*

The so-called *personal* **a** is used before a direct object when that object is a specific person. **A** is also used when the speaker personifies an animal or thing that is a direct object. When the direct object is an indefinite or unspecified person, however, **a** is omitted. Despite their indefinite nature, indefinite personal pronouns always take the personal **a** as a sign of their accusative form when used as direct objects.

Esta mañana vi **a** tu tío.	*This morning I saw your uncle.*
Mataron **a** mi gato.	*They killed my cat.*
Ellos temen **a** la muerte.	*They fear death.*
El caballero necesitaba un escudero. (indefinite)	*The knight needed a squire.*
Buscamos una nueva criada. (indefinite)	*We are looking for a new maid.*
Encontramos **a** una criada muy buena. (definite)	*We found a very good maid.*
No vi **a** nadie ayer.	*I didn't see anyone yesterday.*
¿Reconociste **a** alguien en la fiesta?	*Did you recognize anyone (someone) at the party?*

When the direct object is a person or persons, the use or omission of the personal **a** also depends on the degree to which the noun employed as the direct object is particularized or individualized by the speaker. The use of **a** with collective nouns, for instance, reflects the action more directly in its effect on the individuals composing the group than on the group as a whole. The omission of **a** indicates that the group is seen more as a mass or entity rather than as composed of specific individuals.

Daniel no ha tenido que trabajar ni mantener un hijo.	*Daniel hasn't had to work nor support a child.*
Algunos dicen que eres caritativo y otros que mantienes borrachos.	*Some say you are charitable and others that you support drunkards.*
Vimos (**a**) muchos turistas en la playa.	*We saw many tourists on the beach.*
Vamos a contratar (**a**) cien empleados este año.	*We are going to hire one hundred employees this year.*
Vimos **a** varios turistas que llevaban sombrero de paja.	*We saw several tourists who were wearing straw hats.*
Sólo un mal padre abandona **a** su mujer y **a** sus hijos.	*Only a bad father abandons his wife and children.*

The Prepositions "hacia" and "hasta"

Like **a**, the prepositions **hacia** *(toward[s])* and **hasta** *(until, till, as far as)* may also indicate motion in some direction. **Hacia**, the equivalent of the English *toward(s)*, is directionally much vaguer than **a**; it indicates *in the general direction of*, but it does not specify a precise destination or even any need to reach a location or goal. **Hasta** is much more precise directionwise, for it specifies destination and indicates the given point (the absolute limit) one may reach but beyond which he/she cannot proceed. **Hacia** may be used for time expressions as well as those of position. **Hasta**, when used in temporal expressions, indicates either *up to the time that* or *before a specified time*.

Viajábamos **hacia** el sur.	*We were travelling **towards** the south.*
Al oír el ruido, volvió la cabeza **hacia** la puerta.	*On hearing the noise, he turned his head **towards** the door.*
¿Por qué no vienes **hacia** las siete?	*Why don't you come **about (towards)** seven o'clock?*
Caminaremos **hasta** la gasolinera y luego volveremos.	*We'll walk **to (as far as)** the gas station and then we'll come back.*
Trabajamos **hasta** las cinco de la tarde.	*We worked **until (till)** 5:00 P.M. (but not beyond).*
No lo tendrán listo **hasta** el miércoles.	*They won't have it ready **until (before)** Wednesday.*

The Prepositions "en," "sobre," "encima de," and "dentro de"

The preposition **en** *(in, on, at)*, as its most common English translation equivalents suggest, may indicate different positional relationships. Context often suffices to indicate which one is intended. But when ambiguity is a problem or greater emphasis is desired, **en**, when it indicates position on a flat, often horizontal surface, may be replaced by **sobre** *(on, upon, over, above)*, or less commonly by **encima de** *(on, upon, on top of, over, above)*. Similarly, when **en** indicates *inside of* or *within*, it is sometimes replaced by **dentro de** *(in, inside of, within)*. If it is clear from context which of its various positional senses is implied, there is no need to replace **en** with another preposition. **Encima de** indicates location even more precisely than **en** and **sobre**, and may be used when and only if its English equivalent is **on top of**. Likewise, **dentro de** may disambiguate **en** and show that interiority, rather than surface location, is implied.

Pasaron toda la mañana **en** el mercado.	*They spent the entire morning **at (in)** the market.*
Mi hijo está ahora **en** el colegio.	*My son is now **at (in)** school.*
Todos durmieron **en** el hotel.	*Everyone slept **in (at)** the hotel.*
Tus nuevas camisas están **en** el cajón de abajo.	*Your new shirts are **in** the bottom drawer.*
Dejé el dinero **en** el escritorio.	*I left the money **on (in)** the desk.*
Dejé el dinero **sobre** el **(encima del)** escritorio.	*I left the money **on (on top of)** the desk.*
Dejé el dinero **dentro del** escritorio.	*I left the money **in(side)** the desk.*
Los miembros de la pandilla escribieron sus nombres **en (sobre)** las paredes de la estación del metro.	*The members of the gang wrote their names **on** the walls of the subway station.*
Mi reloj está **encima de** aquel libro.	*My watch is **on top of** that book.*

Sobre and **encima de** are also equivalents of English *over* and *above*. In English, *above* simply indicates that one object is higher than another. *Over* shares this meaning but has many others. It may also suggest a direct vertical relationship or nearness, even to the degree of physical contact. *Over* can also indicate that something covers something else by going from one side to another.

> *A police helicopter was hovering **over (above)** our heads.*

> *He placed a blanket **over** the sleeping boy.*

> *The bridge **over** the river is closed.*

   In Spanish, **sobre** and **encima de** may overlap in a few cases, as do *over* and *above*. In general, however, the uses of **sobre** parallel those of *over* and **encima de** those of *above* in English. Nevertheless, in Spanish, a third form, **por encima de**, often replaces **encima de** in figurative or metaphorical uses.

Los aviones volaron **sobre** la ciudad.	*The planes flew **over (above)** the city.*
Desde febrero nadie vive en el piso **sobre** nosotros.	*Since February nobody has been living in the apartment right **above** us.*

| Carmen se echó un jersey **sobre** los hombros. | *Carmen threw a sweater **over** her shoulders.* |
| El futuro de la patria debe estar **por encima de** los intereses particulares. | *The future of the country must be **above** private interests.* |

The Prepositions "de" and "desde"

De *(of, from; with),* when indicating belonging or possession, normally is translated into English by utilizing the apostrophe followed by *s* (i.e., *'s)* or by using the preposition *of.*

¿**De** quién es el coche aparcado delante de la casa?	*Whose car is parked in front of the house?*
La casa **de** mi hermano es muy vieja.	*My brother's house is very old.*
La catedral **de** Burgos es gótica.	*The cathedral **of** Burgos (Burgos' cathedral) is Gothic.*

De is also used to indicate origin and the material or substance of which something consists or is made.

¿**De** dónde es Ud?	*Where are you **from**?*
Kazumi es **del** Japón.	*Kazumi comes (is) **from** Japan.*
Su suéter es **de** lana.	*His sweater is (made **of**) wool.*
Mi marido tiene una voluntad **de** hierro.	*My husband has a will **of** iron.*

De sometimes renders English *with* 1) to indicate final state as opposed to the means or agent leading to that state and 2) to identify a person or thing by means of a prepositional phrase indicating some distinctive characteristic. **Con** would be incorrect to render *with* in such sentences since it indicates accompaniment and that the identifying feature is somehow separate from the person or things it characterizes.

Las montañas estaban cubiertas **de** nieve.	*The mountains were covered **with** snow.*
Cubrieron al enfermo **con** una manta.	*They covered the patient **with** a blanket.*
La mujer **del** sombrero gris es mi prima.	*The woman **with** the gray hat is my cousin.*

El perro **de** la pata rota es de los vecinos.	*The dog **with** the broken paw belongs to the neighbors.*
Viven en la casa **del** tejado rojo.	*They live in the house **with** the red roof.*

In most cases, English *from* is rendered by Spanish **de**. However, certain words such as **sustraer**, **quitar** *(to take away)*, **robar** *(to steal)*, and **comprar**, use the preposition **a** rather than **de** to separate the direct and the indirect objects of these verbs. Therefore in these cases the English *from* is rendered by **a** rather than the expected **de**. Were **de** to be used in the following examples, it would be the equivalent of English ownership or possession rather than separation.

Le quitaron el juguete **al** niño.	*They took the toy away **from** the child.*
En el metro le robaron la billetera **a** Juan.	*On the subway they stole Juan's billfold **from** him.*
Le pedí prestados cinco dólares **a** María.	*I borrowed five dollars **from** María.*
¿**A** quién has comprado este coche tan viejo?	***From** whom did you buy this very old car?*

Finally, **desde** *(from, since)* occasionally replaces **de**, just as **hasta** sometimes replaces **a**. **Desde** emphasizes the starting point, or point of origin in space, from which some distance is measured or some motion or action is realized. **Desde** is similarly used with time expressions and renders *since*.

Hay cinco millas **desde** aquí al río.	*It's five miles **from** here to the river.*
Desde el faro tenemos una vista sobre toda la costa.	***From** the lighthouse we have a view of the entire coast.*
Desde el martes no he visto a nadie.	*I've not seen anyone **since** Tuesday.*
Desde la muerte de su esposa, siempre está triste.	***Since** his wife's death, he's always (been) sad.*

The correlatives *from...to* may be rendered either by **desde...hasta** or **de...a**, or by both, depending on the context and the emphasis one wishes to convey.

Hemos ido en coche **de (desde)** Madrid **a (hasta)** Moscú.	*We have gone **from** Madrid **to** Moscow by car.*

PRÁCTICA

A. *Use una o más de las preposiciones estudiadas en este capítulo (**a, hacia, hasta, en, sobre, encima de, por encima de, dentro de, de, desde**) para completar cada una de las siguientes frases. En las frases que tienen más de una respuesta correcta, explique la diferencia entre ellas. En el caso de la **a personal**, también es posible su omisión en alguna frase.*

1. No te sientes _____ la cama; acabo de hacerla.
2. Eso ocurrió cuando fueron a estudiar _____ Londres.
3. El rey amaba al pueblo _____ todo.
4. David subió _____ el tejado para reparar la antena de la televisión.
5. El jubilado tiene buena salud y quiere vivir _____ los cien años.
6. Los jóvenes partieron _____ el sur, pero sin rumbo fijo.
7. La piscina estaba llena _____ agua _____ el borde.
8. Nuestras clases no comienzan _____ las tres de la tarde.
9. Como tenía mucho que hacer, Rafa no podía acompañarme _____ la estación de autobuses.
10. Los alpinistas subieron _____ el pico más alto de la cordillera.
11. Ayer Enrique y yo conocimos _____ dos chicas muy simpáticas de Bogotá.
12. Nuestro jefe está buscando _____ el empleado nuevo.
13. Nuestro jefe está buscando _____ un empleado nuevo.
14. Había demasiados estudiantes en el aula y algunos tuvieron que sentarse _____ el suelo.
15. Felipe quiere ponerse moreno y pasa el día tumbado _____ sol en la playa.

B. *Rellene los espacios en blanco usando la preposición o pronombre apropiado a la forma correcta del verbo en paréntesis. Haga los cambios necesarios que requiera la preposición empleada.*

El amigo de _____ (1) hablé ayer, no es el mismo que _____ (2) (ir) _____ (3) la fiesta del domingo pasado. Creo que ya te he _____ (decir) (4) en otras ocasiones que no debemos esperar _____ (5) el último momento _____ (6) comprar billetes, porque eso es lo que le _____ (ocurrir) (7) a él: al llegar al cine, _____ (haber) (8) una larga cola, y mi amigo y su acompañante, una hermosa muchacha _____ (9) unos veinte años, _____ (pensar) (10) _____ (11) comprar los billetes _____ (12) la reventa, pero allí ya se les _____ (haber) (13) acabado.

Estaba lloviendo a cántaros, así que _____ (faltar) (14) paraguas, y _____ (15) lo tanto mojándose, _____ (irse) (16) caminado _____ (17) la lluvia. Mi amigo no estaba molesto _____ (18) la lluvia, es más, le gustaba, pero _____ (19) la lluvia y la falta _____ (20) paraguas, acabó agarrando un gran catarro que le _____ (tener) (21) tres días _____ (22) la cama. Acabo de hablar _____ (23) él _____ (24) teléfono, y _____ (25) lo que él me ha dicho, ya está bien del todo.

C. *Traduzca al español las siguientes frases, usando las preposiciones estudiadas en este capítulo.*

1. They will build a new bridge over the Tajo River.
2. Only by stealing hours from his [use **el**] sleep, was he able to finish the report on time.
3. You forget that I have a family to support.
4. On top of the dictionary there was an envelope with my name on it.
5. The doctor bought a newspaper from the small boy.
6. The plane flew above the clouds to avoid the storm.
7. We left the key on a small ledge over the garage door.
8. I would like to be a bird and fly over the treetops.
9. He put his hand in the water to see what the temperature was.
10. Unfortunately, this highway doesn't go as far as Medina.

D. *Cada una de las frases siguientes contiene un error. Indique cuál es. Explique por qué está mal.*

1. A pesar de la lluvia caminamos de mi casa hasta el cine.
2. Andrea escribió el informe, y luego lo llevo a Correos por enviarlo urgentemente.
3. Dos hombres sacaron el prisionero de su celda.
4. Miguel estudia a la misma universidad que su hermano.
5. No pudimos leer la receta médica porque estaba escrita con mano.

ENFOQUE   Writing Personal Experiences

When we write essays of personal experiences, we try to subjectively involve the reader. The transmission of information, or the proving or disproving of particular idea, may not necessarily be a goal. In this type of essay it is more important to employ artistic devices—figures of speech, idiomatic expressions, images, and metaphors—than in the other types of writing we have so far considered.

The "personal" essay can be defined as being casual, subjective, familiar, light, and even superficial. It is casual in its development and its goal. It is subjective in that it reveals not only the experiences, attitudes, feelings, or opinions of the writer, but the writer's personality as well. It is familiar in tone, for the writer approaches the readers as if they were friends with whom some thoughts are going to be shared. Usually, the theme may appear to be superficial, whimsical, or even funny. When dealing with profound or provocative thoughts, the personal essay does it with a light touch.

This type of essay is easy yet difficult to write. It is easy in that it offers an extraordinary choice of personal variations as to theme, approach, style, interpretation, and conclusion. It is difficult in that no matter what approach the writer chooses, it has to be pleasing and entertaining. The theme can be anything within the human experience; approach and style can be whatever the writer believes adequate for the theme. As for interpretations and conclusions, the writer is free to express ideas or opinions in a personal manner.

Even though this type of essay can be considered casual, it should not show carelessness on the writer's part; the same attention that is given to more formal essays should also be reflected in the personal one.

This vocabulary has been compiled for all exercises from Spanish into English and for the literary selections. Gender is indicated only when it is not clear from the word itself.

A

a tientas gropingly
ábaco abacus
abalanzarse to hurl oneself, to rush
abandonar to leave
abarcar to include
abatir to knock down
abeja bee
abismo abyss
ablandarse to soften
abogado lawyer
abrevadero drinking trough, watering place
absorto absorbed, entranced
aburrido bored, tiresome, boring
abusar to go too far, to take advantage
~ **de** to abuse
acabar de to have just
acariciar to caress
acatamiento reverence, awe
acentuar to accent, to accentuate, to emphasize
acera sidewalk
acertado right, fit, sure
aciano bluebottle, cornflower
acitrón candied citron
aclamar to acclaim, to applaud
acoger to receive
acompasado rhythmic, regular, slow
acongojar to grieve, to afflict, to distress
aconsejable advisable
acorralar to corral

acudir to come up
~ **a + infinitive** to come to + infinitive
acuerdo accord, agreement
acusado accused
adivinar to prophesy, to guess
aduanero customhouse officer
aducir to adduce
advertencia warning
aéreo (pertaining to) air
afán (*m.*) anxiety, worry, zeal, eagerness
afectivo affective
afecto emotion, affection
afeitado shave, shaving
afeitar(se) to shave (oneself)
afición (*f.*) fondness, liking, taste
agacharse to crouch to squat
agarrotamiento binding, jamming, stiffness
agarrotar to bind with ropes, to squeeze hard, to pinch, to garrote
agasajar to treat affectionately, to shower with attentions
agazaparse to hide, to crouch, to squat
agitar to agitate, to shake, to wave
agobiado weighed down, bent over
agolpar to crowd together
agradable agreeable
agrario agrarian
agresivo aggressive, offensive
agudo acute, sharp, keen
ahogarse to drown

ahogo oppression, constriction, shortness of breath
ahorro economy
~**s** savings
aire (*m.*) air
al ~ libre in the open air
aislamiento isolation, insulation
ala wing
alacrán (*m.*) scorpion
alargar to lengthen, extend, stretch
~ **la mano** to offer one's hands
alboroto uproar
alcance (*m.*) reach, range
al ~ de within reach of, within range of
alcanzar to reach, to perceive
alcoba bedroom
aldea village
alegrarse to be glad, to rejoice
alegre glad, joyful, cheerful, gay
alegría joy, cheer
alejarse to move aside, to move away
aletear to flutter
alfombra carpet, rug
algarabía din
alicantino (pertaining to) Alicante
alivio alleviation
aljibe (*m.*) cistern
almacén (*m.*) store, department store
almacenar to store, to store up, to hoard

alpinista (*m./f.*)   mountain climber

alrededor de   around, about

alternar   to alternate, to vary, to take turns

altura   height, altitude

alumbrar   to light, to illuminate

amanecer (*m.*)

amante   fond, loving, lover

amapola   poppy

amargar   to make bitter, to embitter, to spoil

amargura   bitterness, sorrow, grief

amarillento   yellowish

amarrar   to tie

amistad (*f.*)   friendship

amo   master

amplio   ample, full, roomy

anciano   old, aged, old man

andaluz   Andalusian

andanza   fate, fortune, act, happening

andén (*m.*)   sidewalk (Colombia), railway platform

angustia   anguish, distress, affliction

anhelar   to desire eagerly, to crave

aniversario   anniversary

anoche   last night

ansiar   to long for, to yearn, to covet

anteayer   day before yesterday

antes   before

    ~ **(de) que**   before (*in time*)

antropófago   anthropophagic

anudar   to knot, to tie, to fasten, to join

anular   to annul, to nullify, to revoke

anzuelo   fishhook

apacible   peaceful, mild, gentle

apagón (*m.*)   power failure, brownout

aparato   display, ostentation

apartado   separated, distant, remote

apartamiento   separation, withdrawal

apartarse   to separate, to move away, to withdraw

aperitivo   aperitif, appetizer

apertura   opening, beginning

apiñar   to bunch, to squeeze together, to crowd, to jam

aplanar   to smooth, to make even

aplastar   to flatten, to smash

aplicar   to apply

apoderarse de   to seize

apoyo   support

apresurar   to hasten

apretar   to tighten

aprobar   to approve, to pass

aproximarse   to come near or nearer, to approach, to approximate, to come closer

apuntar   to note, to jot down

aquejar   to complain

araña   spider

arañazo   scratch

arcaizante   obsolescent

arco iris (*m.*)   rainbow

arduamente   arduously

arena   sand

arenal   sandy ground, desert

armada   fleet, armada, navy

    Armada Invencible Invincible Armada

armarse   to start, to break out, to arm

arrastrarse   to drag oneself

arrebatado   carried away

arquitecto   architect

arrecife (*m.*)   stone paved road, stone ditch, dike, reef

arriba   up, upward, above

arroyo   stream, brook

arrugar   to wrinkle, to crease

artesa   trough

asado   roast

asamblea   assembly

ascender   to promote, to be promoted, to be advanced

ascenso   ascent, promotion

asediar   to besiege

asesino   murderous, assassin, murderer

asiento   seat

asistir   to assist, to aid, to help, to attend

asomar   to appear

asombroso   astonishing

aspirar   to inhale

Asterión   Asterius, the son of Pasiphaë by a sacred bull; the Minotaur's name

asunto   subject, matter

asustar   to scare, to frighten

atadura   tying, binding, bond, union, shackle

ataque (*m.*)   attack

atar   to tie, to fasten, to lace

atardecer (*m.*)   late afternoon

atareado   busy

atender   to attend to, to pay attention to, to take care of

atento   attentive, kind

atestar   to attest

atreverse   to dare to

atropelladamente   hastily

atuendo   pomp, dress, show, adornment

auditorio   audience, auditorium

aullar   to howl

aumento   raise

aunque   although, even though

ausencia   absence

ausente   absent

autopista   freeway, turnpike

aventón (*m.*)   push

autoridad (*f.*)   authority

avergonzado   embarrassed, ashamed

averío   flock of birds

aviaos   form of aviados from the verb aviar

    estar aviado   to be in a mess or jam

avinagrar   to sour

avión (*m.*)   airplane

avisar   to advise

axila   axilla, armpit

ayuntamiento   city hall

azafata   stewardess, air hostess

azúcar   sugar

    caña de ~   sugar cane

azulejo   glazed colored tileB

bacalao codfish

bajar to descend, to go down

bajeza lowness, lowliness, meanness, vileness

balancín balance bean

bananero (pertaining to) banana

bancarrota bankruptcy

bandada flock

bandeja tray

bandera flag, banner

banderola banderole

bañar(se) to bathe (oneself)

bañista (*m./f.*) bather

baranda railing

barato cheap

barrer to sweep

barril (*m.*) barrel

barro mud, clay

bastar to suffice, to be enough

bata smock, dressing gown, wrapper, bathrobe

batea tray

beca scholarship, fellowship

becario holder of a scholarship or fellowship

belleza beauty

beneficio beneficence, benefit

beneficioso beneficial, profitable

berlina berlin (carriage)

biblioteca library

bienestar (*m.*) well being

bifurcarse to fork, to branch

billar (*m.*) billiards

billete (*m.*) ticket, note, bill

bisonte bison, buffalo

bizarro gallant, lofty, magnanimous

blanco (*m.*) target

blasfemia blasphemy, vile insult

bledo blite

    no importarle a uno un ~ to not matter in the least to a person

boda marriage, wedding

bocarriba face upward

bofetada slap in the face

bollo bun

bomba pump, bomb

bondad (*f.*) kindness, goodness, gentleness, favor

borbollante bubling

borde (*m.*) edge

borrar to erase

bostezo yawn

botón (*m.*) button, bud

    ~ de oro (bot.) creeping crowfoot, buttercup

brillar to shine, to sparkle

brillo shine, brilliance, brightness, lustre, splendor

bromista (*m./f.*) joker

brusco brusque, sudden, rough

bruto brute, brutish, stupid

buitre (*m.*) vulture

bullicio bustle, rumble, brawl

burla ridicule, joke, trip, deception

burlarse to make fun of

busca search

    en ~ de in search of

búsqueda search, pursuit

butaca armchair, easy chair, orchestra seat

C

cabida space, room

cabizbajo crestfallen

cabra montés wild goat, mountain goat

cachivaches (*m., pl.*) trash, junk

cadena chain

cadencia cadence, cadenza

caer to fall, to tumble

caja box, case, chest, safe

cajón (m.) drawer

caldo broth, bouillon

calesa horse-drawn coach

callar to silence, to hush up

    ~se to be silent, to keep silent, to become silent, to keep quiet

calleja side street, alley

callos (m.pl) tripe

cámara chamber

cambiar to change, to exchange

cambio change, exchange

caminante (*m./f.*) walker, traveler, passer-by

camino road, way, path

camión (*m.*) truck

campeón (*m.*) champion

campeonato championship

camposanto cemetery

canaleta wooden trough

canario canary

candil (*m.*) oil lamp

cansancio tiredness, weariness, fatigue

cañaveral (*m.*) canebrake

capacitar to enable, to qualify

captar to capture

¡caray! darn

carbonizar to carbonize, to char

carcamal (*m.*) infirm old person

cardo thistle

carga load, weight

cargo job, post, position

caridad (*f.*) charity

carnero sheep

carpa tent

carrera career, race

carretera highway

carro cart, wagon

casar to marry, to marry off

    ~se con to get married to

cascajo old and worn out, wreck

cascote (*m.*) debris

caso case, chance, event, happening

    en ~ de que in case of, in the event of

    hacer ~ de to pay attention to

castigar to punish, to chastise

catarata cataract, waterfall

cátedra chair, professorship

cauteloso cautious, heedful, wary

caza chase, hunt

cazador (*m.*) hunter

cazuela casserole

cebolla onion

célebre celebrated, famous

ceniza ash, ashes

centavo cent

cera wax

cerca near

    ~ de + infinitive near + gerund

cerilla match

cerradura lock

certidumbre (f.) certainty

cesar to cease, to stop

césped (m.) lawn

cesta basket

chaleco vest, waistcoat

    ~ salvavidas life preserver

chapuzarse to dunk, to duck (sudden dip under water)

chaqueta jacket

charlar to chat, to talk

charro Mexican horseman

chato flat-nosed

chismorrear to gossip

chispa spark, sparkle, drop

chocar to shock, to collide, to clash, to crash

ciclista (m./f.) cyclist, bicyclist

cierto certain

ciervo deer, stag

cigüeña (m.) crankshaft

cima top, summit

cine (m.) movie, movies

circundar to surround, to encompass

ciruelo plum tree

ciudadano citizen

clarear to brighten, to light up, to dawn, to clear up

claridad (f.) clarity, clearness

clavar to nail

clavel (m.) carnation

clavo nail

cliente (m./f.) client, customer

cobertizo shed

cobre (m.) copper, brass

cocina cooking

cocinar to cook

coche (m.) carriage, coach, car

cochura cooking

colador colander

colegio school, college, academy

colgar to hang

colmillo eyetooth, canine tooth

collar (m.) necklace, collar, dog collar

combatir to combat, to fight

comienzo beginning, start

como as, like, how

    ~ si as if

cómoda commode, bureau, chest of drawers

cómodo convenient, comfortable

companage (m.) cold cuts, cold dish

compañero companion, mate, partner

    ~ de clase classmate

comparecer to appear

competencia competition

cómplice (m./f.) accomplice

componerse de to be composed of

comportamiento comportment, behavior, deportment

compra purchase, buy, shopping

comprador (m.) buyer, purchaser, shopper

concluir to conclude

concordancia concordance, agreement

concretar to concrete, to make concrete

conducir to drive

conductor (m.) driver, motorist

conejo rabbit

confeccionar to make

confundirse to mix

congelar to freeze, to congeal

congoja grief

conmovedor moving, touching, stirring

consentir to allow, to permit

conserje concierge

consignar to confine

contabilidad (f.) accounting

contaminación (f.) contamination, pollution

contar to tell, to count, to rate, to consider

contén (m.) curb

continuo continual, continuous

contra against

contraer to contract

contrafuerte (m.) stiffener for shoe (inner strip of leather)

contrariar to oppose

contrario contrary, opposite

contrarrestar to resist, to offset, to counteract

convenir to be suitable, to agree

convincente convincing

cónyuge (m./f.) spouse, consort, mate

coqueteo coquetting, flirting

coquetería flirtation, coquetry

corazón heart

    ataque al ~ heart attack

cordillera mountain range, chain of mountains

corredor hall, hallway

correr to run, to slide

cortar to cut

cortejo cortege, entourage

cortina curtain

corto short, small

corzo roe deer

cosecha harvest, crop

coselete (m.) corselet

costado side

costra crust, surface

costumbre (f.) custom

cotidiano daily

cotización (f.) quotation (of a price), current price

creciente growing, increasing

crespo curled, crispy, curly

cretona cretonne

criminalidad (f.) criminality

cristal (m.) crystal, crystal glass

cristalino crystalline

crítica criticism

cronista (m./f.) chronicler, reporter

crudeza rawness, crudeness

crueldad (f.) cruelty

crujido crackle, creak, chatter, clatter, rustle

cuadra block

cuadrado square

cuadro picture, painting
cuanto as much as, whatever
     en ~ as soon as, while,
insofar as
cuartel (*m.*) quarter, barracks
cuclillas (**en cuclillas**) in
squatting position
     ponerse en ~ to squat,
to crouch
cuenta bill, check, count,
account
     tener en ~ to bear in
mind, to take into account
cuerno horn
cuesta hill
cuidado care, concern, worry
     con ~ carefully
cuidar to care for, to take care
of, to watch over
cuita trouble, worry, sorrow
cuitado troubled, worried
cumpleaños (m.) birthday
cúmulo heap, cumulus, lot,
great many
cupo quota, share
curar to heal, to cure
curso course
     ~ académico academic
year

D

daño hurt, damage, harm
     hacer ~ to hurt
dato datum, fact, basis
deber to owe
     ~ + infinitive to must,
to have to, to ought to
débil weak
debilidad (*f.*) weakness, debility
decrepitud (f.) decrepitude,
decline
deforme deformed
deletrear to spell, to decipher
delgado thin, slim, lean,
slender
delito crime
demasiado too much
demostrativo demonstrative
denominar to name,
to indicate, to denominate

dentado toothed, perforated
denunciar to denounce
dependiente (*m./f.*) clerk
deportivo (pertaining to)
sport, sports
derecho right, straight, law
derrocar to oust
derrumbe (*m.*) cave-in
desabotonar to unbutton
desahogado comfortable,
clear, free, in comfortable
circumstances
desaliñado slovenly, dirty,
careless
desaprobación (f.) disapproval
descalzar to take off
(footwear)
descansar to rest
descender to lower, to
descend, to go down
descentrado off center, out
of plumb
descoger to extend, to spread,
to unfold
descolgar to take down
descolorido discolored, faded
desconfiado distrustful,
suspicious
descortés discourteous, impolite
descubrimiento discovery
descuento discount
descuidado careless, negligent,
dirty, slovenly
desdoblar to unfold
desembocar to flow, to empty
desencanto disenchantment,
disillusionment
desenfreno licentiousness
desengaño disillusionment,
disappointment
desenrollar to unroll,
to unwind, to unreel, to unfurl
desenterrar to unearth,
to disinter
deseoso desirous
desesperar to make hopeless,
to deprive of hope, to drive
to despair
desgana lack of appetite
desgarbado graceless,
ungainly, uncouth

desgracia misfortune, bad
luck, disgrace
desgraciado unfortunate,
unhappy, wretch
deshielo thaw, thawing,
defrosting
desierto desert
deslizar to slip away
desmandar to revoke
desmayarse to faint
desmenuzar to crumb,
to crumble, to shred
desmesurado extreme
desmontar to tear down
desmoronarse to crumble
despachullar to smash
desparramar to spill
despedazar to break to pieces,
to tear to pieces
despiadado ruthless
desplazan to displace
desplomarse to collapse
desprenderse to give off,
to loosen
desprovisto unprovided,
deprived, devoid
desquiciar to unhinge,
to upset, to unsettle
destacado outstanding,
distinguished
destacar to emphasize
destilar to distill, to filter
destrozar to destroy
destruir to destroy
desusado obsolete, out of use
desvaído gaunt, tall and lanky,
dull
desvalido destitute, helpless
desvanecer to cause to vanish
desvelado wakeful, awake,
sleepless
detractor detractive,
disparaging
deuda debt
devolver to return, to give
back
diario daily (newspaper)
dibujar to draw, to design
digno worthy, deserving,
dignified
dilatado vast, extensive

dimisión resignation
diputación deputation, congress
diputado deputy, congressman
disco disk, record (of phonograph)
disculpa excuse, apology
diseño drawing, design
disgustar to displease
disminuir to diminish, to decrease
disparar to shoot, to throw
disponer to dispose, to arrange
distracción distraction, diversion, amusement
doblar to fold, to double, to crease, to bend, to turn
dolido complaining, grieved, hurt
dolorido aching, painful, grieving
doloroso painful, pitiful, dolorous
domador (*m.*) tamer
dominio dominion, mastery
dorado gilt, golden
dormitorio bedroom, dormitory
dorso back
ducado duchy
dudoso doubtful, dubious
dulce (*m.*) candy, sweet
dulcería sweet shop, bakery

E
economía economy
económico economic, economical
edad (*f.*) age
edificio building, edifice
efecto effect
    en ~ in effect, as a matter of fact
efectuar to effect, to carry out
efímero ephemeral

ejecutor (*m.*) executive, executor
ejercer to practice
eléctrico electric, electrical
embajador (*m.*) ambassador

embellecer to embellish, to beautify
emocionar to move, to stir, to touch
emotivo emotive, emotional
empanada pie with meat, fish, or vegetable filling; pie
empedrado paving, stone paving
empleado employee
emplear to employ, to use
empresa company, firm
encaminarse a to set out
encanecer to became gray
encanto variant of *encanta-mento* or *encantamiento*; spell, enchantment, charm
encarcelamiento imprisonment
encargado representative, person in charge, agent
encariñarse con to become fond of, to become attached to
encerrarse to lock oneself in
encima de on, upon, above, over, on top of
encogerse to shrink, to contract, to cringe, to be bashful or timid
encorvamiento bending, curving, curvature
encrucijada crossroads
encuentro meeting, encounter
enfadar to annoy, to anger, to bother
enfermedad (*f.*) sickness, illness, disease
enfermera nurse
enfermero male nurse
enfermo sick, ill, patient
enfrentar to confront, to face
enfriamiento cold
enfriarse to cool off, to turn cold
enfurecido enraged, infuriated
engañar to deceive
engrasar to grease
enjugar to wipe, to wipe off
enmascarar to mask
enmohecer to make moldy, to rust, to cast aside, to neglect

enojoso annoying, bothersome
ensalada salad
    ensaladilla rusa Spanish potato salad
ensangrentar to stain with blood, to bathe in blood
ensayista (*m./f.*) essayist
ensayo essay
enseguida at once, immediately
enseñanza teaching, education, instruction
ensordecedor deafening
entablillar to splint
enteco sickly, weakly
entrañas entrails
entremetido meddler, intruder, busybody
entrenador (*m.*) trainer, coach
entretenerse to amuse oneself
enunciar to enounce, to enunciate
envejecimiento aging
envidiar to envy
envolver to wrap, to wrap up
equipaje (*m.*) luggage
equipar to equip, to fit out
equiparar to compare, to equalize, to make equal or like
equipo team, equipment
erizar to set on end
ermita hermitage
esbelto graceful, slender, svelte
escabeche (*m.*) pickle, pickled fish
    en ~ prepared in oil and vinegar solution
escalar to scale, to climb
escama scale
escaño bench
escaparate (*m.*) show window
escaparse to escape
esclavo slave
escoger to choose
escolar (pertaining to) school, scholastic
escollera rock fill, jetty, breakwater
escombre (*m.*) debris
escondrijo hiding place
escritor (*m.*) writer

escrutar to scrutinize
esfuerzo effort, vigor, spirit
esfumar to fade away
eslabonar to link, to interlink
espada sword
espalda back
espantado frightened
espantoso frightful, fearful, astounding
esparadrapo count plaster
especia spice
especie (*f.*) species, rumor, matter, objection, pretext
espeluznar to muss the hair of
esperanza hope, hopefulness
esperanzado hopeful
espeso thick, heavy
espía (*m./f.*) spy
espiar to spy on, to spy
espino (*bot.*) hawthorn
espíritu (*m.*) spirit, ghost
esponjarse to puff up
esposa wife
esquiador (*m.*) skier
esquizofrénico schizophrenic
establecer to establish
estación station, stop
estacionar to park
estadía stay
estado state
Estados Unidos United States
estallar to burst, to explode
estampa print, stamp, engraving
estantería shelving, shelves
estar to be
    ~ a punto de to be about to
estigma (*m.*) stigma
estilóbato stylobate (an architectural term for immediate foundation of a row of columns)
estimar to esteem, to like, to be fond of
estirar to stretch
estorbar to hinder, to obstruct, to annoy
estrella star
estrellarse to crash
estremecer to shake

estremecimiento shaking, shiver, shivering
estrépito noise, racket
estrujar to squeeze, to press, to crush
estuco stucco
estudiantil (pertaining to a) student, college
estupendo wonderful, stupendous
excursionista (*m./f.*) excursionist, hiker
exigencia exigency, requirement, demand
eximio select, choice, superior, distinguished
éxito success, outcome, result
experimentar to experience
explicación (*f.*) explanation, explication
explicar to explain, to expound
explorador (*m.*) explorer, scout, boy scout
exponer to expose, to expound
expulsar to expel, to expulse
extraer to extract, to pull
extranjero foreign, foreigner, foreign land
extraño foreign, strange, extraneous
evitar to avoid, to shun

F
fábrica factory
fácil easy, probable, likely
faja sash, girdle
falda skirt
falta lack, want, shortage, fault
faltar to be missing, to be lacking
    ~le a uno to lack
falucho felucca
familiar familiar, (pertaining to the) family
fastuoso vain, pompous, magnificent
fatídico fatidic, fateful
fatigar to fatigue, to tire, to weary, to harass

faz (*f.*) face
felicidad (*f.*) happiness
feliz happy, lucky, felicitous
feo ugly
fiebre (*f.*) fever
fijo fixed, fast, permanent
filántropo philanthropist
filatelia philately
filipino Filipine or Philippine
fin (*m.*) end, purpose
    a ~ de que in order that, so that
finca farm, ranch
fingirse to feign to be, to pretend to be
fino thin, slender
firmar to sign
firmeza firmness, steadiness, constancy
física physics
flanquear to flack
flechazo arrow shot, arrow wound
flirteo flirting, flirtation
floristería flower shop
fluidez (*f.*) fluidity, fluency
forastero stranger, outsider
forrar to line, to cover
forzar to force
fosforescer to phosphoresce
fósforo match
foto (*f.*) photo
fotografiar to photograph
fraguar to forge
franela flannel
frasco bottle, flask
frase (*f.*) phrase, sentence
frenesí (*m.*) frenzy
frente (*f.*) brow, forehead
frente (*m.*) front
fresa strawberry
frustrar to frustrate, to thwart
fruta (*f.*) fruit (e.g., apple, pear, etc.)
fruto (*m.*) fruit (part containing seeds) (bot.) fruit (result, product) (*fig.*)
fuego fire
fuera de outside, outside of, away from

fugarse to flee, to run away, to escape
fúlgido bright, resplendent
fundar to found, to base
fúnebre funeral, funereal
funesto fatal
furibundo furious

G
gabardina gabardine, raincoat (generally with belt)
gachupín (*m.*) Spaniard (pejorative in Sp. Am.)
galería gallery
gana desire
    de buena ~ willingly
    tener ~(s) de + infinitive to feel like + gerund
ganador (*m.*) winner, earner
ganar to earn, to win
ganoso desirous
gañir to yelp, to croak, to wheeze
garabatear to scribble
garganta throat, neck
gasto cost, expense, wear
gatear to creep, to crawl, to go on all fours
gatillo trigger, hammer, cock (of firearm)
gélido frigid
gemir to moan
genio temper, disposition, temperament, genius
gladíolo gladiolus
golfo little scoundrel, ragamuffin
goloso sweet-toothed, gluttonous
golpe (*m.*) blow, hit
    de ~ suddenly, all at once
golpear to knock
gorrión (*m.*) sparrow
granito granite
granja grange, farm, dairy
grasa fat, grease
grasiento greasy
grey (*f.*) flock, people
grieta crack
gripe (*f.*) grippe
gris gray, dull, gloomy

grúa crane, derrick
grueso thick
grumete (*m.*) cabin boy, ship's boy
guante (*m.*) glove
guarapo juice of sugar cane
guardar to guard, to keep
guerra war, warfare
guión (*m.*) script
guionista scriptwriter
guiso dish, seasoning
gusano worm
gustar to please, to be pleasing, to like
gusto taste, flavor
    de buen ~ in good taste
gustoso tasty, pleasant, agreeable

H
hábito habit (custom, disposition acquired by repetition, dress)
hacendado ranchero
hacienda treasury
    Ministerio de Hacienda Department of Treasury
hacinar to pile
halagar to cajole, to flatter
hallar to find
hallazgo finding, discovery, find
hambre (*f.*) hunger, famine
hasta even, until
    ~ que until, till
hazmerreír (*m.*) joke, laughingstock
hectómetro hectometer
hecho fact, deed, act
herencia inheritance
herida injury, wound
herido injured person, wounded person
herir to hurt, to injure, to wound
heroicidad (f.) heroism
hervor (m.) boiling
hierro iron
hígado liver
hipotecar to mortgage
Holanda Holland

hombro shoulder
hongo mushroom
hora hour, time
    a la ~ de at the hour (time) for doing something
hormiga ant
horno oven
hortensia hydrangea
hosco dark, sullen, gloomy
hospicio hospice, orphan asylum, poorhouse
huelga strike
huella track, tread, footprint, trace
huérfano orphan
huerta garden, vegetable garden
huída flight, escape
humedad (*f.*) humidity, moisture, dampness
húmedo humid, moist, damp, wet
humo smoke
humildad (*f.*) humility, humbleness
hundir to sink, to plunge
hurgar(se) to poke (around)
husmear to smell out

I
imagen (*f.*) image, picture
impedir to prevent
impermeable (m.) raincoat
imponente imposing
importar to import, to be worth, to be important, to matter
impregnar to impregnate, to saturate
imprimir to print
improbable improbable, unlikely
inaguantable intolerable, insufferable
incapacidad (*f.*) incapacity, inability
incendio fire
incitar to incite
incomprable unpurchasable
incredulidad incredulity
increíble incredible

inculcar to inculcate
indemnización (*f.*)
indemnification
indígena indigenous, native
inesperado unexpected,
unforeseen
infortunio misfortune, mishap
infundir to infuse, to instil
ingeniería engineering
ingenio sugar mill
ingresar to enter
iniciar to initiate
injusto unjust
inmóvil immovable,
unmovable
inolvidable unforgettable
inopinadamente unexpectedly
insinuante insinuating, slick,
crafty
insoportable unbearable
inspirar to inhale, to breathe
in, to inspire
instalación (*f.*) installation
instalar to install
instintivo instinctive
integrar to integrate, to form
intentar to try, to attempt
interioridad (*f.*) inwardness,
inside
intimar to intimate,
to become intimate or well
acquainted
intromisión (*f.*) insertion,
meddling
inútil useless
invencible invincible
invitado person invited, guest
Irlanda Ireland
irrespirable unbreathable
irrisorio ridiculous, derisory
isleño islander

J
jabón (m.) soap, cake of
soap
jabonera soap dish
japonés (m.) Japanese
(language), Japanese (man)
jaqueca headache
jardín (m.) garden
jardinero gardener

jaula cage
jinete (*m.*) horseman
jubilación (*f.*) retirement
jubilado retired person
judío (*m.*) Jew
juez (*m.*) judge
jugador (*m.*) player, gambler
juguete (*m.*) toy
juicio trial
junta meeting
junto joined, united
    ~s together
justo just, exact, correct
juventud (*f.*) youth

L
laberinto labyrinth, maze
ladearse to lean
lado side
    al ~ de by the side of
ladrón (*m.*) thief
lago lake
lágrima tear
lamer to lick, to lap
lancilla little lance
lanzador (*m.*) baseball
pitcher
lápida gravestone
largo long
lastimero hurtful, injurious,
pitiful, doleful
látigo whip
lavar to wash
lazo bow, knot, tie
lechero milkman
lejos far
    a lo ~ at a distance, in the
distance
lentamente slowly
levadura yeast
leve light, slight, trivial,
trifling
léxico lexicon, wordstock,
vocabulary
ley (*f.*) law
libar to suck
librero bookseller
liendre (*f.*) hit
ligereza lightness, speed
limosna alms
linimento liniment

lino linen
liquidar to liquidate
lírico lyrical, lyric
lirismo lyricism
llama flame
llano plain
llanto weeping, crying
llanura plain
llegar to arrive
llover to rain
    ~ a cántaros to rain cats
and dogs
local (*m.*) premises, quarters,
place
logrado successful
lomo back (of animal)
losa slab, flagstone, grave
lucha fight, struggle
luchar to fight, to struggle
lugar (*m.*) place
    tener ~ to take place
lujoso luxurious
luz (*f.*) light

M
madrugada dawn
madurez (*f.*) maturity,
ripeness
maduro ripe, mature
magia magic
mágico magic, magical
maíz (*m.*) maize, corn, Indian
corn
majestuosidad (*f.*) majesty
mal (*m.*) evil
maledicencia slander, scandal,
evil talk
malestar (*m.*) malaise,
indisposition
maleta valise, suitcase
malicia evil, malice
maligno malign, malignant,
evil
malva purple
mancebo youth, young
man
mancha spot, stain
manchar to spot, to stain
mandar to order,
to command, to send
mando command

manejar to manage, to handle
manga sleeve
manguera hose
manifestante (*m./f.*)
demonstrator
manifestar to demonstrate
  ~se to be manifest,
to become manifest
manta blanket
mantel (*m.*) tablecloth
mantener to maintain, to keep
maravilloso wonderful,
marvellous
marcar to mark, to brand
marcha march
  en ~ in motion
mareado nauseated,
lightheaded, seasick
marido husband
marinero sailor, seaman
mariposa butterfly
marquesado marquisate
masa dough
mascullar to mumble
matricular to register, to enroll
matutino matutinal, morning
medalla medal, medallion
media stocking, sock (*Am.*)
  Medias Rojas Red Sox
medicamento medicament,
medicine
médico doctor, physician
medida measure
medir to measure
mejillón (*m.*) mussel
mejorar to make better,
to improve
mellizos twins
memoria memory, memoir
menester (*m.*) want, lack, need
  ser ~ to be necessary
menesteroso needy person
mentalidad (*f.*) mentality,
psychology
mentira lie
menudo small, slight
  a ~ often
mercado market
  Mercado Común
Common Market

Mérida city in Spain famous
for its Roman theater
mérito merit, worth, value
mermelada jam
mesilla night table
mesón (*m.*) inn, tavern
metáfora metaphor
meter to put, to place,
to insert
metro subway
mexicano Mexican
mezquino mean, stingy,
wretched
miel (*f.*) honey
  luna de ~ honeymoon
mientras while, whereas
milla mile
mimbre wicker
minero miner
minotauro Minotaur
mirada glance, look
mirar to look at, to watch
mitad (*f.*) half, middle
mítico mythic, mythical
mitin meeting, rally
mito myth
mochila knapsack, backpack
modales (*m.pl.*) manners
modestia modesty
modista (*m./f.*) dressmaker,
modiste
modo mode, manner, way
mojado wet, drenched, soaked
mole (*m.*) Mexican dish, sauce
moler to grind, to mill
molestar to molest, to disturb,
to annoy, to bother
moneda coin, money
monte (*m.*) mount, mountain,
woods, woodland
morder to bite, to nibble
moribundo moribund, dying
moroso slow, tardy, dilatory
mostrador (*m.*) counter
motivo motive, reason
mozo youth, lad
mudarse to change clothing or
underclothing, to move
muerte (*f.*) death
mujer (*f.*) woman, wife

mujeril womanish, womanly
multa fine
mundo world
murmullo murmur, ripple,
rustle
muro wall, rampart

N

narrador (*m.*) narrator
narrar to narrate
narrativo narrative
natal natal, native
náufrago shipwrecked person
necesidad (*f.*) necessity, need
nefasto ominous
negar to deny, to refuse
negarse a + infinitive to refuse
to
negocio business, affair
nevera refrigerator, icebox
nido nest
niebla fog
niñez (*f.*) childhood,
childishness
niño child
  de ~ as a child
  ~ mimado spoiled child,
brat
nivel (*m.*) level
nombrar to name, to appoint
nombre (*m.*) name
normalizar to normalize,
to standardize, to regulate
Noruega Norway
noruego Norwegian (man),
Norwegian (language)
noticia news
nube (*f.*) cloud
nudillo knuckle
nuez (*f.*) nut

O

obispo bishop
obituario obituary
obligar to obligate, to oblige,
to force
obra work
obrero worker
obsequiar to give, to present,
to flatter, to pay attention to

obsequioso obsequious, obliging
ocasión (*f.*) occasion, opportunity, chance
ocultar to hide, to conceal
oculto hidden, concealed, occult
ocurrente witty
odiar to hate
odre (*m.*) goat skin wine bag
ofensivo offensive
    a la ofensiva on the offensive
oferta offer
ojeras rings under the eyes
ola wave
olmo elm
olvidar to forget
olvido forgetfulness, oblivion
    echar en ~ to cast into oblivion
opacidad (*f.*) opacity, sadness, gloominess
orden (*f.*) order (command) (religious)
orden (*m.*) order (methodical arrangement)
orear to air
oreja ear, outer ear
orgía orgy
orgullo haughtiness, pride
orilla border, edge, shore
osar to dare
oscuro obscure, dark
ostentar to show, to display
oxidar to oxidize, to rust

P
paga pay, payment
pago payment
pailas large pan
paja straw
palabrota vulgar word
palacete (m) palace
pálido pale, pallid
palo pole
palo mayor mainmast
pandilla gang, faction, band
papeleo looking through papers, paper work, red tape

para to, for, towards
    ~ que in order that, so that
parecer to appear
pareja pair, couple
pariente (*m.*) relative
parpadear to blink, to wink, to flicker
párpado eyelid
párrafo paragraph
partir to divide, to split
    a ~ de beginning with
pasa raisin
pasaje (*m.*) passage
pasajero passenger
paseo walk, stroll, promenade
pasillo passage, corridor
pasmado chilled, stunned, astounded
paso step, pace
pastilla tablet
pastor (*m.*) shepherd
patatín patatán onomatopoeic remark for talking
patinar to skate, to skid
pato duck, drake
patrón owner
patrulla patrol
paz (*f.*) peace
pecho chest, breast, bosom
pecoso freckle-faced
pedrada stoning
pegajoso sticky
pelado bare, bold
pelea fight, quarrel, struggle
peligro danger, peril, risk
peligroso dangerous, perilous
pelota ball
peludo hairy
pensión (*f.*) pension, annuity, boarding house
peña rock, boulder
percal (*m.*) percale
percibir to perceive
pérdida loss, waste
peregrino pilgrim
pérfido perfidious
periódico newspaper, periodical
periodismo newspaper work, journalism
período period

perito expert
perjuicio harm, injury, damage, prejudice
permiso permission, permit
    ~ de conducir driver's license
perrera doghouse, kennel
perro-guía guide dog
persecución (*f.*) pursuit, persecution
persiana slatted shutter
personaje (*m.*) personage, character
perspectiva perspective, outlook, prospect
pertenencia property
perturbar to perturb, to disturb
peruano Peruvian
pervivencia persistence, survival
pesadilla nightmare
pesadumbre (*f.*) sorrow, grief
pesar (*m.*) sorrow, regret, to weigh
pesaroso sorrowful, regretful
pescado fish (that has been caught)
pescador (*m.*) fisherman
pesebre (*m.*) crib, rack, manger
peste (*f.*) plague
petróleo petroleum
pez fish (live)
petrolero (pertaining to) oil, petroleum
picante biting, piquant, highly seasoned
picar to sting, to bite
pico peak
pie (*m.*) foot
    a ~ on foot, walking
pimentón (*m.*) paprika
pinar pine grove, pinery
pinchazo injection
pintar to paint
pintura painting
pisar to step (on), to trample, to tread on
    ~ la calle to be out on the street

piscina swimming pool
piscolabis (m.) snack
pisotear to trample
pista track, trail, runway
planchar to iron, to press (clothing)
plastificado encased in plastic
plata silver
plátano plantain, banana
plática chat
plebe (f.) common people
plegaria prayer
población (f.) population
pobreza poverty
poderoso powerful, mighty
podrido rotten, putrid
poetisa poetess
polaina legging
política politics, policy
política exterior foreign policy
político politician
polvo dust
polvoriento dusty
ponerse to become, to put on (clothes)
poste (m.) post, pillar, pole
postor (m.) bidder
posguerra postwar period
potencia power
precipitarse to rush, to throw oneself headlong, to precipitate
preciso necessary, precise
premio reward, prize
presenciar to witness, to be present at
presidir to preside over
preso prisoner, convict
prestado lent, loaned
     pedir ~ to borrow
préstamo loan
prestar to lend, to loan
presumido conceited, vain
previsible foreseeable
prisa hurry, haste, urgency
     tener ~ to be in a hurry
privar to deprive, to forbid
prócer hero, leader
proceso (legal) suit, lawsuit
     ~ judicial judicial suit
profetizar to prophesy

propuesta proposal, proposition
prosternarse to prostrate oneself
protector protective, protector
proximidad (f.) proximity
próximo next
psiquiatra (m./f.) psychiatrist
pudrir to rot
puerta blindada shielded door, armored door
puerto port, harbor, mountain pass
puesto job, position
pulir to polish
punto point, dot
     en ~ sharp, on the dot, exactly
     ~ de vista point of view
pupila (anat.) pupil

Q
queja complaint
quemar to burn, to scald
quietud (f.) quiet, stillness, calm
quitrín (m.) two wheel carriage

R
rábano radish
ramal strand, branch
rambla boulevard, avenue
     Ramblas the name of important thoroughfare in Barcelona
rancho camp, ranch (Am.)
rapaz (m.) young boy, lad
rareza rarity, rareness
rascacielos (m.) skyscraper
rasgar to tear, to rip
raspar to scrape, to scratch
rastro trace
ratero pickpocket, sneak thief
rato short time, short while
ratón (m.) mouse
rayo lightning
reaccionar to react
real royal, real
realista realistic
reanudar to renew, to resume
receta recipe

rechazar to repel, to repulse, to reject
recién (used only before past participle) recently, just, newly
recio strong, robust
recomendable commendable
reconciliar to reconcile
     ~se to become reconciled
reconfortar to comfort, to cheer, to refresh
reconocer to examine
recovero poultry dealer
recrear to recreate
rectoral rectorial
recuerdo memory, remembrance
recuperarse to recuperate, to recover
recurrir to resort, to have recourse, to revert
recurso resource, recourse
red (f.) net, grating, netting
redentor redeemer
redicho affected, over-precise (in speech)
redondo round, straightforward
     a la redonda around, roundabout
reemplazar to replace
refaccionista (m.f.) financial backer
refinamiento refinement
reflejar to reflect, to show
refrescarse to refresh, to cool off
refrigerio refreshment
refugiarse to take refuge
regalar to give, to caress, to present
regalo gift, present
regañar to scold
regar to water, to sprinkle
regatear to haggle over, to bargain
regato puddle or pool left by a stream or creek
regazo lap
regocijar to cheer, to delight, to rejoice

regordete chubby, plump, dumpy
regreso return
rehuir to flee
reja grate
rejuvenecer to rejuvenate
relacionarse to relate, to be or become related
relatar to relate, to report
relato story
relinchar to neigh
reluciente shining, brilliant, flashing
relumbrar to shine
reojo askance
    de ~ out of the corner of one's eye
reparar to repair, to mend
repentino sudden, unexpected
réplica answer, retort
reposado reposeful, grave, solemn
reposo rest, repose
reptar to crawl
resbaladizo slippery
rescatar to ransom
resguardar to defend, to protect, to shield
    ~se to take shelter, to protect oneself
resignado resigned
resistente resistant, strong, firm
resolver to resolve, to decide on, to solve
resorte (*m.*) means, motive, scope
respecto a with respect to, with regard to
respetar to respect
respirar to breathe
respuesta answer, response
resquicio crack
restaño stanching, stopping, stagnation
resuello hard breathing
retal (*m.*) remnant, piece
retazo remnant, piece, scrap
reticente deceptive, misleading
retirarse de to withdraw
retorcer to twist

retozar to frolic
retratar to portray
retrato portrait, photograph, description
reuma (*m./f.*) rheumatism
reunión (*f.*) gathering, meeting
reventar to run to death
rezumar to ooze (moisture), to seep, to leak
riesgo risk, danger
risueño smiling
roble (*m.*) oak
roce (*m.*) rubbing, contact
rodar to roll
rodear to surround
roer to gnaw
roma flat
ronco hoarse
rosca thread
    pasarse de ~ to go too far
rosetas popcorn
roto broken, torn
rotura break, breakage
rozar to rub
ruborizarse to blush, to flush
rudo coarse, rough, rude
ruego request, petition, entreaty
rugido roar
ruidoso noisy, loud
ruiseñor (*m.*) nightingale
rumbo course, direction, bearing
rumor (*m.*) rumor, murmur, buzz, rumble

S
sábana sheet
sacerdote (*m.*) priest
saco bag
sacudirse to shake
saldo bargain
salida departure, exit, outlet
salpicar to splash
salto jump, leap, spring
    ~ de altura high jump
salud (*f.*) health
saludar to greet
salvo except, save
sandía watermelon

sangre (*f.*) blood
satisfacer to satisfy
savia sap
secarse to dry, to get dry, to dry oneself
seco dry, dried, dried up
seda silk
seguir to follow, to continue
seguro sure, certain, surely, safety, insurance
semáforo traffic light
sembrado cultivated field
semejante like, similar
sencillez simplicity
sencillo simple, plain
sentido sense, meaning
sentimiento sentiment, feeling
seña sign, mark
    hacer ~s to motion
señal (*f.*) sign, mark
serpiente (*f.*) serpent, snake
seta mushroom
severidad (*f.*) severity, sternness
siembra souring
sien (*f.*) temple (of head)
siglo century
significado meaning
significar to signify, to mean
signo sign
símil (*m.*) simile
simpatía sympathy, liking, friendliness, congeniality
siniestro sinister
sinsabor (*m.*) displeasure, unpleasantness, anxiety, trouble, worry
sitio place
soberbia pride, haughtiness, arrogance, presumption
soberbio proud, haughty, arrogant, presumptuous
soborno bribery
sobremesa sitting at table after eating
    de ~ at table after eating
sobrenatural supernatural
sobresaltado startled
sobrevivir to survive
soga rope, cord
solapa lapel

soledad (*f.*) solitude, loneliness
soler to be accustomed to
solera blend of sherry, old vintage sherry
soltar to loosen
solucionar to solve, to resolve
sombra shade, shadow
somero brief, summary, superficial, shallow
sonriente smiling
sonrisa smile
soñoliento sleepy, dozy, drowsy
soplo blowing, puff, breath
sopor (*m.*) sleepiness, drowsiness, stupor, lethargy
soportable bearable, endurable, supportable
sordera deafness
sorna slowness, sluggishness, cunning
sospecha suspicion
sospechar to suspect
sospechoso suspicious, suspect
sótano basement, cellar
sublevar to revolt
subvencionar to subsidize
sucio dirty
sudor (*m.*) sweat
sueldo salary, pay
suelo ground, soil, land
suerte (f.) luck, fortune
sugerir to suggest
Suiza Switzerland
sumir to sink
súplica suppliance, supplication, petition
sutil subtle

T
tacho sugar pan
tacón (*m.*) heel
tal such
talego sack
talón (*m.*) heel
tambor (*m.*) drum
tanteo feeler, trial, test, comparison
tapas (*Sp.*) aperitifs or hors d'oeuvres (especially in a bar or tavern)

tapete (*m.*) rug, runner
tapujo concealment
tardar to be late
tarima stand
tarjeta card
techo roof
teja tile
tejado roof, tile roof
televisor (*m.*) television set
tembloroso shaking
temeroso dread, frightful, timorous, timid, fearful
templado temperate, moderate, lukewarm, medium
templar to temper, to soften, to ease, to dilute
tenacidad (*f.*) tenacity
tendero storekeeper, shopkeeper
tenderse to stretch out
terminante definitive
término term
ternero bull calf
ternura tenderness, fondness, love
terremoto earthquake
terso smooth, glossy, polished
tiempo time, weather
 a ~ at the right time
tierno tender
tierra earth, ground, dirt, land, country
tintineo clink, clinking, jingle, jingling
tipo type, fellow, guy
tirante tense, taut, tight
tiro shot, throw
tirón (*m.*) tug, pull
título title, certificate, diploma, degree
tocino bacon, salt pork
todavía still yet
tonto foolish, stupid, fool
torcer to twist, to bend
torreón (*m.*) turret
tosco coarse, rough, uncouth
trabilla small strap
trago swallow, swig
trámite (*m.*) step, stage
trancar to bar

tranquilo peaceful, tranquil, calm
transcurrir to pass
translucir to infer, to guess, to become evident
 ~se to be translucent
trasero back
trasfondo background
trasladar to transfer
trasmundo afterlife, future life
trastos (*m. pl.*) junk, useless things
tratado treaty, agreement
travesía crossing
travesura prank, antic, mischief
traza plan, design, scheme
tregua truce
tremendista adherent of the Spanish literary movement *tremendismo*
trenza braid, plait, tress
tribu (*f.*) tribe
tripulación (*f.*) crew
tristeza sadness
triunfar to triumph
truchero (pertaining to) trout
trueno thunder
tumba grave, tomb
tumbarse to lie down, to go to bed
turco Turkish

U
último last, latest
umbral (*m.*) threshold, doorsill
untar to anoint, to smear
urgencia urgency, emergency

V
vacío empty
vagabundo vagabond, tramp
vago vague, wandering, roaming, vagabond
vaguada waterway
validez (*f.*) validity, strength, vigor
valor (*m.*) value, worth
valla fence
vano bay, opening in a wall

vaquero cattle tender, cowhand, cowboy

vara stick

varón (*m.*) male, man

vecindad (*f.*) neighborhood

vecino neighbor

vega plain

vejez (*f.*) old age

vela sail

velero sailboat

velocidad (*f.*) velocity, speed

veloz swift, rapid, agile, quick

vencer to conquer, to vanquish, to overcome

vendaval (*m.*) strong wind

veneno poison, venom

venenoso poisonous, venomous

ventanilla small window, window (of a car, of a train)

ventilador (*m.*) fan

ventolera strong blast of wind

vera edge, border

veras (*f., pl.*) truth, reality

    de ~ in truth, in earnest

vergonzoso bashful or shy person

vergüenza shame, bashfulness, shyness, embarrassment

vestigio vestige

vez (*f.*) time, turn

    tal ~ perhaps

viaje (*m.*) trip

viajero traveler, passenger

vidriera (stained) glass window; shop window (Sp. Am.)

vientos alisios (*m.p.*) trade winds

vileza vileness, infamy

violoncelo cello

viscoso viscous, thick

visillo window curtain

visitante (*m./f.*) visitor

vislumbrar to glimpse

visón (*m.*) mink

viveza quickness, agility, briskness, sparkle (in the eyes)

volar to fly, to flutter

voluntad (*f.*) will, love, fondness

volverse to become

voz (*f.*) voice

vuelo flight

vuelta turn, rotation, revolution, change, reverse

    dar una ~ to take a stroll or walk

    dar ~ a to reverse, to turn around

Y

yeso plaster

Z

zafarrancho ravage

zanahoria carrot

zarzillo earring

zorro fox

zumbar to buzz; to go away (*Am.*), to throw (*Am.*)

zumbido buzz, hum

ENGLISH-SPANISH VOCABULARY

This vocabulary has been compiled for all exercises from English into Spanish. Gender is indicated only when it is not clear from the word itself.

A

above sobre, encima de
accent acento
    heavy ~ acento muy marcado
acclaim aclamación, aclamar
accompany acompañar, escoltar
act acción (*f.*), acto, obrar, actuar
actress actriz (*f.*)
advance adelanto, anticipo, adelantar, anticipar
advantage ventaja
    to take ~ **of** aprovecharse de
advice consejo
advisable aconsejable
advise aconsejar, asesorar, avisar
affair asunto, negocio
afraid asustado
    to be ~ **of** temer, tener miedo a, tener miedo de
again otra vez
against contra
age edad (*f.*)
allow dejar, permitir
allude aludir
already ya
amaze asombrar, maravillar
amount cantidad (*f.*), importe (*m.*)
ancient antiguo
anger ira, enojo
angrily airadamente
angry enojado, airado, enfadado
    to become ~ enojarse, enfadarse
annoy molestar
anthem himno
anyway de todos modos
apartment piso, apartamento, departamento

apparent aparente
appear aparecer, comparecer
    to ~ **at** asomarse a
appearance apariencia, aspecto
apply for solicitar
appointment nombramiento, cita
approach acercarse a, aproximarse a, arrimarse a
argue argüir
army ejército
arrange in line alinear
arrive llegar
arrow flecha
article of clothing prenda
as como
    ~ **far** hasta
    ~ **if** como si
    ~ **usual** como de costumbre
    ~ **long** mientras
    ~ **soon** tan pronto como
ashamed avergonzado
    to be ~ tener vergüenza
Asian asiático
ask pedir, preguntar
    to ~ **questions** hacer preguntas
ask for solicitar, pedir
asleep dormido
    to fall ~ dormirse, adormecerse, quedarse dormido
astonish asombrar
astonishing asombroso
attack atacar
attic ático, buharda
awaken despertar
Aztec azteca (*m./f.*)

B

baby nene (*m.*), bebé (*m.*)
bachelor soltero
    old ~ solterón
back respaldar, apoyar

balcony balcón (*m.*)
    ~ **window** balcón (*m.*)
bald calvo
ball park estadio de béisbol
bank banco, banca
    savings ~ caja de ahorros
barrel barril (*m.*)
basket cesta, canasta
Basque vasco
beach playa
beast bestia, fiera
beat latir, batir, pegar, ganar
beautiful hermoso, bello, lindo, guapo
become quedarse, hacerse, ponerse, volverse, llegar a ser, resultar, convertirse en
    ~ **of** ser de
bed cama, lecho
    stay in ~ guardar cama
before antes, antes de, antes que, antes de que
beggar mendigo
believe creer
belt cinturón (*m.*), correa
    seat ~ cinturón de seguridad (*m.*)
beneficial beneficioso
betray traicionar, delatar
between entre
bird pájaro, ave (*f.*)
bite morder
blind ciego
    become ~ quedarse ciego
block manzana, cuadra, bloque (*m.*)
blond rubio
blonde rubia
    peroxide ~ rubia oxigenada
bloom florecer

blow golpe
~ **with a machete** machetazo
~ **with the fist** puñetazo
bodyguard guardaespaldas (*m.*) boot bota
booth casilla, quiosco
information ~ casilla de información, quiosco de información
border frontera, borde (*m.*), lindar, limitar
bore fastidio, cansar
big ~ pelmazo
born nacido
be ~ nacer
borrow pedir prestado
boss jefe
bother incomodar, molestar, molestarse
bottle embotellar
boy friend novio
brat niño mimado
bread pan (*m.*)
loaf of ~ pan (*m.*)
break romper, quebrar, quebrantar
~ **down** descomponerse
~ **down** and cry deshacerse en lágrimas
~ **out** estallar
bride novia
bridegroom novio
bridge puente (*m.*)
bring traer
~ **back** devolver
broken roto
broom escoba
brush cepillo, brocha, pincel (*m.*)
~ **stroke** pincelada, brochada
build construir, edificar
building edificio, construcción
~ **permit** permiso de edificación
bully matón, valentón
burn quemar, arder
~ **out** fundirse
burrow madriguera
burst out romper a + infinitive

butcher carnicero
butler mayordomo, despensero

C
cake tarta, bizcocho
call llamar
~ **at** hacer escala
camera cámara
can lata, bote (*m.*)
candy dulce (*m.*)
cane bastón (*m.*)
car coche (*m.*), automóvil (*m.*)
care cuidado
take ~ **of** cuidar, cuidar de
Caribbean caribe (*adj.*)
carrot zanahoria
case (*for eyeglasses*) estuche (*m.*)
catch coger, agarrar, pillar, asir, atrapar, pegársele a uno (*disease*)
~ **a cold** resfriarse
~ **up to** (*with*) alcanzar
cause causa, causar
ceiling techo
cell célula
century siglo
certificate certificado
birth ~ el acta de nacimiento, la partida de nacimiento
chain cadena
championship campeonato
change cambiar
charming encantador
cheap barato
chicken pollo, gallina
chief principal
child niño
children niños, hijos
chimney chimenea
cigarette cigarrillo, pitillo
city ciudad
~ **hall** ayuntamiento
clever inteligente, listo, diestro
cliff acantilado
clipping recorte (*m.*)
closet armario
clothes ~ ropero

closing cierre (*m.*), clausura
clothes ropa
~ **line** cuerda para tender la ropa
cloud nube
clumsy torpe
coast costa
coin moneda
colleague colega (*m.*)
collector coleccionador (*m.*), recaudador (*m.*)
garbage ~ basurero
Colosseum Coliseo
companion compañero
company compañía
composer compositor (*m.*)
computer computadora, computador
conceive concebir
concentrate concentrarse
concert concierto
condemn condenar
condition condición (*f.*), estado
congressman congresista (*m./f.*), diputado
contact ponerse en contacto con
contaminate contaminar
continual continuo
contract contrato, contraer
convention convención, asamblea, congreso
cool refrescar
corner rincón, esquina, ángulo, comisura
street ~ esquina
look out of the ~ **of one's eye** mirar con el rabillo del ojo
correct correcto, corregir
cotton algodón (*m.*)
cough tos (*f.*)
counter mostrador (*m.*)
country campo, país (*m.*)
couple pareja, matrimonio
a ~ **of** un par de
courageous valiente
cowboy vaquero
crab cangrejo
cremate incinerar
crime crimen (*m.*), delito

criminal criminal (*m.*), reo
critical crítico
crop cosecha, cultivo
cross cruzar, atravesar
crowd multitud (*f.*),
muchedumbre (*f.*)
crown coronar
cruise travesía, viaje por mar
    ~ **ship** crucero
cry llorar
    ~ **out** gritar
    ~ **out publicly** vocear
curtain cortina
customs aduana
    ~ **officer** aduanero
cut up trocear
cyclist ciclista (*m./f.*)

D
damage estropear, dañar
dampen humedecer
dance baile, danza, bailar,
danzar
dangerous peligroso
day día (*m.*), jornada (*f.*)
deafening ensordecedor
decide decidir, decidirse a
decision decisión
    make a ~ tomar una
decisión
deed acción (*f.*)
deep hondo, profundo
deer ciervo
defendant reo, demandado,
acusado
delay demorar, retrasar, atrasar
demand exigir. demandar,
reclamar
departure salida
depressing deprimente
desert desierto
deserve merecer
despite a pesar de
dessert postre (*m.*)
development desarrollo
die morir, fallecer, perecer,
expirar
difference diferencia
    tell the ~ distinguir
    What ~ **does it make?**
¿Qué importa?, ¿Qué más da?

difficult difícil
dig cavar, excavar
discover descubrir
discovery descubrimiento
disguise disfrazar, disimular
disobey desobedecer
disregard no hacer caso, hacer
caso omiso, pasar por alto
district distrito, barrio, zona
disturb perturbar, disturbar
divorced divorciado
    to get ~ **from** divorciarse
de
dog perro
    large ~ perrazo
door puerta, portal (*m.*),
portezuela
doorbell timbre (*m.*)
doubt duda
    without a ~ sin duda
doze off dormitar
drag arrastrar
dream sueño, soñar
    ~ **of** soñar con
dress vestido, vestir, vestirse
driver conductor
drop dejar caer
drought sequía
drowsiness modorra
drowsy soñoliento
drunk borracho
dry seco, secar
duchess duquesa
duke duque (m.)
Dutch holandés
dying man moribundo

E
earthquake terremoto
easy fácil
eat comer, tomar + name of
meal
edge borde (*m.*)
effort esfuerzo
egg huevo
    ~ **white** clara
elderly anciano
electrician electricista (*m./f.*)
elsewhere en otra parte, a otra
parte

emergency emergencia, urgencia
employee empleado
end fin (*m.*), terminar, acabar
    ~ **up** ir a parar
enemy enemigo
enjoy gozar de, disfrutar de
enough bastante
enter entrar en
envelope sobre (*m.*)
environment ambiente (*m.*),
medio ambiente (*m.*)
essay ensayo
event acontecimiento, suceso
evident evidente
    to be ~ ser evidente
    to be self ~ saltar a la
vista
execute ejecutar
expense gasto
    at the ~ **of** a costa de
expensive caro
expire expirar
extract extraer
eyeglasses gafas, espejuelos,
anteojos

F
face cara, rostro, faz (*f.*),
arrostrar, afrontar, encararse
con
factory fábrica
fail suspender, faltar, quebrar,
fracasar, fallar
    ~ **to** dejar de
fall caída, caer, caerse
fall in love enamorarse
fallen caído
falsify falsificar
fan aficionado
far lejos
    as ~ **as** hasta, hasta
donde, tan lejos como
farewell despedida
farmer granjero, agricultor,
labrador
far-sighted présbita
    to be ~ tener la vista
cansada
fascinate fascinar
fasten atar

fatigue fatigar
faucet grifo
fear temor, miedo, recelo,
temer, recelar
feel sentir, sentirse, palpar
    ~ **like** tener ganas de
fencing esgrima
ferry transbordador (*m.*)
fiancé novio
fiancée novia
filthy inmundo, sucio,
cochino, puerco, asqueroso,
mugriento
finally al fin, por fin,
finalmente
find encontrar, hallar
    ~ **out** averiguar, saber,
conocer, enterarse de
finger dedo
finish terminar, acabar
    ~ **off** rematar
fire fuego, incendio, despedir
a, echar, disparar (weapon)
firewood leña
fish pez (*m.*), pescado, pescar
fisherman pescador
fist puño
fit arranque
flag bandera
flee huir
flight vuelo
flock rebaño
floor piso, planta, suelo
florist florista
    ~ **shop** floristería
fly mosca, volar
    ~ **by** pasar volando
fog niebla
food alimento, comida
foot pie (*m.*)
    at the ~ **of** al pie de
    on ~ a pie
    put one's ~ **in it** meter la
pata
football fútbol (game), balón
(ball)
force fuerza
forehead frente (*f.*)
forest bosque (*m.*)
forgetful olvidado, olvidadizo
former antiguo (*precedes noun*)

free gratis
freeway autopista
French francés
Frenchman francés
friend amigo
    boy ~ novio
    girl ~ novia
friendly amigable, amistoso
fright susto, terror (*m.*)
frighten asustar, atemorizar
frightened asustado,
atemorizado
    to become ~ asustarse
from de, desde, de parte de,
según
fulfill cumplir
full lleno, pleno
furniture muebles (*m., pl.*)
    piece of ~ mueble

G
game partido, partida, juego
garbage basura
garden jardín (m.), huerta
    botanical ~ jardín
botánico
gardener jardinero
get conseguir, lograr
    ~ **along** llevarse bien
    ~ **around it** darle vueltas
    ~ **close** arrimarse
    ~ **up** levantarse
    ~ **up early** madrugar
    You can't ~ around it. No
hay que darle vueltas.
giant gigante, gigantesco
gift regalo
giraffe jirafa
give up abandonar, dejar
glad alegre
    be ~ **of** alegrarse de
glasses (*eyeglasses*) gafas,
anteojos
globe globo
glove guante (*m.*)

go ir
    ~ **around** andar
    ~ **down** bajar
    ~ **get** ir a buscar, ir por
    ~ **on** seguir, continuar
    ~ **out** salir
    ~ **through** atravesar
    ~ **too far** pasarse de rosca
    ~ **up** subir
    ~ **up to** acercarse a
    let ~ **of** soltar
godson ahijado
goose ganso, oca
gothic gótico
    ~ **Quarter** barrio gótico
grab agarrar
grape uva
grateful agradecido
    be ~ **for** agradecer
grave fosa
gravel grava
ground tierra
grow crecer, cultivar
    ~ **up** crecer
guard guarda, guardia, guardar
guest huésped (*m.*), invitado
guitar guitarra

H
hair pelo, cabello, vello
    gray ~ canas
hand mano (f.)
    by ~ a mano
    ~ **in** entregar
    shake ~**s** dar la mano,
alargar la mano, estrechar la
mano
handkerchief pañuelo
handle mango, asa, puño
handsome guapo
hang ahorcar, colgar, tender,
pender
harass acosar
harbor puerto
hardly apenas
hard-working trabajador
have tener, contar con
    ~ **a good time** divertirse,
pasarlo bien
    ~ **it out with** habérselas
con

~ **tea** tomar té

~ **to** tener que

headache dolor de cabeza

health salud (*f.*)

healthy sano, saludable

hear oír, sentir

heart corazón (*m.*), entrañas

by ~ de memoria

in the ~ of en pleno + noun

~ **attack** ataque cardíaco, ataque de corazón

heaven cielo

Good ~s ¡Válgame Dios!

height altura

heir heredero

help ayuda, socorro, auxilio, ayudar, socorrer, auxiliar

hidden oculto, escondido

high alto

~ **part of** lo alto de

highway carretera

hill cerro, colina, cuesta, loma

down~ cuesta abajo

up~ cuesta arriba

hillside ladera

hire alquilar, ajustar, emplear

hold tener, guardar

~ **up** atracar

hole agujero, orificio, hoyo, hoya, fosa

animal ~ madriguera

pot ~ bache (*m.*)

hope esperanza

hot caliente

be ~ estar caliente, tener calor, hacer calor

become ~ calentarse, ponerse caliente

housing vivienda

Hungarian húngaro

hunger hambre (*f.*)

hurt hacer daño, dañar, lastimar

I

ice hielo

ice cream helado

idea idea

not to have the slightest ~ no tener la menor idea

ignorant ignorante

be ~ ignorar

illness enfermedad (*f.*)

import importación (*f.*)

income renta

national ~ renta nacional

inconceivable inconcebible

incredible increíble

inform delatar, avisar, informar, enterar

injured lisiado, lesionado

insecticide insecticida

insist insistir en, empeñarse en

install instalar

invite invitar, convidar

island isla

Canary ~s Islas Canarias

J

job trabajo, empleo, puesto

judge juez (*m.*), juzgar

K

keep guardar, mantener

kid chico

kill matar

~ **oneself** matarse, diñarla (*colloquial*)

kilometer kilómetro

kind clase (*f.*), especie (*f.*), índole (*f.*)

kitten gatito

knoll colina

know saber, conocer

~ **about** enterarse de

~ **how to do something** saber + infinitive

not to ~ ignorar

L

lack falta, faltarle a uno, carecer de

lacking in carente de

lamb cordero

spring ~ cordero lechal

land tierra

landlord dueño, casero

landscape paisaje (*m.*)

language lengua (*f.*), idioma (*m.*), lenguaje (*m.*)

large grande

last último

late tarde

to be ~ llegar con retraso

lead llevar, conducir, dirigir

leaf hoja

~ **through** hojear

leak gotera

least menos

at ~ al menos, a lo menos, por lo menos

leather cuero, piel (*f.*)

leave dejar, salir, irse, abandonar, marcharse

be left quedarle a uno

~ **behind** dejar atrás

~ **for** partir, salir para

take ~ of despedirse de

lecturer conferenciante (m./f.)

ledge repisa

leg pierna, pata (animal)

pull someone's ~ tomarle el pelo a uno

leisure ocio

lend prestar

lens lente (*m./f.*)

contact lenses lentes de contacto, lentillas

let dejar, permitir

~ **go of** soltar

~ **know** avisar, dejar saber

lettuce lechuga

head of ~ lechuga

light luz (*f.*), señal (*f.*), ligero (*weight*), claro (*color*), encender

bring to ~ sacar a la luz

loan empréstito, préstamo, prestar

lock bucle (*m.*), esclusa (*water*), cerrar con llave

~ **up** encerrar

longing añoranza, anhelo

look (at) mirar

~ **for** buscar

~ **like** parecerse a, parecer

~ **out** asomarse a, mirar por

~ **up** levantar la vista (*los ojos*)

loosen aflojar, soltar

lots of la mar de, un mar de

love amor (*m.*), amar, querer
lunch almuerzo, almorzar

M
magazine revista
maid criada
    old ~ solterona
mail echar al correo, enviar por correo
mailman cartero
major principal, mayor
male masculino, macho, varón
    ~ child hijo varón
man hombre
    large (*ungainly*) **~** hombrazo
marble mármol (*m.*)
mark marca, señal, huella, mancha
marry casar, casarse
    to get married casarse
mask máscara, enmascarar
master dominar, vencer, adiestrarse en
material material, materia, tela, género
mayor alcalde (*m.*)
meadow pradera, prado
meal comida
meaning significado, acepción, sentido
meeting reunión, junta, mitin (*m.*)
member miembro, socio
microbe microbio
middle medio
    about (*in*) **the ~ of** a mediados de (*time expression*)
    in the ~ of en medio de, en pleno + *noun*
migrate emigrar
minister pastor protestante
minstrel trovador, juglar
mirror espejo
miss extrañar, echar de menos, añorar, perder
monkey mono
month mes (*m.*)
morning mañana
    in the ~ por la mañana

mother madre
    wonderful ~ madraza
mountain climber alpinista (*m./f.*)
mountain range cordillera
move mover, conmover, mudarse
    ~ away from alejarse de
    ~ closer to acercarse a
    ~ up arrimar
movie(s) cine (*m.*)
mug asaltar
mule mula
murder crimen (*m.*), asesinato
murderer asesino
musician músico

N
nail-studded collar carlanca
naked desnudo
    to be stark ~ estar en cueros
nap siesta, dormitar
napkin servilleta
native natal
near-sighted miope
necessary necesario
    to be ~ ser necesario, ser preciso, ser menester
necklace collar (*m.*)
neck pescuezo, cuello
necrology necrología
need necesidad, necesitar, hacer falta a
needy necesitado, indigente
neighbor vecino
neighborhood barrio, vecindad, vecindario
nervous nervioso
New Testament Nuevo Testamento
newspaper periódico, diario
    ~ clipping recorte (*m.*)
    ~ office redacción (*f.*)
night noche (*f.*)
    at ~ de noche, por la noche
    last ~ anoche
noise ruido
noon mediodía (*m.*)

notice fijarse en, reparar en, notar
now ahora, ahora mismo
    from ~ on de ahora en adelante
nowadays actualidad (*f.*), hoy en día (*adv.*)
nudist nudista (*m./f.*) desnudista (*m./f.*)
number número
nursery criadero. semillero

O
obligatory obligatorio
obvious obvio
odor tufo, olor
offer oferta, ofrecimiento, ofrecer
office oficina, despacho, clínica, redacción, dirección, bufete, consultorio, consulta
officer oficial (*m.*)
often a menudo, muchas veces
old viejo, antiguo, anciano, vetusto, rancio
    ~ age vejez (*f.*), ancianidad (*f.*)
    ~ lady vieja, anciana
    ~ man viejo, anciano
    be ... years ~ tener ... años
older mayor, más viejo
    to grow ~ envejecer
olive aceituna, oliva
    ~ grove olivar (*m.*)
    ~ tree olivo
only sólo, solamente, único
open abierto, abrir
order orden (*m.*) (*arrangement*), orden (*f.*) (*command*), mandar, ordenar
    follow ~s cumplir órdenes
    out of ~ descompuesto, no funciona
orifice orificio
orphan huérfano
other otro, otra
outlet salida
oven horno

microwave ~ (*horno*) microondas
overnight toda la noche
    to stay ~ pasar la noche
overwhelm abrumar
owe deber
owner dueño, propietario

P
painful doloroso
paint pintura, pintar
painter pintor
painting pintura, cuadro
pair par
palace palacio
palisade acantilado
pan cacerola, cazuela, caldera
    frying~ sartén (*f.*)
paper papel (*m.*), periódico
parade desfile (*m.*)
pardon perdonar, indultar
(*criminals*)
part parte (*f.*), pieza
party fiesta
    political ~ partido político
pass aprobar, pasar
passenger pasajero
patient paciente (*m./f.*),
enfermo
peak cima, cumbre (*f.*), pico
    ~ **traffic** afluencia
máxima, movimiento máximo,
tráfico intensivo, tráfico
máximo
peanut cacahuete (*m.*), maní
(*m.*)
pear pera
    ~ **tree** peral (*m.*)
    ~ **orchard** peraleda (*f.*)
pedestrian peatón (*m.*)
people gente (*f.*), pueblo,
público
perfect perfecto, cabal,
perfeccionar
perhaps tal vez, quizá
perish perecer
permit permiso
person persona
    single ~ soltero
    married ~ casado
    divorced ~ divorciado

very good (*kind*) ~
buenazo
Philadelphia Filadelfia
photograph fotografía, foto
(*f.*), sacar una foto, fotografiar
    to have a ~ **taken**
retratarse
phrase frase (*f.*)
physics física
pickpocket carterista (*m.*),
ratero
picnic jira, comida campestre
pie pastel (*m.*)
pier muelle (*m.*)
pig cerdo, puerco
pillow almohada, almohadilla,
almohadón (*m.*), cojín (*m.*)
piloting pilotaje (*m.*)
pinetree pino
pity lástima
    to be a ~ ser lástima
place lugar (*m.*), sitio, paraje
(*m.*), local (*m.*), poner, colocar
    set a ~ poner un cubierto
    take ~ tener lugar
plan plan (*m.*), plano, planear
planet planeta (*m.*)
plant planta, plantar, sembrar
plate plato
play comedia, obra (*pieza*)
teatral, jugar (game), tocar
(*instrument*)
    ~ **a part** hacer un papel
player jugador
pleasure placer (*m.*), gusto
poacher cazador furtivo,
pescador furtivo
poem poema (*m.*)
police policía (*f.*)
policeman policía (*m.*)
polish pulir, perfeccionar
polite cortés
pollute contaminar
pollution contaminación,
polución
port puerto
portrait cuadro
position puesto, colocación
(*f.*)
post office casa de correos,
correos

potato patata, papa (*Am.*)
    ~ **salad** ensaladilla rusa
pothole bache (*m.*)
pound libra
power potencia, poder (*m.*),
fuerza
pray rezar, orar
present presente, actual
presidency presidencia
prince príncipe
print grabado, lámina
    to be out of ~ estar
agotado
professor profesor, catedrático
promise promesa, prometer
property propiedad (*f.*)
prove probar
psychiatrist (*p*)siquíatra
(*m./f.*), or (*p*)siquiatra (*m./f.*)
publisher editor (*m.*), (casa)
editorial (*f.*)
pull up arrancar, desarraigar
pump bomba
punch puñetazo
purchase comprar
purpose propósito, fin
purr ronronear
put poner
    ~ **in** meter
    ~ **in order** arreglar, poner
en orden
    ~ **into** meter, introducir
    ~ **out** apagar

Q
quality calidad, cualidad
queen reina
question pregunta, cuestión
(*matter*)
    to ask ~s hacer preguntas

R
racket alboroto
    to make a ~ alborotar
rage rabia
rain lluvia
    heavy ~s aguacero,
chubasco, chaparrón (*m.*)

raise levantar, alzar, elevar, izar
    to ~ up erguir
rancid rancio
reach alcanzar, llegar a
realize realizar, caer en la
cuenta de, darse cuenta de
recall rememorar
receipt recibo
refugee refugiado
refuse negarse a, rehusar
reject rechazar
remark observación
remember recordar, acordarse
de
remind recordar
renovate renovar, reformar
repair reparar, arreglar
replace reponer, reemplazar
report informe (*m.*)
research investigación (*f.*),
investigar
resemble parecerse a
resident residente (*m.*)
residential residencial
resignation dimisión (*f.*)
respect respetar
restore restaurar
retire retirarse, jubilarse,
recogerse
reveal revelar
right derecho
    to be ~ tener razón
    ~ now ahora mismo
    to the ~ of a la derecha de
rind corteza
ring anillo, sortija, sonar, tocar
ripe maduro
ripen madurar
rise subida, subir
risk arriesgarse a
road camino
    on the ~ to camino de
Roman romano
row fila, hilera
royal real
rub frotar, fregar, restregar,
rozar, friccionar
rubber caucho, goma, hule
run correr
    ~ across tropezarse con
    ~ into encontrarse con

S
saber sable (*m.*)
sad triste
    become ~ ponerse triste,
entristecerse
sadness tristeza
safe caja fuerte
sandpaper papel de lija (*m.*)
sane cuerdo
sauce salsa
save salvar, guardar, ahorrar
scare susto, asustar, atemorizar
scared asustado, atemorizado
    become ~ asustarse
scene escena
scent olor, olfatear
scratch arañar, rasguñar
scream gritar, chillar
scrub fregar, restregar
sea mar (*m./f.*)
    ~ wall malecón (*m.*)
season estación, temporada
seek buscar
seem parecer
seep rezumar, filtrarse
sell vender
senate senado
senator senador
separate separar, apartar
servant criado
set cuajarse
    ~ out ponerse en camino
    ~ out for encaminarse a
shake sacudir
shame vergüenza, deshonra
shameless desvergonzado,
descarado
    to be ~ tener mucha cara,
tener la cara dura
sheer puro
sheet sábana, lámina, hoja
shelter amparo, amparar
sherbet sorbete (m.)
shipwreck naufragio
    ~ed man náufrago
shock sobresaltar, asustar
    to be ~ed asustarse de
shoemaker zapatero
short corto, breve
shoulders hombros

shovel pala
shower aguacero, chubasco,
chaparrón (*m.*)
    to take a ~ ducharse
silent silencioso
silver plata
similarity semejanza
sin pecado, pecar
situate situar
ski esquí, esquiar
skin piel (*f.*), cutis (*m.*), pellejo
    to save one's ~ salvar el
pellejo
skip saltar
slack flojo
sleep sueño, dormir
    to be ~y tener sueño
    to fall a~ dormirse,
quedarse dormido
sleepiness sueño
sleepy soñoliento
slip escurrir, resbalar, deslizar
    ~ away escurrirse
slipper zapatilla
slope ladera, cuesta
smell olor (*m.*), olfatear, oler,
oliscar
    bad ~ peste (*f.*)
    foul ~ tufo
    ~ bad apestar
    ~ out husmear
smiling sonriente
smoke humo, fumar
smoker fumador (*m.*)
sniff husmeo, olfatear, oler
    ~ around husmear
snoop oliscar
snowball bola de nieve (*f.*)
so tan
    ~ much tanto
    ~ that así que, para que,
con tal de que
soldier soldado
sole suela, planta, lenguado
(*fish*)
solicit solicitar
son hijo
    ~ in law yerno
soon pronto
    as ~ as tan pronto como
sorry afligido, apenado

be ~ sentir
speaker conferenciante (*m./f.*), conferencista (*m./f.*)
specialist especialista (*m./f.*)
spend pasar, gastar
spinster solterona
spray rociar
spring muelle (*m.*), resorte (*m.*), primavera, manantial (*m.*)
stage escenario, escena
star estrella
stay quedar, quedarse, permanecer
steering wheel volante (*m.*)
stench hedor (m.)
still todavía, aún
stink peste (f.), apestar
stir agitar
~ **up** suscitar
storm tempestad (*f.*), tormenta, temporal (*m.*), aguacero, chubasco
story piso, planta
straight derecho, recto
strategic estratégico
strawberry fresa
stray callejero, vagabundo
stretch extender
~**ed out** tendido
strike huelga, pegar, dar con, golpear
~ **up** trabar
striker huelguista (*m./f.*)
stroll pasear
stun pasmar
sudden súbito, repentino
suffer padecer, sufrir, pasar
suggest sugerir
suitcase maleta
pack the ~ hacer la maleta
unpack the ~ deshacer la maleta
support apoyo, apoyar, sostener, mantener
sure seguro
surprise sorpresa, sorprender
be ~**d** sorprenderse, asombrarse, maravillarse
surprising sorprendente
surround rodear, cercar, asediar, sitiar

suspect sospechoso, sospechar
suspicion recelo
suspicious sospechoso
sweat sudor (*m.*), sudar
Swiss suizo
swollen hinchado

T
tablecloth mantel (*m.*)
take tomar, tardar (*time*), llevar (*somewhere*), coger
~ **off** quitarse
~ **out** sacar
talk back replicar
target blanco
task tarea
taste gusto, sabor, saber, probar
tasty sabroso
tax impuesto, contribución (*f.*)
income ~ impuesto sobre la renta
~ **free** libre de impuestos
teacher maestro, profesor (*m.*)
team equipo
tease embromar
teenager adolescente (*m./f.*)
telephone teléfono, telefonear
~ **book** (*directory*) guía de teléfonos
~ **call** llamada telefónica
teller cajero
tenant inquilino
tender tierno
terrorize aterrorizar
testify testificar, atestiguar
theatre teatro
thick espeso, grueso
~ **headed** torpe
~~**set** grueso, denso
thief ladrón (*m.*)
thievery hurto
thing cosa
a foolish ~ majadería, tontería
throw arrojar, tirar, echar, lanzar, botar
~ **away** tirar, botar
thyme tomillo
tie corbata, amarrar, atar
tile azulejo, baldosa, teja

time tiempo, hora, vez
for the first ~ por primera vez
at dinner ~ a la hora de cenar (*la cena*)
tire fatigar, cansar, agotar, abrumar
toe dedo del pie (*m.*)
tool herramienta
toss arrojar, echar
towards hacia
town población (*f.*), pueblo
toy juguete (*m.*)
trade comercio
foreign ~ comercio exterior
travel viajar
treetop copa
trench trinchera
trick truco, travesura
trout trucha
truck camión (*m.*)
trunk baúl (*m.*)
truth verdad (*f.*)
turkey pavo
turn girar
tyrant tirano

U
unbelievable increíble
it is ~ es increíble, parece mentira
undress desnudarse, desvestirse
to get ~**ed** desnudarse, desvestirse
unexpected inesperado
unfinished sin terminar
unhappiness infelicidad (*f.*), desgracia
unhappy infeliz, desdichado
university universidad (*f.*), universitario
unjust injusto
unless a menos que, a no ser que
unlikely difícil, inverosímil, improbable, poco probable
it is ~ es improbable, es difícil
unsettled sin resolver
untie desatar

until hasta
untrue falso, mentira
    it is ~ es mentira
upstairs arriba
use uso, empleo, usar, emplear
    to make good ~ of
aprovechar
useless inútil
utopian utópico

V
vain vano, vanidoso
veterinarian veterinario
village aldea **voice** voz (*f.*)
vote voto

W
wage a war hacer la guerra
wait for esperar, aguardar
wake despertar
    ~ **up** despertarse
walk andar, caminar, pasear
wall pared, muro, muralla,
tapia, tabique, malecón, paredón
walnut nuez (*f.*)
want querer, desear
war guerra

civil ~ guerra civil
warning aviso, advertencia
wash lavar, lavarse
watch reloj (*m.*), mirar
    ~ **over** velar, vigilar
watt vatio
wave ola, onda, oleaje (*m.*),
agitar la mano, hacer señales
con la mano (*el pañuelo*)
wax encerar, dar cera a
way vía, camino
    on the ~ **to** camino de,
rumbo a
weak débil
weakness debilidad (*f.*)
wear llevar, usar, lucir
weary abrumar
wedding bodas, de boda,
nupcial
weekend fin de semana
weigh pesar
    ~ **down** agobiar
well-being bienestar (*m.*)
wheel rueda
    steering ~ volante (m.)
    at the ~ en el volante
whenever cuando, cuando
quiera que, siempre que

whereabouts paradero
wicker mimbre
widow viuda
widower viudo
wild silvestre, salvaje, fiero
win ganar
window ventana, ventanilla
    ~ **shop** escaparate (*m.*)
    ~ **sill** repisa de ventana,
alféizar (*m.*)
wipe frotar para limpiar,
enjugar (*la cara, el sudor*)
    ~ **away** limpiar
witness testigo
wolf lobo
wooden de madera
word palabra
    keep one's ~ cumplir la
palabra
work trabajo
worker trabajador, obrero
working trabajador
world mundo

Y
yawn bostezar
young joven
youthful juvenil

INDEX